제도와 철학

제도와 정책의 현상학 · 언어철학적 탐구와 비판

사공영호

도서출판 대영문화사

책을 내면서

제목이 암시하듯 이 책은 제도와 정책에 대한 의문을 철학의 도움으로 설명하는 것을 목표로 하고 있다. 제도와 정책에 관심이 있거나 이를 연구하는 사람이라면 누구나 품을 수밖에 없는 의문들이지만, 그럼에도 사회과학의 영역에서는 좀처럼 시원한 답을 찾을 수 없는 의문에 대해 철학의 도움을 받아 설명해 보고자 한다. 정책은 인간에 의해 만들어진다. 필연적으로 언어에 의지해야 한다. 그렇다면 인간의 사고와 언어는 사회구성원 전체에 영향을 미치는 정책을 뒷받침할 만한 조건을 갖추고 있는가? 정책 연구자들은 인간의 사고 능력과 방법에 상당한 제한과 약점이 있다는 점을 진작부터 지적해 왔다. 그러나 실제로 인간의 사고와 언어에 어떤 문제들이 있는지는 충분히 고려하지 않은 채, 여기에 의지해 더 좋은 정책을 만들고 더 공정한 법을 만드는 일에 주로 관심을 기울여 왔다. 우리 사고와 언어가 어떻게 작동하며 어떤 약점이 있는지 알지 못하면서, 우리가 만든 법과 정책이 사회구성원의 이익과 인간의 존엄에 봉사할 것임을 어떻게 확신할 수 있는가? 이런 의문을 묻어두고 인간의 존엄에 봉사하는 법과 정책을 만드는 일이 가능은 한 것인가? 다행스럽게도 제도철학, 현상학, 언어철학 등 현대 철학은 인간의 사고와 언어에 관한 의문에 상당한 설명을 제공하고 있다. 이들 현대 철학의 설명에 의지해 정책과 제도를 발생시키고 작동하게 하는 '처음 요인'에 해당하는 인간의 의식, 그리고 인간의 의식과 뗄 수 없는 관계로 결합되어 있는 언어에 대해 논의하면서, 정책과 제도에 관한 질문에 답하고자 한다.

제도에 대한 관심은 내가 서울대학교에서 "가부장적 행정문화와 규제 관료의 포획"에 관해 박사 학위 논문을 준비하면서 시작되었다. 이때가 1990년대 중반이다. 이 논문은 주로 정치경제학적인 사상을 배경으로 행정문화가 규제 관료의 행동에 미치는 영향을 연구한 것이다. 그런데 이 논문에서 '행정문화'라고 부르고 있는 것이 제도경제학에서는 비공식 제약 또는 비공식 제도로 불리는 현상과 상통한다. 이를 계기로 제도경제학을 공부하면서 문화와 비공식 제도가 가진 힘과 영향력을 다시 확인할 수 있었다. 이때부터 나의 마음속에서는 하나의 근본적인 의문이 맴돌기 시작했다. 문화는 어찌 보면 매우 추상적이고 무형적인 현상이다. 게다가 얼마든지 무시할 수 있다. 그런데 어떻게 이런 현상이 인간의 생각과 행동에 그렇게 강력한 영향을 미칠 수 있는가 하는 의문이다. 어떻게 이런 추상적인 현상이 인간의 생각을 제어하고, 심지어는 제도와 정책은 물론 한 사회의 발전 경로에도 결정적인 영향을 미칠 수 있는 것인가?

이런 의문에 대한 해답을 찾는 과정에서 나의 관심은 제도경제학에서 제도철학으로, 그리고 제도철학에서 답하지 않는 의문들에 대한 해답을 찾는 과정에서 현상학과 언어철학으로 확장되었다. 제도철학은 제도경제학이 답하지 않는 인간의 마음과 언어의 역할에 대해 잘 설명한다. 하지만, 제도를 만들기 위해 필연적으로 의지해야 하는 인간의 마음과 언어가 어떤 약점을 가지고 있는지는 설명해 주지 않는다. 이런 문제점에 관해서는 인간의 마음과 언어가 작동하는 원리를 본격적으로 분석하는 현상학과 언어철학에서 나름의 해답을 찾을 수 있었다. 즉, 연구 과정에서 새롭게 제기되는 의문들의 답을 추구하는 과정에서 나의 연구의 지평이 지속적으로 확대되었다. 결과적으로는 인간의 의식과 언어에 관한 현상학과 언어철학까지 탐구하는 초학문적(trans-disciplinary)인 연구를 진행하면서, 마침내 내가 그동안 품어 왔던 제도와 정책에 대한 여러 가지 의문에 대해 온전하지는 않지만 비교적 근원적이면서도 전체적인 설명에 이르게 되었다. 이 책은 바로 이런 연구 여정의 산물이다.

인간의 마음은 사회 현상에 관해서는 아리스토텔레스가 말하는 소위 '처음 요인(the first cause)'에 해당한다. 언어 역시 인간의 마음의 능력의 산물이다. 제도 연구자들이 연구의 대상으로 삼고 있는 법, 조직, 정책, 정부, 기업, 자본주의, 민주주의 등은 모두가 인간의 마음과 언어에 의지해서 발생하고 작동하는 현상들이다.

그런데 마음과 언어를 탐구하는 과정에서 모든 사회 제도의 처음 요인에 해당하는 인간의 마음이 탁월한 능력과 더불어 치명적인 약점도 가지고 있음을 알게 되었다. 언어 역시 정책 연구자로서는 결코 가벼이 볼 수 없는 심각한 문제들이 있다는 현대 철학자들의 경고를 마주하게 되었다. 인간의 마음과 언어에 관한 현대 철학의 설명에 비춰보면, 정치와 정책의 작동을 뒷받침하고 있는 인간의 마음과 언어는 정책 연구자들이 암묵적으로 기대하는 것과는 매우 거리가 멀다. 인간이 가지고 있는 마음의 능력과 언어가 문제 해결의 열쇠가 될 수도 있지만, 반대로 얼마든지 정치 실패, 정책 실패, 제도 실패의 원인으로 작용할 수 있음을 강력히 경고하고 있다.

한국은 정치와 정책, 행정에 의지해서 5천 년 역사를 억눌러 온 가난의 굴레에서 발전적으로 이탈하는 데 성공한 거의 유일한 국가다. 이런 이유로 정치와 정책에 대한 의존이 매우 큰 사회가 되었다. 우리들의 일상의 삶에 법과 정책의 영향이 미치지 않는 곳을 찾아보기 어려운 시대가 되었다. 어떤 분야든 문제가 생기면 "정부는 도대체 무엇을 하고 있느냐"는 질타가 너무나도 당연한 레퍼토리가 되었다. 정부와 공식 제도의 영향력이 매우 큰 사회가 되었다. 그렇다면, 우리가 이처럼 의지하고 있는 법과 정책이 과연 우리 사회의 문제를 해결하고 우리들의 목표를 달성할 수 있는 좋은 수단이 될 수 있을 것인가? 이 질문에 답하려면 법과 정책을 발생시키고 작동시키는 인간의 마음과 언어에 대한 의문에 답할 수 있어야 한다. 제도철학에 의하면 법, 정책, 정부, 조직은 인간의 의식의 능력과 언어에 의지해서 발생한다. 그런데 현상학과 언어철학은 인간의 생각과 언어는 그것이 작동하는 원리로 인해 법과 정책의 수립에 필요한 공정성과 객관성을 보장하는 것이 매우 어렵다고 설명하고 있다. 심지어 선한 의도를 가지고 있어도 이를 위해 동원하는 언어는 현상의 실상을 은폐하고 왜곡하는 도구로 작용할 수 있음을 경고하고 있다. 정치와 정책이 한국의 비약적 발전을 가능하게 했지만, 우리의 미래까지도 잘 이끌어 가리라는 보장은 없다는 것이다.

정부와 정책에 의지하는 것이 어떤 상황에서는 불가피한 선택이면서 또한 유효한 선택이 될 수도 있다. 그런데 현대 한국 사회와 같이 이미 사람들의 삶의 양식이 지극히 다양화된 사회에서는 정책이 문제의 해결책이 아니라 더 큰 문제의 시발점이 될 소지가 크다. 단지 다른 삶의 양식일 뿐인 현상을 매우 자의적이고 공정하지 못한 방식으로 문제화할 수 있는 것이 인간의 사고와 언어이기 때문이다. 경제 개발을 시도하던 때와는 이미 너무나도 다른 사회가 되었기 때문이다. 언어로 제대로 서술하고 이런 서술에 대해 합의하는 일조차 어려운데, 이런 언어에 의지해 정책을 만들고 제도를 만들면 그 제도는 누구를 위한 것이 될 것인가? 이런 제도와 정책은 인간의 존엄을 오히려 훼손할 위험으로부터 자유롭지 못하다. 인간을 위해, 사회구성원을 위해 만든 정책과 제도가 인간의 존엄과 오히려 충돌하는 현상이 얼마든지 일어날 수 있다는 것이다. 게다가 이런 문제가 우리가 좀처럼 반성하지 않고 공정하게 반성하기도 어려운 우리 자신의 사고 및 언어와 결합되어 있다. 어떤 제도 연구자도 공식 제도의 중요성을 부인하지 않는다. 이 연구 역시 마찬가지다. 법과 정책은 필요하고 중요하다는 점에 절대적으로 동의한다. 다만, 우리 생각과 언어의 약점을 충분히 이해하지 못하면, 언어로는 화려한 제도와 정책의 성(城, castle)을 짓지만, 이런 정책들로 인해 진정으로 인간을 인간답게 만드는 것들은 잊혀지고, 사람들의 삶은 더 궁핍해지고, 사회는 제도의 틀에 갇혀 활력을 잃고, 사람들은 더 큰 갈등에 빠져드는 일이 얼마든지 일어날 수 있음을 진지하게 고려할 필요가 있음을 이 책은 주장한다.

이 책은 사회과학도들이 사회과학적인 관점에서 정책과 제도에 접근할 때는 거의 고려하지 않는 부분을 핵심적인 설명 요소로 포함하고 있다. 게다가 새롭게 도입하는 설명 요소들이 모든 정책과 사회 제도의 기초를 이루고 있다고 주장한다. 이런 이유로 정책과 제도가 인간의 존엄과 충돌할 위험을 경고한다. 정책과 제도가 정책 연구자들의 기대에서 벗어나는 이유가 정책 연구자들이 제대로 고려하지 않고 있는 요인에서 유래할 가능성을 강하게 시사한다. 정책, 정치, 제도를 새로운 관점, 소위 '처음 요인'에 기초해 좀 더 근원에서부터 이해하고자 하는 연구자들에게는 도움이 되리라 기대한다. 사회문제와 정책문제에 대한 접근의 시각 자체가 근원적으로 달라져야 할 부분이 있음을 이해하는 데도 도움이 되고, 사회과학적인 차원에서 제도와 정책 현상에 접근할 때, 이들 현상의 이해에 필연적이고 핵심적이며 발생적 근원을 이루는 요소가 은폐될 위험이 있다는 점을 이해하는 데도 유익할 것으로 생각한다.

이 연구를 수행하는 과정에서 가장 큰 도움을 준 것은 한국연구재단이다. 짧지 않은 기간 동안 정책 연구자인 내가 철학서들을 집요하게 읽을 수 있었던 것은 연구재단의 재정적 지원이 있었기에 가능했다. 미국 오리건 주에 있는 조지팍스대학교(George Fox University)로부터 큰 도움을 받았다. 교환교수로 있던 2010년 7월부터 다음 해 7월까지 철학서들을 탐독할 수 있는 공간을 제공해 주었다. 오스트리아의 비트겐슈타인학회와 한국의 현상학회 회원들의 연구로부터도 큰 도움을 받았다. 감사의 뜻을 전한다. 나에게 제도 연구의 길을 열어 주신 사랑하는 나의 선생님 최병선 교수님께도 감사드리고 싶다. 최종 목적지까지 일러 주지는 않았지만 내가 가야 할 길과 방향을 열어 주었고, 학문적 변곡점을 지날 때 나의 우산이 되어 주셨다.

2015년 8월

사공영호

차례

들어가는 말

제도와 정책은 중요하다. 단지 개인의 삶이 아니라 국가공동체의 운명을 바꾸어 놓는다. 제도경제학에 따르면 어떤 사회를 잘 살게 하는 핵심적인 조건이 바로 제도다. 반대로, 한 나라를 가난과 분열과 혼란의 수렁으로 밀어넣을 수도 있는 것 역시 제도다. 인류의 역사를 돌이켜보면, 좋은 제도와 정책을 발전시키는 것은 쉽지 않다. 일부의 국가에서만이 개인의 자유와 권리를 핵심으로 하는 제도를 발전시키고 있다. 민주적인 정치 질서와 자유로운 경제적 거래를 뒷받침하는 제도는 소수의 국가에서만이 제대로 작동하고 있다. 좋은 제도를 만들기는 어려워도 나쁜 제도를 만들어 국민을 도탄과 궁핍의 나락으로 내몰기는 쉽다. 아프리카의 많은 국가와 중동의 많은 국가, 남아메리카의 많은 국가는 최소한의 질서 확립에도 실패하고 있다. 좋은 제도를 만들어 사람들이 질서 속에서 안정과 풍요를 누리게 하는 일이 결코 쉽지 않다는 것이다.

따지고 보면 인간과 사회에 관한 철학, 윤리학, 역사학, 인문학, 사회과학의 다양한 연구들은 모두가 제도에 관한 것들이다. 어떻게 하면 인간의 행동에 적절한 제약을 가해 서로 다른 생각과 선호를 가진 사람들이 함께 어울려 잘살 수 있는 사회를 만들 것인지에 대한 연구이기 때문이다. 플라톤(Platon)이 『국가』에서 공유제적인 요소가 강한 제도를 제안한 것도 그가 겪었던 정치적이고 사회적인 혼란에 대한 고민과 처방으로 제안된 것이다. 칸트(Immanuel Kant)가 정언명령을 제안하는 것도 궁극적으로는 사람들이 서로에 대해 지켜야 할 최소한의 규칙에 관한 것이다. 스미스(Adam Smith)가 도정 감정의 근원에 대해 탐구하는 것도 자유시장을 뒷받침할 수 있는 도덕적인 규범이 어떻게 인간의 심리에 기초해 자생적으로 발전할 수 있는지에 대한 연구다. 베버(Max Weber)가 기독교 정신에 대해 연구하는 것도 자본주의를 가능하게 한 행동 규범의 근원을 찾기 위해서다. 시오노 나나미(鹽野七生)가 『로마인 이야기』에서 설명하고 있는 것은 로마인들 사이에서 협력과 질서를 가능하게 했던 제도에 관한 설명이다. 하이데거(Martin Heidegger)가 예술의 근원에 대해 설명하면서 그리스 사회가 호메로스(Homeros)의 시가 보여주는 세계관에 기초해 성립되었다고 설명하는 것도 결국은 사람들의 생각을 제약하는 제도에 관한 설명이다.

제도란 간단히 말하면 사람들의 생각과 행동에 가해지는 제약들이다. 사람들로 하여금 어떤 식으로 주변 세계를 이해하게 하고, 어떤 식으로 행동하게 한다. 만일 이런 식의 행동 제약이 경제적인 거래와 협력을 가능하게 할 수 있다면 시장경제가 발전하고 경제적인 발전이 가능할 수 있다. 이런 행동의 제약이 정치의 현장에서 기회주의적인 행동, 대중을 기만하는 행동, 상대를 불공정한 방법으로 음해하는 행동을 제어할 수 있다면 정치의 장도 질서 속에서 작동할 수 있다. 토크빌(Alexis de Tocqueville)은 미국의 민주주의는 '마음의 습관'에서 기원한다고 말한다. 이미 사람들이 어떤 식의 삶의 방식에 너무 익숙해 있으며, 이런 사고의 습관이 미국 민주주의를 가능하게 하는 행동 규범으로 작용하고 있다는 것이다.

그렇다면 제도는 어떻게 만들어질 수 있는가? 민주주의를 가능하게 하고 경제 질서를 뒷받침하는 제도는 어떻게 만들어지고 어떻게 작동할 수 있는가? 어떻게 제도를 만들어야만 인간의 행동에 적절한 제약을 가하면서도 인간의 자유, 인간의 존엄과는 충동하지 않는 제도의 수립이 가능한가? 서로 다른 생각과 선호를 가진 사람들이 어떻게 하나의 공통된 제도의 수립에 공감할 수 있는가? 왜 제도는 정치적으로 악용되기 쉬운가? 제도가 사회의 발전에 핵심적인 요소이지만 동시에 제도를 사회 발전의 도구로 적절히 이용하기 위해서는 수많은 의문이 해결되어야 한다.

이 연구의 출발점은 공식 제도가 정상적으로 작동하는 사회는 많지 않으며, 동시에 공식 제도의 수립과 작동을 뒷받침하는 비공식 제도의 생성과 진화에 대해서도 제도 연구자들은 충분한 설명을 제공하지 않고 있다는 현재의 제도 연구의 한계에 대한 인식이다. 법, 정책, 정부, 기업과 같은 공식 제도가 사회 발전의 핵심적인 수단이라는 것은 많은 역사 연구자와 경제 연구자들에 의해 설명되었으며, 누구나 인정할 수 있다. 그런데 실제로 이런 공식 제도가 사회구성원 다수를 위한 제도로 발전해 작동하고 있는 사회는 서유럽과 북미, 호주, 일본 등의 일부 국가들로 제한되어 있다. 제도가 중요하지만 정상적으로 작동하는 공식 제도를 수립하는 것은 결코 쉽지 않다는 것이다.

이런 의문에 대해 역사 연구자와 경제 연구자들이 제시하는 답은 문화, 전통, 관습, 규범, 공통된 이념, 공통된 가치 등이다. 경제학자들이 소위 비공식 제약(또는 비공식 제도, informal institutions, informal constraints)이라고 명명한 현상이다. 어떤 사회가 역사적으로 가지고 있는 전통과 규범, 종교가 사람들의 행동에 이미 일정한 제약을 가하고 있다면, 이런 행동의 제약에 기초해 민주주의와 자본주의를 발전시킬 수 있었다는 것이다. 제도에 관한 의문이 해소될 수 있으려면 바로 이 비공식 제도에 대해 분명한 설명이 이뤄져야 한다. 그러나 이 점에 대해서는 역사 연구자들과 제도경제학자들이 납득할 만한 설명을 제시하지 못하고 있다. 비공식 제도가 공식 제도의 발전을 가능하게 하는 핵심 요소인데, 그것이 어떻게 작동하는지를 알 수 없다면 결국 제도에 대한 설명은 반쪽짜리 설명에 불과한 것이 된다. 사회의 발전을 위해서는 제도가 중요하다. 그런데 그것을 가능하게 하는 비공식적인 기반은 어디에서 와서 어떻게 작동하고 있는지 설명하지 않고 있기 때문이다.

이 연구가 제도철학, 현상학, 언어철학에 기초해 제도 현상을 설명하고자 하는 이유도 바로 이 때문이다. 사회과학 차원의 제도 연구로는 제도의 성립과 작동에 대해 설명이 불가능한 영역이 발생한다. 그런데 바로 설명이 불가능한 영역이 제도의 성패를 결정짓는 요인으로 작용하고 있다고 제도 연구자들은 설명하고 있기 때문이다.

이 연구가 제도 현상에 대해 설명하고 있는 대강의 요지를 설명하자면 이렇다. 먼저 제1장에서는 제도 연구자의 입장에서 볼 때 철학이란 어떤 것인지, 그리고 철학에 무지할 때 제도와 정책에 대해 어떻게 오해할 수 있는지, 제도 현상의 이해에서 철학적인 지식이 왜 필요한지에 대해 설명한다. 제도 현상을 설명하기 위해 왜 굳이 철학을 탐구해야 하는지에 대한 대강의 설명인 셈이다.

제2장에서는 제도경제학에서 설명하는 제도의 의미와 가치에 대해 살펴본다. 제도경제학자들의 설명이 매력적인 점은 제도가 무엇이며, 왜 중요한지에 대해 매우

분명하게 설명해 준다는 점이다. 제도경제학자들은 제도가 경제적으로 수행하는 기능에 대해서는 명쾌하게 설명하지만, 이런 제도가 어떻게 발생해 어떻게 작동할 수 있는지에 대해서는 설명하지 않는다. 왜냐하면, 제도의 발생을 이해하려면 이를 가능하게 하는 인간의 의식 능력과 언어의 작동 원리를 이해해야 하기 때문이다. 바로 이런 의문에 답하고 있는 것이 제도철학이다.

제3장에서는 제도철학적인 관점에서 제도 현상을 설명한다. 제도철학은 제도의 존재론(ontology)이다. 제도가 어떻게 있을 수 있게 되며, 이의 발생을 가능하게 하는 핵심적인 원리는 무엇인지에 대한 연구다. 제도는 인간 사회에서만이 존재하는 현상이며, 그것도 각 사회가 각자의 방법으로 발전시킨 사회적인 현상이다. 인간의 의식이 가진 지위, 역할, 기능의 창조 능력에 의해 제도는 발생한다. 제도의 발생을 가능하게 하는 매체는 언어다. 모든 유형의 제도란 언어를 이용해 이뤄진 관련자들 간의 약속이다. 약속이 어떻게 약속으로 인식되고 믿어지며 작동할 수 있는지를 이해하려면 인간의 의식의 작동 원리와 더불어 언어의 작동 원리를 이해해야 한다. 제도철학의 장점은 바로 이 점이다. 제도의 발생과 작동을 가능하게 하는 인간 의식과 언어의 역할에 대해 설명해 주기 때문이다.

하지만, 제도철학이 설명하는 인간의 의식과 언어에 대한 설명은 기능 중심의 설명이다. 제도를 가능하게 하는 인간의 의식과 언어의 역할 중심의 설명이다. 그래서 실제 인간의 의식과 언어가 작동하는 모습에 관해서는 많은 부분이 생략되어 있다. 제도를 만들려면 인간의 의식과 언어에 의지해야 한다고 설명한다. 그런데 이렇게 인간의 의식과 언어에 의지해야 한다면 인간의 의식과 언어가 가지고 있는 약점이 그대로 제도의 수립에 영향을 미칠 수밖에 없다. 만일 제도가 인간 사고와 언어의 약점에 그대로 노출된다면 이렇게 만든 제도가 사회구성원 다수의 요구에 합치된다는 점을 어떻게 보장할 수 있는가? 얼마든지 편견적인 사고의 영향에 노출될 수 있고, 비현실적이고 왜곡된 언어의 영향을 받을 수도 있지 않는가? 제도철학의 한계는 바로 이 점이다. 제도는 인간의 의식과 언어에 의지해야 한다. 그런데 인간의 의식과 언어에 의지해야 하기 때문에 발생할 수 있는 여러 가지 문제점에 대해서는 논의하지 않는다. 이런 점을 이해하려면 인간의 의식과 언어에 대해 좀 더 깊이 있는 연구가 필요하다.

제4장에서는 인간의 의식에 대한 현상학의 설명을 다룬다. 이 장의 목적은 현상

학의 내용을 본격적으로 소개하는 것이 아니다. 필자는 이런 일을 감당할 만큼 현상학에 대한 이해를 가지고 있지 않다. 제4장의 목적은 크게 두 가지다.

첫째는 제도 및 정책 연구자들이 지금까지 전혀 접근하지 못했던 인간 의식의 영역이라는 거대한 세계가 존재하고 있다는 점을 소개하는 것이다. 사회세계와 언어, 제도의 세계는 이런 인간의 의식 능력에 의지해 발생한다. 그런데 이런 인간의 의식에 무관심할 때 사회과학도들은 인간을 관찰의 대상으로 다루고 조사와 분석의 대상으로 다룬다. 그리고는 이런 연구와 분석의 결과에 의지해 제도를 만들고, 제도를 통해 사람들의 행동에 제약을 가하고자 한다. 인간 자신이 제도를 창조할 수 있는 탁월한 능력을 가지고 있다는 점을 망각한다. 인간을 분석의 대상으로 삼을 때 인간은 실존적인 존재이며(Heidegger, 1962), 각자가 경험과 판단과 삶과 선택의 주체라는 점은 망각된다. 후설(Edmund Husserl)이 비판하는 것처럼 인간을 단지 '사실인'으로 다루는 일이 일어난다. 인간을 위해 봉사해야 할 제도가 인간의 존엄을 훼손하는 일이 얼마든지 일어날 수 있게 되는 것이다.

둘째는 인간의 의식은 탁월한 능력과 더불어 상당한 약점, 치명적인 문제점들도 가지고 있다는 점을 다룬다. 인간의 판단에 의지해 제도를 만드는 것이 과연 합리적인 선택이 될 수 있는지를 검토하기 위해서다. 그런데 현상학의 인간 의식에 대한 연구는 인간의 판단에 의지한 제도의 선택은 상당한 위험을 수반할 수 있음을 경고한다. 민주주의의 요체는 인간 사고의 약점이 제도와 정책에 스며드는 것을 차단하는 데 있는 것임을 강력하게 시사하고 있다.

제5징에서는 언어에 대해 설명한다. 제도의 수립을 위해서는 인간의 의식의 능력과 더불어 필연적으로 의지해야 하는 것이 언어다. 하지만 제도철학은 언어의 필요성은 강조하면서 언어가 제도와 정책의 함정이 될 위험에 대해서는 다루지 않는다. 인간이 사회적으로 발전시킨 언어가 합리적인 제도의 수립을 가능하게 하는 적절한 도구가 될 수 있는가? 언어에 대한 전통적인 설명에 따르면 어휘는 어떤 대상 또는 대상 현상의 본질에 대한 명칭이다. 만일 언어의 의미가 이런 방식으로 고정될 수 있다면 이런 언어를 동원해 어떤 대상에 대해 설계도를 만드는 것이 가능하고, 이 설계도의 의미를 수많은 관련자가 공유하는 것도 가능하며, 결과적으로 설계된 대로 어떤 것을 만드는 일도 가능하다. 자연과학의 세계에서는 언어가 이런 식으로 작동한다.

그런데 사회세계에서도 언어가 이런 방식으로 안정되고 고정적이며 객관적이고 정밀한 의미를 얻는 것이 가능한가? 불가능하다. 자동차는 언어로 설계할 수 있어도 제도는 언어로 설계하는 것이 결코 쉽지 않다. 언어로는 화려한 제도의 성(城, castle)을 짓지만, 현실의 삶은 비참한 오두막을 벗어나지 못하는 일이 비일비재하게 일어나는 것이 사회세계다. 언어 연구자들에 의하면 사회세계에서 언어는 사회제도의 수립을 뒷받침하기에는 치명적인 장애가 될 수 있는 약점들을 가지고 있다. 언어를 이용해 제도를 만들어야 한다는 점이 제도의 수립에서 치명적인 약점으로 작용할 수도 있음을 다룬다.

제6장은 비공식 제도의 발생과 작동 원리에 대해 현상학적인 설명을 시도한다. 문화, 관습, 규범과 같은 비공식 제도는 공식 제도의 생성과 진화의 방향을 결정하는 역할을 수행한다. 하지만, 제도 연구자들은 비공식 제도의 중요성을 강조하면서도 비공식 제도가 어떻게 실제로 사람들의 사고와 행동에 영향을 미치는지를 설명할 수 없었다. 인간의 의식이 작동하는 원리에 무지한 상황에서는 인간의 의식에 내재화되어 작동하는 제약 요인들을 설명할 방법이 없다. 현상학은 비공식 제도가 인간의 의식과 어떤 관계를 맺고 있는지 설명해 준다. 비공식 제도가 인간의 사고와 행동에 미치는 영향력의 기원에 대해서도 설명할 수 있는 길을 열어준다.

제7장은 인간의 의식, 언어, 공식 제도, 비공식 제도에 관한 제도철학, 현상학, 언어철학의 설명에 근거해 과연 제도와 정책이 진정으로 인간을 위한 수단으로 작동할 수 있을 것인지에 대해 논의한다. 지금까지의 제도에 대한 논의는 인간의 의식, 언어, 비공식 제도에 대한 이해에 기초해 이뤄지지 않았다. 제도의 경제적·사회적 기능에 초점을 두면서 정작 제도를 가능하게 하는 인간의 의식, 언어, 비공식 제도에 대한 논의는 거의 이뤄지지 않았다. 인간과 언어를 다루지 않으면서 제도에 의해 인간의 존엄이 오히려 훼손될 위험에 대한 논의도 거의 이뤄지지 않았다. 제도가 적절히 기능한다면 인간의 행복과 사회의 발전에 기여할 수 있을 것으로 막연히 기대해 왔다. 그러나 현상학과 언어철학의 인간과 언어에 대한 이해에 비춰보면, 제도가 인간의 존엄과 충돌 없이 작동할 수 있는 영역은 제도 연구자나 정책 연구자들의 기대보다는 훨씬 협소할 가능성이 높다.

제도는 인간과 언어, 인간의 일상적인 삶의 능력과 방식에 관한 온전한 이해에 기초해야 한다. 인간과 언어에 관한 철학적인 논의를 제도의 기반으로 삼아야 한다. 인간에 대해 무지하면서 인간의 존엄에 봉사하는 제도를 만들 수는 없다. 인간 사고의 약점에 무지하면서 정치와 정책이 인간의 사고의 약점에 노출되는 것을 막을 수는 없다. 언어에 무지하면서 언어의 약점으로 인해 정책이 혼란에 빠지는 것을 견제할 수는 없다. 인간의 일상의 능력과 삶의 방식에 무지하면서 인간의 삶에서 변화를 이끌어 낼 수는 없다. 칼 포퍼(2006)는 세계를 유토피아로 만들려는 생각이 세상을 오히려 지옥으로 만들 수 있다고 경고한다. 왜 이런 일이 일어나겠는가? 인간의 사고와 언어의 약점이 정치와 결합해 사회 제도로 확산될 때 이런 일이 일어난다.

제도의 가치와 더불어 제도의 위험을 동시에 이해하려면 제도의 발생과 작동을 가능하게 하는 인간 사고와 언어, 일상의 삶의 방식의 속성에 대해 좀 더 정확하게 이해할 필요가 있다. 이 연구가 설명하고자 하는 것은 바로 이런 내용이다. 제도 현상을 인간에 대한 이해에 근거해 설명해 보자는 것이다. 그렇다면, 제도 연구에서 왜 철학적인 논의가 필요한지에 관해 각 장을 통해 좀 더 상세히 다뤄 보기로 하자.

제 1 장

제도와 정책: 철학 부재의 한계

제 1 절 철학이란?

1 인간에 대한 연구

제도와 정책 연구자의 입장에서 철학이란 인간에 대한 연구다. 사람들이 생각한다는 것이 어떤 작업인지, 배우고 학습하는 것은 어떤 작업이며, 주변 세계와 어떤 방법으로 관계하고 있는지, 이 과정에서 어떤 일이 일어나고 있으며, 이 작업을 통해 우리가 얻은 지식과 터득한 능력은 어떤 특성을 가지고 있는지, 이 과정에 영향을 미치는 것은 어떤 것이고, 이렇게 얻은 우리의 지식과 능력이 내포하고 있는 약점은 없는지 등에 관한 연구다. 생각을 피해, 또는 생각을 우회해 외부 세계에 관한 지식을 얻을 수는 없다. 우리의 생각이 어떤 결함을 가지고 있다면 생각을 통해 주변을 이해하고 세상에 관한 지식을 얻고 있는 우리는 이런 생각의 한계를 피하기 어렵다. 나는 올바른 판단에 도달했다고 착각하기 쉽다. 하지만 내 생각이 어떻게 작동하는지도 모르면서 어떻게 이를 확신할 수 있는가?

인간의 생각에 대한 연구에 따르면 인간의 사고 방식은 굉장한 능력도 가지고 있지만 동시에 상당한 결함도 가지고 있다. 사람들은 자신의 생각의 능력에 의지해서 주변 세계를 이해하고 대응하며 살아간다. 그래서 문명이 가능하고 제도도 가능하게 된다. 하지만, 자기 생각이 가지고 있는 약점에 대해서는 잘 알지 못한다. 나의 눈이 잘 작동하고 있다면 내가 굳이 눈이 작동하는 방법에 관심을 기울일 필요가 없다. 내 생각에 의지해 그럭저럭 살아갈 수 있다면, 그런 생각에 의지해 더 잘 살아가면 된다. 굳이 내 생각 자체를 돌이켜볼 필요는 없는 것처럼 보인다.

하지만, 제도와 정책에 관해서는 그렇지 않다. 나의 생각이 틀렸음에도, 우리들의 생각이 지극히 편견적이고 이념적임에도 이를 알지 못한다면, 이런 생각에 기초한 제도와 정책은 누구를 위한 것이 되고 무엇을 위한 것이 되겠는가? 최소한 다수 사회구성원들의 생각에 근거한 정책이 되지는 못한다. 게다가 상대의 생각을 무시하게 만들고 자신의 생각에 대해서는 과대평가하게 만들 수 있는 것이 인간이 생각하는 방식이다. 인간의 사고 방식은 정책과 제도를 지극히 비민주적인 방식으로 수립되게 하면서도, 이런 비민주성의 근원이 각자의 편협한 생각에 있다는 점에 대해 당사자들은 지각조차 하지 못하게 만들 수 있다.

2 언어에 대한 연구

철학은 언어에 관한 연구다. 언어는 매우 신비로운 현상이다. 언어가 작동하는 방식에 대한 연구는 이 신비로운 현상의 이면에서 이의 작동을 가능하게 하는 인간의 탁월한 의식 능력, 인간이 사고하는 방식을 관찰할 수 있게 해준다. 제도와 정책은 언어를 매개로 수립된다. 제도와 정책은 언어를 이용해 만들어 낸 일종의 약속이다. 사회구성원들이 또는 관련된 당사자들이 언어를 이용해 협약을 하고 이를 준수하게 되면 이런 협약이 기업의 정관이 될 수도 있고, 지역공동체의 설립 헌장이 될 수도 있다. 언어가 있어야만 이런 일을 해낼 수 있다.

문제는 언어에 대해 오해할 때 발생한다. 언어는 어디까지나 상징이고 기호일 뿐이다. 그 자체로는 생명을 가지지 않는다. 그런데 사람들이 이 기호에 익숙해지면 마치 언어가 삶의 일부가 아니라 그 자체가 하나의 독립적인 의미를 가진 개념인 것처럼 착각하게 된다. 하이데거(Martin Heidegger)는 이처럼 언어의 의미를 다루게 되면, 언어를 잘못 이해하는 것은 물론이고 언어를 가능하게 하는 인간까지도 화석화(化石化)한다고 비판한다(Heidegger, 1979: 144). 인간의 탁월하고도 독특한 의식 능력과 삶을 배경으로 언어는 발생하고 의미를 얻는다. 그런데 언어 자체를 독립적인 현상인 것처럼 다루면서 정작 언어를 가능하게 하는 인간은 오히려 망각되는 일이 일어나고 있다는 것이다.

언어는 우리 일상의 일부를 이루고 있을 때는 삶을 위한 도구로서의 역할을 잘 수행한다. 그런데 사회 현상에 대한 연구를 위한 수단으로 개념을 정의하거나 또는 제도와 정책을 수립하기 위한 수단으로 언어를 동원하면 완전히 달라진다. 일상의 삶에서는 의사소통을 가능하게 하고 약속을 하고 명령을 하고 사과를 하는 언어행위도 가능하게 한다. 그런데 이런 언어가 현실에 대한 이해와 서술을 위한 도구가 될 때는 현실을 서술하는 도구가 아니라 현실을 매우 편협하게 보고 왜곡해서 보게 할 수 있다. 심지어 본래의 모습에 대한 공정한 관찰을 가로막는 장애가 될 수 있고, 영원히 어떤 편견적인 사고에 빠지게 만드는 빌미가 될 수도 있다. 그럼에도 불구하고 사람들로 하여금 자신이 편견에 빠져 있고 착각에 빠져 있다는 점을 전혀 눈치채지 못하게 할 수 있는 것이 언어다.

미국이 기독교적인 정신에 근거해 민주적이고 자유주의적인 사회 질서를 발전시킬 수 있었던 것은 개인의 자유와 개인의 자기 결정을 존중하는 언어들이 일상의 삶에서 사람들의 생각과 행동을 지배하고 있었기 때문이다. 일상의 언어 속에서 나 자신에 대한 서술과 표현이 사라지면 내 생각 속에서도 사라지고 의사 결정 속에서도 무시되기 쉽다. 공산주의적이고 사회주의적인 언어들을 동원해 사회세계를 분석하고 서술하며 이해하기 시작하면 세상은 점차 그렇게 보이기 시작하고, 나중에는 내가 그렇게 보려고 하지 않아도 세상은 이미 그렇게 보인다. 내가 가지고 있는 언어들이 그렇게 세상을 보게 만든다. 그뿐만 아니라 그렇게밖에 보지 못하게 만든다.

하지만 이런 언어와 더불어 그렇게 살아가고 있는 사람들은 이런 삶의 방식이 자신들의 삶의 방식과 자신들의 신념, 자신들의 가치에 근거해서만이 정당화될 수 있다는 점을 알지 못한다. 어떤 안경을 계속 쓰고 있는 사람은 그 안경을 벗기 전에는 자신이 안경을 쓰고 있다는 점을 알지 못한다. 그런데 어떤 생각과 언어에 빠져 있는 사람들은 안경을 벗듯이 자신의 생각과 언어를 내려놓을 수 없다. 이미 세상이 그렇게 보인다. 이 안경을 내려놓는 것은 정의롭지 못한 것처럼 느껴지고 종교를 바꾸는 변절자처럼 생각된다.

언어는 삶의 일부다. 그런 삶의 방식을 공유하고 있는 사람들 사이에서는 매우 유용하다. 하지만, 이에 근거해 제도를 만들고 정책을 수립하면 전혀 새로운 문제가 발생한다. 이는 문제의 해결을 위한 해법의 수립이 아니라 나의 삶의 방식과 나의 가치를 다른 사회구성원들에게 강요하는 것과 다르지 않다. 겉으로는 문제의 해결을 주장하고 있지만, 엄밀하게 말하면 나와 같은 입장에서 문제를 바라보고 나와 같은 입장에서 그 문제를 해석하고 나와 같은 입장에서 해법도 선택할 것을 강요하는 것이다. 개인의 존엄을 침해하고 자유를 침해하고 민주적인 의사 결정의 정신도 침해할 수 있다.

3 사회세계의 존재론에 대한 연구

철학은 사회세계가 존재하는 방식에 대한 연구다. 사회적인 실재(언어, 법, 정책, 조직, 정부, 정당 등)들이 발생하고 작동하고 진화하는 원리에 대한 연구다. 사회세계는 인간의 존재와 상관없이 본래부터 있던 세계가 아니다. 인간에 의해 만들어진 세계이고, 인간에 의지해 작동하고 인간에 의지해 진화되어 가는 세계다. 자연세계와는 완전히 다른 방식으로 생성되고 작동하고 있다. 인간에 대한 이해 없이는 접근할 수 없고, 언어에 대한 이해가 없이 접근할 수 없는 것이 사회세계다. 지극히 인간 의존적이고, 그래서 사회 상대적이고 역사 상대적인 현상이 사회 현상의 세계다.

사회세계가 발생하고 작동하는 원리에 대해 무지할 때, 사회과학은 개념의 '시궁창'에 빠질 위험이 높아진다. 연구자는 나름대로 개념을 생성하고 현상을 분석하고 있지만 사회세계의 발생 원리에 비춰보면 지극히 지엽말단의 현상에 대해 마치 그것이 어떤 독립적인 의미를 가지고 있는 현상인 것처럼 서술하고 연구하는 일이 발생할 수 있다. 사회과학이 지식으로서의 가치를 의심받는 이유도 이 때문이다. 사회 현상의 발생과 진화에서 진정으로 의미 있고 탐구할 만한 가치가 있는 현상을 연구 대상으로 삼고 있는 것이 아니라 연구를 위한 연구를 하는 일이 얼마든지 발생할 수 있는 것이 사회과학의 세계다. 엄밀히 말하면, '사회과학'과 같은 것은 있을 수 없다. 사회세계는 그런 식으로 존재하고 있지도 않고 그런 식으로 작동하고 있지도 않다.

4 지식과 연구 방법에 대한 탐구

철학은 지식에 대한 연구이며, 지식을 얻는 방법에 대한 연구다. 사회과학도들은 사회세계에 관해 지식을 얻고, 이런 지식에 근거해 인간 사회의 발전에 기여하기를 원한다. 그렇다면 지식이란 어떤 것인가? 지식이란 아주 간단히 말하면, 그것을 얻는 사람이 지식의 대상이 되는 어떤 것에 대해 어떤 형태의 앎을 얻는 것이다. 지식이 인간의 존엄과 사회의 발전에 봉사할 수 있으려면 최소한 세 가지 조건이 충족되어야 한다. 첫째, 지식을 얻는 사람이 공정하게 지식을 얻을 수 있는 인식과 이해 능력을 가지고 있어야 한다. 둘째, 연구의 대상이 되는 세계는 연구를 통해 지식을 얻어내는 것이 가능한 형태로 존재하고 있어야 한다. 셋째, 세계에 대해 얻은 지식이 인간과 사회세계의 관계 방식에 대해 있는 그대로의 서술과 전체적인 서술을 제공할 수 있어야 하고, 또한 이를 가능하게 하는 언어가 있어야 한다.

그러나 현재까지 이뤄진 인간, 인식, 그리고 사회세계의 존재론에 대한 연구에 의하면, 사회과학과 사회세계는 이런 조건을 충족하는 지식을 얻는 것이 지극히 어려운 방식으로 작동하고 있다. 먼저, 인간은 공정하고 객관적인 지식 추구자가 아니다. 인간의 사고와 언어가 지식의 획득을 가능하게 하지만, 동시에 인간의 사고와 언어가 심각한 장애로 작용하고 있는 것이 사회과학의 세계다. 공기에 의지해 비행기는 이륙하지만 비행기의 비행에 가장 큰 장애물 역시 공기다. 마찬가지로, 사회과학은 인간의 사고와 언어에 의지해야 하는데, 바로 이런 인간의 사고와 언어가 지식의 획득에 심각한 장애가 되고 있는 것이 사회세계와 사회과학이다

(Husserl, 2001; Heidegger, 1962; Braver, 2012; Kahneman, 2011; 마이클 셔머, 2008, 2012).

게다가 세계에 관해 과학적인 방법으로 얻어낸 지식이 실제 인간과 세계의 관계에서 얼마나 많은 비중을 차지하는지도 알 수 없다(Heidegger, 1962; Dreyfus, 1986, 2014). 즉, 인간은 명제적인 지식에 의지해 세계에 대응하며 살아가는 것이 아니다. 이런 종류의 지식은 주변 세계에 대한 인간의 인식에서는 상대적으로 나중에 얻어진다. 옳고 그름에 대한 검증이 가능한 명제적인 지식이 아니라도 인간은 주변 세계에 대해 여러 가지 방법으로 이해할 수 있고, 주변 세계에 대응할 수 있는 기술도 얻을 수 있다. 세계는 분석적으로 이해되기 이전에 이미 감정적이고 정서적이며 직감적이고 통찰적인 방법으로 느껴지고 인식된다. 이런 느낌과 통찰에 의지해 사람들은 반응하고 대응하며 살아간다. 감정적인 상태에 기초해 이미 욕구는 발생하고, 이런 욕구의 충족을 시도하는 과정에서야 지식의 문제가 발생한다. 그런데 이때의 지식도 반드시 과학적이고 명제적이어야 할 필요는 없다. 일상의 삶 속에서 상당한 실천적인 지식을 획득하고 축적해 살아간다. 이런 지식의 핵심을 이루고 있는 것은 기술과 능력이다(Dreyfus, 1986, 2014). 이런 기술과 능력의 특징은 명제적인 지식으로 서술하는 것이 매우 어렵다는 것이다. 언어로 서술할 수 없는 것을 언어로 서술하면서 현상의 본래 모습은 은폐되고 현상과 지식이 괴리되는 문제가 발생한다.

자연세계를 연구하는 것과 같은 관찰과 분석에 의해 사회세계에 대한 지식을 얻어낼 수 있는가? 그렇지 않다. 상당한 한계가 따른다. 사회세계는 과학적인 지식의 획득이 가능한 방식으로 존재하고 작동하고 있지 않다. 사회세계에는 직접 관찰해 얻을 수 있는 것이 없다. 나의 해석, 우리의 해석이 개입되지 않으면 그와 같은 현상은 존재하지 않는다(Dreyfus, 1991: 31).[1] 연구자는 관찰하고 있다고 생각한다. 실증적으로 분석하고 있다고 생각한다. 하지만, 엄격히 말하면 나의 가치관, 나의 이론, 나의 사상, 나의 이념을 배경으로 대상 현상의 의미를 해석해 내고 있는 것이 사회 현상에 대한 관찰이다. 반드시 이중 해석의 문제에 직면한다(Schutz, 1962: 17-23; 피터 윈치, 2011). 연구자는 자신의 관점에서 자신의 이론을 동원해

1) 드라이퍼스는 인간의 해석으로부터 자유로운 지식은 없다고 잘라 말하고 있다.

사회구성원들의 행동을 관찰한다. 그런데 연구의 대상이 되는 사회구성원들은 연구자와 같은 관점이 아니라 오로지 자신의 관점에서 주변 세계를 이해하고 대응하며 살아간다. 사회구성원에 대한 연구자의 연구가 사회구성원의 생각과 행동의 의미를 정확히 탐구해 낸다는 보장이 없다. 이렇게 찾아낸 지식은 대상 현상에 대한 객관적인 서술이 아니다. 연구자의 해석일 뿐이다.

인간에 대해 알고자 하고, 사회 현상에 대해 알고자 한다면 인간의 생각과 행동이 작동하는 방법, 사회세계가 생성되고 작동하는 방법에 적합한 연구 방법에 대한 고민이 선행되어야 한다. 존재에 대한 고민이 없이 자연과학의 접근 방법을 그대로 사회과학에 적용하는 것은 사회 현상에 대한 올바른 이해를 오히려 방해할 수도 있다.

지식은 소중하다. 그러나 우리가 지식을 소중한 자산으로 제대로 이용할 수 있으려면 지식의 약점에 대해서도 함께 알아야 한다. 그 지식이 세상의 진정한 모습을 얼마나 담아낼 수 있는지에 대해 알아야 한다. 지식을 얻어내고자 하는 과정에서 오히려 세상의 진정한 모습은 은폐될 수 있음을 알아야 한다.

정책을 만들고 행정을 펴는 데도 지식은 중요하다. 그런데 정책을 만들고 행정을 담당하는 사람들이 특히 주의해야 할 것은 지식의 위험성과 한계다. 사회 현상에 관한 지식이 갖는 의미는 자연 현상에 대한 지식의 의미와는 매우 다르다. 과학철학자들은 사회과학이 자연과학에 비해서는 크게 뒤처져 있다는 점을 공통적으로 지적한다(예: Kuhn, 1962; 피터 윈치, 2011: 51). 예를 들면, 윈치(Peter Winch)는 사회과학이 '갓 태어난 유아'와 같다고 지적하고 있다. 하이데거는 지식이 오히려 진정한 세계의 모습을 은폐할 수 있다고 경고한다(Braver, 2012; Dreyfus, 1991: 271). 겉으로 관찰하고 개념화하면 마치 세계에 관한 지식을 얻은 것처럼 보인다. 그런데 실제 인간세계와 사회세계는 관찰이 곤란하고 개념화가 곤란한 방식으로 작동하고 있다. 개념화가 어려운 상태로 작동하고 있는 것을 굳이 개념화하면 현상의 실제 양상과 개념화된 양상은 괴리될 수밖에 없다. 사회 현상에 대해 보편적인 지식을 본 적이 있는가? 사회 현상에 대해 어디에서나 통하는 진리를 본 적이 있는가? 사회 현상에 관한 지식에 대해 사회 연구자들이나 사회구성원들이 다 같이 공감하고 동의하는 지식을 본 적이 있는가? 드물다. 매우 드물다.

그런데 이처럼 다수가 공감하는 것도 아니고 다수가 알고 있는 것도 아니고, 확실한 진리라고 확증된 것도 아닌 사회 현상에 관한 지식을 토대로 사람들의 땀방울이 녹아 있는 소득에서 마구 세금을 걷고, 누군가의 소득에서 세금을 거둬서 다른 누군가에게로 이전하며, 누군가의 자유를 제약하고, 누군가의 행복추구권을 제약하며, 누군가의 자율적인 선택권과 의사결정권을 제약하는 것이 어떻게 정당화될 수 있는가? 자연과학과 사회과학은 다르다. 엄밀한 의미에서 사회과학은 과학이 아니다(예: 피터 윈치, 2011; Hutchinson, Read, & Sharrock, 2008). 과학적으로 밝혀낼 수 있는 대상이 있는 것도 아니고, 중립적인 인지 능력을 가진 연구자가 있는 것도 아니고, 관찰 내용을 담아낼 수 있는 중립적인 어휘들이 있는 것도 아니다.

제 2 절 정책과 제도에 대한 오해들

1 마치 자유롭게 이용할 수 있는 도구인 것처럼 생각한다

인간에 대해 무지할 때, 언어에 대해 무지할 때, 사회세계의 존재 방식과 작동방식에 대해 무지할 때, 사회과학의 지식이 가지는 약점들에 대해 무지할 때, 사람들은 제도와 정책에 대해 오해하게 된다. 자신이 무엇인가 알고 있는 것처럼 착각하고, 자신의 판단이 옳다고 착각하기 쉽다. 자신이 사용하고 있는 언어와 개념들은 충분히 구체적이고 실질적인 의미를 가지고 있다고 생각하기 쉽다. 사회세계란 얼마든지 바꿀 수 있고 얼마든지 원하는 대로 세워나갈 수 있다고 생각하기 쉽다. 적어도 철학이 제시하는 인간, 언어, 사회세계에 대한 연구들에 비춰보면 분명 그렇다. 사람들은 자신이 알고 있는 것이 실제로는 지극히 부분적인 지식, 주관적인 지식, 편견적인 지식, 이념적인 지식이라는 것을 잘 알지 못한다. 자신의 생각과 언어가 어떻게 작동하고 있는지 알지 못하기 때문에 이런 착각에 빠지는 것이다. 가장 흔히 접하는 것은 제도와 정책을 마치 자신들이 원하는 대로 자유롭게 이용할 수 있는 도구인 것처럼 생각하는 것이다.

많은 정치인이 법을 만들어서 한국 사회의 온갖 문제를 풀어줄 것처럼 말한다.

이는 인간과 제도에 대한 심각한 무지에서 비롯된다. 조금만 반성해 보면 된다. 성매매, 수도권 집중, 사교육, 노사 갈등, 공무원 부패, 정치 부패, 권력 남용 등 법을 통해 풀지 못하는 문제들이 우리 사회에서 넘쳐나고 있다. 그럼에도 여전히 정치인들은 제도를 통해 문제를 해결할 수 있다고 말한다. 사회의 미래를 망쳐놓을 수 있는 제도에 대한 치명적 무지의 산물이다.

분명히 제도에 의해 사회구성원들의 행동에 제약을 가하고, 한국 사회의 발전에 상당한 영향을 미칠 수 있는 영역도 존재한다. 시장경제적인 기업 제도, 재산권 제도, 각종 시장 제도의 발전과 행정부를 중심으로 하는 정부 제도가 없었다면 한국 사회는 압축적이고 폭발적인 경제 성장과 정치의 발전을 이룩할 수 없었을 것이다. 현재 한국 사회가 직면하고 있는 문제를 해결하는 과정에서도 결국은 제도의 도움에 의지해 문제를 해결해 나가야 할 것이다. 문제는 제도, 법, 정부, 정책이 작동하는 원리에 대해 지나치게 낙관적이라는 것이다. 만들어 놓으면 작동할 것처럼 생각한다는 것이다.

그러나 이는 착각이다. 만일 제도가 이와 같은 도구라면 제도들을 이용해서 민주주의를 발전시키고 자본주의를 발전시키기 못할 사회가 없을 것이다. 그러나 현실은 그렇지 않다. 어떤 사회에서는 제도가 경제적인 발전을 가능하게 하고 민주주의를 가능하게 하지만 다른 사회에서는 착취와 압제의 수단에 불과한 것이 엄연한 현실이다. 즉, 제도가 어떤 수단이 될 것인지는 결코 제도 자체에 의해 결정되지 않는다는 것이다.

법과 정책은 망치나 나무, 돌처럼 우리가 이용할 수 있는 물리적 대상으로 우리의 외부에 주어져 있지 않다. 하이데거의 표현을 빌리면 '사물과 같은 대상(present-at-hand)'으로 외부에 있는 것도 아니고, '준비된 대상 또는 익숙하게 숙달된 대상(readiness-to-hand)'처럼 의식적으로 인식하지도 않으면서 자유롭게 이용할 있는 도구처럼 있는 것은 더욱 아니다. 매우 독특한 방식으로 인간 및 사회구성원들과 관계하고 있다. 물론 법이 상대적으로 엄격하게 준수되고 사회의 기본적인 규칙으로 인정되는 사회도 있다. 그러나 이런 경우도 법이 지켜지는 이유는 법 그 자체가 독립적인 도구이기 때문이 결코 아니다. 그것이 법이라는 이유만으로 저절로 사회적인 생명력을 획득한 것도 결코 아니다. 사회구성원들이 오랜 역사적인 경험 속에서 법을 중시하고 인정하는 삶의 방식을 마련하고 발전시켰기 때문일 뿐이다.

제도가 어떤 종류의 대상인지, 인간과 어떤 방식으로 관계하고 있는지 짐작해 볼 수 있는 쉬운 방법의 하나는 지시해 보는 것이다. 망치, 지시할 수 있다. 세포, 현미경으로 보여줄 수 있다. 원자의 핵, 중성자 가속기를 이용해 이를 깨트리면서 관찰할 수 있다. 그렇다면 제도에 대해 지시할 수 있는 것은 무엇인가? 법전을 가리키면 되는가? 그것은 책일 뿐이다. 법을 만드는 국회의원들을 지시하면 되는가? 물리적으로 보면 사람들의 집합일 뿐이다. 그들이 결정한 것이 제도가 아닌가? 무시하고 회피하면 편법과 탈법의 대상이 될 뿐이다. 엄격히 말하면 외부 세계에 있는 어떤 것을 지시하더라도, 그리고 아무리 많은 것을 지시하더라도 이런 방식으로 제도를 온전히 가리킬 수는 없다. 제도는 인간의 생각과 상관없이 인간으로부터 온전히 독립되어 외부에 존재하고 있는 어떤 것이 아니기 때문이다. 외부에 존재하고 있다면, 왜 도구로 자유롭게 이용해 사회를 규율하고 사회 발전을 위한 수단으로 자유롭게 이용할 수 없겠는가? 사회를 구성하고 있는 사람들과 적절한 관계를 형성하지 못한다면 제도는 존재할 수도 없고 제대로 작동할 수도 없다. 제도를 설명하기 위해 반드시 사회구성원들의 생각과 행동을 설명해야 하는 것은 바로 이 때문이다.

2 제도를 만들어 세상을 바꿀 수 있다고 생각한다

물론 부분적으로는 그렇다. 사교육도 바꿀 수 있고, 선행학습도 막을 수 있으며, 노사 갈등도 해결할 수 있고, 수도권 집중도 해결할 수 있으며, 성매매의 확산을 막을 수도 있다고 생각한다. 사람들의 생각을 바꿀 수 있고, 사람들의 행동을 바꿀 수 있으며, 국가적인 문제를 해결하고 사회적인 목표를 달성할 수 있는 수단이라고 생각한다. 많은 정책학 교재는 정책이란 "사회문제의 해결을 위한 수단, 또는 어떤 공통의 목표를 달성하기 위한 수단"이라고 아예 정의하고 있다. 그러나 이런 설명은 제도의 역할을 과대평가한 것이다. 역사적 경험에 비춰보면 그렇지 못하다.

예를 들어, 미국에서 자치 제도가 발전한 것은 그런 법을 만들었기 때문이 아니라 그들의 삶의 방식과 마음의 습관에서 유래한다고 알렉시스 드 토크빌(1997)은 설명한다. 서구 사회에서 자본주의가 발전할 수 있었던 것은 기독교적인 정신이 바탕이 되었다고 베버(Weber, 1976)는 설명한다. 베버의 이런 설명에 대해 노스(North, 1990, 2006)는 비공식 제도가 공식 제도의 발전 경로를 결정한다는 좀 더 중립적인 설명을 제시하고 있다. 정책이 사회 변화의 수단으로 본격적으로 등장한 것은 대공황과 제2차 세계대전을 거친 20세기 중반 이후의 일이다. 그런데 서구 사회의 발전의 토대는 18~19세기에 이미 형성되었으며, 20세기 중에는 선진화를 이룩한 사회가 없다는 지적이 제기되고 있다(예: Adelman, 1999; Chang, 2002). 정책이 사회 변화의 수단으로 등장하기도 이전에 서구 사회들은 성장의 궤도에 올라 있었다는 것이다. 공식적인 법과 제도들에 의해 민주주의가 발전하고 자본주의가 발전했다고 주장하는 연구자는 찾아보기 어렵다. 우리가 정책을 수립하고 제도를 만들어 궁극적으로 지향하고 있는 목표 역시 민주적이고 자본주의적인 정치 제도와 경제 질서일 것이다. 그런데 역사가 보여주고 있는 것은 이런 사회적인 성과가 단지 법과 정책에 의해 달성된 것이라고 말할 수는 없다는 것이다.

왜 제도로 세상을 바꿀 수 없는가? 당연히 이런 의문이 제기될 것이다. 아주 간략하게 답한다면 제도란 인간의 생각과 독립해 독자적으로 영향력을 행사할 수 있는 독립된 실체가 아니기 때문이다. 그렇다면, 그럼에도 불구하고 제도로 세상을 바꾸고자 하는 제도 연구자들과 정부는 도대체 뭘 하고 있는 것인가? 간단히 말하면, 제도에 대한 온전한 이해에 실패하고 있기 때문에 제도의 효과에 대해 과대평가하고 있는 것이다. 인간의 인식에 대한 무지, 인간이 주변 세계와 관계하고 대응하며 살아가는 방식에 대한 무지, 인간의 의식이 제도와 관계하는 방식에 대한 무지, 사회 제도가 발생하고 작동할 수 있게 되는 원리에 대한 무지, 사회 현상 자체의 존재론적이고 인식론적인 독특성에 대한 무지, 인간이 사용하고 있는 언어의 의미의 기원에 대한 무지, 언어로 형성된 현상의 현실적 유효성의 근원에 대한 무지 등이 한편으로는 제도에 대한 온전한 이해를 어렵게 하고, 다른 한편으로는 제도의 효과에 대해 착각하게 만들고 있다. 그러나 대부분의 제도 연구자들은 제도 현상의 철학적 근원에 대해 무관심하고 무지하며, 결과적으로 제도의 본성을 이해하는 데 실패하고 있다. 제대로 알지 못하기 때문에 제도로 세상을 바꿀 수 있다는 착각에 빠지게 된다.

3 정책이란 문제 해결의 수단이라 정의한다

정책 연구자들은 흔히 정책이란 바람직한 사회 상태나 목적 가치의 실현 또는 사회문제의 해결을 위한 수단으로 정의하고 있다. 예를 들면, 정책이란 "바람직한 사회 상태를 이룩하려는 정책 목표와 이를 달성하기 위해 필요한 정책 수단에 대해 권위 있는 정부기관이 공식적으로 결정한 기본 방침"(정정길, 1990: 52),[2] "목적 가치와 실행을 투사한 계획"(Lasswell & Kaplan, 1970:71; 정정길, 1990: 51에서 재인용), "매우 복잡하고 동태적인 과정을 통해 정부기관에 의해 만들어지는 미래지향적인 주요 행동 지침으로 가능한 최선의 수단을 통해 공익을 증진할 것을 목적으로 하는 것"(Dror, 1983: 12; 최봉기, 2004: 32에서 재인용)으로 정의하고 있다.[3]

정책 과정 중심의 연구자들 역시 합리적이고 체계적인 과정을 거쳐 정책을 결정하고 집행할 경우 정책은 사회문제의 해결책이 될 수 있다고 생각하는 경향이 있다. 국민 다수가 요구하는 문제를 정책문제로 설정하고, 최대한 객관적이고 과학적인 정보와 자료에 기초해 최선의 문제 해결책을 모색하고 선택한다면 합리적인 정책 결정이 가능하다는 것이다. 이들에 따르면 정책 과정은 정책문제를 정의하는 데서부터 출발한다. 정책의제를 정하거나(policy agenda setting), 정책문제를 인지(perception) · 정의(definition) · 확인(identifying)하는 데서 정책 과정이 시작된다. 다시 말해, 정책 과정은 사회문제에서 출발하는 것이며, 이러한 사회문제를 해

---

2) 만일 정책의 목표나 바람직한 사회 상태에 대해 사회의 다수 구성원이 공통된 신념을 가지고 있지 않다면 정책은 무엇이겠는가? 누구를 위한 정책인가를 생각하기에 앞서 어떻게 이런 상황에서 정책이 정당화될 수 있겠는가? 이런 상황에서 만들어진 정책이 민주적이라 할 수 있으며 개인의 존엄과 충돌하지 않는다고 할 수 있겠는가? 그러나 애로(Kenneth J. Arrow)의 '불가능성의 정리'가 시사한 것처럼 바람직한 사회 상태와 같은 것을 구성하고 합의하는 일은 결코 쉬운 일이 아니다.

3) 그 밖에도 "문제 해결 및 변화 유도를 위한 정부의 제반 활동지침"(최봉기, 2004: 35), "권위 있는 정부기관이 당위성에 입각해 사회문제의 해결 및 공익의 달성을 위한 정책 목표와 정책 수단에 대해 공식적인 정치, 행정적 과정을 거쳐 의도적으로 선택한 장래의 행동 지침"(박성복 · 이종열, 1994: 161), "어떠한 사회를 어떻게 만들겠다고 하는 것을 결정해 놓은 것이기 때문에 이상으로 설정해 놓은 사회 또는 바람직한 상태를 실현하는 목표지향성을 내포한 것"(노화준, 2004: 7), "대부분의 사회구성원과 관련이 있는 시급한 문제들을 권위적(합법적)으로 해결함으로써 생활의 질과 공익을 향상시키고자 하는 정부와 공공기관의 미래 지향적인 활동 방침이나 활동 목표"(곽효문, 1995: 33) 등으로 정의하는 것을 볼 수 있다.

결하기 위한 대안을 탐색해 가는 것이 정책 과정의 시작인 것이다. 유권자들이 요구하는 것이 정책문제가 될 수도 있고, 정책담당자들이 중요하다고 생각하는 문제가 정책문제가 될 수도 있다. 어떤 사회·경제적 사건이 사회문제를 정책문제로 발전시키는 계기가 될 수도 있을 것이다. 계기가 어떤 것이든 정책 과정은 사회문제의 해결이나 사회적인 목표의 달성을 위해 시작되는 것이다. 이후의 과정들도 마찬가지로 이런 문제에 대해 최선의 해결책을 찾고, 또한 이렇게 정해진 정책을 공정하게 집행하고 평가할 경우 사회문제는 해결될 수 있다고 묵시적으로 가정하거나 희망하고 있는 것이다. 물론, 과정 위주의 연구자들이 정책 과정에서 정치의 영향을 배제할 수 있다고 명시적으로 가정하고 있는 경우는 흔치 않아 보인다. 그럼에도 불구하고 정책을 사회문제의 해결 수단으로 보고 합리적인 결정과 집행의 문제에 주로 관심을 기울인다는 점에서는 정책의 수단성에 중심을 두는 접근이라 할 수 있을 것이다. 한국에서 이뤄지고 있는 정책 관련 학술논문들 역시 70% 정도는 대안 제시적인 경향을 보이고 있다(목진휴 외, 2005). 정책 연구자들의 연구도 정책을 통해 문제를 해결하려는 연구가 가장 많은 비중을 차지하고 있음을 알 수 있다.

그렇다면 실제 정책의 현실은 어떠한가? 정책을 통해 우리가 풀고자 하는 문제들이 얼마나 해결되고 있는가 생각해 보자. 정책의 현실을 보면 정책을 통해 문제를 해결하려 하면 할수록 일이 더 꼬이는 일이 흔히 발생하고 있다(최병선, 2007). 정책이 이렇게 좋은 수단이라면 왜 교육문제는 언제나 그 자리를 맴돌고 있으며, 온갖 형태의 불법 고리 사채나 불법 다단계, 불법 과장광고를 뿌리뽑지 못하는 것일까? 왜 수도권 집중 문제는 오랜 노력에도 지속되고 있고, 성매매 문제는 규제를 하면 할수록 오히려 음성화되고 첨단화되고 있을까? 왜 기업인들의 분식회계와 회사 자산의 사적 유용 문제가 끊이지 않고 계속되고 있을까? 정책이 문제 해결의 수단이고 사회 발전의 수단이라면 왜 사하라사막 남쪽의 아프리카 국가들과 남미의 국가들, 동남아의 다수 국가는 정책을 수단삼아 빈곤과 전쟁, 독재와 무질서에서 탈출하지 못하고 있는 것이겠는가? 정책이 해결책이라면 노스(North, 1990)는 왜 이런 사회에서는 자신들이 걸어온 빈곤에서 탈출하기 어려울 것이라고 예측하고 있겠는가? 왜 남이탈리아는 북이탈리아에 비해 제도의 성과에서 뒤처질 수밖에 없는 악순환에서 탈출하지 못하고 있겠는가(Putnam, 1993)?

논리적으로 생각해 보면, 정책에 대해 하나의 개념으로 접근하는 것 자체가 불합리하다. 정책이 무엇이 될 것인지는 그것을 사용하는 사람의 의사에 따라 달라진다(사공영호, 2013). 하나의 칼이 무기도 되고 주방기구도 될 수 있다면, 그것이 무엇이 될 것인지를 정하는 것은 그것을 이용하는 사람이다. 정책이란 이런 도구에 불과하다. 그런데 그것을 이용하는 사람들은 배제한 채 정책이 무엇이라고 정의하면 무슨 소용이 있겠는가?

4 인간에 대한 이해 없이도 제도 현상을 설명할 수 있다고 생각한다

대부분의 제도 연구자, 정책 연구자들은 인간이 아니라 제도 현상을 연구의 출발점으로 삼고 있다. 인간에게 봉사하는 것을 궁극적인 학문의 목표로 삼고 있으면서, 자신이 봉사해야 할 인간에 대해서는 제대로 알지도 못한 채 연구에 몰두하고 있는 것이다. 인간에 대해 알지 못하는 학문이 어떻게 인간에게 봉사하는 학문이 될 수 있겠는가? 인간에 대해 알지도 못하면서 인간에게 봉사한다고 할 때, 이때의 인간은 도대체 누구이며 어떤 사람이겠는가? 만일 제도 연구자들이 암묵적으로 가지고 있는 인간에 대한 이해가 실제 인간의 모습과 일치하지 않는다면 이때의 제도는 누구를 위한 제도가 되겠는가? 궁극적으로 사회구성원들에게 봉사하는 제도, 인간의 존엄을 보호하는 제도가 아니라 정치인들을 위한 제도, 정부 부처와 공무원들의 안녕을 위한 제도, 정부에 의지해 존속하고 있는 수많은 공공 분야 조직과 단체들을 위한 제도가 될 위험이 커질 수밖에 없을 것이다. 윌다브스키(Wildavsky, 1987: 63-67)는 정책은 또 다른 더 큰 정책의 원인일 뿐이라고 정의하고 있으며, 프리드먼(Friedman, 1983: 105-107)은 정책의 결과는 정책의 공식적 목표와는 정반대인 경우가 훨씬 많다고 정책을 비판하고 있다. 정책을 문제 해결의 수단이라고 정의하는 것 역시 분명히 현실의 정책과는 괴리된 너무나도 낙관적인 생각이라는 것이다.

사실 현재 대부분의 사회과학은 인간에 대한 이해에 기초하고 있지 않다. 인간에 대해서만큼은 무지의 상태에 있다. 플라톤(Platon)의 비유를 빌리면 일종의 동굴 오류에 빠져 있다. 어떤 사회 현상을 관찰하고는 있으나 그 현상의 의미를 행위 당사자의 관점에서 제대로 이해할 수 있는 기초적인 지식이 없는 상태다. 예를 들면, 생각한다는 것이 무엇이며 주변의 대상을 인식하고 지각한다는 것이 어떤 의식의 활동인지에 대해 대체로는 알고 있지 못하며, 인간이 주변 세계를 이해하기 위해 이용하고 있는 몸과 마음의 탁월한 능력에 대해서도 잘 알고 있지 못하다. 주변 세계와 어떤 관계에 있으며 얼마나 놀라운 방식으로 주변 세계와 결합되어 있는지에 대해서도 알지 못하고 있다. 아마도 가장 치명적인 무지는 인간의 지적 능력에 대한 무지일 것이다. 사회구성원들은 알지 못하는 것을 연구자인 자신은 알고 있다고 생각한다.

그러나 사회구성원들이 일상의 삶에서 획득하고 있는 사회에 대한 이해 능력과 대응 능력은 이를 과학적인 언어들로 온전히 서술할 수 있는 그런 종류의 지식이 아니다(Heidegger, 1962; Dreyfus, 1986; Braver, 2012). 일상의 삶에서 주변 사람들의 말과 언어를 이해하고, 적절히 대응하면서 살아가는 방법에 대해 이를 얼마나 언어로 표현할 수 있겠는가? 세상이 돌아가는 원리에 대해 기업의 지도자들이나 정치 지도자들이 가지고 있는 통찰적인 지식에 대해 이를 어떻게 과학적인 인과(因果)로 설명할 수 있겠는가? 이를 서술할 언어도 마땅치 않고, 인과 관계적인 방식으로 설명할 수 있는 과학적인 형태의 지식도 아니다. 즉, 적어도 인간과 사회에 관해 과학적인 방법을 통해 얻을 수 있는 지식은 분명히 제한되어 있고, 게다가 이런 지식이 반드시 더 우수하다는 보장도 없다(Garfinkel, 1967: 262-283).

인간에 대한 무지는 사회 현상이나 제도 현상의 연구에서 여러 가지 문제를 초래한다. 우선 인간이 가지고 있는 탁월한 사고 능력과 의식 능력을 이해하지 못할 때, 사회과학도들은 자신의 연구 내용에 대해 지적인 오만에 빠지기 쉽다. 인간을 제도적인 통제의 대상으로 삼을 수 있다는 정부개입주의적인 사고를 정당화하는 것도 쉬워진다. 후설(Edmund Husserl)의 표현을 빌리면, 인간을 사실인(factual man)으로 다룰 위험이 높아진다. 인간이 소중한 것은 그 스스로가 생각하고 판단하고 행동할 수 있는 자발적인 사고와 행동의 주체이기 때문이다. 그럼에도 인간을 학문의 대상으로 삼게 되면 인간은 하나의 대상적인 집단으로 다뤄지고, 집단적인 분류와 측정과 처방의 대상으로 전락하게 된다. 제도란 결국 인간의 행동에 대해 제약을 가하는 것을 주된 내용으로 한다. 인간의 의식 능력에 대한 이해가 빈약할수록 이런저런 제도들이 쏟아질 위험은 높아지고, 결국 사회구성원들은 제도의 식민에 불과한 존재로 전락할 위험에 처하게 된다. 즉, 제도가 자신이 궁극적으로 봉사해야 할 인간의 존엄과 독자적인 삶의 자유를 억압하고 통제하는 수단으로 변질된다.

5 제도가 발전하지 않는 것은 사회구성원들의 무능력 때문이고 생각한다

이런 생각 역시 착각이다. 제도가 발생하지 않는 것은 사회구성원들이 무능력하기 때문이 아니라 제도의 위험을 알기 때문이다. 제도란 특정인, 특정 조직에 특정한 권한, 지위, 역할을 주는 것을 핵심적인 내용으로 한다. 그런데 이러한 권한을 부여받은 사람이나 조직이 자신의 권한을 자신의 이익을 위해 악용하지 않을 것이라는 것을 어떻게 보장할 수 있는가?

사회구성원들이 무지하다고 생각하는 것은 인간의 이해 능력과 통찰 능력에 대한 무지의 소산이다. 인간은 이미 세계에 던져져 있고, 주변 세계를 이해하면서 자신까지도 이해하고 있는 존재다(이남인, 2013; Heidegger, 1962). 인간은 자신의 의식 능력을 이용해 주변을 경험하는 속에서 저절로 자연스럽게 주변에 대한 지식을 얻고, 굳이 노력하지 않아도 이런 지식은 축적된다. 이렇게 축적된 지식은 내가 굳이 의식적으로 노력하지 않아도 주어진 현상을 이해하기 위해 자동적으로 동원된다. 아무리 복잡하고 정교한 기계도 인간의 두뇌처럼 민첩하게 자신의 경험을 자동적으로 동원해 주어진 현상을 통찰하고 이해하지는 못한다(Dreyfus, 1986).

우리는 일상의 삶 속에서 자신도 이해하지만 다른 사회구성원들에 대해서도 알게 된다. 저절로 알게 된다. 경험하는 속에서 사람들의 인간성을 알게 되고, 사람들의 도덕성에 대해서도 알게 된다(Heidegger, 1962). 사람들이 자신에게 주어진 권한을 정직하게 행사할 것인지 아니면 악용하고 있는지도 알게 되고, 사람들이 자신의 지위를 기회주의적으로 이용할 위험이 크지 않은지도 삶 속에서 사람들을 경험하면서 알 수 있다. 즉, 제도를 만들어 특정인에게 권한을 주더라도 그 사람들이 그러한 권한을 자신들의 사적인 목적을 위해 이용하지는 않을 것인지를 일상의 삶 속에서 느낄 수 있다. 이런 경험 속에서 사람들을 믿기가 쉽지 않다는 생각이 들면, 누군가에게 권한을 주는 일에도 조심스러워질 수밖에 없다. 특별한 관계가 있는 사람들끼리가 아니면 만나기를 꺼려하고, 특별한 관계가 있는 사람이 아니면 정말 중요하다고 생각되는 일은 맡기고 싶어하지 않게 된다.

어떤 사회에서는 지방자치 제도가 거의 천년의 역사를 가지고 있다. 런던시(City of London)가 대표적인 예다. 그렇다면 왜 우리는 스스로 이런 제도를 실행하지 못했겠는가? 우리의 일상의 삶 속에서 사람들이 자신의 권한을 어떻게 이용하는지를 이미 경험하고 있고, 이런 경험 속에서 제도의 위험을 이미 알고 있기 때문이다.

미국의 대기업들은 경영학도들이 전문경영에 대해 관심을 가지기도 전에 이미 전문경영을 실시하고 있었다(Roe, 1994). 전문경영만큼 위험한 권한 부여 행동이 어디 있겠는가? 한국의 기업들은 결코 이런 경영을 하고 있지 않다. 한국의 기업들이 전문경영의 장점을 몰라서 그렇겠는가? 일상의 기업 현장에서 일어나고 있는 경험들 속에서 전문경영의 위험을 감지할 수 있기 때문이다.

제도가 자생적으로 만들어지고 발전하지 않는 이유는 사람들이 제도에 대해 무지하기 때문이 아니라 제도의 위험에 대해 이미 일상의 삶 속에서 알아채고 있기 때문이다.

6 남들이 하고 있으니 우리도 할 수 있다고 생각한다

다른 나라에서 소유와 경영을 분리하고 전문경영을 하고 있으니 우리도 그렇게 할 수 있고 또 해야 한다고 생각한다. 다른 나라에서 지방자치를 하고 있으니 우리도 역시 도입해서 할 수 있다고 생각한다. 다른 나라에서 내부고발 제도가 잘 작동하고 있으니 우리도 도입하면 될 것으로 생각한다. 다른 나라에서 민주주의를 하고 있으니 우리도 얼마든지 할 수 있고, 다른 나라에서 자본주의를 하고 있으니 우리도 할 수 있다고 생각한다. 재산권이라는 것이 법의 규정에 의해 얼마든지 보호될 수 있다고 생각한다. 다른 사회에서 종교가 사회 발전에서 긍정적인 역할을 수행하고 있으니 우리에게도 종교의 자유가 당연히 보장되어야 한다고 생각한다.

그러나 우리의 현실은 어떤가? 대기업은 물론 중소기업들까지도 전문경영을 두려워하고 있다. 미국에서는 기업의 대주주들이 자발적으로 선택한 전문경영을 우리의 대주주들은 한사코 거부하고 있다. 그럼에도 각종의 규제를 가하자 기업의 소유구조가 오히려 더 복잡하게 편법적으로 왜곡되는 일이 발생하고 있다. 지방자치도 마찬가지다. 자신의 정치적·경제적 욕심을 위해 권력을 기꺼이 남용하고자 하는 사람들이 적지 않게 지방정치에 참여하고 있으며, 이들이 지역정치를 부정부패의 장으로 전락시키고 있다. 내부고발자는 오히려 다른 사람들에게 지탄의 대상이 되고 있다. 30%대의 득표에 의해 당선된 교육감들은 마치 자신이 지역의 교육정책에 대해 전권을 위임받은 것처럼 행동하고, 교육정책을 기꺼이 자신들의 이념을 위한 도구로 삼을 태도를 취하고 있다.

이는 제도에 대한 기계론적 사고의 산물이다. 한국에서 만든 자동차가 미국에서도 작동하듯이 제도가 그렇게 작동하지는 않는다. 제도는 그 사회구성원들의 생각과 언어, 삶의 방식과 공통된 이념의 외적 표현물일 뿐이다. 그들의 생각의 연장물일 뿐이다. 그러한 생각이 사라지면 제도 역시 사라진다. 독립된 실재가 아니다. 그래서 아무리 민주주의가 좋은 제도라도 전혀 다른 전통을 가진 사회로 옮겨 심을 수는 없는 것이다. 남들이 하고 있으니 우리도 그런 제도를 시행할 수 있다는 생각은 미국의 서부에 낙타를 서식시키려고 도입하거나(Friedman, 1988: 36), 렘브란트의 그림에 피카소의 그림을 조합하려는 것과 같은 어리석고도 무리한 정책 시도다(Tribe, 1972: 84).[4]

제 3 절 수단적 가치의 과잉 평가 원인

1 제도 현상의 발생적 심연에 대한 무지

왜 제도의 이용가능성에 대해 오해하기 쉬운가? 왜 제도로 무엇이든 할 수 있을 것 같은 환상에 빠지는가? 제도를 너무 얕게 상식적인 차원에서 다루고 있기 때문이다. 제도에 대한 사회과학적 차원의 이해에 그치고 있기 때문이다. 제도의 발생적 근원에 대해 무지하기 때문이다. 제도의 발생과 진화를 가능하게 하는 인간 사

4) 목적론적인 해답을 찾기 위해 전체를 배제한 채 부분적인 결과에 초점을 맞춘 정책 접근을 한계를 비판하는 트라이브(Tribe, 1972)의 표현이다. 렘브란트의 그림처럼 표현할 수 있는 어떤 사회에 피카소의 그림을 잘라 와서 붙이는 꼴이 될 수도 있다는 것이다.

고와 언어의 심연에 대해 무지하기 때문이다. 사회세계의 존재론에 대해 무지하고, 제도가 내포하고 있는 여러 가지 철학적인 이슈들에 대해 무지하기 때문이다. 좀 비판적으로 말하자면 무식하기 때문에 용감한 것이다.

[그림 1-1]을 보면서 생각해 보자. 이 그림은 현상학, 제도철학, 언어철학의 연구를 참고해 제도의 발생을 가능하게 하는 요소들을 축약적으로 정리해 본 것이다. 제도에 대해 온전히 이해하려면 이 그림이 담고 있는 내용 전체에 대해 이해해야 한다. 첫째, 지향성, 지위 기능 부여 능력, 언어 능력 등 인간의 몸과 마음의 능력을 이해해야 한다. 이것이 언어, 관습, 집단지향성과 같은 사회 현상들의 발생을 가능하게 하는 인간의 능력이기 때문이다. 공식 제도 역시 이런 인간의 의식 능력에 기초해 발생되고 작동한다. 둘째, 제도에 앞서 제도를 가능하게 하는 언어, 언어행위, 공유의 신념 등 사회 현상들을 이해해야 한다. 이런 것들이 공식 제도의 수립을 가능하게 하는 직접적인 재료가 된다. 셋째, 공식 제도가 가지는 제도적 독특성과 한계를 이해해야 한다. 공식 제도는 정치의 산물이다. 정치의 영향을 피할 수 없다. 언어적으로 규정된다. 언어의 한계를 피할 수 없다. 가치와 이념을 배경으

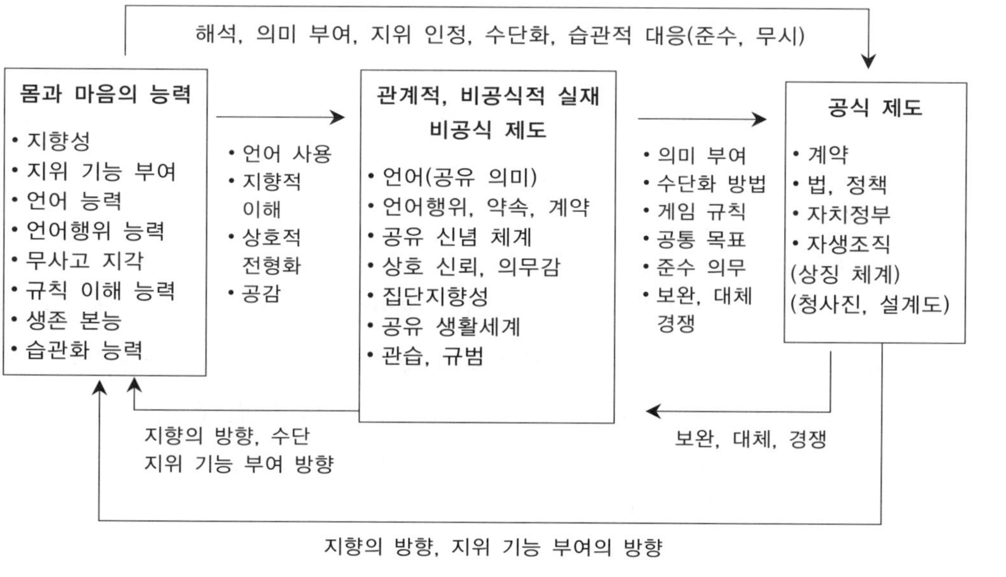

그림 1-1 제도 발생의 체계

로 한다. 이의 영향도 피할 수 없다. 제도 현상을 온전히 이해하려면 인간의 의식 능력에서부터 관계적·비공식적 실재들이 만들어져 나오고, 이에 기초해 공식 제도들이 만들어지는 과정을 하나의 전체적 과정으로서 이해해야만 한다.

사회과학도들의 관심이 가장 많이 집중되어 있는 것은 공식 제도다. 정치학, 법학, 정책학, 정치경제학 등이 주된 연구의 대상으로 삼고 있는 것은 공식 제도가 만들어지고 집행되는 과정과 이에 따른 사회적 변화에 관한 것이다. 적지 않은 연구자들은 문화, 관습, 규범 등 비공식 제도에도 상당한 관심을 기울이고는 있다(예: 토크빌, 베버, 헌팅턴, 노스, 오스트롬 등). 그러나 대체로 사회과학도들은 문화·관습·규범 등을 이미 주어진 것으로 다루고 있으며, 결과적으로 이런 것들의 생성과 작동을 가능하게 하는 인간의 의식과 일상의 삶의 작동 원리에는 접근하지 못하고 있다. 언어의 의미 역시 이의 근원을 탐구하는 사회과학도들은 거의 없다.

이와 같은 사회과학적 접근의 가장 치명적인 약점은 제도 현상 전체를 보지 못하고 있다는 것이다. 더구나 제도의 발생과 작동을 가능하게 하는 가장 핵심적인 조건들을 연구의 범위에서 배제하고 있다. 공식제도도 인간의 의식 위에서 작동하고, 언어와 관습도 인간의 의식에 근거해 수립되고 작동하며 살아 있을 수 있게 된다. 그런데 이 모든 것을 가능하게 하는 인간의 의식과 언어를 연구의 범위에서 배제하면서 제도 현상의 전체를 파악하는 데 실패하고 있다. 이로 인해 제도 현상의 신비는 물론 제도가 필연적으로 수반하는 약점과 위험에 대해서도 온전히 이해할 수 없는 상황에 처해 있는 것이 현재의 사회과학이며, 상식적인 제도 이해다. 온전히 이해하지 못하고 있기 때문에 제도를 얼마든지 도구로 이용하고 통제할 수 있다는 착각에 빠지는 것이다.

예를 들면 이렇다. 사회과학도들은 대체로 언어도 주어져 있고, 공통이 신념과 행동의 규범도 주어진 것처럼 다룬다. 이렇게 다루면, 이와 같은 것들은 이미 주어져 있으므로, 즉 그 영향이 일정하게 작용하고 있으므로, 이런 변수들은 논의에서 배제할 수 있다고 생각한다. 하지만 인간과 언어를 연구하는 철학도들의 설명에 따르면, 이런 것들은 제도 연구자들이 마음대로 이용할 수 있을 만큼 안정적이고 고정적인 어떤 것으로 이미 주어져 있는 것이 결코 아니다. 따라서 법과 정책이 온전히 정당하고 타당한 근거를 마련하려면 이에 대한 엄밀한 검토가 반드시 선행되어야 한다. 이런 점에서 정책과 제도에 대한 연구는 철학에 기초해야 한다. 이를 주어진 것으로 다룰 때는 이런 것들이 작용하는 원리에 대해서도 무지하고 이의 한계에 대해서도 무지한 상황에 처한다. 그런데 이런 무지는 궁극적으로 제도와 정책이 봉사하기를 원하는 인간에 대한 무지를 포함하고 있다는 점에서 사회과학의 학문적 가치를 위협할 수 있다. 또 제도가 실제로 만들어지고 작동하는 원리에 대한 무지를 초래한다는 점에서 제도의 성공적인 수립과 운영에도 치명적인 약점으로 작용한다. 제도 환상은 이런 철학적 무지에 뿌리를 두고 있다.

2 비공식 제도의 생성과 작용 원리에 대한 이해의 부재

제도 연구자들은 비공식 제도의 생성과 작동 원리에 대해 크게 관심을 기울이지 않고 있으며, 결과적으로는 이의 영향력을 잘 이해하지 못하고 있다. 비공식 제도가 어떻게 사람들의 생각이나 언어, 행동과 결합되어 있는지에 대해 정확하게 이해하지 못하고 있기 때문에 비공식 제도에 의해 뒷받침되지 않으면 공식 제도란 참으로 공허한 메아리에 불과한 것이 될 수 있다는 점을 잘 인식하지 못하고 있다. 공식 제도의 가능성을 과잉 평가하게 된다.

후설(Edmund Husserl), 하이데거(Martin Heidegger), 비트겐슈타인(Ludwig Wittgenstein), 라베송(Félix Ravaisson), 가핑켈(Harold Garfinkel), 쇼터(John Shotter) 등의 연구를 검토해 보면, 비공식 제도는 우리의 의식의 작동 원리와 결합되어 있다. 후설과 하이데거의 설명에 의하면, 인간은 자신의 의식의 능력을 이용해 주변 세계를 이해하고, 인식하고 대응하는 과정에서 필연적으로 주변 세계에 대한 인식과 대응의 방식을 배우고 축적해 궁극적으로는 내면화하고 습관화할 수 있는 능력을 가지고 있다. 또 내면화하고 습관화한 인지의 방식이나 행동의 방식은 이를 거의 자동적, 무의식적으로 적용할 수 있는 능력을 가지고 있다. 그런데 이렇게 지식과 경험을 내면화하고 습관화하게 되면 이러한 지식은 당사자 자신도 모르는 사이 주변 세계에 대한 해석과 대응의 기준으로 동원된다. 즉, 당사자도 잘 알지 못하는 사이 숨겨진 의식에 의해 어떤 판단이 내려지고, 이런 판단에 따라 사고하고 행동하는 일이 발생하게 된다. 후설과 하이데거에 의하면 비공식 제도가 인간의 사고와 행동을 제약할 수 있게 되는 것은 그것이 인간의 의식 작동 원리와 결합되어 있기 때문이다(사공영호, 2014a, 2014b). 비공식 제도가 우리의 생각과 행동에 대해 영향을 미칠 수 있는 것은 그것이 단지 관습, 규범, 문화, 전통과 같은 어떤 것으로 주어져 있기 때문이 아니라 일상적인 지식 또는 실천적인 기술의 형식으로 우리 의식에 침전되어 있으면서 우리의 일상적인 인식과 행동에 대해 무의식적인 제약으로 작용하기 때문이다.

많은 제도 연구자가 범하는 실수는 비공식 제도를 이미 주어져 있는 것으로 간주한다는 것이다. 예를 들면, 노스(Douglass C. North)는 제도를 공식 제도와 비공식 제도로 구별하지만, 비공식 제도는 종교, 관습, 규범, 전통과 같은 것이라고 제시한다(더글러스 C. 노스, 1996: 64-79). 그런데 관습, 규범, 전통이 어떻게 형성되어 어떻게 사람들의 생각에 대해 실제로 제약을 가하게 되는지에 대해서는 충분한 설명을 제공하지 않고 있다. 노스는 진화경제학, 인류학 등의 연구를 참고해 비공식 제도에 대해 설명하고 있다. 비공식 제도가 인간의 두뇌의 학습 능력에 의지하고 있다고 지적하지만, 더 구체적인 내용을 제시하지는 않고 있다(더글러스 C. 노스, 1996: 95). 아울러 노스는 여전히 인간에 대해서는 잘 모른다고 결국 고백하고 있다(North, 2006: 16). 뭔가 사람들이 비공식적으로 준수하는 규칙은 있으나 이런 규칙이 사람들의 생각과 어떻게 결합되어 있으면서 사람들의 생각과 행동에 대해 제약을 가하고 있는지에 대해서는 설명하지 못하고 있다. 비공식 제도의 작동 원리를 알지 못하기 때문에 비공식 제도의 영향력에 대해서도 정확하게 이해할 수 없고, 결과적으로는 공식 제도를 이용해 사회를 바꿀 수 있다는 착각에 빠지게 된다.

가핑켈은 파슨스(Talcott Parsons)의 사회 제도에 대한 연구에 대해 그가 도덕을 주어진 것으로 다루고 있다고 비판한다(Heritage, 1984). 도덕이 이미 주어져 있다면 이런 도덕 규범에 기초해 사람들의 행동을 제어하는 것은 쉽다. 이미 이러한 도덕 규범이 주어진다면 파슨스가 말하는 사회 각 부분의 기능들도 이런 규범에 기초해 작동하게 된다. 중요한 것은 사회의 각 부분이 어떤 기능을 수행하고 있느냐의 문제가 아니라 이런 기능들을 안정적으로 수행할 수 있게 하는 행동 규범들이 어디에서 오느냐는 것이다. 이런 행동 규범이 주어진다면 요구되는 기능은 그것이 어떤 것이든 얼마든지 수행할 수 있다. 그러한 기능들은 결국 행동 규범을 준수하는 사회구성원들이 담당해야 하기 때문이다.

3 인간 의식의 능력에 대한 이해의 부재

비공식 제도와 사회세계는 인간의 의식 능력 위에 세워진다. 그러므로 인간의 의식이 가지고 있는 놀랍고도 다양한 능력에 대해 정확하게 이해하지 못한 상황에서 제도 현상에 접근한다면 제도가 수립되고 작동할 수 있게 되는 주된 원리에 대해 온전한 이해를 얻을 수 없다.

현상학, 제도철학, 언어철학 등의 연구에 의하면, 인간은 자기 스스로 제도를 창조할 수 있는 의식 능력을 가지고 있다. 일상의 삶 속에서 자연스럽게 언어도 창조할 수 있고, 약속에 기초해 계약 관계도 수립할 수 있다. 이런 능력에 기초해 각종의 조직도 만들 수 있고, 정치적인 공동체도 만들 수 있다. 자본주의의 근간이 되는 재산권 제도도 스스로 만들 수 있다.

인간의 의식 능력에 대해 무지할 때 사회학도들은 인간의 사고와 행동의 원인에 대해 오해하게 되고, 결과적으로 사회의 질서와 인간의 행복을 위해 제안된 제도들이 궁극적으로는 인간의 존엄을 오히려 훼손하는 문제가 발생한다. 예를 들면, 마키아벨리(Niccolò Machiavelli)가 『군주론』에서 강력한 군주를 정당화하고, 홉스(Thomas Hobbes)가 『리바이어던』에서 강력한 정부의 필요성을 역설했던 이유는 인간 자체가 이미 악하고 사회적이지 못한 존재라고 전제했기 때문이다. 인간은 자신의 의식의 능력에 기초해 언어도 만들고 협약도 만들며 결과적으로 공동체도 만들 수 있는 능력이 있다는 점을 알았다면 이런 능력이 있음에도 질서와 공동체를 만들지 못하는 원인에 관심을 기울였을 것이다. 왜냐하면, 마키아벨리와 홉스가 강력한 군주와 정부의 필요성을 주장할 당시 이미 유럽에서는 자발적인 협약에 의해 스스로 조직화되어 운영되는 다양한 자치공동체들이 발전하고 있었기 때문이다(표트르 A. 크로포트킨, 2005; 1914; 앙리 피렌느, 1939; Weber, 1958).

사람들이 제도 환상에 빠지는 이유 역시 마키아벨리와 홉스가 범했던 논리적 오류와 다르지 않을 가능성이 높다. 인간이 스스로 제도를 발전시킬 능력이 있다는 점에 대해서는 알지 못하고 있다. 그러니 질서를 확립해 사회적인 혼란을 극복할 수 있는 다른 대안으로는 강력한 정부와 독재적인 정치가 대안으로 등장할 수밖에 없게 되는 것이다.

만일 사회구성원들이 스스로 제도를 발전시킬 수 있는 의식의 능력을 보유하고 있다는 점을 제도 연구자들이 충분히 인식했다면 제도 연구의 주된 경향은 달라졌을 가능성이 높다. 정치와 정부는 정치적으로 힘 있는 집단의 이익에 봉사한다는 점은 동서고금의 진리다(Stigler, 1975; Tullock, Seldon, & Brady, 2002). 그렇다면, 정부를 통해 획일적인 제도, 공정성을 상실한 제도, 특정 집단의 이익에 봉사하기 쉬운 제도를 공급하기보다는 사회구성원들이 스스로 제도를 발전시킬 수 있도록 도와주는 것이 제도 연구의 주된 관심이 되어야 한다.

그렇지만, 현실은 그렇지 않다. 마치 정부가 모든 문제를 해결할 수 있는 초능력적인 존재라도 되는 것처럼 정부를 통해 문제를 해결하고자 한다. 이 과정에서 사회구성원들이 스스로 자기 선택에 의해 자신들의 문제를 스스로 해결할 수 있는 기회는 박탈당하고 있다. 인간이 존엄한 이유는 스스로가 일상을 경험하고 이해하고 대응하는 삶의 주체이며, 스스로의 선택에 의해 스스로의 가치와 삶의 방식을 추구할 수 있는 능력을 가진 실존적인 존재이기 때문이다. 스스로 판단하고 선택할 수 있는 기회를 박탈당한 채, 제도의 새장에 갇혀 제도의 식민으로 살 것을 강요하는 것은 제도를 통해 인간의 존엄에 봉사하고자 하는 제도의 기본 정신과 충돌한다.

4 인간 의식의 한계에 대한 이해의 부재

대부분의 사회과학도는 인간 의식의 작동 원리에 대해 별 관심을 기울이지 않고 있다. 자신들이 사용하고 있는 어휘들의 의미가 어디에서 어떻게 오는 것인지에 대해 정확히 이해하지 못하고 있다. 자신들의 사고가 어떻게 작동하는지에 대해서도 정확하게 이해하지 못하고 있다. 사회세계와 인간의 의식이 어떻게 상호 결합되어 있는지에 대해서도 알지 못하고 있다. 간단히 말하면, 생각과 언어와 인식을 가능하게 하기 위해 우리의 의식이 어떻게 작동하고 있는지에 대해 잘 알지 못하고 있다. 그럼에도 불구하고 제도를 만들려면 인간의 사고와 언어에 의지해야 한다.

그런데 인간의 사고에 대한 현상학의 연구에 의하면, 우리의 사고는 매우 중요한 약점들을 가지고 있다. 사회 현상에 대한 우리의 사고는 개인의 경험, 이론, 이념으로부터 자유로운 순수 사고가 아니다. 개인의 경험과 이론에 의지할 수밖에 없는 해석적인 사고가 지배적이다. 이런 점은 제도 연구의 거목인 하이에크(Friedrich A. Hayek)와 노스 역시 강조하고 있다(North, 2006: 33-34). 각자의 기억에 침전되어 있는 경험과 지식은 자신도 모르는 사이 해석에 동원되기 때문에 사람들은 자신의 지식과 경험, 자신의 의식의 능력이 얼마나 결정적인 역할을 하는지 잘 인식하지 못한다. 대신 자신은 단지 외부 세계를 객관적으로 이해한 것으로 오해하게 된다.

자연세계에서와는 달리 사회 현상에서는 언어의 의미를 규정하기 위해 참조의 대상으로 삼을 지시체가 없다. 대신 사람들이 인위적으로 해석한 내용을 기준으로 언어를 형성하고 의미를 부여한다. 언어의 의미 역시 해석에 근거해 수립된다. 각 집단이 자신들의 가치와 이념, 삶의 방식을 배경으로 언어를 형성하고 사용한다. 다수의 정책 연구자들이 지적했던 문제 정의의 주관성, 인공성, 편견성의 문제가 인간의 사고와 언어의 한계로 인해 필연적으로 발생한다.

그렇다면 이러한 생각과 언어에 기초해 제도를 만든다면 이 제도는 누구를 위한 제도가 되며, 무엇을 위한 제도가 될 것인가? 최악의 경우는 특정 집단이 가진 이념적인 편견에 기초해 사회구성원 전체의 선택의 기회를 박탈하는 결과를 초래할 수 있다. 더구나 후설의 연구에 의하면 사람들은 자신의 의식에서 자신도 모르는 사이 영향을 미치는 자신의 편견, 이념, 이론, 경험의 영향을 잘 인식하지도 못한다(Husserl, 2001: 5). 그래서 사실은 나의 주관적인 의식의 성취물인 것을 대상 현상에 대한 객관적인 지각으로 오해할 소지가 높다. 나의 판단이 옳고 정당하고 객관적이라는 착각에 빠지고, 상대방의 생각을 편견적으로 평가 절하할 소지가 다분하다는 것이다(Plous, 2003; Mills & Polanowski, 1997). 제도 문제를 놓고 사회 연구자들이 서로 심각하게 이견을 보일 뿐 아니라, 서로 이견을 좁히는 것이 사실상 불가능한 것도 바로 이런 이유 때문이다(Rorty, 1989: xv; 김용준 외, 2014: 135-139; Wittgenstein, 2009a: §241; 피터 윈치, 2011: 80).[5] 각자가 자신이 가진

5) 로티(Richard Rorty)에 의하면 개인은 스스로 발견한 가치를 추구하며 자아를 창조해 가는 존재다. 그런데 이런 개인의 소망을 공동체적인 어떤 정의로 바꿔놓거나 통합하고자 해서는 안 된다. 사적인 소망과 공동체적인 정의는 서로가 공약 불가능하며, 이를 동일시하고자 할 경우 갈등과 대립을 피할 수 없기 때문이다. 비트겐슈타인은 언어의 일치는 의미의 일치가 아니라 삶의 양식의 일치하고 말하고 있다.

이론, 사상, 이념, 경험을 배경으로 생각하고 판단할 수밖에 없기 때문이다.

이견을 보이더라도 이것이 이견의 수준에 머물러 있다면 문제가 될 것이 없다. 그런데 문제는 제도 연구자들이 상당한 이견에 노출되어 있음에도 불구하고 굳이 이런 연구에 기초해 사회구성원 전체의 자유와 권리에 영향을 미치는 제도를 제안하고 또 이런 제안이 실제 제도로 명문화될 때 발생한다. 정치인들과 제도 연구자들의 오판의 비용을 사회구성원 전체가 부담해야 하기 때문이다. 예를 들면, 케네디와 존슨 대통령 재임 기간 중에 베트남전쟁을 수행했던 맥나마라(Robert S. McNamara) 국방장관은 백악관의 비서관이 베트남전쟁에 관해 실패할 수 있다는 점을 지적하자 "당신들의 데이터는 어디 있는가? 나에게 당신의 시를 읊지 말고 내가 컴퓨터에 입력할 수 있는 것들을 제시하라"라고 대답했다고 한다. 맥나마라는 오직 숫자들을 바라보았으며, 모든 계량적 수치가 미국이 전쟁에서 이길 것임을 보여주고 있다고 생각하고 단지 48시간의 검토 후에 낙관적인 결론을 내렸다고 한다(Clemons & Mcbeth, 2001: 47). 그러나 그의 이런 선택으로 인해 발생한 막대한 전쟁비용은 결국 미국 젊은이들과 미국민 전체의 몫이 되었다. 아르헨티나의 페론(Juan D. Perón) 대통령이 정치적인 이유로 복지정책을 선택했을 때도 그 비용은 아르헨티나 국민들과 후손들의 몫으로 남았다. 제도 역시 마찬가지다. 졸속으로 도입된 제도의 비용은 결국 국민 전체가 부담해야 한다.

제 4 절 사회과학적인 제도 연구의 한계

1 중간 요소에서 출발한 연구

사회과학적인 제도 연구는 인간에 대한 근원적인 이해에 기초하고 있지 않다.

윈치는 수도승의 삶을 일반인들이 이해하기는 어렵다고 지적한다. 제도의 수립은 어떤 의견의 일치와 합의를 요구한다. 그런데 서로의 생각을 이해하는 것 자체가 쉽지 않고, 공통의 의미를 가진 언어를 갖는 것 자체가 쉽지 않다는 것이다. 즉, 합의를 이뤄 갈 수 있는 전제 조건 자체가 갖춰져 있지 않다는 것이다.

인간에 대한 이해가 공백으로 있기 때문에 사회 현상의 발생을 가능하게 하는 처음 요인에서부터 차례차례 사회세계의 발생과 작동을 연구하는 체계적인 연구를 진행하는 데 실패하고 있다. 사회과학도들이 제도를 이해하기 위해 동원하고 있는 수많은 개념이나 이론의 대부분은 인간의 의식에 의해 창조되고 작동하고 있는 중간 요소들이다. 처음 요소가 아니다. 예를 들어, 스미스(Adam Smith)가 그토록 간절히 해명하기를 원하던 도덕 감정이나 노스가 제도 변화의 경로를 결정하는 요인이라고 지적하고 있는 비공식 제도, 설(John R. Searle)이 제도의 발생적 근거로 제시하는 집단지향성 등과 같은 집단적인 현상들도 이를 발생적인 차원에서 보면 인간의 의식에 의지해서만이 발생할 수 있는 요소들이다. 그 자체로 안정적으로 존재하고 있는 독립적인 실체가 절대 아니다.

노스(North, 1990)는 제도란 결국 이미 정해진 경로, 즉 과거에서부터 지나온 경로를 따라 변화해 갈 수밖에 없다는 점을 경제발전사에 대한 연구를 통해 보여준다(소위 경로의존이론, path dependence theory). 그런데 이처럼 제도가 일정한 경로를 따를 수밖에 없도록 제도 발전의 경로를 제한하는 요인이 비공식 제도라고 설명한다. 비공식 제도가 이미 주어져 있다는 전제와 인간의 이기성에 대한 암묵적인 가정에 기초해 노스는 제도이론을 전개하고 있다. 그는 비공식 제도가 종교, 문화, 관습, 규범과 같은 것이라고 설명하고, 또 이의 기원을 설명하기 위해 나름대로 노력을 기울인다(North, 1990, 2006). 그러나 궁극적으로 모든 제도의 토대가 되는 처음 요인, 즉 인간의 의식에까지 접근하지는 않고 있으며, 결국 비공식 제도가 어떻게 형성되고 작동하는지, 공식 제도는 인간 의식의 어떤 능력에 의해 형성될 수 있는지에 대해서는 설명하지 않는다.

그런데 이와 같은 연구로는 과거의 경로를 벗어나기를 원하는 국가들은 어떻게 해야 하는지에 대해 답하지 못한다. 즉, 제도 연구의 도움이 진정으로 필요한 나라들은 제도의 도움을 받아 질서를 발전시키고, 정치적 민주주의와 경제적 시장 질서를 확립하고자 하는 사회들이다. 그런데 이런 나라들에 대해 역사적인 경로를 피하기는 어렵다는 절망적인 설명을 제시하고 있을 뿐, 이 경로에 변화를 가할 수 있는 방법을 제시하지는 못하고 있는 것이다.

변화의 경로를 찾으려면 노스가 말하는 비공식 제도 자체가 달라질 수 있는 방법을 찾아내야 한다. 그렇다면 비공식 제도라는 것이 도대체 어디에서 온 것이며,

어떻게 작동하고 있는 것인지를 알아야 이에 대해 변화를 가할 수 있는 방법을 찾을 수 있지 않겠는가? 그런데 비공식 제도란 이미 주어진 것이라고 간주하는 상황에서는 이의 변화를 모색할 수 있는 방법이 없다.[6]

제도 현상에 대해 발생의 근원까지 탐구하는 철학적인 접근이 필요한 것을 바로 이 때문이다. 이미 어떤 것이 주어졌다고 전제하는 상황에서는 이렇게 먼저 주어진 것이 제도의 발전을 가능하게 하기도 하고 불가능하게도 할 수 있는 결정적인 요인으로 작용할 수 있다. 이런 상황에서는 제도에 대한 온전한 설명이 이뤄질 수 없다. 사회 현상을 설명하기 위해 수많은 개념이 제시되면서도 궁극적이고 근원적이며 온전한 설명에 접근하지 못하는 이유도 이 때문이다.

2 인간의 주체성에 대한 망각

인간은 스스로 생각할 수 있고, 대화할 수 있고, 당사자들끼리 자발적인 합의도 할 수 있는 존재다. 서구의 역사를 보면 기업조직, 자치정부, 대학, 사회봉사조직, 박물관, 병원 등 수많은 공동체가 자율적으로 만들어졌고, 이런 조직들에 의해 사회구성원들은 상호적인 이익을 달성하고 궁극적으로는 경제·사회적인 발전도 이룩했다(예: Tocqueville, Weber, Bellah 등). 사람들이 스스로 이런 제도들을 만들 수 있는 의식의 능력을 가지고 있고, 실제로도 스스로 자율적인 질서와 조직을 발전시켜 왔다는 것이다.

그런데 제도를 중심으로, 또는 정책을 중심으로 정책과 제도를 연구하다 보면, 사회구성원 자신이 이미 스스로 판단의 주체이며 선택의 주체라는 점은 망각된다. 갖가지 사회문제의 원인자로 지목되고, 문제를 해결하기 위해서는 사회구성원의 자유와 권리에 대해 제약을 가해야 한다는 결론에 도달하기 쉽다. 이처럼 사회구

6) 이런 점에서 보면, 스미스(A. Smith)가 도덕 감정의 근원에 관한 탐구를 일생의 연구 과제로 삼았던 이유를 좀 더 분명하게 알 수 있다. 자유로운 시장 거래에 의해 국가의 부(富)가 성장할 수 있다면, 시민들은 더 잘 살면서도 경제적인 관계에 의해 조직화되는 질서 있고 자유로운 사회를 건설할 수 있다. 그런데 바로 이 시장이라는 것은 최소한의 도덕 감정이 전제되어야 작동한다. 즉, 시장 거래의 당사자들이 서로 자기 이익에 집중한 나머지 거래 상대방에게 기회주의적인 행동을 일삼는다면 거래 자체가 성립하지 않게 된다. 즉, 설사 시장 거래에서 자기의 이익을 추구하더라도 최소한의 상거래 윤리가 기초가 되어야 이러한 사익 추구가 국가적인 부의 증가를 가져올 수 있게 되는 것이다.

성원들을 단지 정책의 대상 집단으로 다루게 되면, 이때 사회구성원들은 각자가 자신의 문제나 상황에 대해 자기 스스로 문제를 이해하고 판단하고 대응할 수 있는 삶의 주체가 아니라 정책적인 목적에 의해 분류되고 측정되고 다뤄지는 정책대상 집단으로 전락한다. 각자의 판단의 자유는 제한되고 나의 상황에 대해 정부가 법에서 요구하는 것과 같은 방식으로 생각하고 판단하고 행동할 것을 요구받는다. 각자가 자기 상황의 독특성을 충분히 고려해 자신의 상황에 적합한 선택을 할 수 있는 기회 역시 제한받는다.

만일 사람들이 스스로 판단할 수 있는 존재이며, 게다가 자발적 협력을 통해 자율적으로 문제를 해결할 수도 있는 존재라면 국가의 역할은 무엇이겠는가? 아마도 개인의 자유와 권리, 개인의 생명과 재산을 보호하고 사회 질서와 국가의 안전을 수호하는 것이 국가의 당연하고도 주된 임무가 될 것이다. 국가가 개입하는 순간 개인은 정책의 대상 집단, 법에 의해 분류되고 규제되는 집단으로 전락한다. 사회구성원의 이익에 봉사해야 할 국가가 사회구성원의 이익을 빌미로 실은 사회구성원들의 판단을 대신하는 일이 발생한다. 자유가 소중한 것은 내가 스스로 판단할 수 있고 내가 스스로 나의 행동을 선택할 수 있는 능력을 나 스스로 이미 가지고 있기 때문이다. 그런데 왜 나의 선택을 국가가 대신해야 하는가? 각자가 삶의 주체이며 판단의 주체라는 점을 망각할 때, 개인이 내린 판단의 가치는 평가절하되고 국가가 개인을 대신한 판단의 주체로 등장한다. 민주주의의 이름 아래 민주주의의 본래 정신을 짓밟는 제도가 수립되는 것이다.

3 사고 및 언어 한계로 인한 정치 및 제도 실패 위험

인간의 사고는 정치와 제도의 수립을 위해 의지해도 좋은 믿을 만한 조건을 갖추고 있는가? 인간의 언어는 제도를 만들기 위한 핵심 재료로서의 조건을 갖추고 있는가? 현상학, 언어철학 등의 인간과 언어에 대한 연구에 따르면 전혀 그렇지 못하다. 인간의 사고는 그 나름대로 상당한 약점을 가지고 있으며, 인간의 언어 역시 제도를 만드는 매체로 삼을 경우 치명적인 문제의 발단이 될 수 있는 약점들을 가지고 있다. 정치는 인간의 사고와 언어에 의지해 작동해야 하고, 제도 역시 인간의 사고와 언어에 의지해 창조되어야 한다. 그런데 인간의 생각 자체가 이미 상당한 한계점을 가지고 있고, 언어 역시 심각한 약점을 내포하고 있다면 이에 의지해서 이뤄지고 있는 정치가 다수 사회구성원들을 위해 봉사할 것임을 어떻게 보장할 수 있는가? 이에 의지해 만들어진 법과 정책이 인간의 존엄과 사회구성원 다수의 이익에 봉사할 수 있다는 것을 어떻게 보장할 수 있는가?

정치와 정책이 실패할 수 있는 이유에 대해 많은 연구가 있어 왔다. 이익집단의 영향에 의해 정치가 사익을 위한 수단으로 전락할 수도 있고(Stigler, 1975; Friedman, 1983), 관료와 이익집단의 유착에 의해 정치와 정책이 실패할 수도 있다(Noll, 1985). 정치인들이 정책을 오로지 권력 획득을 위한 수단으로 삼기 때문에 문제가 발생할 수도 있다(Downs, 1957). 또 많은 역사 연구자가 지적하듯이 민주적인 정치를 가능하게 하는 정치문화와 정치 규범의 미성숙이 정치 실패의 원인으로 작용할 수도 있다.

현상학과 언어철학은 이와 같은 설명보다는 훨씬 근원적인 차원에서 정치 실패와 제도 실패의 위험을 제기한다. 후설과 하이데거에 의하면, 인간의 인식은 당사자 자신은 잘 의식하지 못하는 선험적인 의식작용에 의지하고 있다. 내가 경험해 축적하고 있는 지식과 이론들을 자동적으로 동원하면서도 이런 선지식의 영향이나 나의 의식의 역할을 잘 이해하지 못하는 것이 인간이다. 자신의 판단은 자신의 경험과 지식에 의지하고 있지만, 그러면서도 자기 인식의 근거가 충분하지 못하고 공정하지 못하다는 점을 쉽게 망각한다. 사람의 인식은 자신의 선지식을 이용하는 인식의 구조로 인해 항상 편견적이라는 점도 잘 이해하지 못한다. 선험적으로 작동하고 있는 자신의 의식의 역할을 이해하지 못하는 일상의 자연적 태도(natural attitude)로 인해 주관적 이해의 산물을 객관적인 지식으로 오해하기도 한다. 해석적인 앎의 한계로 인해 주변 세계를 공정하게 이해할 수 있는 개방적인 인식 조건에 도달하는 것 자체가 어렵다는 점도 인간은 잘 의식하지 못한다. 결국 자신의 판단의 객관성과 도덕성에 대해서는 과신하면서도 상대의 판단은 모든 점에서 낮게 평가하는 오류를 범한다. 특별한 상황적인 조건이 갖춰지지 않는 한 인간이 자신의 의식 능력에만 의지해 합의에 도달하는 것은 결코 쉽지 않다.

언어 역시 제도 수립의 필연적 매체이지만 치명적인 약점들을 동시에 가지고 있다. 사회세계에는 정당한 의미의 근거가 없기 때문에 사회구성원들이 자신들의 일상의 경험과 판단에 의지해서 의미를 부여한다. 그래서 사람들의 편견적인 생각을 그대로 반영하고 있다. 그럼에도 불구하고 의미에 공감하는 사람들 사이에서는 정당화되며, 게다가 별 문제를 일으키지 않는다. 언어란 현상의 특정 측면에 초점을 맞춰 의미를 부여한 것이기 때문에 개념화로 인해 대상 현상에 대한 전체적인 이해가 어려워지고 언어와 현상이 괴리되는 문제도 발생한다. 즉, 현상에 대해 이해하기 위해 동원한 개념이 오히려 현상의 실상을 은폐라는 결과를 초래할 수 있다.

인간의 사고와 언어가 이와 같은 근원적인 약점을 가지고 있음에도 불구하고 정책과 제도를 만들기 위해서는 언어에 의지해야 한다. 또 정치인들은 편견적이고 이념적이며 유토피아적인 언어를 오히려 선호하기도 한다. 특정 집단으로부터 정치적인 지지를 이끌어 내는 데는 오히려 유리할 수 있기 때문이다. 이미 현실과는 괴리되어 있는 언어들을 동원하더라도 이런 언어의 약점을 잘 이해하지 못하는 것이 인간의 사고 방식이며, 이런 사고와 언어의 약점을 이용해 자신의 정치적인 이익을 취하더라도 이를 견제하기 어려운 것이 정치와 제도다.

아마도 많은 제도 연구자는 자동차를 언어로 설계하듯이 제도와 정책을 언어로 수립할 수 있다고 생각할 것이다. 그러나 사회세계는 이런 고정적인 의미의 언어가 존재하지 않는다. 사회세계에 존재하는 언어는 자연세계에서와 같은 방법으로 의미를 얻고 있지 않다. 게다가 이런 방식으로 의미를 얻는 언어는 상황마다 나름의 여건에서 서로 다른 방식으로 발생하는 인간의 상호작용을 가능하게 하는 도구가 되지 못한다. 언어철학은 언어로 정치를 하고 제도를 만들어야 한다는 점이 정치 실패와 제도 실패의 중요한 근원이 될 수 있음을 강하게 시사하고 있다. 그러나 인간의 사고와 언어의 한계에 무지한 학문으로는 이로 인해 발생하는 정치와 제도의 실패 위험을 제대로 이해할 수도 없고 견제할 수도 없다.

4 일상적 지식과 기술에 대한 과소평가

인식 주체와 삶의 주체로서의 인간에 대한 망각은 사회구성원들이 일상에서 얻은 지식과 기술의 실천적 가치에 대한 망각으로 이어지고 있다. 현재의 제도 연구에서는 사회구성원들이 일상의 삶에서 얻은 지식과 삶의 기술에 대한 평가가 제대로 이뤄지지 않고 있다. 이는 제도를 만들어 사람들을 통제할 수 있고, 제도를 만들어 사회를 바꿀 수 있다는 낙관적인 제도론의 근거가 되고 있다. 그러나 현실은 그렇지 않다. 사람들은 자신이 일상에서 얻은 지식에 근거해서 살아가는 지극히 실존적이고 실천적인 존재다.

우리가 일상의 삶을 살아가는 데 필요한 지식들을 생각해 보자. 이런 삶에 필요한 지식에 관해 자연과학자들이 일반 시민에 비해 월등히 탁월한 자연과학적인 지식을 가지고 있듯이, 사회과학도들이 일반 시민들보다 월등한 지식을 가지고 있다고 말할 수 있는가? 물론 전문지식이 분명한 역할을 수행하는 부분도 있을 것이다. 그러나 일상의 삶의 현장을 생각해 보자. 친구들과 사이좋게 지내고, 조직에서 동료들과 원만하게 지내고, 동네의 이웃들과 잘 어울리며 살아가는 데 사회과학적인 지식이 필요한가? 자식을 잘 공부시켜 대학에 보내는 데 사회과학적인 지식이 필요한가? 친구와 둘이 동업을 해서 사업을 성공시키는 데 사회과학적인 지식이 필요한가? 조직의 구성원들에게 적절히 업무를 분장시키는 데 사회과학적인 지식이 필요한가? 시장에 가서 장을 보는 데 사회과학적인 지식이 필요한가? 친구나 주변 사람의 말을 알아듣는 데 사회과학적인 지식이 필요한가?

사람들은 자신이 일상의 삶 속에서 얻은 상식적인 지식에 기초해 주변 세계에 대응하며 살아간다. 이 지식은 사회과학적인 지식처럼 명확한 개념들과 체계적인 인과 지식들로 구성된 지식은 분명 아니다(Garfinkel, 1967: 271). 부분적인 지식들의 집합이면서 어떤 부분에서는 명확하고 어떤 부분에서는 확실성이 떨어지는 지식들이다. 마치 내가 살고 있는 도시에 관한 지식과 비슷하다. 내가 살고 있는 동네, 내 직장이 있는 곳, 가족들과 자주 들르는 곳에 대해서는 잘 알고 있겠지만 나머지 부분들에 대해서는 잘 알지 못하는 그런 지식들로 구성되어 있다. 그럼에도 불구하고 우리는 사회과학적인 지식이 아니라 이런 지식에 근거해 살아간다. 이런 지식이 실천적인 지식이며 일상의 삶에서는 훨씬 유용한 지식이다. 슈츠(H. Alfred Schutz)가 말하는 상식적인 지식이나 그의 제자들인 버거와 루크만(Berger & Luckmann, 1966: 65) 등이 말하는 사회적인 지식은 바로 이런 지식이다.[7] 우

7) 이들에 의하면, 이론적인 지식은 인간이 가진 지식의 아주 작은 일부분이며 지식으로서 후손들에게 전수되는 그런 지식도 아니다. 제도적 질서에 관해 근본적인 지식은 사회세계에 대해 이미 모든 사회구성원들이 다 알고 있는 지식의 총체다. 격언, 도덕, 삶의 지혜, 가치, 신념, 신화와 같이 이미 사회구성원들이 공유하고 있는 지식이 근원적인 지식이다.

리가 일상적으로 사용하는 언어 속에, 속담 속에, 상식적인 지식 속에, 종교적인 가르침 속에서, 일상의 대화와 삶 속에서 우리는 매우 실천적인 지식들을 자신도 모르는 사이에 얻고 익히며 살아간다. 그래서 사회과학적인 지식이 없어도 그럭저럭 주변 세계에 대응하며 살아간다.

사회과학도들이 궁극적으로 발전시키기를 원하는 민주적이고 자치적인 정치·경제 제도들은 이런 일상적인 지식에 근거해 수립된 질서다. 여기에 사회과학적인 지식이 필요하지는 않았다. 미국과 유럽에서 발전했던 여러 가지 자생적인 조직은 이런 일상적인 지식에 근거해 만들어져 수백 년간 안정적으로 작동되고 지속되어 온 질서이며 제도들이다(예: 알렉시스 드 토크빌, 1997, Weber, 1958; Bellah et al., 1996; 표트르 A. 크로포트킨, 2005; 사공영호, 2008). 이 지식들은 일상의 삶 속에서 얻은 주변 사람들과 세계에 관한 지식일 뿐 사회과학적으로 분석되고 검증된 지식에 근거한 것들이 아니다.

만일 사회세계, 인간 행동에 대해 진정한 지식을 얻고 싶다면 어떤 지식을 얻어야 하겠는가? 앞서 설명한 것과 같이, 사회적 실재의 세계는 인간의 지향성에 의존해 발생하고 발전하고 현재도 지속적으로 생성되고 있는 제도이며, 사회성이 매우 강하고, 자기 참조적이며 상호작용적인 인과에 의해 작동하고 있는 대상이다. 사회세계가 이처럼 작동하고 있다면, 사회세계를 이해하려면 무엇을 이해해야 하겠는가? 그것은 인간의 행동을 관찰하는 사회과학도의 입장에서의 지식이 아니라 일상의 삶에서 사람들이 주변 세계와 지향적으로 관계하는 속에서 지향적으로 얻는 지식에 관한 지식이어야 할 것이다.

그렇다면 이런 지식에 대해 우리는 어떻게 접근할 수 있는가? 여기에 대해 답을 제시해 주고 있는 연구자들은 후설, 슈츠 등의 현상학과 비트겐슈타인의 언어철학 등에 철학적인 기초를 두고 사람들이 자신의 주변 세계와 관계하고 이해하고 대응하며 살아가는 방법을 연구하고 있는 가핑켈(Harold Garfinkel), 제르겐(Kenneth J. Gergen), 쇼터(John Shotter), 고프만(Erving Goffman) 등의 사회구성주의 연구자들이다. 이들이 궁금해 하는 것은 사회구성원 자신이 자신의 주변 세계를 어떻게 이해하고 정의하며 또한 대응하며 살아가는가의 문제다. 이들 연구를 이해하려면 인간의 의식의 작용에 대한 이해가 필연적이다. 또한 일상의 삶에서 인간 자신이 주변 세계와 관계하는 방식에 대한 이해, 이런 주변 세계와의 관계에서 사람들이 획득하는 지식의 성격에 관한 이해, 이런 일상적인 관계 속에서 사회적 실재를 자연스럽게 형성·발전시키는 원리에 관한 이해 등이 필요하다. 결국 구성원 자신의 관점에서 개인이 주변 세계와 관계하는 일상적인 원리에 대한 이해가 필요한 것이다.

제도 연구자들이 법이나 정책을 통해 인간의 행동을 제약하고 세상을 변화시킬 수 있다는 착각에 빠지는 것은 일반 사회구성원들의 주변 세계에 대한 이해 능력, 주변 세계와 관계하는 방식, 주변 세계에 대한 일상적인 지식의 축적과 이용 방법 등에 대해 무지하기 때문이다. 사람들이 사회과학적인 지식에 별로 관심을 기울이지 않고 있다면 그것은 그들이 무지하기 때문이 아니라 이미 상당한 실천적인 지식을 보유하고 있어서 개념적이고 이론화된 지식을 필요로 하지 않기 때문일 가능성이 높다. 현상학적인 접근이 유용한 것은 바로 사회구성원들이 가지고 있는 이성의 힘, 의식의 힘과 능력을 직시할 수 있도록 도와준다는 데 있다.

제 5 절 제도 현상에의 접근 방법

왜 제도에 대해 온전히 이해하는 데 실패하게 되는가? 제도가 발생하고 작동하는 원리에 대해 충분히 이해하기 못하고 있기 때문이다. 왜 제도에 대해 온전한 이해를 얻기 어려운가? 사회과학도들이 쉽게 접근하기는 어려운 인간의 의식 문제가 제도 발생의 처음 요인으로 작용할 뿐 아니라 제도의 작동 과정에서도 가장 핵심적인 요인으로 작용하고 있기 때문이다. 인간의 의식 문제를 해명하지 못하고 있기 때문에 언어, 비공식 제도, 공통된 신념, 관행, 규범, 전통 등과 같은 사회적이고 역사적인 형성물들의 발생과 작동 원리에 대해서도 제대로 이해할 수 없었다.

비공식적·관계적 실재들에 대한 이해가 제대로 이뤄지지 않은 상황에서 제도를 연구하면서 비공식 제도의 영향력을 과소평가하게 되었고, 점차 공식 제도가 사회 질서와 사회문제의 만능의 열쇠인 것처럼 오해하게 되었다. 이런 과정에서 서구 사회들은 공식 제도가 아니라 비공식 제도에 근거해 자본주의를 발전시키고 민주주의도 발전시켰다는 점을 피상적으로는 이해했을지 모르나 진정한 의미를 이해할 수 없었다. 동시에 제도 수립의 주체로서 개인의 중요성도 점차 망각되었고, 개인은 제도의 통제 대상으로 전락했다. 당연히 사회구성원들이 자신의 의식능력과 이해력에 기초해 자신들의 현실에 맞는 제도들을 스스로 발전시킬 수 있는 능력에 대해서도 과소평가하게 되었다. 제도 현상에 대한 이와 같은 무지는 점차 사회구성원을 제도의 식민으로 전락시키는 결과를 초래하고 있다. 이런 상황에서는 인간에게 봉사할 것을 목적으로 하면서, 실은 인간의 가치의 근원에 무지하고, 제도가 인간의 존엄과 충돌할 위험에 대해서도 제대로 인식하지 못하면서, 결국 제도 연구가 본래의 목적을 제대로 달성하지 못할 위험이 높아진다.

사회 현상은 자연 현상과는 발생하고 작동하는 방식이 완전히 다르다. 사회 현상은 자연세계에서처럼 본질에 의해 존재하고 있는 것이 아니라 구성(construction)과 해석에 의해 발생하고 진화되어 간다(하이데거, 설, 앤스콤, 블루어, 쇼터, 가핑켈 등). 즉, 그것들이 그것 되게 하는 공통된 요소들에 의해 그것이 무엇이 될 것인지가 정해지는 방식으로 존재하고 있지 않다. 스스로 생각하고 판단하고 선택할 능력을 가진 사람들이 어떻게 구성하느냐에 따라 그것이 무엇이 될 것인지가 결정된다. 즉, 어떤 대상에 대해 어떤 역할을 부여하느냐에 따라, 또는 어떤 의미를 부여하거나 어떤 기능을 부여하느냐에 따라 그것이 이런 것이 될 수도 있고 저런 것이 될 수도 있다. 설사 유사한 점이 관찰된다고 하더라도 이런 유사점은 본래부터 그것이 가지고 있던 특징이 아니라 단지 그것을 창조하고 구성한 사람들이 유사한 기능이나 의미를 부여했기 때문일 뿐이라는 것이 구성주의다.

예를 들면 이런 것이다. 자연의 대상들에 대해서는 대상을 기준으로 이름을 붙이고 분류한다. 이렇게 하면 이 이름의 의미는 외부 세계에 존재하는 대상을 근거로 삼을 수 있다. 그런데 정당, 정치, 법, 약속, 조직 등 사회적으로 형성되는 것들을 생각해 보자. 여기서 가령 정당이 무엇이 될 것인지는 무엇에 의해 결정되는가? 그것을 만드는 사람들의 생각이다. 정당을 만들고 여기에 참여하는 사람들이 오로지 정당을 자신들의 정치 권력을 위한 수단으로만 생각하고 이런 목적으로 정책을 만들고 정치에 참여한다면 정당은 오로지 특정인들의 권력을 위한 수단에 불과한 것이 된다. 반면, 사회구성원들이 공통의 목적을 위해 함께 정당을 만들고 함께 비용을 부담하고 의견을 수렴할 수 있는 다양한 과정을 갖추고 있으면서 함께 자신들의 대표자를 선출해 이런 사람들로 정당을 구성하고자 한다면 정당은 이와 같은 민주적인 목적을 위한 수단이 될 수도 있다. 구성주의란 이런 것이다. 어떤 현상이나 제도가 그런 방식으로 존재하고 그런 방식으로 작동하는 것은 그것이 어떤 공통된 속성을 그것 내부에 가지고 있기 때문이 아니다. 그것을 만드는 사람들이 그렇게 만들었기 때문이다.

그렇다면 제도 현상 또는 정부나 정책 현상은 어떤 종류의 현상인가? 본질에 기초해 존재하는 현상인가 아니면 구성에 의해 생성 중에 있는 현상인가? 구성적으로 생성 중에 있는 현상이며, 이런 원리를 충분히 담아낼 수 있는 방법으로 대상 현상을 설명해야만 이런 현상에 제대로 접근할 수 있다. 현상학이나 제도철학은 인간의 의식에 대한 탐구를 출발점으로 삼고 있다. 사회 현상들은 인간의 의식 능력에 의지해 발생하고 구성된 현상이다. 즉, 사회 현상들이 본래 생성되고 작동하는 원리에 좀 더 근원적으로 접근할 수 있으며, 그 모습 그대로를 서술하는 데도 유리하다는 것이다.

인간의 의식과 언어가 작동하는 원리에 기초해 사회 현상들이 발생되어 나오는 원리를 서술하는 현상학, 언어철학, 제도철학 등의 접근은 제도 현상의 연구에서 다음과 같은 장점이 있다.

첫째, 왜 사회마다 제도가 달라질 수밖에 없는지에 대해 설명해 준다. 제도는 그 자체가 어떤 본성을 가지고 있는 독립적인 실체가 아니다. 사회와 역사의 형성물이다. 사회구성원들의 생각의 반영물이다. 역사 상대적이고 사회 상대적이며 이념 상대적이고 가치 상대적이며 종교 상대적인 구성물이다. 각 사회의 구성원들은 각자가 자신이 처한 여러 가지 상황에서 자신들의 가치와 선호를 반영한 제도를 만든다. 사람들의 삶의 방식이 다르듯이 제도 역시 달라질 수밖에 없다.

둘째, 제도가 아니라 제도를 발전시키는 사회구성원의 중요성을 잘 보여준다. 사람들은 제도를 만들 수 있는 능력도 있고, 이를 발전시킬 수 있는 능력도 있다. 제도가 잘 발전하지 않는 것은 사람들이 무식하기 때문이 아니다. 제도 연구자들이 제도를 연구하기 이전에 자본주의와 민주주의적인 제도들은 이미 발전해 오고 있었다. 어떤 사회에서 이런 선진적인 제도가 잘 발전하지 않는 것은 그들이 무지하기 때문이 아니라 그들이 제도의 위험을 알기 때문일 가능성이 높다. 가령 정치 제도를 만든다는 것은 특정인에게 특정한 권력을 주는 것을 의미한다. 즉, 특정인에게 나의 자유와 권리에 대해 제약을 가할 수 있는 힘을 부여하는 것을 의미한다.

그런데 사람들이 이런 권한을 어떻게 이용하는지는 이미 일상에서 경험할 수 있다. 권력의 위험, 권력자들의 도덕성을 이미 일상에서 경험할 수 있다.

이런 점에서 보면, 제도 연구자들이 할 일은 사회구성원들을 대신해 제도를 설계하는 일이 아니다. 사회구성원들이 스스로 제도를 만들 때 직면하게 되는 제도의 위험에 대비할 수 있는 방법을 찾아주는 것이 제도 연구자들의 진정한 역할이 되어야 한다. 가령 제도적인 관계에 참여하고 있는 사람들이 어떻게 하면 다른 참여자의 이익을 훼손하지 못하도록 통제할 수 있을 것인지에 대한 문제에 도움을 주는 것이 중요하다. 내가 원하는 관계의 방식, 상호작용의 방식을 가장 잘 알고 있는 것은 상호작용 관계에 참여하고 있는 당사자 자신이다.

그렇다면 제도 연구의 출발점은 어디가 되어야 하는가? 사람이 출발점이 되어야 한다. 너무나도 당연하다. 인간에 대해 무지하면서 인간에게 봉사할 수는 없다. 인간 의식의 작동 원리에 대해 잘 설명해 주고 있는 것이 현상학, 제도철학, 언어철학, 구성주의 사회학 등이다. 이들의 연구에 기초해 인간을 이해하고, 이러한 인간 이해에 기초해 제도를 설명해야 한다. 이런 접근을 통해서만이 진정으로 인간의 가치에 봉사하는 제도 연구가 가능하다.

제 2 장

제도의 의미와 가치: 제도경제학적 접근

제 1 절 거래비용과 제도

1 제도의 의의

제도란 사회구성원 간의 게임의 규칙이다(더글러스 C. 노스, 1996: 13). 사회행위자의 행동에 대해 일정한 제약을 가해 상호작용을 가능하게 하기 위해 만들어진다(North, 1990; 송현호, 1998: 66; Ostrom, 1990: 139). 제도가 필요한 이유는 거래비용 문제에 대응하기 위해서다. 거래비용은 생산비용과 구별되는 개념으로 거래 과정에서 발생하는 정보비용과 감시비용을 의미한다. 거래를 희망하는 상품을 탐색하고, 거래 조건에 대해 협상하고, 계약하며, 계약된 내용의 집행을 감시하고, 계약 불이행 시 이에 따른 손해를 줄이는 과정에서 발생하는 정보비용과 감시비용을 거래비용이라 한다(Eggertsson, 1990: 15). 인간의 제한된 합리성과 기회주의적 행동, 그리고 환경의 복잡성과 소수자 문제 등이 거래비용을 발생시킨다(Williamson, 1975: 20-40).

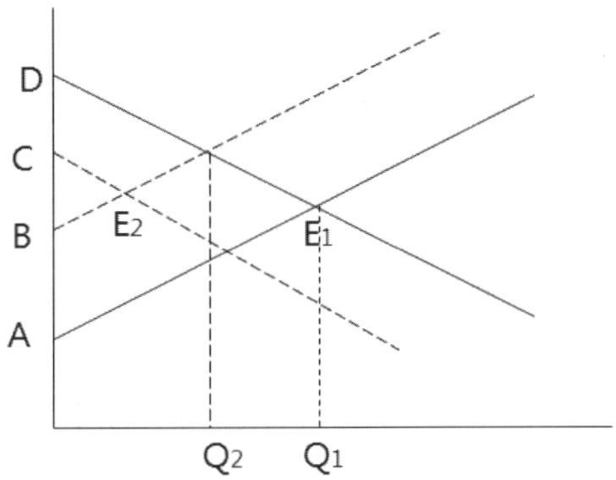

그림 2-1 거래비용과 시장 균형

[그림 2-1]을 이용해 설명하면 이렇다. 우선 거래비용이 '0'인 상황을 생각해 보자. 이 말은 거래 과정에서 정보비용과 감시비용의 문제가 전혀 발생하지 않는다는 것이다. 즉, 거래 상품과 거래 상대방에 대해 완전한 정보를 가지고 있다고 가정해 보자는 것이다. 만일 상황이 이와 같다면, 시장의 균형은 E_1점에서 달성될 것이다. 이때 시장에서는 Q_1만큼의 거래가 발생하고 생산자와 소비자는 $\triangle ADE_1$만큼의 잉여를 얻을 수 있다. 시장이 국부를 증가시키는 원리는 바로 이런 것이다. 생산자와 소비자 모두에게 거래 이전에는 발생하지 않던 새로운 잉여가 발생하기 때문이다.

그런데 거래비용이 발생하면 시장의 상황은 완전히 달라질 수 있다. 거래비용이 존재한다는 것은 생산자나 소비자가 기회주의적으로 행동할 가능성이 있거나 또는 필요한 정보를 보유하지 못하고 있어 정보비용과 감시비용이 발생하는 상황이다. 예를 들어, 생산자가 과장 광고를 하거나 또는 담합에 의해 불공정행위를 하고 있다고 하자. 생산자가 제품의 원산지를 속이거나, 원료의 성분을 정직하게 표시하지 않는 일이 흔히 일어나고 있다. 소비자는 생산자의 기회주의적인 행동으로 피해를 입을 수 있다. 이런 상황이 되면 소비자는 생산자의 말만 믿고 물건을 살 수 없게 된다. 더 많은 정보를 찾아야 하고 더 심사숙고해야 한다. 계약 조건도 훨씬 세심하게 살펴야 하고, 물건을 받은 이후에도 품질과 상태에 대해 다시 잘 확인해야 한다. 훨씬 많은 시간과 노력이 정보 수집과 기회주의적인 행동의 감시를 위해 투입되어야 한다. 이렇게 되면 소비자가 해당 재화를 소비해 얻을 수 있는 효용은 그만큼 감소한다.

생산자의 입장에서도 여러 가지 정보비용이 발생한다. 우선 매우 좋은 새로운 제품을 개발했다고 하자. 그런데 실제로 이 제품을 성공적으로 시장에 출시하기 위해서는 수요자들의 지불 능력과 선호에 대해 여러 가지 정보를 수립해 이를 제품의 디자인에 반영해야 한다. 또 제품에 관한 정보를 소비자에게 효율적으로 전달할 수 있는 광고 전략도 수립해야 한다. 또 생산자와 마찬가지로 소비자들도 기회주의적인 행동을 할 수 있다. 구매한 상품의 하자를 문제 삼아 기업을 상대로 과도한 피해보상금을 요구하거나 거짓으로 피해를 본 것처럼 꾸며 보상을 요구하는 소위 블랙 컨슈머(Black Consumer)들이 흔히 있다. 상품을 구입한 후 일정 기간 동안 사용한 후 상품의 하자를 주장하며, 제품 교환 또는 환불을 요구하는 유형에서부터 상품으로 인한 근거 없는 신체적·정신적 피해를 호소하면서 반품·환불을 넘어 보상금을 요구하는 유형, 거액의 보상금을 수령할 목적을 가지고 일부러 식료품 등에 이물질을 넣어 악의적인 민원을 제기하는 유형 등 블랙 컨슈머의 유형은 다양하다. 그런데 이런 비용은 사업자의 서비스 비용을 증가시키고, 결국은 기업뿐 아니라 선량한 다수의 소비자에게도 악영향을 주게 된다.

이처럼 소비자나 생산자의 기회주의적인 행동으로 인해 거래비용이 증가하게 되면, 소비자의 효용은 거래비용만큼 감소하고 생산자의 생산비 역시 거래비용만큼 증가될 수 있다. 그래서 가령, 시장에서의 균형점이 E_2에서 형성되었다고 하자. 이렇게 되면 소비량은 Q_2가 되고, 생산자와 소비자의 잉여는 $\triangle CBE_2$가 된다. 거래비용이 '0'이던 상황과 비교하면 사회적인 후생은 급격히 감소한다. 극단적인 경우는 시장거래가 아예 성사되지 않을 수도 있고, 이렇게 되면 시장을 통해 얻을 수 있는 사회적 후생의 획득 기회는 완전히 사라진다.

가령, 누군가가 중고 자동차를 구입하고자 한다고 생각해 보자. 그는 중고차에 대해 잘 알지 못한다. 그런데 중고차의 운전 거리를 속이거나 또는 사고 경력을 속이는 일이 흔히 일어나고 있다. 한국소비자원에 의하면 중고차는 소비자들의 상담

이 가장 많이 일어나는 품목의 하나다. 실제로 성능 불량, 사고 이력 미고지, 주행거리 조작, 보증 수리 미이행, 성능 상태 점검기록부 허위 또는 미고지 등의 피해사례들이 일어나고 있다(한국소비자원 보도자료). 상황이 이렇다 보니 소비자들의 신뢰도는 낮다. 어떤 설문조사에 따르면, 중고차 구매자의 26.6%가 크고 작은 분쟁에 휘말렸다(서울파이낸스, 2011. 12. 9). 우려되는 주요 분쟁 유형으로는 '자동차 성능 하자' 42.8%, '허위 매물' 27.9%, 매매가격 수준 14.1% 등을 꼽고 있다. 이런 조사 결과에 대해 조사기관인 보험개발원 측은 중고차 시장은 판매・구입자 간 정보의 격차로 인해 품질이 낮은 상품이 유통되고, 결과적으로 소비자의 신뢰를 받지 못하는 전형적인 '레몬시장'이라고 분석하고 있다. 상황이 이러하므로 중고차의 구매자는 자신도 피해자가 될 가능성을 염려하지 않을 수 없다. 이런 위험을 줄이려면 어떻게 해야 하는가? 정직한 매매상을 찾거나 또는 자기 스스로 여러 가지 정보를 수집해 품질 좋은 중고차를 구별하는 법이나 혹시 문제가 생겼을 경우 이런 위험을 피할 방법이 있는지 공부해야 할 것이다. 이런 비용이 모두 거래비용이다. 상당한 시간과 비용이 소요될 수도 있다.

제품의 원산지가 가격에 상당한 영향을 미치는 농수산물을 생각해 보자. 농수산물은 그냥 육안으로 봐서는 그것이 국산인지 수입인지 구별하기가 쉽지 않다. 국립농산물품질관리원의 단속정보 공시 내용을 보면, 돼지고기, 소고기, 쌀, 배추김치, 오미자, 조청 세트, 닭고기, 삼겹살, 돼지족, 수산물(낙지, 새우) 등의 원산지를 허위로 표시한 식당들이 전국에 걸쳐 매일 단속되고 있다. 그렇다면 이런 상황에서 원산지를 정확하게 알고 농수산물을 구입하고 싶다면 어떻게 해야 하겠는가? 믿을 수 있는 판매자에게 구입하는 것이 그나마 안전한 방법이 될 것이다. 이런 점에서 보면 대형마트가 안전하다. 원산지를 허위 표시했다가 적발될 경우 기업의 신뢰도에 상당한 손상이 발생하고, 이는 상당한 매출의 감소로 이어질 수 있다는 점을 알기 때문이다. 반면, 전통시장은 이런 점에서는 상당한 약점이 있다. 설사 처벌을 하더라도 소비자는 알기 힘들다. 그렇다면 판매자는 설사 약간의 벌금을 물더라도 얼마든지 다시 이런 행동을 반복할 수 있다.

이런 상황에서 필요한 것이 제도다. 중고차 매매인으로 하여금 의도적으로 자동차의 운행거리나 사고 기록을 속이는 행동을 제어해 중고차 거래에서 발생하는 정보비용과 감시비용을 줄여준다면 중고차 거래는 좀 더 활성화될 수 있고 거래 참여자들은 모두 이익을 얻을 수 있다. 구매자는 자동차의 품질과 가격에 대해 좀 더 정확한 정보를 손쉽게 얻을 수 있다. 적정 가격 이상으로 바가지를 쓰지 않아도 된다. 판매자는 구매자를 쉽게 구할 수 있고 적정한 가격에 매각할 수도 있다. 중개자도 중개수수료 수입을 올릴 수 있다. 농수산물도 마찬가지다. 원산지 허위 표시에 대한 염려가 없이 제품을 구입할 수 있다면 소비자도 정보비용을 줄일 수 있고, 판매자도 적절한 매출과 더불어 이익을 얻을 수 있다.

2 제도의 분류

노스(North, 1990: 46-47)는 제도를 크게 공식 제도와 비공식 제도로 구별하고 있다. 성문법과 같은 명시적 규정으로 정의된 규칙들을 공식 제도로 보고 있으며, 여기에는 정부조직의 구조와 의사 결정 규칙 등을 규정하고 있는 정치적 규칙, 재산권과 관련된 경제적 규칙, 특정한 교환 합의와 관련된 계약 등을 포함시키고 있다. 둘째는 관습, 규범, 공통 신념과 같이 공식적인 규정으로 명문화되어 있지는 않지만 실제로는 개인의 행동에 대해 제약 장치로 작동하는 비공식 제도다. 우리가 일상적인 생활을 하면서 법을 따지고 계약의 내용을 따지는 것이 아니라 단지 습관적으로 예전부터 그렇게 해왔기 때문에 그렇게 하거나 또는 그렇게 하는 것이 당연히 도리에 합당하기 때문에 그렇게 하고 있다면 그것이 바로 비공식 제도인 것이다.

카스퍼와 스트라이트(Kasper & Streit, 2000: 100-117)는 사회구성원들의 의식 속에 자리 잡고 있으면서 인간의 생각과 행동에 대해 제약을 가하는 관례(conventions), 내재화된 행동규칙(internalised rules), 관습(customs and good manner), 공식화된 내적 규칙(formalised internal rules) 등을 내적 제도(internal institution)로 분류하고, 정치적인 의지를 가진 제3자에 의해 만들어져 공동체에 강제되는 법이나 정책을 외적 제도(external institution)로 분류하고 있다. 아울러 관례, 내재화된 행동규칙, 관습 등은 비공식 제도, 그 외 규칙 위반에 대한 제재가 정부와 같은 조직화된 제3자에 의해 집행되는 제도를 공식 제도로 분류하고 있다. 어떻게 분류하든 이들이 법과 정책과 같은 공식 제도뿐 아니라 문화와 관습과 같은 비공식 제도까지도 제도의 범주에 포함시키는 것은 비공식 제도 역시 공식 제도처럼 거래 비용 문제의 해결에 도움이 되는 기능을 수행한다는 점에서는 공통되기 때문이다.

그런데 이러한 구별은 개념적으로는 가능하지만 실제로는 그리 간단한 문제가 아니다(사공영호, 2006: 82-83). 예를 들면, 이미 관행으로 사회에 정착되어 있는 현상을 하나의 정책으로 수용해 법에 규정했다면 이 정책은 형식적으로는 공식 제도이지만 정책의 근원을 고려하면 비공식 제도와 사실상 동일하다. 사람들은 이 정책의 수립과는 상관없이, 그리고 설사 그 정책이 명문화되지 않았더라도 과거와 같은 행동을 지속할 것이다. 이런 경우의 정책은 단지 사회적인 관행을 명문으로 규정한 것에 지나지 않으며, 구성원들의 행동에 특별한 변화를 의도하는 수단으로서 작동하고 있는 것은 아닐 것이다. 이처럼 정책이 비공식적 관행에 기초해서 형성되고 운영되고 있는 경우 이의 성과나 효과는 과대평가될 수 있다. 이미 경영 관행으로 자발적으로 운영되고 있는 제도라면 공식 규정화가 없이도 규범적이거나 모방적 동형화(DiMaggio & Powell, 1983)의 과정을 통해 사회적으로 확산될 수도 있는 현상을 정부가 법령화한 것에 지나지 않을 수 있기 때문이다.

가령, 미국법의 역사를 연구한 로렌스 M. 프리드만(2006: 30)에 따르면 이론상 코먼로(common law)란 통상적인 의미에서 사람이 만든 법이 아니라 단지 판사가 '발견'한 법일 뿐이다. 판사는 법을 창조하지도, 발견한 상태를 변경시키지도 않았다. 판사의 역할은 어떤 문제에 대해 갈등이 발생했을 때 이 문제에 대한 사회의 통념이나 관행이 어떤 것인지를 찾아내고 무엇이 다수의 구성원이 생각하고 있는 정의이고 권리인지를 판단했을 뿐이라는 것이다. 만일 법원이 다수의 생각과 괴리되는 판결을 자꾸 내리게 된다면 법원이 스스로 자신의 공신력을 파괴하는 결과를 초래하고 말 것이다. 따라서 법은 본질적으로 인간이 창조한 수단이나 도구라는 현대적인 법사상은 전통적인 코먼로 체제에서는 낯선 것이라고 지적하고 있다. 간단히 말하면 미국 법원의 판례법 역시 이미 사회구성원들이 공유하고 있는 권리와 자유에 대한 공통된 인식, 재산권에 대한 관행과 거래 관습에 토대를 두고 있다는 것이다.

제도 연구자들이 제도 환상에 빠지지 않기 위해서는 인간의 생각과 행동에 영향을 미치는 제도 전체를 항상 고려하는 것이 중요하다. 공식 제도와 비공식 제도를 포함하는 전체 제도를 놓고 보면 정책은 매우 작은 부분에 해당할 수 있다. 공식 제도를 연구하는 정책 연구자의 입장에서 보면, 자신의 연구 대상인 정책이 전체 제도에서 차지하는 비중이 (사회에 따라 차이가 있기는 하지만 적어도 발전된 자본주의 사회에서는) 결코 크지 않다는 점이 실망스러울 수도 있다. 하지만 사회 변화에 대한 이해와 사회 변화에서 법과 정책이 갖는 의미를 좀 더 정확하게 이해하기 위해서는 인간의 행동에 실제로 제약으로 작용하는 것들에 대해서는 최대한 전체를 놓고 검토해야 한다. 공식 제도는 이런 전체 제도 속에서 적절히 조화를 이룰 때만이 정상적으로 작동할 수 있기 때문이다.

제 2 절 일상의 삶과 비공식 제약들

1 종교

공식 제도가 의미 있는 제약의 수단으로 등장한 것은 상당히 최근의 일이다(로렌스 M. 프리드만, 2006). 민주적인 법치 제도가 언제부터 본격화되었는지 생각해 보면 알 수 있다. 공식 제도가 사회의 주된 질서의 수단으로 등장하기 이전부터 사람들의 일상을 지배해 온 것은 종교다. 전 세계 인구의 약 70%가 어떤 종류이든 종교에 의지해서 살아가고 있다. 유대인들이나 이슬람인에게 종교는 삶 그 자체다. 유럽과 미국 역시 기독교의 영향을 제외하고는 그들의 역사를 설명하는 것이 불가능하다(예: 토인비).

제도로서 종교의 영향을 좀 더 구체적으로 검토하기 위해 미국의 예를 생각해 보자. 미국 사회를 연구했던 사회과학도들은 누구나 청교도 정신을 이야기한다. 사실상 미국 사회의 모든 제도의 뿌리가 청교도 정신에 있는 것으로 보고 있다. 정치적 평등과 공화주의를 핵심으로 하는 민주주의(예: 알렉시스 드 토크빌, 1997), 자본주의(예: Weber, 1976; North, 1990, 2006), 개인의 자유와 책임을 강조하는 개인주의, 공동체에 대한 헌신, 직업을 소명으로 여기는 근로의식(예: Bellah et al., 1996; 새뮤얼 헌팅턴, 2006), 독립정신과 헌법(North, Summerhill, & Weingast,

2000)을 비롯한 각종 공식 법규(해롤드 버만·김철, 1992) 등 미국 사회를 구성하고 있는 제도들 중에 청교도 정신에서 나오지 않거나 이의 영향으로부터 자유로운 것은 아무것도 없다. 대부분의 역사학자는 초기 식민지에서부터 오늘에 이르기까지 미국 문화에서 기독교의 중요성을 인정하고 있다(사공영호, 2007: 161-163).

예를 들면, 토크빌은 "미국 전체의 운명이 해변에 첫발을 디딘 첫 번째 청교도들에게 달려 있었다"고 말할 정도로 미국 실험의 출발점에서 종교적 특성을 강조하고 있다(Bellah et al., 1996: 28). 청교도주의가 정치와 문화에 미친 영향을 연구했던 밀러(Perry Miller) 역시 식민지 개척 초기부터 미국의 생활과 사상에서 청교도주의가 하나의 지속적인 요인으로 확립되었으며, 후손들은 다양한 방법으로 청교도 정신을 계승했기 때문에 청교도 정신은 미국 사회의 발전에 지배적인 역할을 했고, 따라서 청교도주의를 이해하지 않고는 미국을 이해할 수 없다고 말하고 있다(김성곤, 1999: 203). 청교도 정신이 '아메리칸 마인드(American mind)'로 확대되었으며(Bercovitch, 1975), 단지 종교적 교리에 그치지 않고 세상을 바라보고 해석하는 일종의 심리적 상태(Manning, 1990: 71-72)로 미국인들의 마음속에 내재화되었다. 그뿐만 아니라, 베버와 뒤르켐(Émile Durkheim)이 말하는 근대 사회의 역동성(송재룡, 2005: 131)과 자본주의를 가능하게 하는 오로지 서구에서만 발견되는 윤리의 근원, 프랭클린이 근대 직업윤리의 알파와 오메가로 지적하고 있는 직업에의 충실함의 근원(벤저민 프랭클린, 2006), 하이에크가 확장된 질서의 발전을 가능하게 한 요인으로 지적하는 정직과 도덕의 근원(프리드리히 A. 하이에크, 1996: 260-265) 역시 청교도 정신과 기독교 정신이다.

청교도 정신의 핵심이 무엇이고 도대체 어떻게 미국 사회의 발전에 기본적인 행동규칙과 공통된 이념을 제공했기에 미국 사회를 연구하는 사회과학도들은 한결같이 결국은 공통된 의문, 즉 청교도 정신과 기독교 문화에 대한 탐구에 빠져들 수밖에 없는 것인가? 우선 가장 먼저 지적해야 할 것은 일에 대한 생각이다. 프로테스탄트나 청교도에서 직업이란 절대 우리가 생각하는 단지 생계 수단으로서의 직업이 아니다(막스 베버, 1988: 60-61, 177; Bellah et al., 1996: 65-71). 이들에게 직업이란 하나님이 주신 소명(calling)이다. 베버에 의하면, 프로테스탄트들이 직업에 대해 갖는 인식은 루터에 의한 종교개혁의 산물로서, 직업에서의 의무 이행은 신이 주신 현세적 의무를 완수해 신을 기쁘게 하는 유일한 방법이며, 이웃사랑의 외적 표현으로 여겨진다. 직업만이 신의 뜻이며, 따라서 허용된 모든 직업은 신 앞에서 같은 가치를 갖는다. 이런 사상은 미국의 청교들에게서도 그대로 발견된다. 직업을 소명이라고 할 때는 개인의 일과 사람을 도덕적으로 분리할 수 없게 만드는 특성과 행동의 실질적인 이념을 함축하고 있다(Bellah et al., 1996: 66). 개인이 자신을 정의하는 데도 직업이 가장 중요한 요소이며, 개인을 동료 및 공동체와 연결하고 모두의 선에 봉사하는 존재로 만드는 것도 일이다. 자신만을 위해서가 아니라 공통의 이익을 위해 일하게 하는 것이 소명이라는 점에서 일이란 결코 오로지 사적인 것만이 될 수 없다는 것이다. 특히 이들 뉴잉글랜드의 정착촌은 이런 신념이 그대로 실천에 옮겨지는 공동체였다.

청교도에게 직업은 윤리적인 측면에서도 중요한 의미를 가지고 있다. 에머슨(Ralph W. Emerson)이 미국 사회의 윤리에서 공통적인 코인(coin)이라고 지적하고 있는 자립성(self-reliance) 역시 "일을 해서 얻은 것만이 차지할 가치가 있다"는 근로윤리에 토대를 두고 있다. 더구나 이러한 근로윤리는 '도적질하지 말라'(8계명), '이웃의 소유를 탐내지 말라'(10계명)는 성서의 십계명과도 연결되어 개인에게 정직을 요구하는 윤리 기준으로도 작용하고 있다(송병락, 2001: 서문, 16-71).

미국인들의 자유와 평등에 대한 신념 역시 프로테스탄트 정신, 청교도 정신에 뿌리를 두고 있다. 이들은 교회란 기본적으로 하나님 앞에서 평등한 신앙인들(belivers)의 자발적인 집합이라고 생각하며, 교회보다 개인 신앙인을 앞세운다. 따라서 반(反)엘리트적이며, 모든 신앙인이 성직자가 될 수 있다고 생각하는 성향이 강하다. 민주적 형태의 조직, 회중에 의한 자치를 중시한다(Bellah et al., 1996: 244-245). 개인주의, 그리고 모든 사회집단은 깨어지기 쉽기 때문에 그것을 유지하려는 지속적인 노력이 필요하다는 인식의 주된 근원 역시 교회에서 유래한다. 이들은 무엇보다 원하는 것은 무엇이든 할 수 있는 자유를 옹호했고, 자유를 침해하는 권위에는 어떤 것에도 저항했다. 자신들이 스스로 세운 지역교회가 진실이라 믿었으며 교회나 국가의 권력을 거절할 준비가 되어 있다. 이들은 개인의 인격이 양심의 근거라고 믿었으며, 교회 영역 내의 일들에 대해 회중들이 전적으로 통제하는 것이 당연하다고 생각했다. 회중들이 최종적 권위를 가지는 칼뱅주의 회중교회주의가 사회계약 개념과 피치자의 동의에 의한 정부 개념의 뿌리가 되고 있다(해롤드 버만 · 김철, 1992: 98-100).

물론 최근에 와서는 교회가 과거만큼 순종과 존경을 요구할 수는 없게 되었다. 그러나 종교는 도덕적 질서와의 관계를 멈추지 않고 있으며, 여전히 개인들이 자기 존경을 유지하고 도덕적 헌신을 준비하도록 하는 기능을 수행하고 있다. 오늘날까지도 미국 문화 속에 청교도주의가 그대로 남아 있으면서 미국인들의 정신과 의식의 형성에 중요한 역할을 하고 있으며(김성곤, 1999: 331), 미국인들은 여전히 성공, 자유, 정의(동등한 기회, 공정한 법)를 추구하고 있다(Bellah et al., 1996: 22-26). 심지어는 오늘날까지도 미국의 역사는 성서적인 것으로 평가되고 있다(Bellah et al., 1996: 28; 새뮤얼 헌팅턴, 2006).

2 전통 관습

전통적인 관습도 한번 형성되면 사회구성원들의 생각과 행동에 상당한 영향력을 지속한다. 예를 들면, 여성 할례[1]는 여성들에게 상당한 고통과 생명의 위협이 됨에도 계속되고 있다. 세계보건기구(WHO)에 따르면 여성 할례는 아프리카와 중동의 28개국에서 행해지고 있다. 수단, 이집트, 소말리아, 에티오피아 등에서는 여성들의 80~90%가 할례를 받고 있다. 문제는 하루에만 6,000명 정도의 여자 아이들이 할례를 받고 있으며, 이 과정에서 죽음의 위기에 내몰리고 있다는 것이다. 케냐는 1990년에 일부 형태의 여성 할례를 금지했으나, 64지역 중 49곳에서 여전히 여성 할례가 행해지고 있다(출처: Wikipedia).

명예살인 역시 전통이라는 이름으로 계속되고 있다. 명예살인이란 가족, 부족, 공동체의 명예를 더럽혔다는 이유로 조직 내 구성원을 다른 사람이 살인하는 행위다. 명예를 지킨다는 이유가 살인을 정당화할 수 있다는 명분으로 자행된다. 명예살인은 주로 이슬람 문화에서 일어난다. 이슬람교를 믿는 가문에 있는 모든 여자에게 해당되며, 가족구성원 중 순결을 잃은 여성이나 불륜을 행하는 여성에게 가족회의를 통해 가족구성원 중 한 명이 해당 여성을 돌로 쳐 죽이는 관습이다.

---

1) 여성의 성년의식 중 하나로 여성 성기의 음핵 표피만을 제거하는 시술에서 표피, 음핵, 소음순, 대음순 등을 모두 제거하는 시술까지 방식은 다양하다. 여성 할례에 대한 정확한 기원은 알려지지 않았지만 학자들은 대략 5천 년 전부터 시작되었다고 주장한다.

UNFPA는 전 세계적으로 연간 많게는 5,000명이 명예살인으로 희생되는 것으로 추정한다(출처: Wikipedia). 이슬람 국가에서는 이러한 명예살인이 중범죄에 해당됨에도 불구하고 처벌은 제대로 이뤄지지 않아 문제가 되고 있다고 보고 있다.

사회관습이란 이런 것이다. 어떤 객관적인 근거에 의해 정당화되고 지속되는 것이 결코 아니다. 단지, 우리 사회의 구성원들이 그렇게 믿고 그렇게 생각하고 있다는 것이 정당화의 근거다. 사회 제도가 발생하고 지속되는 가장 핵심적인 원리가 바로 사회구성원들의 공통된 생각이다. 그러한 믿음의 근원이 얼마나 과학적이고 정당한지는 문제가 되지 않는다. 우리가 그렇게 생각하는 것만으로 족하다. 사회제도의 이와 같은 발생 및 정당화 원리를 설(John R. Searle), 앤스콤(G. E. M. Anscombe), 블루어(David Bloor) 등은 자기참조성이라 부르고 있다.

3 일상에서 얻은 행동규칙과 규범

사람이 살아가기 위해서는 있는 그대로의 세계에 대한 지식을 얻는 것이 중요하다(피터 윈치, 2011: 78). 물론 이론적인 지식도 도움이 되겠지만, 많은 경우 일반 사회구성원들은 연구자들과 같이 이론적 지식에 기초해 주변의 상황을 이해하고 있지는 않다. 그럼에도 불구하고 그럭저럭 주변 세계에 대응하며 살아갈 수 있는 것은 일상의 삶 속에서 삶에 필요한 이런저런 지식을 배우고 축적했기 때문이다.

예를 들면 이런 것이다. 우리가 언어를 어떻게 배워서 어떻게 사용하고 있는지 생각해 보자. 우리가 부모들에게 언어를 배울 때 문법을 배웠는가? 분명히 그렇지는 않다. 부모들은 이론적인 문법적 지식을 가르친 것이 아니라 그냥 말을 가르쳤다. "이것은 나무고, 저것은 산이다." "그렇게 말하면 안 된다. 이렇게 말해라." 그냥 이렇게 가르쳤다. 그런데 어느 순간 우리는 말하는 방법을 터득해 자유자재로 언어를 구사할 수 있게 된다. 하지만 이렇게 자유자재로 말을 하는 단계에서도 우리가 말을 하면서 어떤 문법적인 생각을 가지고 그것에 맞춰 가면서 말하지는 않는다(Wittgenstein, 1958: 25). 그냥 말한다. 그렇지만 말이 안 되는 소리는 금방 판단할 수 있다. 일상적인 경험 속에서 자신도 모르는 사이 어떤 규칙을 학습해 이용하고 있는 것이다. 행동 방식도 마찬가지다. 만나는 사람에 따라서 어떤 예법을 지켜야 하는지, 상황에 따라서 어떤 언법을 써야 하는지에 대해서도 이를 이론적으로 배우지 않고 그냥 삶 속에서 배운다(Dreyfus, 1980: 7).

일상적인 예절이나 행동 규범에 대해 우리가 가지고 있는 지식 역시 마찬가지다. 이론적인 지식이 아니라 실천적인 지식이다. 예절이 무엇인지 이론적으로 이해하고 있는 것이 아니라 일상의 삶 속에서 예절을 지키면서 행동할 수 있고, 어떤 행동이 무례한 행동인지 그때그때 상황에 맞게 판단할 수 있는 능력이 예절에 대해 아는 것이다. 이런 행동 규범들은 우리가 무심코 그것을 따르고 있을 때는 잘 인식하지 못한다. 그러나 이런 것을 어기는 사람을 보거나 또는 나 자신이 이를 지켜야 할 것인지 갈등할 때 그 모습을 내보인다(Milgram et al., 1956). 즉, 이런 규범은 내가 굳이 의도적으로 노력하지 않아도 자연스럽게 일상에서 이를 적용할 수 있다. 그때그때의 상황에 따라 적절하게 적용하고 대응할 수 있다는 점에서 삶의 기술이다. 이처럼 잘 준수하고 있을 때는 별 관심을 기울이지 않는다. 그런데 이런 규범이 깨어지면 너무나도 분명하게 이를 인지할 수 있고, 그래서 대응행동도 가한다.

4 일상의 언어

언어를 배우는 것 역시 일종의 삶의 형식을 배우는 것이다. 예를 들면, 우리 일상의 삶과 주변에 대해 우리는 이렇게 서술할 수 있다. "저것은 저 사람의 재산이다.", "저 사람들은 우리의 이웃이다.", "저것은 책상이다.", "이것은 교통법규다.", "하나님이 모든 사람을 평등하게 창조했다.", "이번 재난은 신의 뜻을 거역했기 때문이다." 그런데 이런 서술 속에는 이미, 그것에 부여한 지위 기능과 그에 따른 행동 규범까지도 담겨 있다. 이미 그 대상에 대해 '재산', '이웃', '책상', '법', '평등한 인간', '신의 처벌'이라는 지위가 부여되어 있다. 만일 우리가 이런 지위를 부여하지 않는다면 그것은 그냥 '땅', '사람', '나무 구조물', '글자의 집합', '평등하지 않은 사람', '재난' 등일 뿐이다. 즉, 우리의 일상의 삶 자체가 주변 세계에 대한 공통되고 적절한 해석의 방법을 반영하고 있으며, 언어는 이러한 해석을 이미 반영하고 있다. 즉, 언어는 이미 구성원들의 삶의 방식을 반영하고 있는 것이다(Searle, 1995,

1998, 2010).[2)]

규범 역시 일상의 언어와 관계적인 삶 속에 이미 담겨 있다. 남의 재산이므로 도둑질해서는 안 되며, 이웃에게 다정해야 하고, 책상은 튼튼하게 만들어야 하며, 법은 지켜져야 하고, 사람들의 평등은 존중되어야 하며, 신의 계명을 지키며 사는 것이 소중하다는 등등의 규범이 내재되어 있다. 물론 사회에 따라 지위 기능을 부여하는 방법은 달라질 수 있다. 게다가 만일 사람들이 세상에 대해 이런 생각을 상식적인 것으로 공유하게 되면, 사람들은 대화의 상대방이 자신의 말이나 행동을 이런 상식적인 지식에 비춰서 당연히 해석하고 이해해 줄 것으로 기대하고 행동하게 된다. 그래서 만일 상대방이 자신의 행동에 대해 상식적인 지식을 배경으로 이해할 것으로 당연히 기대하게 되고, 이런 식으로 이해하지 못할 경우 이를 비도덕적인 행동으로 보고, 궁극적으로는 관계의 단절을 초래할 수도 있다(Garfinkel, 1967; Heritage, 1984: 84-99). 간단히 말해, 사회구성원들이 공유하고 있는 세계관 자체가 매우 강력한 도덕과 규범의 배경으로 작용한다는 것이다.

제 3 절 제도의 가치

1 사회적 상호작용과 거래비용에의 대응

사회적 상호작용이 있는 곳에서는 어디에서나 거래비용이 있다. 누구도 완전한 정보를 가지고 있지는 못하며, 누구도 완전한 계산 능력을 가지고 있지는 못하기 때문이다. 그럼에도 불구하고 어떤 상호 관계를 원한다면 정보는 언제나 필요하고, 필요한 정보를 얻고, 분석하고, 대응하고 대비하는 데 비용이 들 수밖에 없다.

자본주의는 각종의 자산에 대해 개인의 사유재산권을 인정하고, 이러한 재산의

2) 예를 들면, 동일한 한 명의 남자가 아버지, 시민, 유권자, 직원, 학부모 등으로 달리 불리게 되는 것은 그에게 이런 여러 가지의 지위 기능이 부여되기 때문이며, 각각의 지위 기능이 가지는 차이를 표현하기 위해 다른 이름들이 붙어진다. 그래서 이름을 붙이는 것 자체가 지위 기능의 부여와 뗄 수 없는 관계에 있다.

자유로운 거래를 보장하는 것을 핵심으로 한다. 시장 거래를 통해 생산자와 소비자가 동시에 이익을 얻기 위해서는 시장 참여자의 기회주의적인 행동이 제한되어야 한다. 만일 그렇지 않다면, 시장 거래는 위축될 수밖에 없으며, 심지어는 시장 거래 자체가 발생하지 않을 수도 있다.

기업조직을 비롯한 각종의 조직 역시 기본적으로는 조직에 참여하고 관계하는 사람들이 정직한 거래를 통해 각자가 원하는 것을 얻게 되는 일종의 거래 메커니즘이다. 주주는 배당 이익, 경영진은 임금과 성과급, 근로자는 일자리와 임금, 투자 금융기관은 이자수익과 투자수익, 소비자는 소비자 주권에 의해 자발적인 소비에서 발생하는 잉여를 얻을 수 있다. 이런 기업조직이 안정적으로 작동하기 위해서는 기업에 참여하고 있는 경영진은 분식회계나 권한 남용을 통해 사적 이익을 추구하는 행동을 삼가야 하며, 근로자 역시 회사의 기밀정보를 빼돌리거나 회사의 재정을 사적 용도로 사용해서는 안 된다. 주주와 투자자들 역시 자신들이 가지고 있는 회사에 대한 영향력을 자신의 사적인 목적을 위해 이용해서는 안 된다. 투자분석가들은 회사의 내부자 정보를 이용해 다른 시장 참여자가 얻을 수 없는 이익을 얻으려 해서는 안 된다. 기업에 대해 영향력을 행사할 수 있는 정치인이나 관료 역시 자신들의 권력을 이용해 정치자금을 요구하거나 청탁을 해서는 안 된다. 이런 모든 관계가 일종의 거래 관계다. 각 참여자들이 각자에게 주어진 역할을 정직하게 수행한다면 기업은 모두에게 유익이 되는 윈-윈(win-win)의 매개체가 될 수 있다. 누구든지 자신의 권한이나 지위를 기회주의적으로 이용하게 되면 거래비용과 감시비용은 발생할 수밖에 없고, 이런 비용이 커지면 결국 협력적인 거래 관계가 붕괴될 수도 있다.

정부와 정치인 역시 다르지 않다. 입법부, 사법부, 행정부 등 정부 3부, 행정부의 각 부처, 지방자치단체와 지방의회, 정부와 자치단체 산하의 각종 공기업과 공사, 그리고 이런 조직에 속하는 정치인과 관료 등은 모두 국민 또는 주민의 이익에 봉사하기 위해 존재하는 조직과 사람들이다. 국민들은 자신이 원하는 공적인 서비스를 얻기 위해 이런 기관들을 만들고, 권한을 부여하며, 또 소요되는 비용도 부담한다. 이 조직들이 국민이 원하는 서비스를 제공할 수만 있다면 이러한 관계는 목표를 달성하게 된다. 이런 상호작용을 통해 국민들은 원하는 서비스를 얻고, 정치인과 관료들은 자신들이 원하는 정치적인 권력과 조직적인 보상을 얻을 수 있다.

그런데 이런 관계에서도 거래비용은 발생한다. 바로 이 거래비용이 이러한 정치 제도의 유용성을 심각하게 손상할 수도 있다. 어떤 사람이 우리를 위해 정직하고 성실하게 일해 줄 수 있는 유능하고 믿을 수 있는 사람인지를 구별하는 것이 쉽지 않다. 현실에서는 유권자들이 원하는 인물이 아니라 오히려 유권자들이 피하고 싶은 사람들이 선거에 뛰어든다. 선거운동을 할 때는 유권자의 이익에 봉사할 것을 다짐하지만 막상 당선된 이후에는 정말 유권자의 이익을 위해 일하고 있는지 감시하기도 쉽지 않다. 권력을 남용하고 있지는 않은지, 뇌물을 받고 정책 결정에 부당하게 영향력을 행사하고 있지는 않은지, 특정의 이익집단과 유착되어 있지는 않은지 감시하기가 쉽지 않다. 이 모든 것이 정보비용과 감시비용의 원인이 된다. 거래비용이 발생하는 것이다.

제도가 필요한 것은 바로 이 때문이다. 시장에서의 거래 관계이든, 정치적인 주인-대리인 관계이든 거래비용이 발생한다. 거래 상대의 기회주의적인 행동의 위험이 커지면서 거래비용이 높아지면 결국 경제적 거래이든 정치적 거래이든 거래 관계는 붕괴된다. 거래 관계가 붕괴된 만큼 그런 거래 관계를 통해 기대할 수 있었던 경제적·정치적 후생을 얻을 수 있는 기회도 상실된다.

2 인류사적 고민의 해결: 질서와 협력

플라톤(Platon)은 왜 영원히 변하지 않는 이데아(idea)와 같은 지식을 원했는가? 이런 지식을 가진 사람이 윤리적일 수 있고, 이런 사람이 통치할 때만이 정치적인 평화와 질서가 가능하다고 생각했기 때문이다. 플라톤은 자신의 스승 소크라테스(Socrates)가 정치적인 모함으로 죽는 것을 보았고, 정치 부패의 위험을 너무나도 잘 알고 있었다. 정치인들이 정치적 윤리를 학습할 수 있는 방법으로 영원히 변하지 않는 진정한 지식을 원했고, 이런 지식의 원형을 이데아에서 찾았던 것이다. 그는 또한 프로타고라스(Protagoras)에서 왜 수학적인 지식은 교실에서 배울 수 있는데 미덕은 가르칠 수 없는지의 문제를 제기한다. 미덕은 결국 사회에서 배워야 한다. 왜 미덕은 사회에서 배워야만 하는가? 어떻게 사회에서 미덕을 배우는 것이 가능한가? 이 문제는 인간의 학습에 대한 의문이 풀리는 근대 및 현대 철학에서 해답이 주어진다. 문제가 제기된 이후 약 2,500년이 지난 후에야 비교적 제대로 된 답을 제공할 수 있게 되었다는 것이다.

질서에 대한 해법으로 플라톤이 이데아와 철인정치(哲人政治)를 제안했다면, 홉스(Thomas Hobbes)는 리바이어던(Leviathan)과 같은 강력한 정부를 제한한다. 홉스는 인간의 심성이 태생적으로 사회적이지 못하다고 가정한다. 그런데 이렇게 가정하게 되면, 인간은 서로 간의 갈등 상황에 처할 수밖에 없게 되고, 이런 상황에서 인간의 삶은 외롭고 가난하고 야만적인 상태에 빠질 수밖에 없게 된다. 그런데 이 상황은 너무나 비참한 것이기 때문에 어떤 형태의 정부이든 상관없이 실효성이 있는 정부라면 그런 정부가 있는 편이 없는 경우보다는 더 나으며, 게다가 이런 인간 심성에 대응하기 위해서는 정부는 절대적인 권력을 가져야만 유효하게 작동할 수 있다는 결론에 이르게 된다(Curley, 1994: viii). 그러나 정부 권력이 자치형 공동체의 발전에 매우 큰 걸림돌이 될 수 있다는 것은 앙시엥 레짐(ancien régime)에 관한 토크빌의 연구에 너무나도 잘 나타나 있다. 또한 스미스가 도덕 감정의 연구에 매진했던 이유도 이런 정부 권력의 위험에 대한 염려 때문이다.

현대 경제학의 아버지 스미스(Adam Smith)가 국부론보다는 도덕 감정(moral sentiments)의 문제에 집중했던 이유 역시 자생적인 질서의 가능성을 탐구하기 위한 것이다. 스미스가 도덕 감정에 집착했던 이유는 적절한 도덕 감각이 형성되지 않는다면 시민사회가 국가나 전제 권력의 지배로부터 벗어나 자유로운 사회·경제 질서를 지킬 방법이 없다고 보았기 때문이다. 당시 유럽 사회는 르네상스와 종교개혁, 산업혁명 등의 영향으로 이제 막 중세적인 속박에서 벗어나 시민의 자유와 권리에 기초한 자본주의적인 질서를 수립하려 하고 있었다. 그런데 이런 자율적인 제도는 무엇보다도 시민들의 도덕 감각을 전제로 한다. 시민사회가 스스로 질서를 지킬 수 없다면 결국 국가의 개입을 다시 불가피하게 만들 것이기 때문이다. 그렇다면 시민적인 자치형의 경제 및 사회 질서를 가능하게 하는 도덕성을 발전시키는 것이 어떻게 가능한가? 이것이 바로 『도덕감정론』에서 스미스가 답하고자 하는 것이며, 스미스는 인간이 나면서부터 가지고 있는 마음의 본성에서 도덕 감정의 근원을 찾고 있다. 즉, 타인의 아픔을 나의 아픔으로 느낄 수 있는 공감 능력은 인간이 나면서부터 가지고 있는 것이며, 서로 공감하는 것은 매우 큰 즐거움이다. 이런 공감 능력이 인간의 이기심을 억제할 수 있고, 이렇게 이기심이 억제된 상황에서 타인의 생명, 재산, 명예를 존중하는 도덕이 자발적으로 생성되고 발전될 수 있다고 그는 주장한다(애덤 스미스, 1759: 1-24; 박세일, 2009: 661-677). 이처럼 인간의 마음에 대한 생각의 차이에 따라 제도에 대한 입장 역시 극명하게 달라진다. 인간의 마음에 대한 이해와 제도에 대한 논의가 분리될 수 없다는 것이다.

현대 사회과학의 아버지라 할 수 있는 베버가 자본주의 정신의 근원으로서 기독교 윤리를 탐구하는 이유도 마찬가지다. 자본주의적인 질서를 가능하게 한 윤리가 어디에서 왔느냐의 문제에 답하고자 하는 것이다. 베버가 왜 이런 의문을 던지는가? 당시 세계를 보면, 유럽의 기독교 국가들과 미국은 산업혁명의 성공 이후 지속적인 정치, 경제적인 발전을 이룩하고 있었다. 그런데 다른 사회들은 전혀 그렇지 못했다. 정치적으로나 경제적으로 거의 발전을 기대할 수 없는 상황이었다. 그렇다면, 왜 일부 사회에서만이 정치, 경제적인 발전이 가능하고, 다른 사회에서는 그렇지 못한가에 대한 의문이 제기될 수밖에 없고, 이 질문에 대한 해답을 기독교 윤리에서 찾고 있는 것이다. 질서와 협력을 가능하게 하는 문화와 규범은 기독교에서 왔다는 것이다.

그렇다면 왜 철학 연구자들과 사회 연구자들은 질서의 문제에 이토록 집요하게 집착하고 있는가? 이런 질서 속에서만이 자본주의적인 시장 거래도 가능하고 민주주의적인 정치적 거래도 가능하기 때문이다. 질서와 협력만이 한편으로는 개인의 자유와 개성을 존중하면서 다른 한편으로는 사회적인 혼란, 만인 대 만인의 투쟁은 피할 수 있는 길을 제공하기 때문이다. 제도란 인간의 행동에 제약을 가해 사회적인 질서와 협력을 가능하게 만드는 장치다. 질서가 구축된다면 사회구성원들은 자발적인 거래 관계를 통해 자신들이 원하는 사회 발전을 얼마든지 자발적으로 이룩할 수 있다.

3 자유와 질서의 조화

미국의 헤리티지재단(Heritage Foundation)이나 카토연구소(Cato Institute) 등의 조사 결과를 보면, 경제적으로 자유로운 사회들이 1인당 소득의 수준도 높다.

미국, 캐나다, 영국, 독일, 스웨덴, 일본, 노르웨이, 호주, 오스트리아, 스위스, 싱가포르 등이 경제적으로 자유도가 높은 나라들이다. 경제적 자유는 질서와 혼란의 위험을 동시에 가진다. 개인의 경제활동에 대한 정부의 통제와 간섭이 약화된 만큼, 각 경제 주체들이 자신의 이익만을 위해 기회주의적으로 행동할 유인도 커질 수 있기 때문이다. 만일 실제로 이렇게 행동한다면 경제적인 자유와 질서를 함께 누리지는 못할 것이다.

스미스가 도덕 감정의 근원을 탐구했던 이유도 이 때문이다. 설사 경제적으로 자유로워지더라도 이런 자유가 질서와 조화를 이루지 못한다면 결국 경제활동에 대한 정부의 개입은 커질 수밖에 없고, 이렇게 되면 시장의 자유는 위축될 것이며, 자유 시장에서 발생할 수 있는 국부의 획득 기회도 상실될 것이다. 베버가 이런 사회에 관심을 기울였던 이유도 정치, 경제, 학문, 예술 모든 분야에서 이들 국가가 앞서가고 있었기 때문이다.

그런데 자유로우면서도 동시에 질서가 있는 사회를 만들려면 공식 제도에 의한 제약을 줄이면서, 이로 인한 제도적인 공백과 무질서의 위험을 비공식 제도가 대신하고 제어할 수 있어야 한다. 공식 제도만으로는 결코 자유와 질서를 동시에 보장할 수 없다. 공식 제도라는 것은 어떤 형태로든 강제적인 제약을 담고 있는 것이기 때문이다. 그러나 공식 제도를 폐지할 경우 무질서하고 기회주의적인 행동이 발생할 위험 또한 높아진다. 따라서 공식 제도의 공백을 비공식 제도가 보완하지 못한다면 경제적 자유는 무질서를 동반할 위험이 커진다.

한국의 예를 생각해 보자. 김대중 정부 시절에 정부적인 차원에서 실시한 규제 폐지의 노력으로 1998년 10,717건이던 규제사무의 수가 2002년도에는 7,546건으로 감소했다(2002년도 규제개혁백서: 67). 그런데 이후 규제의 수는 다시 증가하기 시작해 2014년 7월 현재 등록된 규제의 수는 15,312건에 도달해 있다. 규제가 폐지되었음에도 불구하고 시장은 공정하고 질서있게 작동한다면 이미 폐지한 규제를 되살려 내거나 또는 다른 규제를 도입해 규제를 가해야 할 이유가 없다. 규제의 공백을 시장과 비공식 제도가 채워주지 못하기 때문에 결국 규제가 되살아나고 있는 것이다.

제 4 절 제도와 사회 발전

1 토인비

사회가 발전한다는 것은 어떤 의미인가? 막스 베버(1988)의 의미를 기준으로 하면 어떤 사회가 기업, 정당, 과학, 예술, 자본주의, 민주주의와 같은 다양한 사회적인 산물들을 더 잘 공급할 수 있고, 그래서 사람들이 더 행복하고 풍성한 삶을 살 수 있게 되는 것을 의미할 것이다. 노스(North, 2006)의 의미를 기준으로 하면, 영아 사망률이 감소하고, 인간의 수명이 늘어나며, 과학이 발전하고 소득 수준이 높아지며, 또 이와 같은 경제적 발전을 가능하게 하는 제도들이 잘 마련되어 있는 사회를 의미할 것이다. 알렉시스 드 토크빌(1997)과 같은 정치 연구자의 시각에서 보면, 자생적이고 자율적인 방식으로 민주주의를 실현하고 있는 사회가 발전된 사회이다. 화이트헤드(Alfred N. Whitehead)의 시각에서 보면, 어떤 사회가 자신들이 중시하는 가치를 역사적인 시련 속에서도 꾸준히 지속적으로 발전시켜 왔다면 이 역시 사회 발전이다. 화이트헤드(Whitehead, 1933)에 의하면 서구의 역사는 간단히 말하면 자유 관념을 지속적으로 발전시켜온 역사다. 하이에크적인 관점에서 보면, 인간의 자유를 제약하는 인위적인 질서가 아니라 자생적이고 자율적인 질서에 의해 경제와 사회가 조직화되어 있는 사회가 발전된 사회가 될 것이다.

사회 발전을 매크로(macro)한 차원에서 접근하기 위해 먼저 역사가의 연구를 검토해 보자. 토인비(Arnold J. Toynbee)의 『역사연구』에 의하면, 인류사에 등장한 26개의 문명 중 16개는 이미 사멸했다. 그나마 나머지 10개의 문명 중에서도 서유럽 문명을 빼고는 사실 모두 이미 쇠퇴 중이라고 분석하고 있다(아놀드 토인비, 2006: 495). 이런 점에서 보면, 토인비가 생각하는 문명의 발전 역시 근·현대 사회과학도들이 생각하는 발전의 의미와 크게 다르지는 않을 것으로 생각된다. 서유럽 사회만이 발전을 이룩하고 있는 것으로 보고 있기 때문이다. 그렇다면 사회의 발전은 어떻게 가능한가? 아놀드 토인비(2006: 194)는 제도가 필요하다고 지적하고 있다. 역사적으로 보면 개인의 능력에 의지한 조직이나 국가는 많았다. 그러나 이렇게 만들어진 국가들이 안정적으로 발전할 수 있는지 여부는 국가를 창업한 영웅이 사라진 뒤에도 사회적인 질서와 협력 관계를 유지할 수 있는 능력, 즉 제도를 수립하고 발전시킬 수 있는 능력에 의해 결정된다. 아틸라(Attila) 왕의 사후에 쇠퇴한 훈족과 겐세릭(Genseric) 왕이 죽은 후에 쇠퇴한 반달족은 넓은 땅을 정복할 수는 있었지만 제도를 창조할 능력은 없었다. 카롤루스(Carolus) 대제처럼 아무리 세련되고 상대적으로 문명화한 전사가 지배하는 제국일지라도 그러한 제국의 운명은 제도 창조의 능력에 의해 결정된다고 토인비는 지적하고 있다.

한니발(Hannibal)과 로마 간의 제2차 포에니전쟁은 한 명의 영웅과 제도에 근거해 조직된 사회의 대결을 드라마틱하게 보여준다. 이 전쟁에서 한니발은 거의 용병들로 구성된 약 2만 6천의 군대를 이끌고 연합군을 포함해 75만의 병력을 동원할 수 있는 로마를 17년간 농락했다. 그런데 한니발 군대의 힘은 오로지 한니발의 개인적 능력과 카리스마에 의존하고 있었다. 한니발의 군대는 한니발을 한없이 경애했지만 한니발이 없다면 그의 군대는 곧바로 흩어질 수밖에 없는 한니발 개인의 능력에 의존하는 조직이었다. 반면, 로마는 한니발과 같은 명장이 없었다. 스키피오(Scipio)가 등장하기까지 패배와 고전을 면치 못했다. 그럼에도 불구하고 로마가 한니발의 공격을 견뎌내고 스키피오를 통해 한니발을 무너뜨릴 수 있었던 것은 한니발과 같은 명장은 없었지만 로마를 위해 싸울 수 있는 경험 있는 지휘관들을 지속적으로 배출할 수 있었기 때문이다. 로마 스스로 자신의 군대조직을 결성하고 유지하는 데 소요되는 사회구성원 간의 협력 관계를 안정적으로 지속할 수 있었기 때문이다. 사실 스키피오 역시 로마의 패배 속에서 한니발을 물리칠 전략을 터득했다는 점에서 로마 사회의 패배 경험이 배출한 장군이었다(시오노 나나미, 2007: 136-162). 한니발과 같이 특별한 능력과 카리스마를 가진 개인에게 의존하는 조직은 조직의 생명력 역시 그와 함께 할 수밖에 없다. 그러나 사회구성원들이 가진 능력을 안정적으로 조직화할 수 있는 사회는 이와 같은 협력 관계가 지속되는 한은 공동체로서의 생명력을 이어갈 수 있다. 사회구성원 간의 협력을 가능하게 하는 이러한 메커니즘이 바로 제도다.

그렇다면, 어떤 사회의 지속적이고도 안정적인 발전을 뒷받침하는 제도들은 어떻게 가능한가? 아놀드 토인비(2006: 493)는 사회란 공동으로 갖는 상호작용의 마당이라고 말한다. 원자적 개인의 단순 집합도 아니고, 개인은 전체의 부분 또는 세포를 이루고 있는 유기체라는 생각도 만족스럽지 못하다. 사회는 '개인 간의 관계'의 체계다. 상호작용하지 않고는 인간일 수 없다. 그렇다면 개인들이 서로 질서 있고 조화롭게 상호작용의 규칙, 개인 간의 관계의 규칙을 발전시킨다면 사회는 발전의 기틀을 마련할 수 있다. 서구 사회에서 이런 규칙의 기틀을 제공한 것은 기독교다.

아놀드 토인비(2006: 146-149)에 의하면, 구성원 간의 협력을 위협하는 가장 큰 요인은 구성원 자신이다. 인간은 원시 사회처럼 지극히 작은 사회에 알맞도록 만들어졌다. 자기 집단을 지키고 자기 집단만을 사랑하는 것이 본능적인 인간의 모습이다. 친척이나 이웃에 대한 사랑은 저절로 우러나오는데 인류에 대한 사랑은 인위적으로 길러야 한다. 전자의 사랑에는 직접 도달하지만 후자의 사랑에는 직접 도달하지 못하고, 간접적으로 도달한다. 그래서 본능적인 감정에 따를 경우 인간은 서로 반목하고 충돌하기 쉽다. 게다가 인간이 이 세계에서 만나야 할 모든 것 중에서 가장 두려운 것이 인간이다. 그래서 인간 사이에서 불화는 고질적인 병이 되기 쉽다. 인간은 사회적 동물이기도 하지만 자유 의지가 부여된 동물이다. 인간을 '호모 사피엔스(슬기로운 인간)'로 만든 강력한 창조 행위는 바로 그 행위로 말미암아 인간이 '호모 콘코러스(협력하는 인간)'가 되는 것을 결정적으로 어렵게 만든다. 그래서 서로 간에 끊임없이 의사의 충돌이 생기고 이런 충돌이 인간 사회를 자멸에까지 이르게 할 수 있다.

이런 불화 문제에 대해 해결책이 된 것은 종교다. 그것도 원시적인 다신교로써는 곤란하다. 서로 섬기는 신이 다르다면 이미 언어가 다르고 추구하는 가치가 다르고 삶의 양식이 다를 수밖에 없기 때문이다. 기독교를 통해 '유일한 참된 신'과 교류하면서, 인간은 신의 도움을 받아 인류에 대한 사랑에 도달할 수 있었다. 토인비는 "신의 참여가 없이 인류의 통일은 있을 수 없다"고 단호하게 말한다. 이런 신의 도움을 받아 인류는 고질적 악폐인 불화를 극복할 수 있었다.

아울러 아놀드 토인비(2006: 140)는 사회 발전이 과학에 의해 이룩되었다는 생각을 비판한다. 서유럽 세계가 비교적 살기 좋은 사회가 된 것은 과학의 진보 덕택이라고 흔히 과학자들은 생각한다. 그러나 정확히 말하면 다른 사회와 달리 과학의 진보가 가능한 독특한 여건을 가지고 있었고 이의 성과로 나타난 과학이 삶의 질에 기여한 것일 뿐이다. 사실상 과학이 이룩한 자연에 대한 지배는 인간의 자신과의 관계, 이웃과의 관계, 신과의 관계에 비하면 비교가 안 될 정도로 하찮은 것이었다. 인간이 협동적이고 누적적인 이성적 작업에 필요한 사회성의 기초를 몸에 익히지 않았더라면 인간은 지성만 가지고 만물의 영장이 될 수 없었을 것이다.

서구 사회가 기독교를 중심으로 혈연과 계급을 극복하고 하나의 협력적인 공동체를 형성할 수 있었다는 점은 베버의 연구에서도 확인할 수 있다. 기독교가 사회적 계급을 훼손하고(탤코트 파슨스, 1999: 63), 혈연·신분 중심적인 개인의 가치관을 해방한 것이 중세 자치도시의 도시시민 계급의 형성에 결정적으로 기여했다는 것이다(전성우, 1987: 194-199). 베버에 따르면, 도시를 구성하는 시민은 혈연관계에 기초하고 있는 농촌 사람과는 가치관 자체가 다른 사람들이다. 도시공동체는 친족 모임이나 이웃 모임처럼 가족애나 인간 관계를 기초로 집단을 형성할 수 있는 사람들의 모임이 아니라 과거의 신분적 위치에 관계없이 단지 시민 서약을 통해 도시의 구성원이 된 사람들이다. 즉, 자칫하면 모여는 있으되 유대감이나 공동체 의식은 전혀 없는 모래알과 같은 집단이 될 수도 있다는 것이다. 그런데 기독교와 교회가 유일신에 대한 신앙 고백에 기초해 집합을 형성함으로써 개인을 혈연의 구속에서 해방하고 자신을 객관화할 수 있는 내적 자율성을 부여했다는 것이다.[3)]

다시 아놀드 토인비(2006: 395)로 돌아가서 결론을 지어보면 이렇다. 토인비는 서유럽이 발전할 수 있었던 것은 그들의 질서를 경제라는 모래 위에 세우지 않고 종교라는 바위 위에 세우고자 했기 때문이라고 설명하고 있다. 이런 노력 덕택으로 서유럽 사회라는 건축물은 단단한 종교적 기반을 의지해 자라날 수 있었다는 것이다. 웅장한 건축물은 단순한 경제적 이익이라는 자갈터 위에서는 안전하게 세워지기 어렵다. 서로가 자신의 이익을 위해 경쟁하고 충돌하는 과정에서는 발전을 위한 공생의 가능성도 없지 않지만 불화와 반목에 의해 사회가 분열되고 충돌과 혼란을 빚을 위험을 피할 수 없기 때문이다.

---

3) 이러한 객관화 과정의 상징적 사건으로 바울이 기독교 전통에서는 처음으로 할례를 받지 않은 사람과 종교 의례를 치른 일을 베버는 지적하고 있다. 이 순간이 기독교가 가진 인간 관계의 객관화, 보편화가 실현되는 결정적 순간이라는 것이다. 이것이 '시민이 잉태되는 순간'이며, 서구 도시 탄생의 내적 가능성이 주어지는 순간이며, 인간이 유기체적인 굴레에서 벗어나서 모든 인간과 형제가 될 수 있는 그렇기 때문에 또 철저히 개별화된 시민으로 탄생하게 되는 순간이다(전성우, 1987: 206).

2 스미스, 코스, 노스

제도 연구자들의 개념을 동원하지 말고 사회 발전이 어떻게 가능한지에 대해 간략하게 생각해 보자. 인류가 더 잘살기 위해 해결해야 할 문제를 아주 짧게 요약하면, 주어진 인적·물적 자원을 이용해 사회구성원들이 필요로 하는 각종 공적(예: 국방, 질서, 치안)·사적(예: 의식주 관련 재화) 재화와 서비스들을 더 풍족하게 생산하면 된다. 물적인 자원의 공급량이 제한되어 있고, 게다가 수요를 충족시키기에는 부족하다. 자원의 공급 자체를 늘리는 것은 쉽지 않으므로 동일한 양의 자원을 더 생산적으로 이용할 수 있는 방법을 찾아야 한다. 인적 자원은 이중의 문제를 풀어야 한다. 한편으로는 주어진 인적 자원의 잠재력을 극대화하는 방법을 찾아야 하며, 동시에 사회구성원들이 이런 문제의 해결을 위해 상호 협력하는 방법을 찾아야 한다.

자원을 더 효율적으로 이용할 수 있는 방법으로 스미스(Adam Smith)가 『국부론』에서 제안하고 있는 방법은 분업이다. 매우 단순한 핀을 제조한다고 하더라도 이 과정을 나눠 근로자들이 분업하면 수십 배 또는 수백 배까지도 생산성을 높일 수 있다. 인적 자원을 더 효율적으로 이용하는 방법 역시 분업을 통해 실현할 수 있다. 나는 농업에 소질이 있고, 다른 사람은 옷을 만드는 데 소질이 있다면 우리는 각자가 잘 할 수 있는 것을 생산하고, 이런 생산물을 서로 교환함으로써 훨씬 많은 재화와 서비스를 향유할 수 있게 된다.

이와 같은 스미스의 사상은 후생경제학자들에 의해 좀 더 논리적으로 전개된다. 후생경제학도들은 완전한 정보와 완전한 이성, 그리고 이기적인 인간에 대한 가정을 전제로 경제·사회적인 성장이 시장경제의 발달에 의한 사회적 후생의 증가 효과임을 보여준다. 그러나 바로 여기에 후생경제학적 관점의 함정이 도사리고 있다. 즉, 시장이 제대로 작동해 준다면 그것은 분명이 사회적 후생의 증가를 가져오고 국부의 증가를 가져오게 된다. 이 점은 틀리지 않다. 그런데 이런 시장경제라는 것이 아무 사회에서나 발전하고 있지는 않다는 현실적인 문제에 대해서는 분명한 설명을 제공하지 않고 있다. 즉, 시장경제가 발달할수록 소득이 증가한다는 점은 분명하다. 이 점에서 후생경제학은 틀리지 않았다. 그런데 그런 시장경제를 아무 사회나 발전시킬 수 있는 것은 아니라는 베버(Max Weber)의 문제 의식에 대해 후생경제학이 줄 수 있는 답변은 궁색하다는 것이다. 거래비용 개념이 필요한 지점은 바로 여기다. 왜 아무 사회에서나 시장이 작동하지는 않는가? 왜 거래로 인한 사회적 후생의 증가를 어떤 사회는 실현하는데 다른 사회는 실현하지 못하는가? 이 점에 대해서는 후생경제학자들이 답하지 않는다. 완전정보 하에서는 이런 문제가 발생할 이유가 없기 때문이다.

바로 이 질문에 대해 답할 수 있는 열쇠를 제공하고 있는 것이 코스(Ronald H. Coase)다. 거래비용 개념을 이용해 시장경제가 어디에서나 발전할 수 없는 이유를 설명해 주기 때문이다. 코스에 따르면 기업과 같은 조직조차도 후생경제학자의 가정처럼 완전한 정보의 조건이 갖춰진 상황, 즉 정보비용으로 인해 발생하는 거래비용이 존재하지 않는다면 만들어져야 할 이유가 없다(Coase, 1937). 이런 관점에서 보면 기업조직 역시 제도라는 것이 기업의 본질에 대한 코스의 주장이다. 즉, 거래를 형성하고 집행하는 과정에서 아무런 거래비용이 존재하지 않는다면 굳이 근로자들을 고용해 기업이라는 조직을 만들어 근로자들을 상시 고용해야 할 필요가 없다. 즉, 근로자들에 관해 완전한 정보를 얻을 수 있고 또한 근로계약을 체결하는 데 비용이 소요되지 않는다면 그때그때 필요한 근로자들을 자유롭게 고용해 원하는 업무에 투입하면 된다. 굳이 근로자들을 직원으로 고용해야 할 필요가 없다. 그런데 현실적으로는 원하는 근로자를 찾아내고 회사가 필요로 하는 능력과 자질을 갖췄는지를 판단하고 계약을 맺고 회사가 원하는 성과를 내도록 하는 과정에서 여러 가지 비용이 발생한다. 따라서 기업을 만들어서 원하는 근로자들을 조직화하게 되면 그때그때 필요한 근로자들을 채용해 일하게 할 때에 비해 거래비용을 크게 절약할 수 있다. 이런 관점에서 보면 기업이라는 조직은 거래비용을 절감하기 위해 만들어진 제도가 되는 것이다.

그러나 조직을 만든다고 거래비용이 완전히 해결되는 것은 결코 아니다. 조직구성원들을 관리하는 데도 여전히 거래비용은 발생하기 때문이다. 근로자를 고용하면 조직 외부에서 필요한 사람을 찾아서 근로 조건을 협상하고, 채용하고, 배치하는 과정에서 발생하는 정보비용은 줄일 수 있다. 그러나 이렇게 고용된 근로자가 회사가 원하는 대로 자신에게 주어진 일을 성실하게 수행한다는 보장이 없다. 회사가 원하는 업무 능력을 반드시 가지고 있다는 보장도 없다. 조직의 발전을 위해 최선의 노력을 다할 것이라는 보장도 없다. 게다가 조직에 해가 되는 기회주의적인 행동을 하지 않으리라는 보장도 없다. 즉, 근로자를 선발해 고용하더라도 그의 생산 활동을 감시하고 통제해야 할 필요성은 여전히 남아 있다. 거래비용 문제가 완전히 해소되지는 않는다. 이런 이유들로 인해 근로계약에 따른 거래비용이 높아지면 기업들은 결국 정규 직원의 고용을 회피하게 될 것이다. 이런 문제는 근로자의 입장에서도 발생한다. 회사가 나의 임금이나 퇴직금을 체불할 수 있다. 그리고 우월한 협상 능력을 이용해 근로자들에게 불리한 근로계약을 요구할 수도 있다. 또한 근로자들의 정당한 단체행동에 대해 부당한 방법으로 통제하고 압박을 가할 수도 있다.

그렇다면, 이와 같은 거래비용 문제에 대응하려면 어떻게 해야 하는가? 그것이 바로 노스(Douglass C. North)가 제안하는 제도다. 높은 거래비용으로 인해 시장 거래가 형성되지 않으면 시장 참여자들은 모두가 손해를 본다. 정상적으로 시장 거래가 이뤄진다면 얻을 수 있는 경제적인 이익을 기대할 수 없게 된다. 공식 제도이든 비공식 제도이든 중요한 것은 이 제도가 거래 참여자의 기회주의적인 행동에 제약을 가해 여기에서 파생되는 정보비용과 감시비용 문제의 해소에 도움이 되어야 한다는 것이다.

그렇다면 사회 발전이란 어떻게 가능한가? 토인비의 지적처럼 사회란 결국 사람들 간의 상호작용의 체계다. 정치든, 경제든, 과학이든, 예술이든, 민주주의든, 자본주의든 이를 좀 더 기본적인 구성 단위로 환원하면 모두 사람 간의 관계가 된다. 그런데 사람이라는 대상만큼 거래비용 문제에서 예측하고 통제하기 어려운 대상은 없다. 그렇다면, 인간의 행동에 대해 적절한 제약을 발전시킬 수 있는 사회, 이러한 제약이 서로 간의 협력을 촉진하는 사회만이 거래비용 문제에 대해 적절한 해법을 찾을 수 있다. 이런 제도적인 해법이 적절하게 작동한다면 사람들은 자신이 가지고 있는 이성의 능력을 이용해 과학도 발전시키고, 예술도 발전시키며, 경제조직도 발전시키고, 정치조직도 발전시킬 수 있다.

제 5 절 제도의 네트워크

1 제도로서의 시장과 정부

우리의 일상의 삶에서 거래비용의 문제는 매우 다양하게 발생하고 있다. 경제적인 거래이든 정치적인 관계이든 두 사람이 어떤 재화나 서비스를 거래하는 상황에서는 언제나 정보비용의 문제가 발생하기 때문이다. 이런 거래비용을 해결하기 위해 인류 사회는 어떤 제도를 발전시켜 왔는지 생각해 보자.

표 2-1 금융자산 거래와 제도의 계층 구조

현금자산의 거래비용	1차 제도 (시장)	2차 제도 (정부, 공공 부문)	3차 제도 (정치)
• 투자 대상자 탐색 • 투자 대상자의 신용도 정보 분석 • 투자 위험에 대한 평가 • 투자 조건의 협상 및 계약 • 투자 위험에 대비한 사후 정보 수집 • 투자 위험 대비책의 실행 • 투자로 발생하는 수익 평가	• 은행 • 증권사 • 신용카드사 • 대부업체 • 사채업자 • 채권회수 대행업체	• 금융위원회 • 금융감독원 • 한국은행 • 공정거래위원회 • 법원 • 예금보험공사	• 국회 • 대통령 • 감사원

나는 상당한 현금을 가지고 있으며, 이 현금을 잘 운영해 돈을 불리기를 원하는 사람이라고 가정하자. 내가 가진 돈을 이용해 이익을 남기려면 믿을 수 있는 투자 대상자를 찾아야 한다. 그런데 믿을 수 있는 투자 대상자를 찾는 일에는 상당한 정보비용이 발생한다. 돈을 빌려줄 상대방이 정말 믿어도 좋을 사람인지, 갚을 능력은 있는 사람인지, 빌린 돈을 갚을 분명한 도덕 의식은 있는 사람인지 아는 것이 간단치 않다. 다른 사람으로부터 돈을 빌려서 쓰기를 원하는 사람도 마찬가지로 거래비용이 발생한다. 돈을 빌려줄 수 있는 사람을 우선 찾아야 하고, 또 그 사람이 셰익스피어의 희극 『베니스의 상인』에서 나오는 샤일록처럼 피도 눈물도 없는 사람은 아닌지, 탈법행위를 일삼는 대부업체들처럼 혹시 희한한 이자계산법으로

빌려준 돈을 미끼삼아 무리하게 이자를 뜯어내는 사람은 아닌지에 대해서도 검토해야 한다. 그래서 개인 간의 금전 거래는 거래하는 쌍방이 모두 상대방에 대해 이미 상당한 정보를 가지고 있지 않다면 잘 발생하지 않는다. 거래비용 문제가 개인 간의 현금 거래에서는 상당한 걸림돌이 된다.

은행, 증권사, 상호저축은행, 신용카드회사, 대부업체 등의 금융기업들은 기본적으로 금융 거래에서 발생하는 거래비용 문제를 해결하기 위해 만들어진 기업들이다. 은행은 돈을 빌리고자 하는 사람과 돈을 빌려줄 여유가 있는 사람들을 중개할 수 있는 위치에 있으면서, 예금을 유치해 이를 다른 고객에게 대출해 주고, 예금이자와 대출이자의 차액을 자기 이익으로 취한다. 이 이자 차액이 거래비용을 덜어주는 데 대한 이익에 해당한다. 은행이 있기 때문에 예금자와 대출자는 직접 돈을 빌려줄 사람을 찾거나 돈을 빌릴 사람을 찾을 필요가 없고, 상대방이 믿고 거래할 만한 사람인지에 대해 염려해야 할 필요도 사라진다. 증권사 역시 기업들이 새로 투자를 유치하고자 할 때 기업을 대신해 증권을 발행함으로써 증권 투자자와 기업 간의 투자 관계를 매개하는 역할을 한다. 이때 증권사는 투자자들에게 기업 가치에 관한 정보를 제공하는 역할도 담당한다. 또 투자자를 대신해 투자 가치가 있는 회사를 찾아내어 투자하는 역할도 담당한다. 신용카드사 역시 고객이 최소한의 정보비용으로 신속하게 돈을 빌릴 수 있도록 도와준다.

이상과 같은 제도들은 모두 직접적으로 금융 거래에서 발생하는 정보비용 및 감시비용 문제에 대응하기 위해 시장에서 자생적으로 만들어진 것들이다. 금융 거래에 참여하고 있는 당사자들은 이런 제도들을 통해 자신들의 정보비용과 감시비용을 완화할 수 있다. 금융 거래의 당사자들이 직접 거래비용 문제의 해결에서 도움을 받을 수 있다는 의미에서 이들 제도를 1차 제도라 할 수 있다.

그런데 이런 금융기관과의 거래에서도 거래비용은 발생한다. 우선, 은행이라고 망하지 않는다는 보장은 없다. 예금자들이 맡긴 예금을 지나치게 투자 위험이 높은 사업에 투자해 대출금을 회수하지 못할 경우 은행이 부실화될 수도 있다. 이렇게 되면 최악의 경우 맡겨놓은 예금을 돌려받지 못할 수도 있다. 즉, 믿고 돈을 맡겨도 좋을 안전한 은행인지에 대한 정보가 있어야 한다. 대출을 받는 경우에도 대출이자는 적정한지, 은행의 대출약관이 소비자에게 불리한 내용을 담고 있지 않는지에 대한 정보가 필요하다. 증권회사가 투자자금을 유치하면서 상품의 위험성에 관한 정보를 정직하게 제공하지 않았을 수도 있다. 예금보험공사는 은행의 부실화로 인한 예금자들의 손해를 덜어주는 역할을 수행해 예금자들이 은행의 건전성에 관해 직접 정보를 검토해야 할 필요성을 덜어준다. 금융감독원은 금융 거래에서 발생하는 소비자 또는 투자자의 피해를 구제하거나 금융 분쟁을 조정하는 역할을 담당한다.

금융감독원 역시 1차 제도에 대해 허가와 감시・감독 의무를 담당하고 있다는 점에서는 2차 제도라 할 수 있다. 우선 이러한 금융 업종에 진출하려면 법이 요구하는 조건을 갖춰 금융위원회로부터 인가를 받아야 한다. 가령, 은행을 설립하려면 자본금이 1천억 원 이상이어야 하며, 적법하게 주주 구성 계획을 수립하고, 건전하고 타당한 사업계획서와 은행업을 경영하기에 충분한 인력, 영업시설, 전산 체계 등을 갖춰 금융위원회의 인가를 얻어야 한다(은행법 제8조). 또 은행을 경영하는 과정에서도 은행의 재무 현황, 자본 적정성, 자산 건전성, 수익성, 생산성, 리스크 등에 대해 감시하는 역할을 수행한다. 금융감독원의 이와 같은 역할은 1차 제도를 만들고 이용하는 과정에서 발생하는 정보비용 및 감독비용에 대응하는 것을 목표로 한다는 점에서 2차 제도라 할 수 있다. 공정거래위원회는 금융기업의 불공정 담합이나 불공정 약관 등 불공정행위를 감시하는 역할을 수행한다. 법원은 금융 거래 당사자 간의 분쟁을 해결하는 역할과 더불어, 판례를 통해 그와 관련된 금융기업의 영업활동에 제약을 가할 수 있다.

2 거래비용 감시자의 감시비용

금융감독원, 예금보험공사. 공정거래위원회, 법원과 같은 공적인 감시기관을 둔다고 해서 거래비용의 문제가 완전히 해결되는 것은 결코 아니다. 이런 기관들 역시 소비자의 이익에서 멀어질 수 있기 때문이다. 정책 연구자들은 일찍부터 기업을 감시하기 위해 만들어진 정부기관들이 실제로는 기업의 포로가 되어 기업들에게 유리한 정책을 펼 가능성이 높다고 지적해 왔다(Stigler, 1975; Friedman, 1985; 최병선, 1992). 즉, 이런 기관을 감시하는 데도 또다시 거래비용이 발생하며, 실제로는 감시를 통해 이런 기관들이 온전히 국민의 이익을 위해 일하도록 통제하는 것이 쉽지 않다는 것이다.

이유는 여러 가지다. 스티글러(Stigler, 1975)에 따르면, 기업과 이익집단은 정부와 정책을 자신들의 편으로 만들 경우 경제적으로 상당한 이익을 기대할 수 있다. 이런 이익을 획득하기 위해 이미 조직화되어 있고, 정부와 정치인들에게 강력한 로비를 전개하고 있다. 반면, 일반 국민들은 정책으로 인해 자신들이 얻는 직접적인 이해가 크지 않다. 따라서 정부에 대해 강력하게 로비할 동기도 크지 않고, 조직화되어 있지도 않다. 그래서 정치인들은 정치자금을 제공하기도 하고 또 강력하게 정책 요구도 제기하는 이익집단들에 유리한 정책을 결정하게 된다.

정책 연구자들은 다음과 같은 이유들을 제시하고 있다. 우선, 정부의 입장에서 보면, 관련 기업들이 정부의 정책에 강력하게 저항하면 정책을 펴는 것 자체가 어렵다. 그래서 규제 대상 기업들과 불필요한 갈등을 피하고 싶어한다(Noll, 1985: 28). 정책의 입안 과정에서 정부는 상당한 정보를 필요로 한다. 그런데 이런 정보를 얻는 과정에서도 관련 기업들의 도움이 필요하다. 특히 과학과 기술이 빠르게 발전하면서 정책 결정에 필요한 정보들에 대한 전문성, 특정성이 높아지고 있고, 상대적으로 전문성이 낮은 정치인이나 관료들이 필요한 정보를 대상 산업에 의존하게 되는 경우가 증가하고 있다. 퇴직 관료를 채용하는 관행도 정부와 정책 대상 기관 간의 유착 관계에서 중요한 매개가 되고 있다. 정부부처의 입장에서 보면 부처 내의 인사에서 숨통을 틀 수 있고, 퇴직 후를 보장해 줌으로써 우수 재직자들의 조기 이탈을 막을 수 있다. 그러나 기업이 이들을 앞세워 정책 과정에 개입하고자 할 경우 자칫 감시기관으로서 지켜야 할 공정성과 독립성을 침해받을 수 있다.

세월호 침몰사고의 원인으로 정부와 해운기업 간의 유착 관계가 지탄을 받는 것도 이런 이유 때문이다. 해양수산부와 해양경찰청의 다수의 퇴직 관료들이 해운조합, 한국선급 등의 이사로 취업하면서 해운업체에 대한 감시가 소홀해졌고, 이 틈을 이용해 청해진해운은 배를 증축하기도 했고, 화물을 과적할 수도 있었기 때문이다. 즉, 해양경찰청은 청해진해운이 한국선급으로부터 승인받은 화물 적재량보다 훨씬 많은 내부 운항규정을 그대로 승인해 과적의 빌미를 제공했다. 또 화물 적재량에 대한 감독을 위탁받은 해운조합은 내부 운항규정을 초과해 화물을 적재하고 있음에도 이를 전혀 감시하지 못했다. 감시자를 두었으나 그 감시자가 감시 대상기업과 유착하면서 제대로 감시를 하지 못한 것이 비극적인 사고의 한 원인이 되었다는 것이다.

1998년도에 있었던 한국의 외환위기도 규제기관과 대상기업 간의 유착 관계가 가장 중요한 원인이었다(박태견, 1997). 외환위기는 한국의 종합금융사들이 단기로 외화를 차입해 국외 및 국내 기업에 장기로 대출한 상황에서 한보사태로 한국경제 상황이 악화되자 외국의 금융기관들이 대출 상환을 요구하면서 발생한 국가적인 지불 불능 사태다. 이로 인해 한국은 IMF로부터 구제 금융을 받아야 하는 신세로 전락했다. 그런데 종합금융사들이 외화 대출영업을 할 수 있는 길이 열린 것이 해당 업종에 취업한 퇴직 관료들이 이들 금융기관에 취업해 이러한 정책 변화를 요구했기 때문이라는 것이다. 즉, 퇴직 관료들을 매개로 정부와 금융기관이 유착해 감시 기능이 약화된 것이 이런 사태의 중요한 원인이 되었다는 것이다.

게다가 종금사에 대한 감독 역시 거의 무력화되어 있었다. 당시 재경원은 감독 인력이 부족하다는 이유로 자신들의 감독 업무를 은행감독원에 위탁하고 있었다. 그런데 어떤 종금사를 감사할 것인지는 재경부가 결정했고, 감사의 내용도 전체가 아니라 이런 대목만 살펴보라는 식으로 극히 제한적이었다. 은행감독원 주변에서는 "재무부 출신이 책임자로 있는 종금사는 재경원이 직접 챙기고 나머지만 은행감독원에 넘기는 게 아니냐"는 불평이 터져 나왔고, 잘못된 점을 보고해도 시정되는 것을 보기는 쉽지 않았다. 당시 캉드쉬(Jean-Michel Camdessus) IMF 총재가 "한국 관료와 종금사는 근친상간 관계에 있다"고 혹평할 정도로 종금사는 사실상 '감독 열외지역'에 있었다. 종금사들은 감독이 소홀한 틈을 이용해 무리한 영업을 하다가 결국 국가적인 지불 불능 사태를 초래한 것이다(박태견, 1997: 30-36).

3 감시자를 감시하기 위한 제도

시장을 감시하기 위해 정부기구를 두더라도 이 정부기관 역시 반드시 국민 다수의 이익을 위해 일한다는 보장이 없다. 즉, 정부기관에 대한 감시비용이 다시 발생한다. 국회, 대통령, 감사원 등은 각 정부부처에 대해 감시하고 감독하는 역할을 수행한다. 그러나 이런 감시 장치를 이용하는 데도 거래비용이 발생한다. 이들 역시 반드시 다수 국민의 이익을 위해 봉사한다는 보장은 없기 때문이다. 이들 역시 각종 압력과 요구에 직면하고, 결과적으로 감시 대상기관에 대해 제대로 감시 기능을 수행하지 못할 위험이 있다. 이들 기관을 이용하는 데도 역시 거래비용 문제는 피할 수 없다는 것이다.

우선 국회를 생각해 보자. 앞서 설명했던 스티글러, 프리드먼, 놀(Roger G. Noll) 등의 주장은 국회의 경우에도 그대로 적용된다. 국회의원들은 이런 문제들을 다룰 전문성을 가지고 있는 것도 아니고, 이익집단의 압력으로부터 자유롭지도 않으며, 정치자금을 제공하는 집단의 요구를 무시할 수 있는 위치에 있지도 않다. 그래서 다운스(Anthony Downs)와 같은 사람은 다수 국민의 이익에 봉사하기 위해 정치가 있는 것이 아니라 정치의 수단으로 정책이 있는 것이며, 정책을 위해 정책 이념이나 정당이 있는 것이 아니라 단지 선거에 이기기 위해 정당 이념도 만들어지고 정당과 정책도 만들어질 뿐이라고 경고하고 있다(Downs, 1957: 28). 즉, 입법권, 국정감사, 국정조사와 같은 감시 기능이 주어져 있다고 하더라도 이런 기능을 제대로 수행할 수 있는 전문성과 공정성을 갖추고 있다고 보기가 쉽지 않다. 국회의 상임위원회와 이익집단, 그리고 관련 정책관료가 끊을 수 없는 상호 이해 관계로 얽혀 있다는 점을 빗대어 '철의 삼각 관계(iron triangle)'라 부르고 있다. 시민의 주권은 국회의원의 선거 과정에서만 발휘되고 그 이후 의회 활동에 대해서는 국민들이 주권을 발휘하기 힘들게 되므로 국민의 주권은 반쪽짜리(semi-sovereignty)에 불과하다는 비판이 제기되고 있다(Schattschneider, 1975).

우리의 상황을 보자. 경제 개발을 추진하던 1960~70년대에는 중요한 경제적 의사 결정은 정부가 거의 독점했다(이성순 · 유승민, 1995). 행정부와 관료의 역할이 중심이 되자 국회의 정치 과정을 거치는 것보다는 이를 우회(by-pass)해 행정부에 지원과 보호를 요청함으로써 자기 이익을 신장하려는 집단 행태가 풍미했다(김번웅, 1988). 특히 유신 체제에 이르러서는 '정치 부재' 현상이 두드러졌다. 유신 체제 말기인 10대 국회(1978~1981)의 경우 정부 제출법률안의 수는 125건인 데 비해 의원 발의는 5건에 불과하다(안병영, 1985: 112-113).

1980년대 이후 많은 변화가 일어나고 있으나 여전히 국회로부터 정부에 대한 감시자 역할을 기대하기는 쉽지 않다. 법안의 가결률을 보면 행정부가 제안한 법률의 가결률은 87.2%(13대 국회), 92.4%(14대 국회), 81.7%(15대 국회), 72.4%(16대 국회) 등의 추이를 보이고 있다. 반면, 의원발의안의 가결률은 13.6%(13대), 20.2% (14대), 15.3%(15대), 12.2%(16대)의 추이를 보이고 있다(전진영, 2012).

이 중 14대 국회(1992~1996)는 4년 동안 총 6백 56건의 법률안을 처리했다. 그런데 통과된 법률안 가운데 의원발의안은 1백 19건으로 정부발의안 5백 37건의 20% 수준에 불과하다 게다가 통과 법률안도 절반이 넘는 3백 50건이 원안대로 통과됐다. 원안 통과의 이유에 대해 "회기 말에 한꺼번에 법률안을 처리하기 때문에 관여한 법안 외에는 일일이 살펴볼 겨를이 없다"고 의원들은 털어놓고 있다(서울신문, 1995.5.30). 1년 내내 매주 평균 2~3건씩 처리하는 미국의 의회와는 매우 다르다. 14대에 본회의가 열린 날짜는 총 1백 67일로, 4년 임기 1천 4백 60일의 11%에 불과했다. 간단히 말하면 국회로부터 행정부에 대한 감시자의 역할을 기대하기는 어렵다.

대통령 역시 강력한 이익집단의 영향으로부터 자유롭지는 않다. 게다가 대통령 한 사람이 정부의 각 부처에서 일어나고 있는 수많은 개별 정책적인 사안에 대해 자세하게 보고를 받고, 행정부처 전체를 통괄하고 감시 · 감독한다는 것은 사실상 불가능하다. 또 대통령이 이렇게 부처의 업무에 일일이 개입하는 것이 반드시 바람직한 것도 아니다. 대통령이 국민들을 대신해서 감독 기능을 수행하는 데도 역시 정보비용과 감독비용의 문제는 발생한다는 것이다.

4 '감시자의 감시자'를 감시하기 위한 제도

대통령과 국회를 통제하기 위해 국민들이 가지고 있는 감시 제도는 선거다. 그런데 선거를 이용해 우리가 원하는 후보자를 국회의원이나 대통령으로 선출하는 데도 상당한 거래비용이 발생한다. 우선 국회의원 후보를 선출할 유권자들이 거의 조직화되어 있지 않다. 2012년을 기준으로 우리나라의 선거인 수는 약 4,036만 명이다. 이 중 정당에 참여하고 있는 유권자의 수(당원의 수)는 478만 명으로 선거인 수의 11.8%에 불과하다. 그런데 실제 정당에 당비를 내고 있는 진성 당원의 수는 약 38만 명에 불과하다(세계일보, 2013.8.21). 즉, 전체 유권자의 1%도 안 되는 사람들만이 정당에 당비를 내고 있는 당원인 것이다.

당원의 숫자가 너무나 미미하기 때문에 국회의원 후보에 대한 지역 주민들의 직접적인 검증은 사실상 무의미하다. 적어도 국회의원 후보를 선출하는 과정에서 지역 유권자들의 직접적인 검증은 기대할 수 없는 상황이다. 어떤 사람이 진정으로 지역을 위해 또는 국가를 위해 일할 수 있는 의지가 있고 능력이 있는 사람인지를 확인할 수 있는 가장 좋은 방법은 그 사람이 실제 지역에서 또는 어떤 분야에서 어떤 일을 하고 있는지를 유권자들이 직접 확인하는 방법이다. 그런데 지역의 유권자들이 거의 조직화되어 있지 않기 때문에 유권자들을 통한 아래로부터의 검증은 기대할 수 없는 상황이다. 결국 정치적으로 영향력이 있는 대통령이나 정당의 지도자들이 정당별 국회의원 후보자의 선발에서 상당한 영향력을 행사하고 있는 것이 우리의 현실이다. 즉, 일상적인 지역정치 속에서 자신의 도덕성과 능력을 검증받아야 할 이유가 없다. 영향력 있는 특정 정치인과 특별한 관계를 맺는 것이 오히려 정계로 진출하는 빠른 길이 되고 있다.

간단히 말하면, 유권자들이 후보자에 대해 정확한 정보를 얻을 수 있는 기회 자체를 갖지 못하고 있다. 선거라는 제도가 이를 매개로 후보자에 대한 충분한 정보를 국민들에게 제공하는 그런 메커니즘으로 작동하지 않고 있다는 것이다. 즉, 거래비용이 발생하고 있다는 것이다.

게다가 선거는 4년 또는 5년마다 실시된다. 그렇다면 이렇게 수년에 한 번씩 하는 선거를 통해 국회의원과 대통령의 정치에 국민들이 상당한 영향력을 미치리라고 기대하기는 어렵다. 현실적으로도 선거에 출마한 국회의원과 대통령 후보들은 득표에 도움이 되는 선심성 정책, 지역 또는 집단 특혜성 정책을 주로 공약으로 제시한다. 행정부에 대한 감시와 감독이 선거에서 주된 이슈로 등장하는 경우는 드물다.

선거에서 당선된 이후에도 국회의원과 대통령이 오로지 다수 국민의 이익을 위해 감시자로서의 역할을 성실히 수행하리라는 보장은 없다. 이런 점에서는 이들 역시 감시의 대상이다. 이런 제도를 이용해 정부를 통치하고 감시하게 하는 데도 역시 거래비용은 발생한다. 심지어 우리의 역사를 보면, 대통령과 국회의원들이 감시해야 할 기업들로부터 상당한 정치자금을 받기도 하고, 정권 연장을 위해 자신의 권력을 악용하기도 했다.

5 '감시자의 악순환'과 비공식 제도

이상의 내용을 한마디로 요약하자면 시장과 정부는 모두 거래비용 문제에 대응하기 위한 제도들이라는 것이다. 만일 시장이 거래비용 문제를 자율적으로 해소하면서 잘 작동하고 있다면 굳이 정부의 규제나 간섭이 없이도 우리는 시장을 통해 우리가 원하는 바를 실현할 수 있다. 스미스가 도덕 감정 문제를 해명하고자 한 이유도 이 때문이다. 만일 시장 거래에 참여하고 있는 당사자들이 자발적으로 정직하게 거래 관계에 임할 수만 있다면 시장은 당사자 간의 자유로운 계약에 의해 얼마든지 시장 거래에서 발생하는 이익을 실현할 수 있을 것이기 때문이다.

시장이 자율적으로 작동하는 데 문제가 발생할 때, 즉 시장이 스스로 거래비용 문제에 대응하는 데 어려움을 겪거나 약점이 있을 때, 정부는 이 문제를 해결하기 위해 필요하게 된다. 이미 설명한 것과 같이 가령, 시장 참여자들이 각자 자신의 이익을 위해 기회주의적인 행동을 일삼는다면 결국 시장은 붕괴되고, 시장 거래를 통해 얻을 수 있는 사회적인 부(富)의 증가 기회 자체도 사라진다. 즉, 질서 유지자로서의 정부가 필요하게 된다는 것이다.

그런데 정부의 개입이 곧바로 문제의 해결을 의미하는 것은 결코 아니다. 정부라는 제도를 이용하는 데도 역시 거래비용이 발생하기 때문이다. 물론 이때의 거래비용 문제를 해결하기 위해 제2, 제3의 제도를 도입할 수 있다. 그러나 어떤 제도이든 그 제도를 이용하는 데는 항상 거래비용이 발생한다. 그래서 감시자의 감시자를 무한히 세워야 하는 '감시자의 악순환' 문제에 직면한다. 어떤 사회가 총체적으로 제도를 만드는 데 실패하고 있다면 이 사회는 바로 이 '감시자의 악순환' 문제를 해결하는 데 궁극적으로 실패하고 있는 것이다. 가령 사회구성원들이 궁극적으로 의지해야 하는 것은 정치와 정부인데, 이런 정치와 정부조차도 썩을 대로 썩어 있다면 정치와 정부를 통해 문제를 해결하지는 못한다. 정치가 혼란과 분열의 원인이 될 뿐이다.

'감시자의 악순환' 문제에 대해 해결의 토대가 되는 것은 비공식 제도다. 토크빌, 토인비, 베버, 노스 등이 설명하고 있는 전통, 관습, 규범, 비공식 제도는 감시자들이 스스로 감시자로서의 규범을 지키고 준수하도록 요구한다. 자신도 모르는 사이에 이런 규범을 지키는 것을 당연시하도록 하는 방식으로 감시자들의 기회주의적인 행동을 제어한다. 서구 사회가 제도의 발전을 이룩할 수 있었던 것은 바로 이 때문이다.

시장과 정부라는 양대 제도가 공통된 기초로 삼고 있는 것이 비공식 제도다. 즉, 비공식 제도가 시장과 정부가 동시에 적절히 작동하게 할 수도 있고, 이 둘을 한꺼번에 무력화시킬 수 있다는 것이다. 즉, 자본주의가 잘 안 되는 사회, 재산권 제도의 수립도 어렵고, 시장 메커니즘도 원활하게 작동하지 않는 사회에서는 민주주의가 어렵고 지방자치도 쉽지 않다는 것이다. 가난과 혼란에서 벗어나지 못하고 있는 아프리카 국가들과 동아시아 국가들은 전형적인 예다. 이유는 간단하다. 정치든 경제든, 자본주의든 민주주의든 이런 시스템은 모두 개인 간 거래와 협력을 바탕으로 한다. 그런데 애초부터 거래 관계의 형성과 발전에 필요한 최소한의 윤리, 최소한의 규범을 발전시키고 이를 익히는 것이 어려운 상황에 있다면, 제도를 발전시킬 수 있는 토대 자체가 마련되어 있지 않는 것이다.

제 6 절 제도경제학적 제도 연구의 성과와 한계

1 제도경제학적 접근의 성과

1) 사회 발전의 원리에 대한 설명 제공

사회과학도들과 인문학·철학도들은 물론 모든 사회구성원이 함께 소망하는 바는 '더 질서 있는 사회', '더 잘사는 사회', '이왕이면 함께 잘사는 사회'일 것이다. 플라톤 이래 철학도들도 이를 고민해 왔고, 스미스 이래 경제학자들도 이런 문제를 고민해 왔다. 현대의 사회과학도들도 따지고 보면 궁극적으로는 이런 문제를 고민하고 있다. 제도경제학의 제도이론은 인류가 숙명적으로 직면해 왔고, 지금도 많은 사회에서 해결하기를 간절히 소망하는 바로 이런 문제들에 대해 온전하지는 않지만 상당히 의미 있는 설명을 제시하고 있다.

인류의 역사란 무엇인가? 정치·경제적인 거래비용 문제에 대응하기 위해 투쟁하고 충돌하고 타협하고 협력해 온 역사다. 종교, 관습, 언어, 규범, 국가, 정치, 정당, 법, 기업, 은행, 대학, 병원 등은 제도경제학적인 관점에서 보면 모두 경제적, 정치적 또는 사회적 목적에 기여하는 제도들이다. 모두 거래비용에 대한 대응으로 만들어진 것들이다. 이런 제도적 산물들이 거래비용의 문제라는 인류 공동체의 공통적이고 숙명적인 과제를 성공적으로 해결해 줄 수 있었던 사회의 구성원들은 '더 잘살고', '더 질서 있고', '다 함께 잘사는' 그런 공동체를 만들 수 있었다. 민주적인 정치 질서를 확립하고 자본주의적인 경제 질서를 확립할 수 있었다. 개인의 자유를 존중하면서도 사회적으로는 질서가 작동하는 그런 사회를 형성할 수 있었다. 개인의 자유를 상대적으로 덜 침해하면서 사회구성원들이 훨씬 더 큰 삶의 질을 향유하는 그런 사회를 만들 수 있었다.

지금도 내란이 끊이지 않고, 질서란 찾아볼 수 없으며, 사람들의 삶이 더 이상 피폐할 수 없을 정도도 나락에 떨어진 사회도 많다. 하루 1달러가 안 되는 소득으로 생명을 연장하는 것조차도 온전히 보장되지 않는 국가들이 여전히 존재한다. 이런 사회들이 이런 비참한 상황에서 빠져든 것은 결국 질서와 공존을 가능하게 하는 어떤 제도도 발전시키지 못했기 때문이다. 다시 강조해야 할 것은 이때의 제도는 거래비용 문제에 대응하기 위해 만들어진 사회적 구성물이라는 점이다. 그것이 어떤 형태를 띠든 중요한 것은 그 제도가 거래비용 문제의 해결에 도움이 되고, 그래서 결과적으로 사회구성원들이 상호적인 거래나 협력에 의해 경제적인 문제, 정치적인 문제를 해결할 수 있도록 도와주는 것이 제도라는 점이다. 겉으로는 제도의 탈을 쓰고 있지만 결과적으로는 사회구성원들을 상호 불신과 갈등에 몰아넣고 있는 법이나 정책이 있다면 이는 제도경제학에서 말하는 제도는 아니다.

2) 정부와 시장의 역할과 필요성에 대한 거시적 이해 제공

제도경제학은 경제학이라는 이름이 붙어 있기는 하지만 시장과 경제 현상은 물론 정부와 사회·문화 현상에 대해서도 하나의 공통된 접근 시각을 제공한다. 사실상 사회 세계 전체에 대해 그 이면에 흐르고 있는 거대한 원리에 접근할 수 있는 길을 제시한다. 왜 삼류정치라고 손가락질하면서도 정치에 의존해야 하는가? 그럼에도 불구하고 거래비용 문제의 해결에 도움이 되기 때문이다. 정치의 도움이 없이 어떤 문제를 사회구성원들이 직접 해결하기에는 상당한 정보비용, 합의비용, 의사 결정 비용이 소요되어, 결국 사회구성원들이 원하는 것을 얻기는커녕 더 열악한 상황에 빠질 수도 있기 때문이다. 코스의 설명처럼 만일 사회구성원들이 온전한 정보를 가지고 있고, 서로의 정보를 공유해 합의에 도달하는 데 아무런 문제가 없는 그런 '이상적인' 사회라면 정당이 필요하지 않고 정치와 정부도 필요하지 않을 수도 있다. 상황에 맞춰 즉각적인 의사 결정과 대응이 가능하기 때문이다. 굳이 정부와 정치조직을 만들어 누군가에게 의사 결정을 맡겨야 할 이유가 없다. 당사자들이 직접 결정하면 된다. 다만, 사회구성원들이 합의한 내용을 집행하는 행정부만 있으면 될 것이다.

그런데 현실은 그렇지 않다. 일반적인 시장 재화의 거래에서 거래비용이 발생하듯이 소위 '공공재'라고 불리는 국방, 외교, 치안, 사회간접자본 등의 서비스를 공급하는 데도 거래비용이 발생한다. 이런 재화들은 소위 '비배제성'과 '비경합성'을 갖는 경제학적 의미의 공공재다. 일단 공급되면 이들 재화의 소비로부터 배제할 수 없기 때문에 무임승차 문제가 발생한다. 무임승차자들은 비용 부담을 회피하면서 혜택은 얻고자 한다. 이런 사람들이 많아지면 이런 재화의 생산에 필요한 비용의 조달이 어려워지고 이런 서비스를 제대로 공급할 수 없게 된다. 이것이 소위 말하는 '시장 실패'다. 일반 시장재화의 경우와는 달리 사회적 잉여를 극대화하는 만큼의 공공재를 시장이 스스로 달성하지 못하는 문제가 발생하는 것이다.

그런데 시장 실패를 좀 더 깊이 생각해 보면, 이 역시 거래비용 문제 때문에 발생한다. 거래비용은 필요한 정보가 부족하기 때문에 발생한다. 무임승차가 가능한 것은 나의 효용을 숨길 수 있기 때문이다. 이런 재화에 대한 사회구성원들의 수요와 지불 의사에 관한 정보를 얻는 데 별 어려움이 없다면 이에 기초해 공급량도 결정하고 비용도 적절히 배분할 수 있다. 그런데 이런 정보를 얻을 수가 없기 때문에 서로 정직하게 협력해 공통의 이익을 달성하기는 어려운 상황이 발생한다. 이런 재화들이 제대로 공급되지 않는 문제가 발생한다. 국가의 강제적인 과세와 국가에 의한 의사 결정이 정당화되는 것도 이 때문이다.

복지, 대북 관계, 통일, 청년 실업, 인구 감소, 노사 갈등, 교육 등 많은 문제에 대해 정부의 개입이 정당화되는 것도 거래비용과 무관하지 않다. 이 과정에서 완전한 민주적 의사 결정을 추구한다면 어떻게 되겠는가? 구성원들의 의견을 수렴하는 일 자체에서부터 타협을 이끌어 내고 합의에 도달하기까지 상당한 비용이 소요될 수밖에 없다. 이런 공동체는 강력한 지도자를 중심으로 빠르게 환경 변화에 대응하는 공동체에 비해서는 환경 대응력이 떨어질 것이고 상대적인 경쟁력 역시 약화될 수밖에 없을 것이다. 즉, 정치가 정당화되는 것은 그것이 최선이기 때문이 아니라 설사 최선은 아니라고 하더라도 거래비용 문제의 해결에 도움이 되기 때문이라는 것이다. 어떤 결정을 내리고 선택을 해야 하는 상황에 사회공동체가 처할 수밖에 없는 의사 결정 비용의 문제를 줄이는 데 도움이 되기 때문이라는 것이다.

왜 한국의 지역공동체들은 자발적인 자치공동체의 수립을 망설여 왔고 결국 국가에 의해 법적으로 실시하는 방식으로 자치를 하게 되었겠는가? 이 역시 거래비용 관점에서 검토하는 것이 의미가 있다. 유권자들의 입장에서 발생하는 거래비용 문제를 생각해 보자. 지역의 유권자들의 입장에서 보면 자치 제도는 한편으로는 의사 결정 비용을 줄여줄 수 있지만, 반대로 지방정부와 지방정치, 지방 권력을 감시해야 하는 거래비용 문제가 새롭게 발생한다. 사람들은 자신에게 이익이 된다면 조직을 만들기를 주저하지 않는다. 기업도 만들고 동창회도 만들고 전우회도 만든다. 기꺼이 비용을 부담한다. 상응하는 무엇인가를 얻을 수 있다고 기대하고 있고, 이런 조직을 만드는 과정에서 발생하는 거래비용, 감시비용, 정보비용보다는 기대되는 수익이 더 크다고 생각되면 기꺼이 이런 조직을 만든다. 그런데 지역공동체를 만들어 지방 의원을 두는 것이 과연 거래비용 이상의 혜택을 주민들에게 줄 수 있는가? 과연 이들에게 권력이나 지위는 무엇을 의미하는가? 실제로 이런 권력을 가진 사람들은 자신의 권력을 어떻게 이용할 것인가? 직접 조사해 보지 않아도 일상의 삶 속에서 이런 질문에 대한 해답을 얻을 수 있다. 어떤 사람들이 이런 것을 원하고, 이를 차지한 후에는 어떤 행동을 할 것인지 예상할 수 있다. 즉, 지역 주민들이 스스로 지역자치를 발전시킬 수 없었던 것은 그들이 어리석기 때문이 아니라 그로 인한 문제들을 이미 예상할 수 있었기 때문일 가능성이 높다는 것이다. 지금 한국의 지방자치가 겪고 있는 여러 가지 혼란은 이 제도를 제안한 사람들이 거래비용 문제를 제대로 고려하지 못했기 때문일 가능성이 높다.

이처럼 거래비용이라는 관점에서 보면, 정부와 시장은 모두가 거래비용 문제에 대응하기 위해 만들어진 제도들이다. 많은 사람은 시장은 사적인 이익을 추구하기 위해 존재하고, 정부는 다수의 이익, 사회적인 이익을 추구하기 위해 존재한다고 생각한다. 그런데 제도경제학의 관점에서 보면, 이런 시각은 시장과 정부를 보는 공정한 시각이 아니다. 제도의 네트워크에서 설명한 바와 같이 일상의 삶을 살아가는 시민들의 입장에서 보면 시장 제도와 정부 제도는 모두가 거래비용 문제에 대응하기 위해 만들어진 제도일 뿐이다.

시장 참여자가 사적인 이익을 추구하고 있다는 것은 틀리지 않다. 설사 그렇다고 하더라도 기업은 사적 이익을 목적으로 하고 있으며, 시장은 사적 이익 추구의 장이라고 생각하는 것은 시장에 대한 공정한 시각은 아니다. 최소한 정치나 정부가 작동하는 방식과 비교해 보면 더욱 그렇다. 시장 참여자가 이익을 얻는 것은 자신의 서비스가 소비자의 삶에 기여한 것에 대한 대가다. 거래 상대방에게 아무런 이익도 주지 않으면서 나 혼자 얻은 이익이 아니다. 거래의 상대도 이익을 얻을 수 있었기 때문에 거래는 성립된 것이다. 물론, 불공정하고 기만적인 방법으로 시장에 참여해 소비자들에게 오히려 손해를 끼치는 생산자도 있다. 하지만, 시장 참여자들의 기회주의적인 행동에 적절한 제약이 가해지고 시장 거래가 정상적으로 이뤄진다면 소비자는 소비자 잉여를 얻고 생산자는 생산자 잉여를 얻을 수 있다. 시장 참여자 모두가 윈-윈 하는 관계가 수립될 수 있다. 생산자와 소비자가 모두 윈-윈 하는 관계가 발생하는 것은 소비자의 입장에서는 상당한 비용이 소요될 수 있는 거래비용을 생산자는 더 적은 비용으로 해결하기 때문에 가능하게 된다.

시장에 대한 정부의 개입이 정당화되는 근거도 일차적으로는 시장 자체가 윈-윈의 원리에 기초해 작동할 수 있다는 상생 원리에 기초한다. 시장 자체가 이미 당사자 모두에게 이익이 될 수 있는 메커니즘이므로 이 관계에 참여한 사람들이 기회주의적인 행동을 하지 못하도록 감시하는 것이 정부 개입의 이유라는 것이다.

3) 문화, 신념, 규범의 정치적 역할에 대한 설명 제공

제도경제학적 제도 연구는 문화, 관습, 종교, 규범과 같은 소위 '비공식 제약(informal constraints)' 또는 '비공식 제도(informal institutions)'에 대해서도 새로운 접근 시각을 제공해 준다. 일상적인 삶의 방식을 형성하고 있는 비공식 제약들이 중요하다는 점을 부인하는 제도 연구자는 없을 것이다. 그러나 많은 경우 제도 연구자들은 비공식 제도보다는 공식 제도에 관심을 기울인다. 어떻게 하면 법을 잘 만들고 정책을 잘 만들어서 질서를 세우고 더 잘사는 사회를 만들 것인지에 대해 고민한다. 또한 모든 제도의 발생적 근원이 되는 인간의 몸과 마음의 능력의 문제, 관계적·비공식적 실재들에 관한 문제는 논의의 밖으로 배제한다.

예를 들면, 정치경제학적인 관점에서 제도 현상에 접근하는 연구들은 많은 경우 굳이 비공식 제도 문제를 다루지 않는다(예: 스티글러, 프리드먼). 관련자들의 정치·경제적 이해 관계를 중심으로 공식 제도의 변화를 연구한다. 이런 연구만으로도 이해 관계의 분포가 제도를 만드는 데 미치는 영향력을 잘 보여준다. 이런 연구가 가능한 것은 비공식 제도가 영향을 미치지 않기 때문이 아니다. 설사 이를 고려하더라도 이들이 다루고 있는 연구 문제에서는 비공식 제도의 영향을 고려할 필요가 없기 때문이다. 갈릴레이(Galileo Galilei)의 설명을 빌리면 이렇다. 어떤 화가가 대양을 항해하는 배 위에서 화판을 놓고 그림을 그리고 있다고 하자. 이 경우 배의 움직임은 화판은 물론 화가에게도 영향을 미친다. 그런데 이 양자에게 동일한 영향을 미치고 있다면 배의 움직임은 배제하더라도 화가의 손길이 화판에 가져오는 창조적 변화를 설명하는 데는 아무 문제도 생기지 않는다.[4] 정책 과정에 참여하고 있는 사람들이 많은 것을 이미 공유하고 있다면, 정책 과정은 이렇게 공유하고 있는 것들 위에서, 이의 공통된 영향 속에서 진행될 수밖에 없다. 이를 연구의 범위로 포함하지 않는다고 해서 이런 영향력이 작용하지 않고 있는 것은 결코 아니다. 또 연구자들 역시 이런 영향을 부인하지 않을 것이다. 다만, 정책 참여자들의 생각과 행동에 공통된 영향을 미치고 있다면 이를 배제하는 것이 정책 과정에 미치는 이해 관계와 같은 다른 요소들을 이해하는 데 유리하기 때문일 뿐이다.

경제와 사회의 발전을 연구하고자 한다면 문제를 달라진다. 이때는 공식 제도를 둘러싸고 벌어지는 이해 관계의 갈등에만 초점을 맞춰서는 안 된다. 공식 제도를 만드는 정책 과정은 진공 속에서 진행되는 현상은 아니기 때문이다. 이해 관계는 항상 작용하지만 어떤 경우에는 정치에의 참여자들은 각자의 이익을 추구함에도 불구하고, 사회 전체적인 공유의 이념을 위해 자신의 이해 관계를 포기하는 일이 일어난다. 또 어떤 정치나 이해 관계의 영향 하에 놓이지만, 어떤 사회에서는 그럼

4) 지구의 자전을 주장하는 갈릴레이에게 동시대의 연구자들은 다음과 같은 의문을 제기했다. 지구가 자전하고 있다면 탑에서 떨어뜨린 돌은 비스듬하게 떨어져야 하지 않는가? 이에 대한 갈릴레이의 비유적인 설명이 배 위에서 그림을 그리고 있는 화가와 화판의 관계다. 자전하는 지구의 움직임은 탑과 돌에 동시에 작용하고 있기 때문에 비스듬히 떨어지는 것이 아니라 직각으로 떨어진다. 그렇다고 지구가 자전하지 않는 것은 아니다.

에도 불구하고 정치가 사회의 발전에 기여하는 일이 발생하기도 한다. 많은 사회에서 정치는 정치적인 죄수의 딜레마와 같은 상황을 초래하면서 국가를 갈등과 혼란의 수렁에 몰아넣고 있다. 하지만 어떤 사회의 정치는 정치적인 이익을 추구하는 데도 스스로 어떤 제약을 가하면서 정치가 국가의 발전에 기여하는 일이 일어나고 있다. 설사 정치 참여자들은 자신들의 경제적 이익을 추구했지만, 그럼에도 불구하고 사회 전체적으로 볼 때 거래비용 문제에의 대응에 기여하는 일도 일어나고 있다. 즉, 이해 관계에 대한 연구만으로는 정치와 정책을 온전히 설명할 수 없다는 것이다. 공식 제도의 수립과 진화 문제를 제대로 이해하려면 그것에 영향을 미치는 요인들을 좀 더 포괄적으로 검토할 수 있어야 한다. 당장의 이해 관계에는 잘 나타나지 않지만 그럼에도 불구하고 도도하게 정치의 이면을 흐르면서 정책의 방향을 결정적으로 제어하는 문화와 비공식 제약의 힘을 관찰할 수 있어야 한다. 바로 이런 점에서 제도경제학의 제도 이론이 좀 더 포괄적인 접근의 시각을 제공한다는 것이다.

예를 들면, 영국의 노예무역은 당시 국가적으로는 하나의 큰 사업이었다. 이 사업으로 인해 영국인들은 손해 볼 것이 없었다. 아프리카의 노예를 아메리카로 수출하는 사업이었기 때문이다. 그럼에도 불구하고 영국인들은 노예무역을 금지했다. 자신들이 궁극적인 가치로 삼고 있는 기독교적인 이념과 충돌했기 때문이다. 인간은 하나님의 창조물이며, 하나님 앞에서 모든 인간은 원죄를 가지고 있고, 이 모든 사람은 누구든지 예수를 믿으면 천국의 시민이 된다는 자신들의 인간의 평등에 대한 믿음과 충돌했기 때문이다. 즉, 이념을 위해 이익을 포기한 것이다.

미국의 경제력 집중에 대한 규제도 이런 종류의 규제다. 이해 관계만 따진다면 이런 규제를 설명하기 어렵다. 미국의 부호와 대기업들은 누구보다 많은 선거자금을 제공하며, 가장 강력한 정치적 로비력을 가지고 있다. 그럼에도 불구하고 권력의 집중을 경계하는 미국인들의 공통된 신념에 도전할 수는 없었다. 이런 신념에 기초해 산업자본의 금융자본 지배를 억제하는 규제(1933년 Glass-Steagall Act), 독점에 의한 경제력 집중에 대한 규제, 대형 투자금융기관에 대한 규제(Roe, 1994) 등 다양한 규제가 도입되었다. 미국이 가지고 있는 강력한 재산권 보호의 전통 역시 그것이 단지 헌법에 명문화되었기 때문이 아니다. 헌법에 명문화되기 이전에 이미 그런 전통을 가지고 있었기 때문에 헌법의 규정은 유효하게 작동할 수 있었다. 노스가 공식 제도의 변화 경로에 비공식 제도가 결정적인 영향을 미친다는 점을 강조하고 있는 것도 이런 제도 현실과 무관하지 않을 것이다.

이처럼 비공식 제약을 새로운 변수로 고려하게 되면, 왜 사익 추구적인 정치의 본성에도 불구하고 어떤 사회에서는 정치가 사회 발전을 가능하게 하는 열쇠가 될 수도 있는지에 대해 설명할 수 있다. 정치의 사익성에도 불구하고 왜 국가 간에 차이가 발생하는지를 설명해 준다. 정치 역시 진공 상태에서 작동하는 것이 아니라 비공식적인 제약 위에서만이 통제될 수 있다는 점을 설명해 준다.

2 제도경제학적 제도 연구의 한계

1) 제도의 발생 원리에 대한 설명의 부족

제도경제학적 제도 연구의 가장 큰 약점은 제도의 발생적 기원에 대해 충분한 설명을 제공하지 않는다는 것이다. 이런 점에서 제도경제학의 제도 연구는 '중간 요인'에서 출발한 '기능주의적' 제도 연구다. 즉, 언어, 비공식 제도, 공식조직 등 많은 요소를 이미 주어진 것으로 다루고 있다는 점에서 중간 요인을 출발점으로 삼고 있다. 또 이런 중간 요인에 기초해 생성된 제도들이 경제 발전을 위해 수행하는 역할에 주된 관심을 기울이고 있다는 점에서 '기능주의'적인 연구다. 노스는 제도를 크게 공식 제도와 비공식 제도로 나눈다. 이런 종류의 제도가 있고, 이런 제도들이 잘 갖춰진 사회는 제도가 성공적으로 작동한다. 이런 사회들이 잘산다는 것이다. 왜 어떤 사회가 잘살며, 또한 비교적 안정적인 질서를 유지하고 있고, 정치는 민주적으로 작동하고 있으며 동시에 경제는 시장적인 질서를 유지하는 사회가 될 수 있는가? 노스의 설명은 공식·비공식 제도들이 잘 갖춰진 사회다.

그렇다면 공식 제도도 아직 잘 갖춰져 있지 않고, 게다가 비공식 제약들조차도 사회구성원 간의 자발적인 질서와 협력을 안정적으로 뒷받침할 수 있을 정도로 발전한 상황에 있지 못한 사회들은 어떻게 해야 하는가? 이런 사회가 제도의 힘을 빌려 더 잘살고 질서 있는 사회를 만들려면 어떻게 해야 하는가? 제도의 발생 및 진화 원리에 대한 설명이 필요하다. 노스(North, 1990, 2006)의 연구도 이에 관해 부분적인 설명을 제공하고 있다. 비공식 제도가 공식 제도의 진화 경로에 결정적인 영향을 미친다는 것이다. 분명 역사적 사실은 이렇다. 하지만 좀 더 온전한 대답이 되려면 비공식 제도는 어디에서 오는 것이며, 어떻게 작동할 수 있게 되는 것인지에 대한 설명이 이뤄져야 한다. 그런데 노스는 비공식 제도의 생성 및 작동 원리에 대해서는 납득할 만한 설명을 제시하지 못하고 있다.

제도의 역사를 연구하는 사람들은 제도의 발생적 기원을 연구하기 위해 제도 발전의 역사를 거슬러 올라간다. 진화경제학자들은 인간 행동과 심리에 대한 가정에 기초해 협력적인 행동의 발생과 제도화 과정을 규명하고자 한다. 이 연구들이 궁금해 하는 것은 제도들이 생성되어 나오는 원리다. 제도 역사의 연구나 진화경제학적인 연구는 제도의 생성과 진화에 대해 좀 더 근원적인 설명을 제공한다.

설사 그렇다고 하더라도 제도경제학의 제도 연구는 결코 피할 수 없는 한계가 있다. 아무리 역사를 거슬러 올라가도 제도가 탄생하는 원리는 제도에 대한 연구만으로는 얻어질 수 없다. 또한 진화경제학에서처럼 인간 가정에 기초해서도 결코 얻어질 수 없다. 인간이 가지고 있는 의식 능력에 의해 창조되는 현상이기 때문이다(설, 쇼터, 제르겐, 가핑켈 등). 제도의 발생이 가능하게 되는 처음 요인(first cause)은 인간이 가지고 있는 의식 능력이다. 제도는 어떤 의식 능력을 가진 사람들이 사회 관계 속에서 생활하면서 발생한 현상이다. 그렇다면 제도 현상의 발생에 대한 이해는 첫째는 이를 가능하게 하는 인간에 대한 이해를 필연적으로 포함해야 하며, 둘째는 이런 의식 능력을 가진 사람들이 사회를 구성하고 함께 살아갈 때 새롭게 발생하는 현상들의 발생 원리를 설명할 수 있어야 한다.

제도가 인간의 의식 능력에 의지해 창조되고 발생되는 현상이라는 점은 제도의 진화에 대해 상당히 도전적인 이슈를 제기한다. 제도가 창조될 수 있다는 것은 제도가 한편으로는 과거의 영향 속에 놓일 수도 있지만 다른 한편으로는 시기와 상황에 따라 관련 당사자들은 새로운 형태의 제도를 창조하고 있을 가능성을 시사하고 있기 때문이다. 좀 더 과격하게 말하면 제도에 대해 알기 위해 굳이 역사를 거슬러 올라가거나 복잡한 게임 상황을 가정하는 것만으로는 제도 변화의 다양한 가능성을 결코 온전히 설명하지 못할 가능성이 없지 않다는 것이다. 과거의 경험과는 전혀 새로운 형태의 조직 방식을 창조할 수도 있고, 과거와는 전혀 다른 형태의 화폐 형식을 창조할 수도 있으며, 과거와는 전혀 다른 방식의 정부 서비스 제공 방식을 창조할 수도 있는 것이 인간의 능력이기 때문이다.

2) 인간의 의식 · 언어가 제도에 초래하는 문제에 접근 불가능

제도는 인간에 의해 창조된다. 좀 더 구체적으로 말하면 인간만이 가지고 있는 의식 능력과 언어의 힘에 의지해 만들어진다. 제도의 발생을 가능하게 하는 의식 능력이 없어도 제도는 발생할 수 없고, 제도에 관해 논의하고 합의하고 서술하고 집행하고 감독할 수 있게 하는 언어의 도움이 없이도 제도는 만들어질 수 없다. 그런데 인간의 의식은 결코 공정하고 객관적인 방식으로 작동하지 않는다. 자기망각에 의한 편견화 위험(Husserl, 2001: 5), 자연적 태도에 따른 주관적 판단의 객관화 위험(Husserl, 1962: §39-43), 추상적 구성물에 불과한 것을 구체적 실재로 오해하는 구체성 오류(Schutz, 1953: 1), 해석 순환적인 인식 원리로 인해 온전하고 전체적인 지식에 접근하는 것이 원천적으로 쉽지 않는 '앎'의 딜레마 등의 문제들이 발생한다.[5] 그래서 인간의 의식 자체는 지극히 편견적으로 작동하고 있지만 그럼에도 불구하고 자신의 편견을 잘 인식하지 못하는 것이 인간의 의식이다(사공영호, 2012b: 19-24; 2014a: 9-15).

언어도 마찬가지로 상당한 한계를 가지고 있다. 내 생각을 표현하기 위해 내가 원하는 대로 언어를 동원할 수 있다고 생각하는 것은 언어에 대한 심각한 오해다. 언어는 내가 잘 인식하지 못하는 사이 나의 의식에 스며들어 있으면서 내가 잘 인식하지도 못하는 사이 나의 인식과 해석을 통제한다. 게다가 사회 현상은 의미 검증의 객관적인 기준이 되는 대상 현상이 주어져 있지 않다. 그래서 언어의 의미까지도 사회구성원들이 함께 형성한다. 그래서 인간의 언어는 적어도 사회 현상에 관해서는 대상 현상을 있는 모습 그대로 서술하는 수단으로 작동하지는 않는다. 오히려 언어로 서술해 이론화의 대상으로 삼는 순간 언어에 의해 서술된 모습과 본래의 모습 간에는 이미 괴리가 발생한다. 그래서 언어를 통해서는 현상 자체를 있는 그대로 서술하는 것이 결코 쉽지 않다(Braver, 2012: 111-112; 사공영호, 2014a: 16-24).[6]

그렇다면 편견에 빠질 수밖에 없는 사람들이, 자신의 생각이 편견이라는 것을 잘 알지도 못한 채, 자신의 편견적인 생각을 반영하는 어휘들을 동원해서 현상을 서술 · 진단하고, 이런 현실 인식에 기초해 공식 제도를 만든다면 이 공식 제도는

5) 이런 문제들에 대해서는 다음 장에서 훨씬 구체적으로 논의한다.
6) 이런 문제들에 대해서는 후속 장에서 훨씬 구체적으로 논의한다.

누구를 위한 것이 되겠는가? 브레이버(Lee Braver)의 연구에 의하면 언어는 세상의 모습을 있는 그대로 전체적으로 보는 것이 아니라 부분에 초점을 맞춰 특정 부분을 잘라내는 수단으로 작용한다. 그래서 언어는 한편으로는 세상에 대한 분석을 가능하게 하는 것처럼 보이지만, 실은 특정 부분에 초점을 맞추게 만들고, 특정 부분의 의미를 과장하게 만들면서 세상의 모습을 오히려 쪼개고 분열시키는 도구가 될 수도 있다. 브레이버는 이를 언어에 의해 발생하는 '험티-덤티(Humpty-Dumpty)' 문제로 지칭하고 있다(Braver, 2012: 111-112). 험티-덤티는 『이상한 나라의 앨리스』에 나오는 계란 인간이다. 한번 깨어지면 아무리 강력하게 접착시켜도 본래의 모습으로 되돌아가지는 못한다. 언어의 이와 같은 위험을 알지 못한 채 이념적이고 편견적인 언어로 세상을 진단하고 정책을 수립하면 어떻게 되겠는가? 세상은 오히려 이 정책으로 인해 더 분열되고 혼란스러워질 것이다. 포퍼(Karl Popper)가 경고한 것처럼 이런 시도는 사회세계를 유토피아로 만드는 것이 아니라 지옥으로 만들 수도 있다.

왜 우리 사회가 언어적으로는 제도의 성(castle)을 쌓아놓고 있으면서도 실제 삶은 그 성 옆에 지어진 초라한 오두막과 같은 현실을 벗어나지 못하겠는가? 제도적으로만 보면 사교육 문제도 해결할 수 있을 것 같고, 수도권 집중도 해결할 수 있을 것 같으며, 성매매 문제도 해결할 수 있을 것처럼 보인다. 이를 위해 수많은 제도가 갖춰져 있다. 사실상 제도의 성을 쌓아놓고 있는 것이다. 그런데 분명 현실은 다르다. 왜 이처럼 제도와 현실이 괴리되겠는가? 내 생각의 함정, 내 언어의 함정에 대해 제도 연구자들도 무지하고 정치인들도 무지하기 때문이다. 현실에 대해 제대로 이해할 수 있는 지적인 능력도 없고 언어적인 수단도 없는 사람들이 마치 자신들이 세상을 제대로 이해하고 서술한 것처럼 착각하고 있기 때문에 이런 문제가 일어나고 있을 수 있다.

3) 재량권과 감시비용 문제 접근 곤란

인류가 역사적으로 고민해 온 문제는 어떻게 하면 질서를 가능하게 하고 협력을 가능하게 하는 제도를 발전시킬 것인지의 문제다. 그런데 제도의 수립이 인류가 풀어야 할 숙명적인 과제로 등장한 것은 제도 수립의 원리 자체에 인류가 무지했기 때문이라기보다는 제도의 수립에서 필연적으로 발생하는 재량권과 감시비용 문제를 해결할 방법이 없었기 때문이다.

제도의 수립은 필연적으로 권력, 의무, 재량권, 감시비용의 문제를 수반한다. 즉, 거래비용 문제를 해결하기 위해 제도를 만들지만, 이렇게 만들어진 제도도 역시 상당한 감시비용 문제를 초래한다. 그래서 만일 새로운 제도의 수립으로 해결되는 거래비용보다는 새롭게 발생하는 거래비용이 더 크다면 이런 제도는 적어도 자발적인 참여에 의해 안정적으로 작동하지는 못할 것이다. 역사를 돌이켜보면, 인류는 제도의 수립 원리 자체에 무지했다기보다는 제도의 수립으로 새롭게 발생하는 감시비용 문제에 대한 해법을 고민해 왔고, 이런 감시비용 문제로 인해 제도의 수립을 거부해 왔을 가능성이 높다.

예를 들면 이런 것이다. 기업의 경영자에 대해 유한책임 제도가 만들어지기 이전에 경영인의 행동을 감시하기 위해 도입한 제도는 무한책임 제도였다. 기업이 도산하면 그 기업의 경영자는 피해에 대한 책임으로 투옥되거나 노예가 될 수도 있었다. 영국에서 1720년 제정된 거품방지법(Bubble Act)은 회사의 파트너는 전체 기업의 채무에 대해 '마지막 한 푼까지' 책임을 진다고 규정했다(윌리엄 번스타인, 2005: 217-226). 왜 현대의 주식회사 방식에서는 상상할 수 없는 책임을 요구했겠는가? 여러 가지 감시 장치가 갖춰져 있는 지금의 여건에 비하면 기업의 경영진들을 감시할 수 있는 방법이 없었고, 투자자들은 상대적으로 심각한 정보비대칭의 상황에 처할 수밖에 없었다. 기업에 대한 투자의 위험이 그만큼 높았고, 거래비용이 높았던 것이다. 이런 투자 위험과 거래비용에 대한 대응책으로 제시된 것이 소위 '무한책임'이다. 끝까지 재산상의 책임을 묻고, 만일 더 이상 채무를 상환할 능력이 없다면 노예로 자신을 팔아서라도 책임을 져야 한다는 의미일 것이다. 즉, 똑똑하고 능력 있는 사람을 구해서 회사의 경영을 맡기면 더 많은 수익을 낼 수 있다는 것은 누구나 알 수 있다. 문제는 이 경우 반드시 감시비용이 발생하고, 바로 이 감시비용을 해결할 방법이 없기 때문에 투자를 망설이게 된다는 것이다.

기업이든 정부조직이든 정치조직이든 제도의 수립은 필연적으로 여러 가지 재량권을 수반한다. 제도를 구성하고 있는 어휘의 의미의 해석에서 일정한 재량권을 피할 수 없다. 공식 법령으로 규정되든 관습적인 비공식 제약으로 수립되든 마찬가지다. 어느 경우나 해석의 문제를 피할 수 없다. 둘째, 언어적으로 규정된 권한이나 지위 또는 의무의 범위, 역할, 의미를 해석하는 과정에서도 일정한 재량권은 반드시 발생한다. 셋째, 상황 조건의 불확실성도 이와 관련된 제도에 대해 일정한 재량권을 요구한다. 제도 연구자들이 재량권의 필연성에 대해 정확하게 인지하지 못하는 것은 첫째는 사회 제도가 수립되는 원리에 대해 무지하고, 둘째는 언어의 의미가 형성되는 원리에 대해 무지하지 때문이다.

제도란 언어를 이용해 어떤 공통의 규칙을 만들거나 또는 어떤 사람에게 그가 본래 가지고 있지는 않던 특정한 권한이나 역할, 의무를 부여하는 방식으로 수립된다. 이때 제도의 수립에 동원되는 언어의 의미는 크게 두 가지 방법으로 부여된다. 첫째는 그것이 지시하는 대상에 기초해 수립하는 방법이고, 둘째는 사람들이 언어가 사용되는 상황을 참고해 그 어휘에 부여하는 의미에 근거해 수립하는 방법이다.[7] 자연세계와 관련되는 어휘들은 첫째의 방법으로 수립할 수 있으며, 이 어휘들은 객관적인 의미를 획득하면서 동시에 매우 정확하고 정교한 의미의 부여가 가능하다. 이렇게 수립된 어휘들은 이를 이용해 수십만 개의 부품으로 구성된 우주왕복선을 설계하더라도 이에 대한 해석 문제를 크게 수반하지는 않는다. 그런데 사회구성원들이 자신의 삶의 형식에 기초해 함께 수립하는 어휘의 의미는 시대와 사회에 상대적이기도 하지만 동시에 의미의 객관성과 정밀성도 현저히 떨어진다. 설사 의미가 상대적이고 정밀성이 부족하더라도 일상의 삶에서는 언어의 의미가 심각하게 문제를 일으키지는 않는다. 상황적인 여건 및 반복적인 상호작용이 의미 해석의 불확실성 문제를 해결해 준다. 그런데 일상의 어휘가 법령을 구성하는 어휘가 되면 문제가 달라진다. 사람에 따라 의미가 달라질 수 있기 때문이다. 학문적 배경에 따라, 이념적 배경에 따라, 종교적 이념에 따라, 경제적 상황에 따라 언어의 의미가 달라질 수 있다. 결국 누가 해석자가 되느냐에 따라 동일한 법령이 달리 해석될 가능성을 피할 수 없게 된다. 결국 어떤 해석을 선택할 것인지는 해석자의 재량권에 맡기게 되는 것이다.

주어진 역할, 권한, 기능이 어디까지인지에 대한 해석에서도 필연적으로 재량권이 발생한다. 조직, 직위, 법령 등의 공식 제도는 형식적으로는 어떤 사람이나 어떤 조직, 또는 어떤 대상에게 그것이 본래 가지고 있지 않던 특별한 기능, 역할, 권한, 책임, 의무를 부여하는 것을 주된 내용으로 한다(Searle, 1995, 2010). 이런 방법으

7) 언어의 의미가 수립되는 원리에 대해서는 후속되는 장에서 좀 더 상세하게 다룬다.

로 정부조직, 기업조직, 종교조직도 만들 수 있고, 특정한 인적인 직위를 수립할 수도 있으며, 화폐 제도, 재산권 제도를 수립할 수도 있다. 그런데 특정인에게 특정한 권한과 역할을 부여하는 방법으로 수립되는 제도는 필연적으로 재량권 문제를 수반한다. 어떤 사람에게 어떤 공적인 의무나 역할을 부여하는 것을 목적으로 하지만 그에게 일정한 재량권을 필연적으로 부여할 수밖에 없다. 결과적으로 본래의 의도와는 상관없이 사적으로, 기회주의적으로, 목적과는 반하는 방법으로 이용될 위험도 필연적으로 내포하는 것이 '지위', '기능', '권한'을 부여해 만드는 제도의 특성의 하나라는 것이다.

왜 지위 기능 부여가 재량권을 필연적으로 내포할 수밖에 없는가? 특정인에게 특정한 권한, 역할, 지위를 부여하는 이유를 생각해 보면 금방 알 수 있다. 그에게 그와 같은 지위와 권한을 부여하는 사람들의 이익을 위해 권한 부여자들이 내려야 할 결정을 대신 내려줄 것을 요구하는 것이 지위 기능의 부여다. 가장 바람직한 의사결정의 방법은 관련자들이 모두 모여 충분한 대화와 의견 수렴 및 의견 조정의 과정을 거쳐서 최대한 다수가 만족할 수 있는 의사 결정을 내리는 것이다. 그런데 이 과정 역시 상당한 비용을 수반한다. 상당히 많은 시간이 소요될 수도 있고, 사소한 문제를 놓고 서로 의견이 충돌하면서 적절한 대응의 시기를 놓칠 수도 있다. 따라서 만일 관련자들이 이미 상당 부분 의견을 공감하고 있다면, 상대적으로 사소한 결정이나 결정된 사항을 단순 집행하기 위해 내리는 결정들은 능력 있고 믿을 수 있는 사람에게 또는 대표자들에게 이런 결정을 맡기는 것이 유리하다. 이 역시 의사 결정 과정에서 수반되는 거래비용, 즉 합의에 도달하기 위해 관련된 정보들을 최대한 수렴하고 종합해서 최적의 결정을 선택하는 데 소요되는 비용을 줄이는 방법이다. 즉, 어떤 사람에게 특정한 지위와 권한을 부여하는 지위 기능 부여 자체가 이미 일정한 재량권의 부여를 본질적인 속성의 하나로 포함하고 있다는 것이다.

왜 제도의 발전이 더디게 이뤄질 수밖에 없겠는가? 제도의 수립으로 발생하는 재량권 문제에 대해 적절한 대응책을 마련하는 것이 어렵기 때문일 가능성이 높다. 한국 속담에 "열 길 물 속은 알아도, 한 길 사람 속은 모른다"는 말이 있다. 다른 누군가에게 특별한 권리나 역할을 부여하는 것이 나에게 결과적으로는 위험이 될 것이라는 것을 삶 속에서 터득하고 있는 것이다. 이런 상황에서 제도의 수립에

선뜻 동의하기는 어렵다. 그로 인한 위험 부담을 너무나도 잘 알고 있기 때문이다. 즉, 제도를 공정하게 다루려면 제도 수립으로 발생하는 거래비용의 해결 측면뿐 아니라, 그 제도로 인해 새롭게 발생하는 감시비용 문제를 함께 고려해야 한다는 것이다.

4) 제도와 인간의 삶의 방식과의 충돌 위험

제도경제학적인 제도 연구는 인간 자체에 대한 연구에 기초해 탄생된 이론이 아니다. 인간이 실제 생각하고 학습하고 대응하며 살아가는 능력과 방법에 대한 이해가 빠져 있다. 그래서 제도의 수립이 인간이 주변 세계에 대응하며 살아가는 본래의 모습과 충돌할 위험을 제대로 감지해 내지 못한다. 인간의 생각과 삶의 방식에 대한 현대 철학의 연구들은 제도와 인간의 삶의 방식이 서로 충돌할 위험이 있다는 점을 강하게 암시하고 있다.

특히, 법이나 정책과 같은 공식 제도는 소수 사건이나 사례의 관찰, 현상에 대한 부분적인 관찰, 특정한 관점이나 이론을 배경으로 한 관찰에 근거해 제도를 만들고, 이를 전체 사회구성원들에게 적용하는 방식으로 운영된다. 간단히 말하면, 부분에 근거해 수립된 것을 전체에 적용하는 방식이다. 부분에서 얻은 지식이 전체에 관한 진리가 될 수 있는 그런 영역도 있다. 기하학도 그렇고 수학도 그렇다. 피타고라스 정리는 하나의 삼각형만을 연구해도 밝혀낼 수 있다. 하지만 이를 모든 삼각형에 적용할 수 있다. 덧셈의 원리를 이해하면 이를 이용해 지금까지 전혀 해 본 적이 없는 새로운 덧셈 문제도 얼마든지 해결할 수 있다. 물리학에서 부분에 관한 지식은 상당히 보편성을 갖는 지식이 될 수 있다.

하지만 사회세계는 아니다. 부분은 부분일 뿐이다. 결코 부분에 관한 지식이 전체에 관한 지식이 될 수는 없다. 연구의 대상이 되는 사람과 사회가 각자가 생각의 주체들이고 선택의 주체들이기 때문이다. 각자가 자신의 삶의 의미에 대해 고민하는 실존적 존재들이고, 어떤 삶의 방식을 택할 것인지는 각자의 선택이다. '실존'적이라는 존재의 방식에서는 공통적일 수 있어도, 그로 인해 각자가 선택한 결과는 각자의 선택을 축적하고 있기 때문에 서로 달라질 수밖에 없다. 어떤 사람, 어떤 공동체에 관한 연구는 그들에게는 의미 있고 소중하다. 하지만 그런 삶에 기초해 인간과 사회를 이해하고 이런 지식에 기초해 사회 전체에 관한 제도를 만드는 것은 문제의 해결이 아니라 새로운 문제의 시작에 불과하다.

물론 일상의 삶에서 우리는 어떤 지식들을 공유하고 있다. 비슷한 방식의 행동 방식을 공유하기도 하고 언어의 의미를 함께 형성하기도 한다. 그런데 이때의 무엇인가를 공유하고 있는 '우리'는 이들이 공유하고 있는 것이 무엇인가에 따라 매우 다차원적이다. 항상 동일한 구성원들로 구성된 '우리'들이 아니다. 그럼에도 우리가 공동체를 이루고 살아가는 것은 새로운 상황에서 상대방의 말과 행동을 상황에 맞춰 이해할 수 있는 능력을 가지고 있기 때문이다. 그런데 사람들은 각자가 학습의 주체들이고 습관화의 주체들이며 선택의 주체들이다. 기본적인 언어의 의미와 행동의 규칙을 배우면 이런 행동 규칙에 근거해 자신이 만나게 되는 수많은 새로운 상황에도 적응하고 대응할 수 있기 때문에 함께 살아갈 수 있는 것이다. 자연과학에서처럼 부분의 진리가 전체의 진리가 되기 때문이 아니다. 부분에서 얻은 지식이지만 그때그때 상황에 따라 그 상황에 맞는 행동의 방식을 찾아내고 언어의 의미를 이해할 수 있는 능력에 근거해 삶을 살아가고 있는 것이다. 이런 점에서 일상의 삶은 항상 창조의 현장이다. 새로운 의미로 언어도 동원하고 행동도 동원하지만 그럭저럭 그러한 언어와 행동의 의미를 이해할 수 있는 능력에 의지하고 일상의 삶을 꾸려가고 있는 것이다. 기술이 발전하면서 새로운 언어들이 끊임없이 생겨나고 새로운 삶의 방식이 생겨나고 있다. 하지만 그럼에도 우리가 공동체를 이뤄 살아가고 있는 것은 그 속에 작용하는 어떤 절대적인 공통의 법칙이 있기 때문이 아니다. 상대의 말과 행동을 이해할 수 있는 능력에 의지해 우리에게 맞는 상호작용의 방식을 형성하고 창조하면서 살아가고 있는 것이다.

그런데 제도라는 것은 부분에서 얻은 것에 기초해 전체 사회구성원의 행동에 대한 제약을 수립하는 방식으로 수립된다. 합의하기도 어렵고, 지켜지기도 어렵다. 게다가 각자가 생각과 삶의 주체이면서 각자가 자신의 능력에 의지해 주변 세계에 대응하며 살아가는 사회구성원들의 삶의 방식과도 충돌할 위험이 항상 내재한다.

제 3 장

제도의 존재론: 제도철학적 접근

제 1 절 존재론적 접근의 의의와 필요성

제도 현상의 '신비'를 이해하기 위해 '존재론'이라고 하는 완전히 새로운 접근 방법으로 제도 현상을 한번 분석해 보자. 보통 사회과학도들은 이런 식으로 접근하는 일이 드물다. 그런데 하나의 사회 현상 또는 인간 현상으로서 제도가 가지는 독특성을 이해하기 위해서는 가장 근원적인 요소에 의문을 던지고 해답을 탐구하는 이와 같은 접근이 상당히 유익하다. 더구나 제도를 수단으로 삼아 어떤 사회적인 문제를 해결하고 사회적인 이념을 실현하고자 한다면 제도의 수단적인 가치를 탐구하기에 앞서 제도 자체가 가지고 있는 독특성에 대한 정확한 이해가 선행되어야 한다. 제도가 무엇인지도 제대로 알지 못하면서 제도를 수단으로 삼으면 제도는 문제의 해결을 위한 수단이 아니라 더 큰 문제의 시발이 될 뿐이다.

존재론이란 '그것이 그것 되게 하는 것', 즉 본질적인 요소 또는 '가장 처음부터 있던 요인(the first cause, 또는 처음 요인)'을 탐구해 대상 현상을 이해하는 방법이다(Aristotle, 1984, Book Ⅱ: §2).[1] 즉, 제도가 제도로서 있을 수 있게 하는 것, 제도가 제도로서 창조되고 작동할 수 있도록 만들고 있는 가장 근원적인 요소는 무엇인지에 대해 의문을 던지고, 이런 근원적인 처음 요소에 기초해 제도가 발생되어 나오는 원리를 탐구하고자 하는 것이 제도에 대한 존재론이다. 여기에서는 이와 같은 시각을 '제도철학'[2]이라 부르고자 한다.

소위 '처음 요인'에 관해 캐묻는 것은 대상 현상의 연구에서 여러 가지 이점이 있다. 무엇보다도 대상 현상에 영향을 미치는 가장 핵심적이고 필연적인 요소들을 좀 더 분명하게 드러내 보여주는 이점이 있다. 관찰되는 사회 현상이나 제도의 외적인 모습만을 놓고 보면, 제도 현상은 너무나도 복잡하고 혼란스러운 현상처럼 보인다. 지금 당장의 실상만을 보아도 사회마다 제도는 다르다. 같은 사회에서도 매우 여러 가지 양상의 제도가 존재한다. 그뿐만 아니라 시대에 따라서도 또 다르다. 그래서 관찰되는 현상만을 기준으로 보면 이 속에 무슨 공통된 존재론적인 원리가 있을 것인지 상상하기조차 힘들 정도로 제도의 세계는 너무나도 혼란스럽다. 이 속에 어떤 보편성이 있는 규칙을 찾아내는 것은 불가능할 것처럼 보인다. 사회과학이 법칙적인 지식을 수립하는 데 어려움을 겪게 되는 것도 바로 이런 이유 때문이다. 현상 자체가 너무나도 다양한 방식으로 전개되고 있기 때문이다.

그런데 가장 처음부터 있던 요인에서 출발하면 달라진다. 처음 요인에 근거해 여러 가지 제도가 수립되어 나오는 원리를 검토하는 방식으로 제도 현상에 접근하면, 제도 현상의 기원과 작동 방식에 곧바로 다가갈 수 있다. 외형적으로 관찰되는 현상은 매우 다양한 구조를 보이고 있어도, 그런 것들이 형성되어 나온 근본 원리

---

1) 아리스토텔레스(Aristoteles)는 어떤 현상에 대해 설명하고자 한다면 가장 처음의 요인(the first cause)을 찾을 것을 요구하고 있다. 중간에 있는 이유들은 아무리 많이 찾아내도 매개변수에 불과한 것일 뿐 진정한 원인은 아니기 때문이다. 어떤 현상에 대해 온전하고 진정한 설명을 원한다면 가장 처음의 요인을 찾아내어야 한다.

2) 제도철학은 아직 제도연구자나 철학 연구자들 사이에서 통용되고 있는 개념은 아니다. 다만, 설이 자신의 제도에 대한 연구를 제도에 대한 존재론(ontology)이라고 부르고 있고(Searle, 1995: 13), 이에 관해 정부, 가족, 칵테일 파티, 사업자단체(trade union) 등의 사회적 실제(social entities)들이 존재하는 방식에 관해 연구하는 철학이라 설명하고 있다(Searle, 2010: 5). 또한 설 외에 앤스콤, 비트겐슈타인 등 이 장에서 참고하고 있는 연구자들이 '인간 의식' 또는 인간이 주변 세계와 관계하는 방식에 대한 철학적 고찰에 근거해 제도를 설명하고 있다는 점에서 이를 '제도철학'이라 칭하고자 한다.

는 공통된 것임을 제도철학의 연구들은 시사하고 있다(설, 앤스콤, 비트겐슈타인, 제르겐, 쇼터, 블루어 등). 법, 정책, 정관, 규약, 조직, 정부, 기업, 대학, 박물관, 재산권, 특허권, 정당, 민주주의, 자본주의, 지방자치 등 수많은 제도가 우리의 삶과 사회세계를 이루고 있다. 언뜻 보면 이와 같은 것들은 모두가 서로 다른 양식의 제도인 것처럼 보인다. 시대에 따라 재산권 제도가 다르고, 정부 제도 역시 사회마다 다르다. 법의 성격 역시 나라마다 다르다. 적어도 외형적으로 보면 동일한 모습을 보이고 있는 것은 하나도 없다. 분명히 그렇다. 그런데 아무리 달라 보인다고 하더라도 결코 부인할 수 없는 하나의 진리가 있다. 이 모든 것은 인간에 의해, 사회구성원들에 의해 창조되었다는 점이다. 이 모든 것은 공통된 창조의 근원을 가지고 있는데 그것은 오직 인간만이 가지고 있는 의식 능력이다. 그리고 이런 인간의 의식 능력을 기준으로 보면 사실상 동일한 원리에 기초해 형성되고 작동하고 있음을 제도철학자들의 연구는 보여주고 있다.

하늘의 별들은 각각의 별들을 개별적으로 관찰하면 모두가 다 서로 아무런 상관이 없는 별개의 행성과 은하계인 것처럼 보인다. 그런데 이 모든 별의 복잡한 움직임도 빅뱅이라는 처음 요인에서 출발해 그것이 변화되어온 과정을 검토하면 현재의 상태에 대해 상당한 의문을 해소하고 그 속에 내재하는 법칙에도 접근할 수 있다. 제도의 세계 역시 마찬가지다. 당장에 보기에는 복잡해 보인다. 그런데 발생의 근원에서부터 생각해 보면, 상황이 달라진다. 달리 보인다. 그 속에 있는 공통되고 필연적인 제도의 원리를 훨씬 분명하게 이해할 수 있다. 외형적으로는 다르게 보이지만 공통된 점도 이해할 수 있고, 달라질 수밖에 없는 이유에 대해서도 훨씬 쉽게 이해할 수 있다.

정책 현상과 제도 현상을 설명하기 위해 수많은 이론과 개념이 제시되고 있다. 그럼에도 불구하고 정책학이나 행정학의 학문적 정체성에 대해 의문이 제기되고 있다. 정책과 정부라는 분명한 대상이 있음에도 불구하고 왜 학문적 정체성에 대한 의문이 제기되는가? 애코프(Ackoff, 1999)는 정책학이 학제적 학문이 아니라 이를 뛰어넘는 초학문(trans-disciplinary)이 되어야 한다고 제안한다. 정책이나 제도 자체를 관찰해서는 대상 현상에 대해 결코 온전한 지식을 얻을 수 없다. '처음 요인'에서부터 출발해 현상의 전체적인 양상을 이해하려는 시도가 필요하다.

제 2 절 제도의 의의와 존재론적 독특성

1 제도의 의의

제도 현상이 발생하는 처음 요인에 기초해 정의하면 제도경제학에서 말하는 제도란 "① 인간의 의식 능력과 ② 사회구성원들의 집단적인 지위 기능 부여에 근거해서 수립된 것으로, ③ 인간의 행동에 대한 제약으로 작용하는 ④ 거래비용 문제에의 대응 수단"이라 할 수 있다. 제도경제학의 관심은 주로 ③, ④의 문제에 집중되어 있다. 제도경제학은 제도를 수립하는 과정에서 인간의 의식이 수행하는 역할 자체를 직접적인 연구의 대상으로 삼고 있지는 않다. 반면, 설, 앤스콤, 비트겐슈타인 등 여기에서 '제도철학'으로 분류하고 있는 연구자들은 ④번 문제, 즉 거래비용 문제에는 관심이 없다. 즉, 사람들은 일상의 삶 속에서 어떤 삶의 방식, 행동 방식을 자연스럽게 발전시키고 습관화하지만, 이런 삶의 방식이 거래비용 문제에 대해 해결책이 되어줄 것인지는 직접적인 관심의 대상이 아니다. ③번 문제, 즉 인간의 행동에 대한 제약에 관해서도 제도경제학에서처럼 '인간 행동에 대한 제약' 자체가 직접적 관심의 대상은 아니다. 인간의 의식 능력과 일상의 사회적인 상호작용 속에서 수립되는 사회적인 생성물의 일부분으로 다뤄진다. 이들의 관심은 이런 사회적 생성물들이 인간의 행동에 가하는 제약 효과가 아니라 이런 것들이 사회적으로 생성되는 원리다. 이 연구가 이들의 연구를 '제도철학'이라고 부르고 있는 것도 이 때문이다. 제도의 생성 원리에 대해 인간의 의식이라고 하는 '처음 요인'에 근거한 설명을 제공하고 있기 때문이다.

제도란 그것이 존재하는 이유, 즉 그 필요성이나 목적을 기준으로 정의하자면 인간의 행동을 제약해 거래비용 문제에 대응하기 위해 만들어진 것이다. 그런데 그것이 생성되어 나오는 원리에 기초해 정의하자면 제도는 첫째, 인간만이 가지고 있는 '지향성', '언어 능력', '언어행위 능력', '규칙 이해 능력' 등의 독특한 능력에 의해 수립된다. 이 능력이 없다면 어떤 제도도 창조될 수 없다. 따라서 이런 의식 능력이 작동하는 원리에 의해 상당한 영향을 받을 수밖에 없다. 둘째, 제도란 사적인 사고와 행동의 산물이 아니다. 사회구성원들이 함께 수립하고 함께 발전시켜 나간다. 사회구성원들이 함께 인정하는 만큼 함께 인정하는 대로 제도는 발생하고 작동한다. 태양과 달이 있고, 지구가 있고 인간이 존재하듯이 인간의 생각이나 언어와 상관없이 존재하지 않는다. 특히 사회구성원들의 집단적인 의미 부여가 없이는 결코 존재할 수 없다. 사회구성원들에 의해 만들어지기 때문에 집단에 따라 다르고 사회에 따라 다른 제도가 만들어진다.

예를 들어 생각해 보자. 언어라는 것이 어떻게 있을 수 있게 되는가? 언어는 그것이 존재하는 모양만을 놓고 보면 아무런 의미를 담고 있지 않은 공기의 진동에 불과하다. 여기에 의미를 불어넣기 이전에는 결코 언어가 되지 못한다. 그런데 여기에 의미를 불어넣는 일이 일어나는 것은 첫째는 인간이 그런 능력을 가지고 있기 때문이고(후설, 설, 비트겐슈타인 등), 둘째는 사회구성원들이 이와 같은 의미를 함께 불어넣어 그것을 사회구성원 공유의 수단으로 삼기 때문이다(비트겐슈타인, 콰인, 소쉬르 등). 이런 방식으로 언어가 수립되면 이 언어는 사회구성원들이 서로의 생각을 교환해 합의에 도달하고 의사 결정에 도달하는 비용을 획기적으로 감소시킨다. 제도경제학적인 관점에서 보면 정보비용을 획기적으로 감소시킨다. 상징에 불과한 것을 이용해 주변 세계에 관한 정보를 얻고, 정리하고, 축적하고, 교환할 수 있게 된다. 이렇게 생각해 보면 언어는 제도다. 인간의 의식 능력에 의지해 만들어지고, 사회구성원들의 공통된 인정에 기초해 만들어진 것이면서, 동시에 거래비용을 획기적으로 줄여주는 수단이 된다.

법과 정책 역시 제도다. 인간의 의식 능력과 사회구성원들의 집단적인 인정에 기초해 만들어지며, 거래비용 문제에 대응하는 데도 도움이 된다. 조직 역시 제도다. 인간의 의식의 능력과 사회구성원들의 집단적인 인정에 기초해 만들어지며, 거래비용 문제에 대응하는 데도 도움이 된다. 권력 역시 제도다. 인간의 의식 능력과 사회구성원들의 집단적인 인정에 기초해 만들어지며, 의사 결정이나 집행과 관련된 거래비용 문제에 대응하는 데도 도움이 된다. 언어, 법, 조직, 권력 서로 다른 현상처럼 보인다. 그런데 이런 것을 창조하고 이용하는 인간과 사회구성원들의 입장에서 보면 그렇지 않다. 모두가 사회구성원들의 의식 능력과 집단적인 인정에 기초하고 있으며, 거래비용 문제에 도움이 되기 때문에 정당화되고 인정된다.

2 제도의 존재론적 독특성: 인식과 존재의 결합[3)]

1) 존재와 인식의 결합

사회세계, 인간세계에만 존재하고 있는 언어, 돈, 정부, 법, 조직, 윤리, 규범 등과 같은 현상들은 인간의 마음의 능력과 언어 능력에 의해 만들어지고 진화한다(후설, 하이데거, 비트겐슈타인, 설, 앤스콤 등). 이 모든 것은 인간의 마음의 능력과 사회적인 상호작용의 산물이다. 이 중에서도 제도경제학자들은 정부, 법, 조직 등을 공식 제도라고 부르고 있다. 그러나 이런 것들의 발생을 가능하게 하는 원리를 기준으로 하면, 언어와 돈은 물론 윤리와 규범까지도 궁극적으로는 인간의 의식 능력에 의지해 발생하고 거래비용 문제와 관련되어 있다는 점에서 모두 제도다.

인간의 마음이 가지고 있는 가장 핵심적인 능력과 작동 원리는 지향성(intentionality)이다. 또 지향적인 의식의 능력을 이용해 사회구성원들이 어떤 대상에 대해 그것이 본래부터 가지고 있지 않던 어떤 지위나 기능을 부여할 때 그 대상은 제도로서의 지위를 얻게 된다(Searle, 1995, 2010). 종잇조각에 불과한 것을 돈으로, 단지 이런저런 방식으로 선출되거나 선발된 사람들의 조직체에 불과한 것을 정부로, 단지 특정한 절차를 거쳐 수립된 명문 규정에 불과한 것을 법으로 인식하고 인정해 주는 인간의 마음의 능력에 의지해 이런 현상들은 발생하고 존재할 수 있다. 이런 점에서 이들 사회적 실재들은 인간의 의식과 상관없이 객관적으로 존재하는 것이 아니다. 인간이 그것을 그런 것으로 인정해 주는 인간의 주관적인 의식에 존재를 의존하고 있다. 사회 제도는 그것의 존재가 인간의 인식에 의존해 발생하고 진화한다는 점에서 존재와 인식이 결합되어 있다. 반면, 자연세계의 대상들은 그것에 대한 인간의 인식 여부와는 상관없이 존재하고 있다. 사회세계를 이해하기 위해서는 반드시 인간과 언어를 이해해야 하는 것도 바로 이런 존재론적 독특성 때문이다. 〈표 3-1〉을 보면서 제도가 인간의 의식 및 사회적인 상호작용과 맺고 있는 관계를 좀 더 분명히 해보자(Searle, 1995: 10-13, 2010: 17-18).

3) 사공영호(2013)의 내용을 상당 부분 인용했다.

2) 자연 대상에서 존재와 인식

먼저 자연의 대상들을 생각해 보자. 존재론적인 관점에서 보면, 자연 대상은 자신의 존재를 인간의 인식에 결코 의존하지 않는다. 우리가 대상 현상에 관심을 기울이든 말든, 알든 모르든 상관없이 나무도 있고 꽃도 있으며 달도 있고 태양도 있다. 물론 이런 대상들에 대해 사람들의 인식이나 이해의 방법은 서로 다른 것일 수 있다. 원시적인 이해는 미신적이고 종교적이었다면 현대적인 이해는 과학에 주로 의지하고 있다. 중요한 것은 우리가 이 대상들을 어떤 방식으로 이해하든 적어도 이 대상들은 자신의 존재를 인간의 인식에 의존하지는 않는다는 점이다. 자연과학이 발전할 수 있었던 것은 대상 현상이 인간의 인식과 상관없이 이미 존재하고 있기 때문이다. 이미 존재하고 있고, 이미 어떤 법칙을 내재하고 있다면, 이 법칙을 찾아내기만 하면 대상 현상에 대한 과학적인 지식의 획득이 가능하다. 그뿐만 아니라, 나만의 독자적이고 독창적인 방법으로 대상을 도구화하거나 대상을 이용할 수도 있다. 나무와 흙을 이용해 집을 짓는 데는 다른 사람의 인정이 필요하지 않다. 이런 대상들을 이용할 수 있는 기술과 능력을 가지기만 하면 된다.

그러나 자연 현상도 이를 해석하는 단계에서는 인간의 주관과 가치가 영향을 미칠 수 있다. 동성애에 대한 판단은 이미 그것에 대한 우리의 주관적인 가치관을 배경으로 한다. 내 가치를 배제한 상황에서는 옳고 그른 것을 구별할 기준이 없다.

표 3-1 제도의 존재론

		존재론	
		주관	객관
인식론	주관	• 사고, 경험, 판단, 행동 주체 • 내가 가진 것은 나의 경험, 이론 • 주변 세계, 사람에 대한 상당한 지식 보유 • So many man, so many mind	• 동성애는 옳지 않다 • 인간은 이기적이다 • 세계는 하나님의 창조물
	객관 (상호 주관)	• 법, 제도, 조직, 정부, 기업 • 객관적 정당화 기준 부재 • '근거 없는 근거(groundless ground)' 및 의사소통적 진리에 기반 • 상호 주관, 집단지향성에 의존 • 사고 및 언어의 오류에 노출	• 물: 수소와 산소 화합물 • 유전자: 단백질의 결합물 → 객관적 진리, 문제 해결 가능

베이컨(Francis Bacon)이 관찰을 강조했던 이유는 세계에 대한 관찰을 통해 이 세계를 창조한 신에 대해 더 잘 알 수 있다고 생각했기 때문이다(Robinson & Mayblin, 2004: 16). 즉, 자연 현상에 대한 우리의 이해 역시 중립성이 훼손될 수 있다. 예를 들면, 심장의 기능은 혈액을 순환시키는 것이라는 이해는 완전히 가치중립적인 이해인가? '인간의 생명은 소중하다'는 가치 판단을 배제한 이후에도 심장을 이렇게 정의하겠는가? 이미 삶의 중요성에 대한 가치판단적인 믿음을 배경으로 심장을 이해하고 있는 것이다. 그러나 설사 가치를 배경으로 하고 있다고 하더라도 만일 우리 모두가 이 가치에 동의하고 있다면, 이러한 심장 기능에 대한 정의는 우리의 목적에 합치된다. 어쨌든 자연 현상의 경우 설사 인간의 인식은 서로 다르다고 하더라도 이런 인식의 차이와는 상관없이 자연은 자신의 법칙에 따라 작동하고 있으며, 이에 대한 사람들의 인식의 차이 역시 대상 자체에 대한 관찰에 의해 결국은 해소될 수 있다. 객관적인 지식을 얻는 것도 가능하고, 이런 지식에 기초해 문제를 해결하는 것도 가능하다.

3) 사회 제도의 존재론

사회 제도나 정책이 존재하는 방식은 자연세계의 대상과는 근본적으로 다르다. 자연의 대상들과는 달리 우리의 인식에 자신의 존재를 의존하고 있다. 존재와 인식이 분리되어 있고, 그래서 존재에 기초해 인식을 수립할 수 있는 그런 세계가 결코 아니다. 사회 제도나 사회 현상들은 존재 자체가 이미 인식과 결합되어 있다. 그래서 인식이 멈춰지면 존재 자체도 지속하기를 멈춘다(Searle, 1995, 1998, 2010; Anscombe, 1969; Bloor, 1997). 즉, 우리가 더 이상 대한민국 정부의 정통성을 인정하지 않는다면 정부는 정부로서 있을 수 없게 된다. 내가 더 이상 나의 아내를 나의 아내로 인정하지 않으면 설사 그 사람이 나와 함께 살고 있더라도 더 이상은 진정한 의미의 나의 아내가 될 수 없다는 것이다.

오바마는 미국의 대통령이다. 그렇다면 이 사람이 대통령이 될 수 있는 근거는 무엇인가? 제도 연구자들은 아마도 헌법이 정한 일정한 절차에 따라 국민들이 그를 대통령으로 선출했기 때문이라고 답할 것이다. 그렇다면, 헌법의 규정과 이에 따른 선거 과정을 통해 오바마가 대통령이 된 이유를 온전히 설명할 수 있는가? 그렇지 않다. 오바마가 정상적으로 권력을 얻으려면 이 절차 자체가 처음부터 정상적인 방법으로 이뤄져야 한다. 이런 선거 절차에 대해 정당성을 부여하는 것은 결국 국민들이다. 국민들이 이런 절차에 공감하고 동의할 때만이 이런 절차는 정당화된다. 즉, 오바마가 대통령이 되는 근거는 미국 유권자들의 인정이다(Searle, 2010: 10-14). 이집트의 무바라크 정부, 시리아의 아사드 정부, 리비아의 가다피 정부 등 독재적인 정부들이 붕괴되는 것은 이들이 차지하고 있는 권력을 유권자들이 더 이상 인정하지 않기 때문이다. 즉, 사람들의 인정이 권력의 궁극적 근원이다.

군대와 경찰을 동원해 무력으로 사람들의 인정을 강제하고 저항을 억압할 수 있다고 생각할 수도 있을 것이다. 그러나 이 역시 사람들이 인정하는 만큼 작동한다. 즉, 경찰이나 군대 역시 사회구성원들이 부여하는 지위와 역할에 의해 만들어진다. 따라서 사람들이 경찰과 군대에 대해 더 이상 질서 유지와 국가 수호의 기능을 부여하지 않는다면 경찰이나 군대 역시 무용지물이 될 수 있다. 가령, 1968년 체코의 민주화 시도(소위 '프라하의 봄')는 소련의 군대와 체코의 비밀경찰에 의해 야만적으로 진압되었다. 이후 체코는 인구 10명당 1명을 비밀 스파이로 삼고 나머지 9명을 감시하도록 했다. 동독에서의 감시 장치는 훨씬 치밀하고 무자비했다. 심지어는 아내와 남편이 서로에 대해 감시하고 보고하도록 강요받았다. 그래서 소련 전문가, 외교관, 언론인 등 아무도 동독이 그렇게 갑작스럽게 무너지리라고 예측하지 못했다. 그런데 더 이상 국민들이 국가 시스템을 인정하지 않을 때 동독은 무너졌다. 더 이상 소련의 개입도 믿을 수 없었고, 경찰과 군대도 그 시스템을 유지하고자 하지 않았다. 심지어 반정부 시위대에게 사격을 가하라는 명령조차도 동독의 군대는 거부했다(Searle, 1995: 91-92). 즉, 시민들이 더 이상 그러한 지위와 역할을 인정하지 않으면 군대와 비밀경찰도 무너지고, 결국은 국가 역시 무너질 수밖에 없다는 것이다.

법에 대해 생각해 보자. 법이 인류 사회의 질서를 규정하게 된 것 역시 그리 오래되지 않았다. 더구나 일상의 삶에까지 침투해 생활의 일상을 규정하게 된 것은 매우 근대적인 현상이다(로렌스 M. 프리드만, 2006). 이 법이 법으로서 작동할 수 있게 되는 이유를 알고 싶다면 도대체 무엇을 연구해야 하는가? 자연과학도들이 연구의 대상을 관찰하듯 연구 대상인 법만 관찰하면 되는가? 탈법과 편법이 난무하는 현상도 법이 제정되고 집행되는 과정에 대한 연구를 통해 답을 찾을 수 있는가? 근대적인 법이 사회의 질서 장치로 거의 작동하지 않는 사회들도 있다. 왜 어떤 사회에서는 법이 작동하고 어떤 사회에서는 법이 작동하지 않는지를 알고 싶다면 무엇을 알아야 하겠는가? 법이 제정되는 과정만 관찰하면 법이 법이 되는 이유를 알 수 있는가? 결코 그렇지 않다. 법이 사회 현상인 한, 이것은 사회를 구성하는 인간들의 현상이고, 인간 현상이라면 구성원들의 인식과 분리될 수 없는 현상이다. 그렇다면 법이 법이 되는 이유를 알려면 무엇을 알아야 하겠는가? 인간의 의식이 작동하는 방법을 알지 못한 채로 법의 원리를 이해할 수 있겠는가? 불가능하다. 왜 법치(法治)의 사회를 이룩하는 것이 쉽지 않은가? 법의 권위에 대한 사람들의 인정을 발전시키는 일이 쉽지 않기 때문이다.

기업에 관해 외부적으로 관찰할 수 있는 것은 무엇인가? 조직을 연구하는 사람들은 관료제적 조직 방식, 업무의 범위에 대한 규정, 명령통제에 의한 업무 처리 방식 등이 이런 조직을 구성하고 있는 핵심적인 요소라고 설명해 왔다. 어찌 보면, 딱히 학문적이라 할 것도 없는 지극히 상식적인 설명이다. 조직론이 나오기 훨씬 이전부터, 이런 이론적인 지식이 나오기 훨씬 이전부터 사람들은 이런 형태로 군대도 만들고 정치조직도 만들고 상업조직도 만들어 왔다. 정말 기업이 기업으로서의 지위를 획득하는 원리는 무엇인가? 조직학의 원리는 우리가 어떤 조직구조를 설계하고자 할 때 문제가 되는 것일 뿐이다. 조직학의 조직 원리가 조직의 탄생과 성립을 가능하게 하는 원리는 아니다. 그렇다면, 조직이 어떻게 만들어지며 그것이 조직으로서 안정적으로 작동하는 원리를 이해하려면 무엇을 관찰해야 하겠는가? 조직 연구자들처럼 조직만 들여다보면 되는가? 그렇지 않다. 외부적으로 관찰되는 현상만으로는 결코 조직이 조직으로 작동하는 원리를 온전히 이해할 수 없다. 조직 내에서 나에게 주어진 지위와 역할을 사적인 용도로 악용하면 조직은 금방 무너질 수 있다. 조직이 조직으로서 안정적으로 작동하는 데도 조직에 대한 사람들의 생각이 가장 근원적인 요소다. 조직 자체에 대해, 조직이 수행하는 역할과 추구하는 목표에 대해, 조직을 구성하고 있는 각각의 지위에 대해 사람들이 어떻게 생각하고 어떻게 대응하느냐에 따라 조직의 존립과 성패는 결정된다.

4) 사회 제도의 존재론적 독특성

첫째, 사회 제도와 정책은 사람들의 인정에 존재를 의존한다. 사람들의 인정이 불완전하고 가변적이기 때문에 존재 여부의 경계 역시 불완전하고 가변적이다. 좀 더 정확히 말하면 사람들이 인정하고 공감하고 협력하고 묵인하는 만큼 그리고 사람들이 인정하는 대로 있다. 심지어 이를 하나의 제도로 만들고자 하는 노력과 이를 무시하고 무력화하고자 하는 시도가 서로 충돌하는 상황이 발생할 수도 있다. 상호 주관적인 인식과 주관적인 인식 사이의 경계를 '✹'기호로 표시한 것은 이런 이유 때문이다. 많은 제도 연구자와 정책 연구자, 정치인들이 착각하는 것은 바로 이 점이다. 법을 만들면 제도가 만들어진다고 생각한다. 이는 제도의 존재론적 원리에 대한 심각한 오해다. 사회 제도는 절대 이런 방식으로 만들어지지 않는다. 설사 국가에서는 법을 제정하더라도 사회구성원들이 이에 전혀 순응하지 않고 예전의 삶의 방식과 행동의 방식을 고집하면 법은 무력화되고 형식화된다. 그뿐만 아니라 언제든지 사적인 목적으로 오용될 수 있고, 이렇게 되면 공식 제도는 본래의 제도로서의 의미를 상실하게 된다.

법이나 정책, 조직과 정당과 같은 사회 제도들이 안정적으로 자신의 기능을 수행하려면 이 제도에 관여하는 사회구성원들이 함께 이 제도들을 인정해 주어야 한다. 사회구성원들이 함께 인정하는 만큼 그리고 그렇게 인정하는 대로 대상 현상은 자신의 존재 가치와 역할을 인정받을 수 있다. 즉, 사람들이 경찰의 권위를 인정하는 데 소극적이라면 경찰은 이런저런 도전에 직면하게 되고 결국 우리가 이론적으로 기대하는 엄격하고 공정한 법의 집행자로서의 지위를 수립하지 못할 수 있다. 또 사람들이 법의 권위를 인정하지 않는다면 법규 역시 아무렇게나 무시될 수 있고 악용될 수도 있는 공허한 것에 불과한 것일 수도 있다. 만일 이런 사람들의 숫자가 많아진다면 결국 정부와 법으로서의 지위를 상실하고 말 것이다.

자연의 대상은 자신의 존재를 사람들의 인식에 의존하지 않는다. 따라서 나는 다른 사람들의 생각을 전혀 고려하지 않고도 돌과 나무와 흙을 이용해 나만의 집을 지을 수 있다. 나의 집을 짓는 것은 나와 내 주변에 있는 세계와의 관계일 뿐, 이 과정은 다른 사회구성원의 생각과는 완전히 무관한 상황에서 진행될 수 있다.

그런데 제도와 정책은 그렇지 않다. 함께 만들고 함께 운영하는 것이기 때문에 다른 사회구성원들의 생각이나 행동의 영향을 피할 수 없다. 우리가 함께 만드는 것이기 때문에 관련된 사람들이 합의만 한다면 얼마든지 다른 모양, 다른 목적으로 만들어질 수도 있고, 얼마든지 다른 방식으로 운영할 수도 있다. 그런데 나 혼자의 힘으로는 사회 제도를 만들 수 없다. 즉, 사회구성원들의 생각은 한편으로는 제도를 가능하게 하지만, 다른 한편으로는 제도를 붕괴시키고 형식화시키는 원인이 될 수도 있다.

왜 사회마다 제도가 다르고 어떤 사회의 제도를 다른 사회에 이식하면 잘 작동하지 않는가? 왜 어떤 사회에서는 민주주의와 자본주의가 잘 작동하는 데 어떤 사회에서는 사실상 불가능한가? 왜 어떤 사회에서는 전문경영이 가능한데 다른 사회에서는 매우 어려운가? 사회구성원들의 생각과 언어가 이런 현상들의 존재론적 근거이기 때문이다. 사람들이 생각하고 인정하는 만큼 인정하는 대로 제도가 만들어지고 작동하기 때문이다.

둘째, 사회 제도와 정책은 누구나 인정할 수 있는 객관적인 정당성의 근거를 가지고 있지 못하다. 이를 대신하고 있는 것이 '근거 없는 근거(groundless ground)'[4]에 의한 정당화다(Wittgenstein, 1969: §166; Bax, 2013: 10-13; Braver, 2012; Putnam, 1981: 49-50). 객관적으로 근거가 있기 때문에 그것이 존재할 수 있게 되는 것이 아니라 단지 관련된 당사자들이 그렇게 인정한다는 상호 인정에 의존해서 존재할 수 있게 되는 것이 '근거 없는 근거'의 작동 방식이다. 한국어가 정당화되는 것은 단지 우리가 그렇게 사용하고 있기 때문일 뿐이다. 한국식의 행동의 윤리가 정당화되는 것도 마찬가지다. 우리가 그렇게 생각하고 그렇지 못한 행동을 비난한다는 점이 이런 윤리가 정당화되는 근거다. 이런 존재 방식의 특징은 존재와 인식의 결합이다. 여기서 중요한 점은 인정하는 사람들 사이에서는 정당한 것으로 인정받아 존재하고 작동한다는 점이다. 바로 이 점이 사람들의 인정이 제도의 발생을 정당화하는 근거로 작용한다. 그런데 이런 정당화의 기준은 객관적인 것은 아니다. 누구나 인정할 수 있는 객관적인 근거가 있는 것은 결코 아니다. 그래서 그것을 무시하는 사람들에게는 무의미하며 전혀 행동의 근거로 작용할 수 없다는 치명적인 약점을 가지고 있다. 이들에게 정당성을 설득할 수 있는 객관적인 근거가 없다(groundless). 이런 점에서 사회 제도는 소위 의사 소통적 진리(communicative truth, Habermas, 2011), 상호주관성, 집단지향성에 존재를 의존할 수밖에 없게 된다.

셋째, 제도와 정책이 인간의 사고 및 언어의 오류에 노출될 위험을 피할 수 없다. 사람들의 생각과 언어에 의지해서 발생하고 작동하고 진화하기 때문이다. 제도

4) '근거 없는 근거'의 의미에 대해서는 제5장에서 좀 더 상세히 설명한다.

의 수립이 쉽지 않은 가장 큰 이유는 바로 이점일 가능성이 높다. 인간의 사고가 작동하는 방식과 인간의 언어가 작동하는 방식이 제도의 수립을 뒷받침할 수 있는 조건을 제대로 갖추고 있지 않기 때문이다. 이처럼 제도의 발생적 근원이 되는 인간의 사고와 언어 자체가 이미 불완전하고 상당한 약점을 가지고 있다면, 제도를 만드는 것 자체가 어떤 문제의 해결이 아니라 새로운 문제의 발단이 될 수 있다(최병선, 2007: 13; Wildavsky, 1979: 62-84).[5]

넷째, 실증주의적인 연구 방법이 사회세계와 제도세계의 작동 원리를 해명하는 데 한계를 가지는 것도 바로 이런 존재론적인 특성에서 기원한다. 인간 의식의 산물인 제도 현상, 사회 현상들을 마치 독립적으로 존재하는 어떤 것인 것처럼 다루면서 그것을 가능하게 하는 '처음 요인'인 인간을 망각하고 있기 때문이다. 사회과학이 현상에 대한 진실의 서술이 아니라 오히려 진실을 은폐할 위험도 여기에서 발생한다. 인간의 사고와 언어에 무지한 상태에서 사회 현상을 관찰해서는 음성기호·문자 기호에 불과한 것을 의미를 지닌 언어로써 작동할 수 있게 하고, 또한 서로 다른 상황에서 다른 의미를 갖는 살아 있는 언어를 가능하게 하는 인간의 능력에 제대로 접근할 수 없다. 각자 자신들의 상황에 맞는 제도를 형성하고 발전시켜 나가는 인간의 능력에 접근할 수 없다. 인간이 가진 능력에 접근할 수 없기 때문에 인간을 단지 관찰과 측정과 분류의 대상으로 다룬다. 결과적으로는 이런 측정과 분류에 근거해서 인간을 통제하는 제도까지도 정당화하는 일이 일어난다.

제 3 절 제도 발생의 핵심 원리: 설의 이론을 중심으로

1 지위 기능 부여

1) 지위 기능 부여의 의미

설(Searle, 1995: 13-21)에 의하면, 모든 제도는 '지위 기능의 부여'라고 하는 인

5) 이런 위험에 관해서는 제4장, 제5장 제7장에서 상세히 논의한다.

간의 마음이 가지고 있는 지향 능력에 의해 만들어진다. 설이 강조하고 있는 것은 지위 기능은 대상이 본래 가지고 있던 것이 아니라 우리가 '부여한다'는 점이다.

우리의 일상 경험을 돌이켜보자. 우리는 사물들을 단지 물리적 대상으로 경험하는 것이 아니다. 우리는 의자, 책상, 자동차, 집, 정원으로 경험한다. 즉, 이미 나를 위해 어떤 기능을 수행하는 어떤 도구인 것으로 이 대상들을 지각한다. 그렇다면 이 기능들은 어디에서 온 것인가? 대상 자체가 이미 이 기능을 가지고 있는 것인가? 그렇지 않다. 우리가 이런 기능을 부여하기 때문에 이런 도구적인 대상이 된다.

이런 기능은 대상 자체가 가지고 있는 것이 아니라 우리가 부여한 것이라는 점을 어떻게 알 수 있는가? 이 대상들에 대한 평가 기준이 어디에서 온 것인지를 생각해 보면 금방 알 수 있다. '안락한' 의자, '실용적이고 편리한' 책상, '튼튼하게' 지은 집. 이런 대상들에 대해 이런 평가가 가능한 것은 우리가 어떤 기능을 부여했기 때문이다. 앉을 도구로서의 기능을 부여하지 않았다면 어떤 의자가 안락한지 여부는 전혀 문제될 이유가 없다. 심지어는 강과 나무와 같은 자연 대상에도 사람들은 어떤 기능을 부여할 수 있으며, 이에 따라 평가할 수 있다. 지위 기능 부여란 이런 것이다. 그 기능은 결코 대상 자체에 내재되어 있지 않다. 외부에 있는 사용자가 부여한다. 간단히 말하면, 기능은 대상에 내재적인 것이 아니라 사용자 또는 관찰자 상대적이다.

이런 사실을 잘 인식하지 못하는 것은 기능이 마치 그 대상의 본질인 것처럼 흔히 설명하기 때문이다. 의식을 가진 존재를 제외하고는 자연의 사물들은 자신이 수행하는 기능에 대해 전혀 알지 못한다. 그런데 우리는 "심장이 피를 펌프질한다"고 말하면서 동시에 "심장의 기능은 피를 펌프질하는 것이다"라고 흔히 말한다. 이때 우리는 단지 사실을 기록하는 일을 하고 있는 것이 아니다. 이미 우리가 가진 가치를 배경으로 심장을 이해하고 있는 것이다. 즉, 가치를 배제하게 되면 심장에 대한 이해도 달라진다.[6] 심장의 기능이 소중한 것은 어디까지나 우리의 가치가 배경이다. 그럼에도 불구하고 많은 경우 우리는 내가 부여한 가치는 망각한 채 '심장' 자체가 어떤 가치는 내재하고 있는 것처럼 말한다. 그러나 이러한 지위 기능은 어디까지나 우리가 부여한 것이다. 그렇기 때문에 단순한 사실에 대해 성공, 실

6) 가령 죽음을 가치 있는 것으로 여긴다면, 암의 기능은 죽음을 앞당기는 것으로 해석될 수도 있을 것이다.

패와 같은 평가적인 어휘를 적용한다. '심장 기능 장애', '심장병'과 같은 용어도 그래서 발생한다. 심지어 하찮은 돌멩이 하나라도 거기에 어떤 기능을 부여하지 않는다면 '더 나은 돌' 또는 '더 나쁜 돌'이라고 말할 이유가 없다(Searle, 1995: 15).

2) 대리적 기능과 비대리적 기능

어떤 대상이 수행하는 기능은 크게 두 가지로 나눌 수 있다. 우선, 심장의 혈액을 순환시키는 기능은 우리가 지위 기능을 부여하는 것과는 상관없이 작동한다. 즉, 사람들의 실천적인 의도나 사람들의 행동과는 아무런 상관없이 심장은 독립적으로 작동하고 있다. 이러한 기능을 '비대리적 기능(nonagentive function)'이라 한다.

반면, 대리적 기능은 사용자의 지속적인 지위 기능 부여를 요구한다. 의자, 망치, 자동차, 집, 정부, 기업, 조직, 법 등은 사용자 또는 관련자들이 부여하는 기능을 수행한다. 즉, 이런 대상들이 어떤 기능을 수행할 것인지는 대상 자체가 아니라 이용자의 생각에 달려 있다. 사람들이 어떤 기능을 부여하느냐에 따라 하나의 의자는 책상이 될 수도 있고, 동시에 옷걸이가 될 수도 있으며, 무기가 될 수도 있고, 받침대가 될 수도 있다. 우리가 지향적으로 어떤 기능을 부여하는지에 따라 기능은 부여되고 결정된다.[7)]

대리적인 기능이 안정적으로 지속되기 위해서는 사용자들의 지향적인 기능 부여가 지속되어야 한다. 반면, 비대리적인 기능은 사람들의 인위적인 노력이 없이도 작동한다. 즉, 드라이버와 동전이 자신의 역할을 계속하려면 사람들이 계속 그렇게 사용해야만 한다. 그런데 심장은 우리가 전혀 관심을 기울이지 않아도 자신의 기능을 수행한다.

단지 '지위 기능 부여'라는 발생의 원리만을 기준으로 하면 물리적 대상과 사회적 대상은 모두 그것을 사용하는 사람들의 의도에 따라 기능이 결정된다. 그런데 드라이버가 드라이버로서의 기능을 부여받을 수 있는 물리적인 조건은 드라이버 자체가 가지고 있다. 그러나 언어와 문자, 법, 정부, 조직 등의 사회적 대상들은 다르다. 이런 사회적 실재들은 기능을 부여받을 수 있는 조건을 그 자체가 독자적으

---

7) 두 가지 기능이 완전히 구별되는 것은 아니다. 가령, 인공심장을 만들어 이식한다면, 이 심장은 인공적으로 부여한 기능을 수행한다.

로 가지고 있지 않다. 관련된 사람들이 함께 부여해야 한다. 서로 다른 생각과 가치를 가진 사람들이 함께 어떤 목표와 가치에 합의해야 하는 문제가 발생하고, 설사 공유의 가치를 목표로 하더라도 이를 위해 만들어진 제도는 언제든지 악용되고 남용될 수 있다는 감시비용의 문제를 수반한다.

지위 기능 부여가 항상 의식적으로 일어나는 것은 아니다. 오히려 많은 경우는 무의식적으로 이뤄진다(Searle, 1995: 21-22). 가령, 화폐에 대해 그와 같은 기능이 부여된 것은 어느 날 사회구성원들이 특정한 대상에 대해 그와 같은 기능을 부여하기로 하면서 발생한 것이 아니다. 오랜 시간과 시행착오를 거친 진화의 산물이다. 게다가 지금 돈을 이용해 물건을 사고 파는 사람들도 돈이라는 물리적 대상에 부가된 지위 기능의 논리적 구조까지 생각하며 이용하지는 않는다. 그러나 대리적 기능의 경우 사회구성원 중 누군가는 의식적으로든 무의식적으로든 이런 기능을 이해하고 있어야 한다. 그렇지 않다면 이런 기능은 부여될 수 없을 것이다. 어떤 사람은 돈에 대해 사람들의 의도와는 완전히 다른 기능(예: 땔감, 예술도구)을 부여할 수 있다. 이렇게 되면 돈은 대리적 기능을 상실하게 될 것이다.

2 집단지향성

1) 지향성

설은 외형적으로는 후설, 하이데거와 유사한 의미로 지향성 개념을 사용하고 있다. 하지만, 실제로 지향성의 의미를 분석한 내용을 보면, 현상학적이라기보다는 분석철학적이다. 후설과 하이데거의 연구처럼 우리의 의식이 주어진 감각 자료의 의미를 해석하고 구성하기 위해 어떻게 작동하고 있는지에 초점을 맞추고 있는 것이 아니다. 우리가 사고의 대상으로 삼고 있는 명제가 어떻게 의미를 얻으며 어떻게 세상에 관한 것이 될 수 있는지에 초점을 맞추고 있다. 즉, 상징에 불과한 언어가 갖는 의미를 주변 세계와 관련시켜 분석하는 데 지향성 연구의 초점을 맞추고 있다(존 R. 설, 2009; Searle, 2010).

설(존 R. 설, 2009: 19-36, Searle, 2010: 25)은 지향성(intentionality)이란 어떤 대상을 지향하거나 또는 어떤 것에 관한 것으로 작용하는 마음의 능력이라 정의하고 있다. 가령, 비가 오고 있다고 믿고 있고, 이자가 오를 것이라 염려하고 있으며, 영화를 보러 가기를 원하고 있다면, 각각은 하나의 지향적인 상태다. 즉, 어떤 것에 '관해' 믿고, 염려하고, 원하고 있는 것이다. 즉, 나의 의식이 믿고, 염려하고, 원하고 있다면 그것은 이미 어떤 대상에 대한 믿음, 염려, 소망이라는 것이다.

지향적 상태는 두 구성 부분으로 나눌 수 있다. 첫째는 의식의 상태이며, 둘째는 의식의 내용이다. 즉, 의식은 믿고, 두려워하고, 소망하는 등의 여러 가지 상태에 있을 수 있고, 이런 의식의 상태는 이런 의식적 활동의 내용을 가질 수 있다. 설은 다시 의식의 내용이 되는 것을 대상(objects)과 명제(propositions)로 분류한다. 즉, 우리는 어떤 대상, 즉, 사람, 나무, 자동차 등 대상에 대해 의식을 가질 수도 있다. 그뿐만 아니라 명제적인 내용에 대해서도 생각하고 고민하고 의심하고 추리할 수 있다. 예를 들어 "눈은 희다". "나무는 자란다"와 같은 명제들에 대해 생각할 수도 있다.

그런데 우리의 의식이 대상으로 삼고 있는 여러 가지 지향적인 의식들에 대해 설은 세계와 대비하면서 지향적인 의식과 세계가 서로 작용하고 관계하는 방식이 다르다는 점을 체계적으로 설명하고 있다. 예를 들면, 외부의 대상에 대해 우리가 지각한 내용(예: 눈은 희다)은 이의 사실 여부를 실제 대상 현상과 비교해 판단한다. 즉, 우리의 인식을 세상과 비교해 만일 우리가 생각한 내용과 실제의 상황이 다르다면 실제의 상황에 맞춰 나의 생각을 수정한다. 우리가 주변에 대해 기억하고 있는 내용들도 마찬가지다. 나의 기억을 실제 세계와 비교하고, 나의 기억을 세계에 맞춰 간다.

반면 소망은 다르다. 우리는 주변 상황에 대해 어떤 소망을 가질 수 있다. 자유로운 세계, 공정한 세계, 평등한 세계를 소망할 수 있다. 그런데 이런 소망은 이를 세상과 비교해 내 소망을 바꾸는 것이 아니라 나의 생각에 맞춰 세상을 바꾸고자 한다. 세상이 달라지는 것이 나의 생각과 세상이 일치를 이루는 방법이다(Searle, 2010: 38-39).

설의 지향성 역시 인간의 의식은 어떤 것에 '관한' 의식임을 의미한다는 점에서는 현상학자들의 생각과 유사하다. 그런데 이런 의식과 세계가 맺고 있는 방법에 관한 생각에서 설은 매우 다른 방식으로 설명하고 있다. 그런데 제도와 정책은 결국 우리의 소망을 실현하기 위해 어떤 제약이나 법적 수단을 동원해 사람들의 행동과 세상을 바꾸는 것을 목적으로 한다. 설의 지향성에 대한 설명이 제도의 존재론적인 설명을 가능하게 하는 것은 바로 이런 공통점 때문이다.

2) 집단지향성

제도란 우리의 의식의 능력과 생각에 의지해, 언어를 이용해 만들어진다. 그렇다면 무엇이 제도의 수립을 어렵게 하겠는가? 너무나도 뻔한 질문이 아닌가? 우리의 생각과 언어다. 제도 현상을 논의하면서 굳이 인간의 사고와 언어에 대해 논의해야 하는 것도 바로 이런 이유 때문이다. 이미 인간의 사고, 언어 자체가 상당한 약점을 가지고 있다면, 이런 약점에 대응할 수 있는 적절한 방법이 갖춰져야 한다. 그렇지 않다면 제도란 거래비용 문제를 해결하고 사회구성원 간의 협력을 가능하게 하는 수단이 아니라 오히려 사회구성원들을 갈등과 혼란의 수렁에 빠트릴 수도 있다. 왜 많은 사회가 어떤 질서에도 도달하지 못하고 내전과 극단적인 대립에 빠져 있는가? 간단히 말하면, 이미 사람들의 생각 자체가 너무나 다르기 때문이다. 바로 이 문제를 설은 집단지향성(collective intentionality) 개념에 의해 설명하고 있다.

제도란 사회구성원들이 함께 지위 기능을 부여함으로써 만들 수 있다. 우리가 함께 지위 기능을 부여한다는 것 이외에 다른 근거가 필요하지 않으며, 그래서 우리가 함께 합의만 한다면 제도는 자기 참조적으로 만들어진다. 그러나 자기 참조적인 제도 수립의 원리가 한편으로는 제도의 무한 창조를 가능하게 하지만, 많은 사회에서는 이런 일이 일어나지 못하게 방해한다.

서구 사회의 제도 역사를 돌이켜보면, 자치공동체, 기업조직, 학교, 교회 등 여러 가지 자생조직이 스스로 생성되고 발전되어 왔다(예: 토크빌, 베버, 파슨스, 노스, 설, 앤스콤, 블루어 등). 이런 제도들도 모두 집단적인 지위 기능 부여에 의해 만들어진 것이다. 어찌 보면 참 간단해 보인다. 그러나 그 밖의 사회를 보면, 서구형 자생 제도 또는 자신들의 현실에 맞는 건전한 정치·경제 제도들을 발전시키고 있는 사회들은 많지 않다. 왜 어렵겠는가? 집단지향성 문제의 해결이 지극히 어렵기 때문이다. 사회 제도는 자기 참조적인 존재론적 속성을 가지고 있으므로, 사회구성원들의 공통적인 지위 기능 부여에 의해 수립된다. 그런데 이를 가능하게 할 집단지향성의 형성이 쉽지 않다는 것이다.

집단지향성이란 말 그대로 사회구성원들이 공통적으로 특정 대상에게 어떤 지위와 기능을 부여하는 경향이나 또는 상대가 협력할 경우 자신도 협력하고자 하는 마음을 의미한다(Searle, 2010: 42-60). 설은 집단지향성에 의해 사회 제도가 수립되며, 집단지향성의 한계가 곧 부여할 수 있는 지위 기능의 한계라고 말한다(Searle, 2010: 47). 가령, 어떤 사회구성원들이 다 같이 어떤 조직의 설립에 대해 동의하고, 또한 그 조직의 운영에 정직하게 협력하기로 한다면 이런 범위 안에서만이 그 조직이 하나의 제도로서 작동할 수 있다는 것이다. 제도 연구자인 바인가스트(Weingast, 2002) 역시 제도란 거기에 참여하고 있는 사람들이 그 제도를 인정할 때, 그 제도의 원리를 존중할 의사가 있을 때 자기 집행적으로 작동한다고 말한다.

동시에 이렇게 사회적인 제도가 되려면 구성원, 참여자들 간에 신뢰가 수반되어야 한다고 말한다(Searle, 2010: 50-52). 예를 들면, 저 사람이 나와 듀엣을 연주할 수 있는 사람이라는 믿음이 없다면 듀엣을 연주하기 위해 나의 파트를 담당하려는 생각도 일어날 수 없다는 것이다. 또한 사람들이 어떤 믿음을 공유하고 있다면 집단지향성을 가지고 있다고 말하고 있다(Searle, 2003: 5). 좀 더 실천적으로 설명하자면, 집단지향성이란 상대가 자신의 역할을 성실히 수행할 것을 서로서로 믿고 기업의 경영인은 경영인으로서 역할에 성실하고, 근로자는 근로자로서의 역할을 성실히 수행하는 것을 의미한다. 공동체의 구성원들과 조직의 구성원들이 각자의 역할을 성실히 수행하는 것을 의미한다.[8] 거래비용 문제 역시 사회구성원들이 이런 믿음을 공유하고 있고, 서로에 대해 신뢰하고 있다면 해결된다.

그러나 퍼트남(Putnam, 1995), 후쿠야마(Fukuyama, 1993) 등의 연구에서 볼 수 있듯이 사회구성원들이 서로에 대해 이런 믿음을 형성하는 것은 결코 간단한 문제가 아니다. 이를 훼손하기는 매우 쉽고, 일단 무너지면 죄수의 딜레마와 같은 상황에 빠져 이런 관계 자원을 수립하는 것은 매우 어렵게 된다. 그렇다면, 관련 당사자들이 다 같이 정직하고 성실하게 협력하는 공통된 행동 방식이 어떻게 생성되고 발전될 수 있는가? 설이나 노스는 다른 제도 연구자들처럼 이 문제에 대해서는 답하지 않고 있다.[9]

---

8) 이 부분에서 설의 입장은 공유된 이념이나 신념(shared idea, shared belief system)을 강조하는 노스와 일치하고 있다(North, 1990, 2006).

9) 이 연구에서는 이와 관련된 문제들은 제6장 비공식 제도에서 다뤘다.

3 언어

1) 언어

언어 역시 제도의 수립에 필연적인 요소다. 언어가 없이는 인간 세계에 지금까지 존재한 적이 없는 새로운 사회적 실재를 창조할 수 없다. 언어는 법, 조직, 정부, 기업과 같은 사회적 실재들이 발생할 수 있는 재료와 동력을 제공한다. 그래서 언어에 대한 이해가 없이 사회적 실재의 발생을 온전히 설명하고 이해는 것은 불가능하다(Searle, 2010: 61). 언어는 있으나 정부는 없는 사회는 있을 수 있다. 그런데 정부와 재산권 제도는 있으나 언어는 없는 사회는 있을 수 없다. 이런 제도들은 언어에 의지해서만이 만들어질 수 있기 때문이다.

많은 사회학도와 철학자는 사회에 대해 이야기하면서 언어에 대한 이야기를 생략하고 있다. 언어를 주어진 것으로 다루거나 또는 인간을 언어를 사용하는 동물로 가정하고는 사회 현상에 대한 설명으로 진행한다(예: 아리스토텔레스, 뒤르켐, 베버, 짐멜, 하버마스, 푸코 등). 이미 언어에 대해 알고 있다는 점을 당연한 것으로 여기고 시작한다. 예를 들면, 사회계약 이론가들은 인간을 언어를 사용하는 피조물로 가정하고, 우리가 어떻게 자연 상황에서 사회계약을 맺을 수 있는가를 논의한다. 그런데 설은 우리가 공유의 언어를 가졌다면 이미 사회계약을 가진 것이라고 말한다. 만일 '자연 상태(state of nature)'가 어떤 인간 제도도 존재하지 않는 상황이라면, 언어를 말하는 인간에게는 이런 자연 상태란 없는 셈이다. 이미 공유의 언어를 통해 일정한 삶의 방식을 공유하고 있기 때문이다(Searle, 2010: 62-63).

언어가 제도의 일부분을 이루고 있으며, 모든 사회 제도는 논리-언어적인 작용에 의해 발생하고 존속할 수 있다는 점을 좀 더 구체적으로 생각해 보자. 언어와 제도 사이에 하향(下向, top-down)의 관계는 없다. 일단 언어가 있어야만 이에 기초해 제도를 만들 수 있다. 설의 설명을 간략이 요약하면 이렇다. 제도라는 것은 분명 본래부터 있던 것은 아니다. 그런데 아직 발생하지도 않은 것에 대해 있을 수 있는 것으로 생각하고 여기에 관해 이야기를 나눌 수 있고, 그래서 궁극적으로는 마치 아직 있지는 않지만 그와 같은 것이 있는 것처럼 이름을 붙이고 이를 따르게 되면 이와 같은 어떤 것들은 새롭게 창조될 수 있다. 바로 이와 같은 생각을 가능하게 하는 것이 언어다(Searle, 2010: 68-69). 언어로부터 제도가 성립되어 나오는 과정을 설은 크게 3단계로 나눠 설명하고 있다(Searle, 2010: 61-89). 첫째, 언어 자체가 발생해야 한다. 둘째, 언어로부터 사회적인 의무(예: 약속)가 성립되어 나올 수 있다. 셋째, 사회적 의무를 수립하는 원리에 근거해 사회 제도가 생성되어 나올 수 있다.

언어가 어떻게 제도 생성의 재료가 될 수 있는지를 이해하기 위해 먼저 언어 자체에 대해 생각해 보자. 설에 의하면 언어는 다음과 같은 세 가지 특징을 가지고 있다. 첫째, 어휘들은 구별성(discretness)을 가지고 있다. 문장은 어휘들로 구성되지만, 어휘들은 문장의 요소가 된 이후에도 자신의 정체성을 유지한다. 사과 반 개로도 애플파이를 만들 수 있지만, 절반의 단어들로 문장을 만들지는 못한다. 문장 속에서 재조합되어도 단어는 자신의 정체성을 유지한다. 둘째, 작문 가능성(compositionality)을 가지고 있다. 어휘들은 문장을 구성할 수 있다. 물론, 어떤 유형은 영어의 문장을 형성하지만 어떤 구문은 그렇지 않다. 셋째, 창조성(generativity)을 가지고 있다. 어휘의 수는 제한되어 있어도, 이를 이용해 만들 수 있는 문장은 무한하다.

이와 같은 어휘와 언어를 이용해 우리는 명제를 세울 수 있고, 명제를 이용해 주변 세계에 대해 서술할 수 있으며, 명제적 사고와 실제 세계의 관계에 대해 가설을 세우고 검증할 수도 있게 된다. 언어가 제도적 실제를 형성할 수 있는 근원이 되는 것은 언어의 표상(representation) 기능에 근거한다. 언어를 이용해 인간은 실재하지 않는 상황에 대해 표상할 수 있다(Searle, 2010: 69). 게다가 현실 자체를 조작할 수는 없어도 언어를 이용해서 서술된 사태는 언어적으로 얼마든지 조작을 가할 수 있다. 즉, 언어적으로 서술된 상황에 대해서는 얼마든지 추리하고 분석하고 인과를 해석하는 등의 사고 작용이 가능하다. 게다가 언어에서는 시제의 논의도 가능하다(Searle, 2010: 80). 가정하는 것이 가능하게 되고, 복잡한 상황에 대해 숫자적이고 개념적인 사고도 가능하게 된다. 이런 언어적 사고에 기초해 아직 주어져 있지는 않지만 바람직한 상태, 더 나은 상태, 더 행복한 상태에 대해 표상할 수 있게 되고 서술할 수 있게 된다.

2) 의무의 발생

언어는 이미 일정한 의무를 포함하고 있으며 또한 새로운 의무의 생성도 가능하게 한다(Searle, 2010: 80-84). 일상적인 상황에서 어떤 사람이 다른 사람에게 어떤 사실에 대해 말을 한다고 하자. 이런 상황에서 발언자는 이미 자신이 발언한 말의 내용에 대해 그것이 진실이라는 믿음을 배경으로 하고 있다. 굳이 "지금 비가 온다는 사실은 내가 진실로 말하는 것이다"라고 말하지 않는다. 그냥 "지금 비가 온다"고 말한다. 하지만 이런 발언에 대해 발언자는 이미 그것이 사실이라는 믿음을 가지고 있고, 게다가 이 말을 듣는 사람도 당연히 그가 진실을 말한 것으로 받아들인다. 즉, 이미 진실을 말해야 한다는 일정한 사회적인 의무를 실천하고 있다는 것이다. 대중들 앞에서 이런 말을 했다고 하자. 그렇다면 나는 다수의 사람에게 내 말의 진위에 대한 책임을 져야 하는 의무가 발생한다.

단지 어떤 사실적인 명제를 발언하는 경우뿐 아니라, 아직 발생하지 않는 어떤 상황에 대해 약속을 하는 경우에도 의무는 발생한다. 그런데 이런 의무 역시 언어에 근거해 가능하게 된다. 가령, 약속을 하는 경우를 생각해 보자. 약속을 하는 경우에는 크게 두 가지 의무가 발생한다. 첫째는 이미 한 약속을 번복하지 말아야 하는 것이며, 둘째는 약속을 지켜야 한다는 것이다. 만일 다수의 사람과 이런 약속을 했다면 돌이키는 것은 더 어렵고, 이를 준수해야 할 의무도 더 강하게 발생한다.

그런데 이때 발생하는 의무는 약속에 부과되는 것이 아니라 이미 약속에 내재되어 있다(Searle, 2010: 83). 지킬 의무를 배제하고는 약속을 설명할 수 없다. 이런 점에서 약속을 하는 것이나 명령을 하는 것은 단지 생각의 표현이 아니다.

이와 같이 약속을 하는 경우도 논리적 구조는 명제와 그것에 대한 만족 조건으로 구성되어 있다. '내일 만난다'는 명제와 이 명제가 담고 있는 내용이 실제로 충족되는 상황 간의 관계로 구성되어 있는 것이 약속이다. 즉, 언어적인 서술과 실제 세계와의 논리적인 관계 속에서 약속이 발생한다는 것이다. 이런 점에서 언어는 약속과 같은 의무가 발생할 수 있게 되는 근거가 된다.

이와 같은 약속의 존재 방식을 설은 자기 참조성(self-resferntiality)이라 말한다. 약속을 했다는 것이 약속이 하나의 지켜야 할 의무가 있는 약속에 되는 근거라는 것이다. 즉, 약속은 약속이라는 자신에게 근거하고 있다는 것이다. 언어에 의해 발생하는 의무와 이 의무의 자기참조성이 제도의 창조적인 생성을 가능하게 하는 근거다.

3) 제도: 의무의 연장물

이상과 같은 설명들은 모두 언어나 행동의 의미(만족 조건)에 대한 지향적인 인식에 의해 가능하게 된다. 즉, 어떤 약속을 한다는 것은 그 약속이 서술하고 있는 상황 조건이 만족되는 상황, 즉 그 약속이 실현되는 상황이 발생하도록 하겠다는 것을 약속하는 것이다. 만일 이와 같은 의무가 집단적으로 창조될 수 있다면 이와 같은 의무의 연장을 통해 사회적 실재를 창조할 수 있다(Searle, 2010: 84-86). 즉, 일단 어떤 상태에 대해 생각할 수 있는 능력을 가지게 되면, 이 표상이 현상의 일부를 이루는 실제의 상태를 창조할 수 있는 능력을 이미 가진 것이다. 가령, "그가 우리의 지도자다", "그녀는 나의 여자다", "이것은 나의 집이다"라는 생각을 가지게 되면, 우리는 이런 생각을 가지는 것 이상의 어떤 것을 할 수 있는 능력을 가질 수 있다. 즉, 의무론에 의해 사람들이 어떤 종류의 약속을 받아들이도록 함으로써 예전에는 존재하지 않던 권리, 의무를 창조할 수 있다.

이때 언어가 어떤 역할을 하는지 생각해 보자. 언어가 이런 제도를 창조하며, 이 제도의 일부를 형성한다. 우선 언어에 의해서만이 새로운 제도는 그와 같은 제도인 것으로 생각될 수 있다. 그런데 정부, 재산권, 결혼, 화폐, 대학, 칵테일 파티 등을 형성하고 있는 언어 역시 본질적으로는 언어다. 여기서 언어는 전통 철학이 강조해 왔던 것처럼 단지 서술하는 기능을 수행하는 것이 아니다. 언어가 제도를 창조하며, 제도의 일부를 형성한다. 즉, 서술할 뿐 아니라 창조하는 기능을 동시에 수행하고 있는 것이다. 언어를 이용해 대상이 본래부터 가지고 있지는 않던 어떤 지위나 기능을 창조한다.

언어의 작문가능성(compositionality)이 제도적 실재를 창조하는 데 특히 중요하다. 새로운 상태, 아직 존재하지 않는 상태에 대한 서술을 가능하게 하고, 이런 상태에 대해 사회구성원들이 생각을 나누고 생각을 공유할 수 있도록 도와준다. "이 사람은 나의 아내다"라는 선언은 단지 어떤 사실을 보고하는 이상의 역할을 한다. 다른 사람들이 이와 같은 사실을 받아들이도록 함으로써 예전에는 존재하지 않았던 부부 관계라는 제도적 실재가 창조될 수 있도록 한다.

독립선언과 같은 것을 생각해 보자(Searle, 1995: 118). 분명히 이와 같은 상태는 현재의 상태는 아니다. 그런데 영국의 지배를 받는 정착민들은 분명 이와 같은 새로운 상황에 대해 생각할 수 있었고, 소망을 가질 수 있었으며, 게다가 이런 생각을 공유할 수 있었다. 그리고는 어느 날 이런 상황이 발생한 것으로 선언하고 이러한 선언이 정당한 것으로 믿으면서 행동했고, 결국 이러한 선언 사항이 실제로 실현되도록 했다. 언어가 없는 상황에서는 이와 같은 복잡한 상황에 대해 서술하는 것도 어렵고 이해하는 것도 어렵다. 당연히 사람들이 함께 생각을 공유할 수 있는 방법도 없고, 힘을 모을 수 있는 방법도 존재하지 않는다. 이런 점에서 언어가 없이는 새로운 사고는 물론 새로운 제도의 창조 역시 불가능하다는 것이다.

그런데 이런 언어에 우리의 편견과 편향된 이념이 스며들고, 이런 상황에서 자신의 언어의 근원을 망각한다면 제도는 무엇이 되겠는가? 다수의 소망에 봉사할 가능성이 사라지게 될 것이다. 다수의 소망이 아니라 얼마든지 다수에게 횡포를 가하는 수단으로 전락할 수도 있는 것이 제도다.

4 제도의 구성 규칙

어떤 현상이 사회 제도적인 현상으로 탄생하게 되는 규칙은 'X는 C의 조건 하에서는 Y로 간주한다'는 것이다. 예를 들면, 이런저런 조건을 만족한 종이 인쇄물을 돈으로 간주하기로 함으로써 화폐 제도가 만들어진다는 것이다(Searle, 1995: 44-51). 우선 종이 인쇄물 자체만으로는 화폐가 되지 못한다. 또 '화폐'라는 어휘도 그 자체만으로는 화폐를 창조하고 기능하게 하지 못한다. 그래서 화폐가 제도로서 발생할 수 있으려면, 첫째, '돈'이라는 어휘가 종이 인쇄물이 당초 가지고 있지 않던 새로운 지위를 부여하고, 둘째, 집단적인 동의나 적어도 집단적인 수용이 이뤄져야 한다. 물리적인 특성만으로는 화폐의 기능이 보장되는 것이 아니므로, 부여된 기능의 정당성에 대해 지속적이고 집단적인 인정이 계속되어야 한다. 그렇지 않다면 부여된 기능을 수행할 수 없게 된다.

X라는 대상이 Y라는 지위를 부여받는 데 물리적인 인과 관계가 있는 것이 결코 아니다. 즉, 스크루 드라이버나 자동차는 그것이 정말 그런 대상이 될 수 있는지에 대해 존재론적인 의심이 필요하지 않다. 그런데, 화폐, 재산권, 결혼, 언어, 정부, 법

등의 현상은 다르다. 물리적인 속성이 제도로서의 기능을 결코 발생시키지 않는다. 집단 지향적인 지위 기능의 부여가 반드시 필요하다. 이런 이유로 집단적인 인정의 범위가 보장하는 만큼 제도는 제도로서 기능할 수 있게 되는 것이다.

그러나 제도의 생성을 가능하게 하는 집단지향성을 당사자들은 잘 인식하지 못할 수도 있다. 우선 어떤 문화에서 태어나서 사회구성원들이 이미 당연시하고 있는 전통들을 학습한다면 자신도 잘 모르는 사이 공통된 생각을 가질 수 있다. 그뿐만 아니라 어떤 생각이 사회적으로 점차 확산되어 많은 연구자가 공감하게 되었을 때에도 사회구성원들은 이를 잘 의식하지 못할 수도 있다. 가령, 미국의 역사에서 많은 사람은 미국의 헌법이 신이 준 영감의 산물이라고 생각해 왔다. 그러나 이런 생각이 굳이 인위적이고 의식적인 공감이라고 볼 필요는 없다(Searle, 1995: 47; 2010: 127-128).

설은 이와 같은 제도의 구성 규칙이 사회적 실재의 창조를 가능하게 하는 매우 강력한 엔진이라고 설명하고 있다(Searle, 1995: 51; 83-94). 언뜻 보기에는 달라 보이지만 실이 모두 동일한 구성 규칙에 의해 만들어졌다는 것이다. 예를 들면, 사람에게 지위를 부여하면 의장, 대통령, 시장, 아내, 성직자, 교수 등의 지위를 창조할 수 있다. 또 어떤 물리적 대상에 지위를 부여하면 화폐, 출생증명서, 운전면허증, 졸업증명서의 역할을 부여할 수 있다. 어떤 사건에 기능을 부여하면 선거, 결혼, 파티, 전쟁, 터치다운 등이 가능하다. 조직에 기능을 부여하면 기업, 정부, 교회, 학교, 병원, 법원 등의 조직을 만들 수 있다(Searle, 1995: 97). 대상에 따라서 조금 복잡해질 수는 있으나 이 모든 사회 현상은 동일한 구성 규칙에 의해 발생한다.

5 배경 능력

설은 제도의 생성을 가능하게 하는 요소의 하나로 배경 능력(background ability)을 제시하고 있다. 지향적인 믿음이나 소망은 해당 믿음이나 소망의 내용이 되는 명제적인 생각을 포함하고 있다. 이런 명제를 충족시킬 수 있는 조건은 실제 상황과 관련되어 있다. 이런 이유로 인간의 지향적인 생각과 세계는 서로 분리될 수 없는 관계로 얽히게 된다. 즉, "눈은 희다"는 생각이나 "세상이 좀 더 공정하면 좋겠다"는 소망은 둘 다 세상에 '관한' 생각이다. 이미 우리의 생각 이 세상과 불가분의 관계를 맺고 있는 것이다. 그런데 이런 지향적인 사고는 고립된 하나의 지향적인 생각으로 독립적으로 일어나지 않는다. 복잡한 다른 지향적인 의식의 영향을 받는다(Searle, 1995: 127-142; 2010: 31). 집단 지향적인 사고나 행동 방식 역시 배경적인 능력에 근거해서만이 만들어질 수 있다(Searle, 2010: 50). 사고 자체의 내용으로는 포함되어 있지 않는 배경적인 인간의 능력이 있어야 작동한다. 즉, 세계에 대해 지향적인 사고의 주체인 인간이 가지는 생각은 이를 가능하게 하는 인간의 능력에 의지해서만이 가능하다. 그런데 이런 배경 능력에 대한 설의 설명은 후설, 하이데거의 현상학적인 설명과 비트겐슈타인의 후기 철학에서 관찰할 수 있는 인간의 의식 능력에 대한 이해를 상당 부분 포함하고 있다. 즉, 이 책의 제4장과 제5장에서 다루고 있는 인간의 사고, 언어 및 행동 능력과 관련되어 있다.[10)]

예를 들어 생각해 보자. "샐리가 케이크를 자른다(Sally cut the cake)", "빌이 잔디를 자른다(Bill cut the grass)", 그리고 "재단사가 옷감을 자른다(The tailor cut the cloth)." 이 문장에서 우리는 동사 '자르다(cut)'를 아무런 문제 없이 이해할 수 있고, 이런 점에서 이 동사는 안정적인 의미를 가진다. 그런데 좀 더 구체적으로 생각해 보면, '자르다'라는 하나의 동사가 실제로는 매우 다른 의미를 갖는 진리 조건을 형성한다. 풀을 자르는 것과 케이크를 자르는 것, 그리고 옷감을 자르는 것은 각각 의미가 다르다. 그러나 문장의 해석에서는 아무런 문제도 생기지 않는다. 글자적인 의미는 동일하지만 우리는 각 문장에서 다르게 이해한다. 어떻게 하나의 동사를 이용해 매우 다른 상황에서 다른 의미의 행동을 서술하고 또한 이러한 서술을 이해하는 것이 가능한가? 설(Searle, 1995: 130-131)은 이런 이해를 가능하게 하는 우리의 능력을 배경 능력이라 설명하고 있다.

이런 배경 능력은 우리의 일상적인 언어 상황에 항상 작용하고 있다. 예를 들어,

10) 설은 배경적 능력에 대해 능력(abilities), 기질(dispositions), 경향(tendencies), 인과구조(causal structures) 등을 지적하고 있으며, 일종의 신경생리학적인 인과(neurophysiological causation)라고 설명하고 있다(Searle, 1995: 129). 이렇게 보면, 설은 배경 능력의 근거로 뇌과학, 신경생리학 등을 염두에 둔 것처럼 보인다. 그런데 실제 제시하고 있는 예들을 보면, 언어철학 및 현상학적인 설명에 가까워 보인다. 나열된 단어들을 단일성을 가진 문장으로 이해하는 것이나 방을 돌아보면 단지 음영의 색깔을 보는 것이 아니라 이미 책상과 침대를 본다는 설의 설명(Searle, 2010: 70)은 언어와 지각에 대한 현상학에서의 '숨겨진 의식'의 역할에 대한 설명과 다르지 않다.

"그녀는 그에게 그녀의 열쇠를 주었고, 그는 그 열쇠로 문을 열었다"는 문장을 생각해 보자. 이 문장만으로 이 문장이 의미하는 바를 모두 알 수 있는가? 결코 그렇지 않다. 어떤 문장을 구성하고 있는 어휘들의 문자적인 의미는 실제의 상황을 서술하기에는 매우 부족하다. 가령, 그녀는 무게 10kg짜리 도끼 모양의 열쇠를 그에게 주었고, 그는 이 열쇠로 그 문을 부수고 들어갔다는 해석을 차단할 수 있는 어떤 장벽도 이 문장 자체에는 들어 있지 않다. 그는 그 문과 열쇠를 삼키고 배 속에서 열쇠로 문을 열었다고 하더라도 이 문장의 의미와 충돌하지 않는다. 즉, 이 문장에 대해 여러 가지의 기이한 해석이 가능하다. 즉, 이 문장의 진리 조건을 만족시킬 수 있는 상황은 무한히 다양할 수 있다. 이런 해석을 차단하는 것은 이 문장 자체의 의미적인 내용이 아니다. 사람들은 세상에 대해 어떤 종류의 지식을 가지고 있고, 세상에 대응할 수 있는 일정한 능력들도 가지고 있다. 이런 지식과 능력이 엉뚱한 해석을 차단한다.[11] 그런데 엉뚱한 해석을 차단하는 이런 지식과 능력은 문장을 구성하고 있는 언어적인 의미 자체에는 포함되어 있지 않다.[12] 문장 자체의 대상이나 명제적인 내용에는 포함되어 있지 않으면서도 문장의 해석을 가능하게 하는 능력과 지식이 배경적인 능력이다.

시각적인 정보에 대한 지각 역시 마찬가지다. 가령, 단지 꾸불꾸불한 선분과 점의 집합에 불과할 수 있는 어떤 것을 '토끼', '오리' 또는 '토끼-오리'(이 책 163쪽 [그림 4-1] 참조)로 지각할 수 있는 것 역시 배경 지식과 능력에 의해서만이 가능하다고 설명하고 있다(Searle, 1995: 133).

설(Searle, 1995: 132-133)은 비트겐슈타인의 후기 철학은 자신이 설명하는 배경 능력은 관한 것이라고 지적하고 있다. 사실, 비트겐슈타인이 언어를 통해 보여주고 있는 것은 언어의 이면에 숨어 있으면서 언어라는 상징에 불과한 것을 통해 세상을 이해하고 세상을 서술하고 언어를 연장통의 연장처럼 일상의 삶의 도구로서 다양하게 이용할 수 있는 인간의 능력이다. 후설(Husserl, 2001) 역시 언어의 의

---

11) 설의 이와 같은 설명은 의식 주체가 이용할 수 있는 선지식이 해석의 가능성과 해석의 범위를 제약한다는 하이데거, 가다머(Hans-Georg Gadamer) 등의 해석 원리에 대한 설명과 유사하다. 법령은 언어적 구성물이다. 법령 자체의 내용만으로 결코 그것이 의미하고자 하는 바를 온전히 포함시킬 수 없다. 해석의 문제를 남길 수밖에 없고, 이런 해석에 대한 최종적인 판단은 법원에 의해 내려진다.

12) 문장의 이해를 방해하는 것은 문장의 의미 내용이 아니라 세상에 관한 지식과 세상에 대응할 수 있는 능력이다. 문장은 이런 것을 가지고 있지 않다. 문장의 의미적 비결정성에 대해 안정되고 일관된 의미와 해석을 가하는 것은 우리가 가지고 있는 배경 지식이다.

미가 부여되고 해석이 되는 원리와 지각의 원리에 대해 우리의 의식이 작용하는 방식에 근거해 설명하고 있다. 하이데거는 『존재와 시간』에서 일상의 삶을 살아가는 인간, 세계에 던져진 존재인 인간에게 있는 대상은 어떤 것인지에 대해 설명하고 있다. 이런 이유로 언어와 지각에 대한 설의 설명은 인간 의식과 언어의 작동 원리에 관한 이 책의 다른 장들에서의 논의와 상당 부분 중첩될 수밖에 없다.

하지만, 설은 철저히 분석철학적인 시각에서 언어의 문제에 접근하고 있기 때문에 후설, 하이데거, 메를로퐁티(Maurice Merleau-Ponty) 등의 인간 언어 및 행동에 대한 설명을 충분히 고려하고 있지는 않다. 그렇기 때문에 설은 자신의 배경 능력이 비트겐슈타인의 후기 철학에 근거하고 있다고 설명하고 있는 것으로 생각된다. 비트겐슈타인은 프레게(Gotltob Frege)와 더불어 분석철학의 사상적 토대다. 그런데 분석철학이 분석의 대상으로 삼고 있는 인간의 언어는 설 자신도 지적하고 있는 의식의 능력에 근거해 작동한다. 이런 인간 의식에 대한 설명이 현상학이다. 즉, 비트겐슈타인의 언어와 인간 심리에 대한 설명들은 인간 의식의 차원에서 설명하려면 결국 현상학의 인간 의식에 대한 설명에 의지해야 한다. 이 연구가 현상학과 언어철학에 기초해 인간과 언어를 다루고 있는 이유도 이 때문이다. 설의 설명 역시 직접 현상학을 언급하고 있지는 않다. 하지만, 설이 제시하고 있는 다음과 같은 배경 능력(Searle, 1995: 133-136)은 현상학의 설명과 대부분 중첩되고 있다.

우선, 배경 능력은 기호에 불과한 언어에 대한 해석을 가능하게 하고, 또한 대상에 대한 지각적인 이해를 가능하게 한다. 배경 능력은 의식을 구조화한다. 모든 지각은 하나의 부분적인 측면에 대한 지각이다. 이런 측면적인 지각은 친밀성에 근거해 어떤 대상에 대한 지각으로 구성될 수 있다. 초현실주의 화가들의 작품을 어떤 대상에 대한 그림으로 볼 수 있게 하는 것 역시 지각이다.[13] 배경 능력은 특정 대상에 대한 단편적인 지각뿐 아니라 삶의 문제 또는 삶의 사건에 대해 마치 일종의 드라마와도 같은 현상의 전체적인 전개 과정 차원에서의 이해를 가능하게 한다. 일상의 상호작용, 일상의 사회적 삶이 어떻게 이뤄지며, 사랑이 무엇이고 결혼해 가족을 부양한다는 것은 무엇인지에 대해 어떤 기대를 가질 수 있게 하는 것도

13) 이런 설명은 후설(Husserl, 2001)의 단면적 지각에 근거한 의식의 구성 능력에 대한 설명과 사실상 동일하다. 친밀성이 인간의 의식과 맺는 신비로운 관계는 하이데거(Heidegger, 1962)의 인간과 도구의 관계에 비춰 이해할 수 있다.

배경 능력이다. 어떤 소망을 가지고, 이를 추구할 수 있는 동기 부여 성향도 배경 능력이다. 인간은 현실에 대한 이해에 근거해 아직 발생하지 않는 상황, 아직은 전혀 존재하지도 않는 상황에 대해서도 소망을 가지며, 또 이런 소망을 추구할 수 있는 방법을 추구할 수도 있다. 어떤 일에 대해서는 잘 준비된 상황을 유지할 수 있게 하고, 일정한 행동의 성향을 갖추도록 하기도 한다.

6 제도의 생성과 진화

우리는 제도적 실재의 바다에서 살고 있다. 마치, 바다 속에 살고 있는 물고기가 물의 존재를 의식하기 어렵듯이 이 제도들은 우리의 눈에 잘 보이지 않는다. 특히 제도는 언어에 의해 만들어졌지만, 언어의 기능을 감지하는 것은 더 어렵다. 갑자기 다른 사회에 던져지면 낯선 제도들이 좀 더 분명하게 보인다. 하지만, 자신이 자라온 세계에서 일상의 삶을 살아가고 있는 사람들은 자신들이 살아가고 있는 제도의 바다를 오히려 온전히 이해하기 어렵다. 너무나 익숙해서 특별한 관심을 기울이지 않고도 그럭저럭 대응하며 살아갈 수 있기 때문이다. 매우 일상적인 친구 관계에서부터 거대한 다국적 기업과 정부조직까지 언어와 지위 기능 부여, 지향성에 근거해 만들어진 것들은 모두 제도다. 설은 다음과 같은 예들을 제시하고 있다(Searle, 2010: 91-92).

- 정부 제도: 법, 군대, 경찰, 행정관, 재판관
- 스포츠 제도: 대한축구협회, 아마추어야구팀, 지역스포츠클럽
- 특정 목적 제도: 병원, 학교, 대학, 사업자단체, 식당, 극장, 교회
- 경제 제도: 기업, 중개인, 부동산 중개인, 동업자
- 일반 목적 제도: 화폐, 사유재산, 결혼, 정부
- 비구조적 비공식적 제도: 친구 관계, 가족, 연인 관계, 정당
- 자체가 제도는 아니지만 제도를 포함하고 있는 것들: 과학, 종교,[14] 여가활동, 문학, 성생활, 식사

14) 종교 자체는 제도가 아니지만, 가톨릭교회는 제도이며, 과학은 제도가 아니지만 국가과학재단은 제도다.

- 제도는 아니지만 제도를 포함하고 있는 전문 활동: 법조계(law), 의료업(medicine), 학문세계(academia), 극단(theater), 목공작업, 소매업

기업과 같은 복잡한 조직도 동일한 방법으로 만들어진다. 특정한 조건을 갖춘 어떤 사람들의 조직에 대해 기업이라고 하는 특별한 지위를 부여함으로써 만들어진다. 또 기업을 구성하고 있는 사람들 역시 사장, 이사, 주주, 감사, 투자자, 채권자, 근로자, 부장, 과장, 직원 등의 특별한 지위와 역할을 부여받음으로써 창조된다(Searle, 2010: 98). 정부 역시 마찬가지다. 크고 거대한 조직이지만, 국민들이 선거와 투표라는 특별한 절차를 통해 어떤 사람들과 어떤 조직들에 대해 특별한 지위와 역할, 권한, 책임을 부여함으로써 만들어진다.

이와 같은 방법으로 만들어지기 때문에 사람들이 이런 조직과 제도에 대해 어떤 지위와 역할을 부여하는지, 즉 지위 기능 부여에 참여하고 있는 사람들이 가지고 있는 공통된 생각과 기대, 즉 집단지향성이 이런 제도들의 생성과 진화를 결정하는 근거와 경계로 작용한다(Searle, 2010: 103-104). 이런 이유로 어떤 제도가 안정적으로 존속할 수 있으려면 이의 발생과 작동을 가능하게 하는 언어들이 안정적으로 지속되고 사용되고 있어야 한다. 언어가 약화되고 사람들의 생각이 흐려지면 제도 현상 역시 힘과 정체성이 약화될 수밖에 없다.

제 4 절 설 제도철학의 평가

1 제도 연구에의 기여

1) 제도경제학적 제도의 존재론적 해명

설의 연구는 제도의 발생 원리를 설명해 준다는 점에서 주요한 의미를 가진다. 노스의 제도는 거래비용 문제와 관련된 제도의 성과에 초점을 두는 연구다. 공식 제도이든 비공식 제도이든 그것이 제도가 되는 이유는 인간의 행동에 대해 제약을

가해 궁극적으로는 거래비용의 해소에 도움을 주기 때문이다. 노스는 어디까지나 공식 제도에서 발생하는 제도의 성과가 관심의 초점이다(North, 1990, 2006). 이런 제도들이 실제로 어떻게 존재할 수 있게 되는지에 상당한 관심을 기울이기는 하지만 설의 설명처럼 근원적인 설명을 제공하지는 않고 있다.

노스는 경제사학자다. 왜 어떤 사회가 잘 사는지에 대해 답하고자 한다. 노스에 의하면 제도가 발전한 사회다. 이때 제도란 거래 관계에서 발생할 수 있는 정보비용, 감시비용 즉 거래비용을 줄여주어 잠재적인 거래의 기회가 최대한 실현되도록 돕는 역할을 하는 것들이다. 노스의 공식 제도와 비공식 제도는 모두 이런 역할을 하는 것들이다. 물론 노스 역시 이런 제도들은 사회구성원들에 의해 창조되어야 한다는 점을 분명히 한다(더글러스 C. 노스, 1996: 15). 또 이러한 제도의 성립을 위해 비공식 제도가 중요하다는 점도 분명히 하고 있다(더글러스 C. 노스, 1996: 64-79). 그러나 이러한 공식 제도 및 비공식 제도가 인간의 의식과 어떤 관계를 맺고 있는지에 대해서는 설명하지 않고 있다.

설의 연구가 의미 있는 것은 노스가 답하지 않고 있는 공식 제도의 발생 원리에 대해 인간의 의식이라고 하는 누구나 인정할 수 있는 근거에 기초해 설명하고 있기 때문이다. 설, 앤스콤, 블루어, 비트겐슈타인 등은 철학자들이다. 사회세계에 무엇이 존재하며, 어떻게 그런 것이 존재할 수 있게 되는지를 알고 싶어하는 사람들이다. 그래서 노스가 법과 제도를 중시하는 것은 거래비용을 줄여주는 역할을 하기 때문이지만, 설, 앤스콤, 비트겐슈타인 등에게 제도란 본래는 사회세계에 없던 것이 인간이 가지고 있는 의식 능력, 즉 지향성, 지위 기능 부여 능력에 의해 사회적 실재로서 만들어지고 사회구성원들의 삶에 영향을 미칠 수 있게 되는 것들이 제도다.

그런데 어떤 경우이든 자연 상태에서는 없던 것이 사회세계에는 존재한다고 하면 이는 인간의 의식에 의해 창조된 것일 수밖에 없다는 점에서 노스가 말하는 공식 제도들도 결국 설 등이 말하는 인간 의식의 창조물들에 의지해 만들어질 수밖에 없게 된다. 또 설이 지위 기능의 부여에 의해 만들어진 것으로 보는 제도들도 이런 것이 인간의 행동에 제약 요인으로 작용할 수 있다는 측면에서 보면 노스적인 의미의 제도가 될 수도 있다. 어떤 것이든 거래비용과 관련시켜 접근하면 노스적인 의미의 제도가 되고, 그것이 인간의 의식에 기원해 생성되는 측면에 초점을 두면 설 등의 제도라 할 수 있겠다.

그런데 설적인 제도를 만드는 데도, 노스적인 거래비용은 영향을 미친다. 예를 들면, 법과 정부는 단지 수립의 원리만을 따진다면, 설을 통해 설명할 수 있다. 그런데 이런 제도를 만드는 데 따르는 위험은 노스의 거래비용에 의해 설명할 수 있다. 즉, 설의 설명에 의하면 제도들은 지위 기능의 부여에 의해 매우 쉽게 만들 수 있을 것처럼 보인다. 그런데 막상 대기업 조직이나 민주주의와 같은 거래비용이 상당한 제도를 발전시키는 사회들은 많지 않다. 이에 관해 설은 집단지향성 조건을 제시한다. 그러나 이런 제도를 만드는 데는 거래비용이라고 하는 정보비용과 감시비용이 소요되기 때문에 이론적으로는 얼마든지 만들 수 있을 것 같지만 현실적으로는 제도들이 잘 만들어지지 않는 문제가 발생하고 있다. 이에 관해서는 설도 지위 기능의 부여에서 발생하는 감시비용이 제도의 수립에서 중요한 장애 요인이 될 수 있음을 지적하고 있다. 어떤 사람에게 특정한 지위 기능을 부여한다는 것은 사실은 그에게 어떤 권한이나 재량권을 부여하는 것이며(Searle, 2003; 2010: 94, 102), 이러한 권한은 언제든지 남용될 위험이 있다는 것이다(Searle, 1995: 48).

2) 모든 사회 제도의 공통된 발생 원리 제시

모든 사회 제도는 지위 기능 부여라는 논리-언어적인 원리를 중복적으로 적용함으로써 발생한다(Searle, 2010: 62-63). 논리란 어떤 서술이 진실이 되는 원리 또는 방법을 설명하는 것을 목적으로 한다. 즉, 어떤 생각이 어떻게 진리가 될 수 있는지, 즉 어떤 생각이나 서술이 어떤 조건을 만족시키면 진실이 되는지를 설명하고자 하는 것이 논리다. 세상에 대해 우리는 이런저런 생각을 할 수 있다. 그렇다면 이런 생각들이 진리임을 어떻게 설명할 수 있는가? 이미 존재하는 세상에 관한 지식은 그 지식을 세상과 비교해 검증할 수 있다. 반면, 아직 존재하지 않는 세상에 관한 서술은 그런 세상이 아직은 없지만 언젠가 실현 가능하게 된다면 그것은 진리가 된다. 이것이 세계와 세계에 관한 언어가 맺고 있는 논리적인 관계다.

이와 같은 논리적인 사고의 매체를 이루고 있는 것이 언어다. 이 언어를 매개로 해서 우리는 이미 일어나고 있는 세상일들에 대해 생각하고 분석할 수 있다. 그뿐만 아니라 아직 존재하지 않는 세계, 아직 발생하지 않은 일, 아직 이뤄지지 않는 상태에 대해서도 서술하고, 기대하고, 소망할 수 있다. 이런 원리에 기초해 지금까지는 존재하지 않던 어떤 지위나 기능을 사람에게도 부여할 수 있고, 사물에도 부여할 수 있으며, 심지어는 기호와 상징에도 부여할 수 있다.

이런 의식의 능력과 언어의 상징, 매개, 표상 기능에 의지해 약속을 정할 수 있고, 이런 약속을 연장하면 규약을 만들 수 있다. 심지어는 다국적 기업이나 정부와 같은 대규모 조직도 이런 원리에 근거해 만들 수 있다. 병원, 대학, 스포츠클럽, 교회, 봉사단체, 부부, 재산권, 투표권, 정당 등 인간에 의해 창조된 모든 것은 실은 이와 같은 구성 법칙에 의해 만들어진 것들이다. '어떤 대상에게 그것이 본래부터 가지고 있지는 않던 어떤 기능, 지위, 권한, 역할, 책임, 의무 등을 부여한다'는 하나의 공통된 원리에 의해 이런 모든 제도는 만들어진다.

세상은 복잡해 보인다. 더구나 각종의 사회과학을 공부하다 보면, 세상은 우리가 이론적으로 이해하기는 힘들 정도로 복잡해 보인다. 그러나 사람들은 그럭저럭 적응해서 살아가며, 게다가 사회과학적인 지식이 형성되기 전에 민주주의도 발전시키고, 자본주의도 이룩해 왔다. 대학, 교회, 기업, 정당, 자치공동체, 국가, 정부, 군대, 경찰 수많은 종류의 조직이 자생적으로 발전해 왔다. 분명 서로 다른 기능을 수행하고 있고, 각 조직이 생성되는 공식적인 과정에서도 적지 않은 차이가 있다. 그런데 기본 원리는 동일하다. 이미 사회구성원들이 사람들과 세계에 대해 가지고 있는 지식에 기초해 어떤 사람들에게 예전에는 없는 지위와 권한을 주는 방식으로 이 모든 제도를 만들었다.

만일 창조되는 원리가 유사하다면 이런 제도들의 안정적인 발전과 작동을 방해하는 요소들도 분명 유사점이 있을 것으로 예상해 볼 수 있다. 동일한 방식으로 발생되었다면 동일한 요인이 공통의 장애 요인으로 작용할 수밖에 없다는 것이다. 이에 대해 설이 제시하는 해답은 집단지향성이다. 공통의 목적을 위해 서로 협력하려는 의지가 있는지, 상대방의 협력을 신뢰하면서 각자가 자신에게 주어진 기능을 성실히 수행할 수 있는지가 제도의 수립과 진화를 결정짓는 요인으로 작용할 것이라는 점이다.

3) 마음과 언어, 인간의 중요성 제기

설의 연구는 제도의 수립에서 인간의 마음과 언어가 수행하는 역할을 분명하게 보여주고 있다. 마음에 의지하지 않고 언어에 의지하지 않고서는 제도가 발생할 수 없다는 것이다. 설의 관심은 제도가 존재하는 원리, 즉 제도의 발생이다. 그래서 인간의 마음이 가지고 있는 지향적인 의식 능력에 근거해 어떤 대상에게 그것이 본래 가지고 있지 않던 지위, 기능, 역할, 의미 등을 부여함으로써 조직, 정부, 법, 언어와 같은 사회적 실재들이 존재하게 된다는 점에 관심을 기울인다. 이러한 설의 접근은 제도란 인간의 마음의 능력에 의지하고 있는 지향성 상대적이고 주관 상대적이며 인식 상대적인 생성물이라는 것을 분명하게 보여준다.

왜 제도 환상에 빠지게 되는가? 제도를 마치 어떤 독립된 실체인 것처럼 다루기 때문이다. 마치 자동차처럼 만들어만 놓으면 그것이 본래 설계된 대로 작동할 것으로 오해하기 때문이다. 마치 사회구성원들에게 어떤 상황에서도 성공적으로 작동할 수 있는 독립된 수단을 제공하는 것처럼 착각하기 때문이다. 그런데 설은 제도란 철저하게 인간의 생각에 의존해서만이 존재하고 작동한다는 점을 분명하게 보여준다. 제도설계자의 기대나 제도 자체의 특성에 의해 제도가 무엇이 될 것인지가 결코 결정되지 않는다. 아무리 선한 목적으로 만든 제도도 그것이 진정으로 그런 도구가 될 것인지는 제도 자체가 아니라 그 제도를 운영하고 이용하는 사람들의 생각에 의지한다는 점을 설은 분명하게 설명해 주고 있다.

설의 연구는 제도 연구가 인간의 마음, 사고, 언어 등을 연구하는 철학, 심리학, 언어학 등의 연구들과 뗄 수 없는 관계에 있다는 점을 보여준다는 점에서도 의미가 있다. 많은 사회과학도는 인간과 사회를 연구한다고 하면서 실제 인간의 인간됨을 가장 핵심적으로 규정하는 인간의 사고와 언어 문제에는 상대적으로 무관심하다. 과학적인 방법에 집중한 나머지 본래 자신들이 연구해야 할 인간에 대한 이해 자체는 관심에서 멀어져 있다. 인간에 대한 이해에는 무지한 상황에서는 소위 '수박 겉핥기'식의 학문에 그치기 쉽다. 사회세계와 인간 현상의 근원에 접근할 수 없기 때문이다.

설의 연구는 인간의 의식이 주변 세계를 이용하는 데 매우 독특하고 탁월한 능력을 가지고 있음을 보여준다는 점에서도 의미가 있다. 대상 현상이 전혀 가지고 있지 않던 지위 기능을 부여할 수 있는 능력, 상징에 불과한 것을 언어로 이용할 수 있는 능력, 언어를 이용해 행동을 할 수 있는 능력은 이미 인간 자신이 자신의 주변 세계에 대해 상당한 이해력을 가지고 있고 대응력을 가지고 있음을 보여준다. 자기 스스로 언어적으로 세계를 이해하고 서술하고, 사람들에 대해 이해하고 대응하면서, 이런 자신들의 이해에 근거해 스스로 약속을 하고 제도를 만들 능력을 가지고 있음을 보여준다. 즉, 어떤 사회에서 제도가 잘 발전하지 않는 것은 단지 사람들이 제도를 만드는 데 무능력하기 때문이 아니라는 점을 보여준다. 그럼에도 불구하고 당사자가 아닌 제3자가 제도를 만들어 사람들에게 준수를 요구하는 것은 사람들이 자신이 가지고 있는 정신의 능력을 이용해 자기 스스로 판단하고 대응하며 살아갈 수 있는 기회 자체를 차단할 위험을 항상 내재한다.

설의 설명은 제도의 정당성의 근원에 대해서도 분명한 기준을 제공한다. 즉, 제도의 수립은 어떤 사람에게 다른 사람의 자유와 권리를 제한할 수 있는 특권적인 지위나 권력을 주는 것을 핵심으로 한다. 이런 제도가 정당화될 수 있으려면 그 제도로 인해 자신의 자유와 권리의 제약을 받게 될 사람들의 동의가 있어야 한다. 사람들이 어떤 제도의 수립에 대해 함께 인정하고 동의한다는 것은 이런 의미다. 제도로 인해 발생하게 될 정보비용, 감시비용, 순응비용 등의 부담에도 불구하고 그러한 제도의 수립에 동의한다는 것이다. 사람들이 제도의 수립에 동의하고 공감하고 있지 않다면 제도의 수립을 서둘러서는 안 된다. 이미 제도의 정당성을 주장할 수 있는 근거를 상실하고 있기 때문이다.

2 설 제도철학의 한계

1) 인간 의식과 언어의 한계 문제에 대한 인식과 해법 부재

설의 주된 관심은 마음과 언어에 대한 연구에 기초해 제도의 발생을 설명하는 것이다. 설의 연구는 인간의 몸과 마음, 인간과 주변 세계, 인간의 생각과 주변 세계를 분리시켜 생각하는 이원론적인 전통 철학이 실제 인간의 사고가 작동하는 원리나 인간이 주변 세계에 대응하고 살아가는 원리와 합치되지 않을 가능성이 크다는 철학적인 문제 의식을 배경으로 하고 있다(Searle, 2007: 1-5). 그래서 설은 인간의 생각이나 언어는 이미 그 속에 주변 세계를 생각의 내용으로 또는 언어의 의미의 준거로 담고 있다는 점을 강조한다. 인간의 마음과 세계는 전통 철학의 입장에서처럼 분리되어 있는 것이 아니다. 인간은 자신의 생각과 언어 속에 이미 주변 세계를 담고 있다. 이처럼 이미 주변 세계를 담고 있는 인간의 지향적인 인식과 언어에 기초해 제도가 발생하기 때문에 제도는 인간이 주변 세계를 이해하고 대응할 수 있도록 도와주는 기능을 할 수 있게 되는 것이다.

그런데 설의 연구는 인간의 마음과 언어를 분석의 대상으로 삼고 있지만, 인간의 지향적인 의식이나 언어가 가지고 있는 문제점에 대해서는 설명하지 않고 있다. 제도가 인간의 마음의 능력과 언어에 의지해 발생한다면 인간의 마음이 가지고 있는 약점이나 언어가 가지고 있는 문제점은 제도의 수립에 상당한 영향을 미칠 수밖에 없다. 왜 많은 사회에서 제도의 수립에 상당한 어려움을 겪고 있는가? 사회구성원들의 생각과 언어가 제도를 가능하게 할 수도 있지만, 반대로 오히려 걸림돌로 작용하고 있을 가능성도 예상해 볼 수 있다. 그렇다면, 제도의 발생과 진화를 좀 더 총체적으로 설명하려면 인간의 마음과 언어가 작동하는 방식이 어떤 문제를 가지고 있을 가능성도 검토해야 한다. 설의 설명처럼 단지 제도의 발생을 가능하게 하는 원리의 차원에서 마음과 언어를 다루는 것에 그쳐서는 안 된다. 이렇게 되면 제도의 발생과 작동에서 마음과 언어의 역할이 필연적이라는 점은 잘 설명한다. 하지만 왜 어떤 사회에서는 제도가 잘 수립되고 발생하지 않는지에 대한 문제를 설명하는 데는 어려움이 있다.

설이 제도의 수립을 가능하게 하는 조건으로 강조하는 지향적인 의식의 능력과 언어 및 언어행위 능력은 사실상 모든 사람과 모든 사회공동체가 가지고 있다. 그런데 왜 어떤 사회는 제도를 발전시킬 수 있었고, 다른 사회는 그렇지 못했는가? 이 물음에 답하려면 인간의 의식과 언어가 이런 차이의 원인이 되었을 가능성에 대해서도 반드시 검토가 이뤄져야 한다. 그런데 설은 이 점에 관해서는 침묵하고 있다. 물론 설의 주장처럼 집단지향성이 제도의 수립에 핵심적 요소라는 점에는 공감할 수 있다. 설사 그렇다고 하더라도 인간의 의식과 언어의 한계로 인해 집단지향성의 형성이 쉽지 않을 수도 있다.

설의 이론이 이런 한계를 갖는 것은 설이 지향성과 언어에 대해 접근하는 시각에서 기원한다. 설이 인간의 의식과 언어에 접근하는 시각은 분석철학적이다. 즉, 언어의 의미의 근원을 분석적으로 탐구하는 방식을 택하고 있다. 즉, 어떤 명제가 진실이 되거나 거짓이 되는 이유를 그 명제의 의미의 근원이 되는 주변 세계의 현실과 비교해 답을 찾는 방식으로 의미의 근원을 탐구하고 있다. 그래서 실제로 의미를 구성해 내는 역할을 하는 인간의 의식이 작동하는 방식에 대해서는 후설이나 하이데거에서 발견할 수 있는 것과 같은 섬세하고 정밀한 서술 대신에 주어진 감각 자료와 지각된 의미 간의 차이를 서술해서 의식의 성취를 설명하는 방식을 주로 취하고 있다. 즉, 설은 언어의 작동에서 인간의 의식이 수행하는 역할보다는 언어 또는 언어적인 서술이 의미를 갖기 위해서는 주변 세계와 어떤 관계를 가져야 하는지를 설명하는 데 주된 노력을 기울이고 있다. 그래서 인간의 의식과 언어가 가지는 약점을 해명할 수 있을 만큼 인간의 의식과 언어 자체를 깊이 파고들지는 않고 있다. 후설이 강조하는 편견적 이해의 위험이나 슈츠가 주장하는 언어가 가지고 있는 구체성 오류의 위험, 하이데거가 주장하는 언어에 의한 현실 왜곡 위험 등의 문제들에 대한 논의는 이뤄지지 않고 있다.

2) 언어의 의미 문제

설의 언어 연구는 언어의 의미 부여와 관련된 문제점들을 규명하는 데도 어려움이 있다. 이미 설명한 바와 같이 설의 언어에 대한 관심은 주로 제도의 발생에서 언어가 수행하는 기능과 관련되어 있다. 제도의 수립에서 언어는 필연적이다. 아직 사회세계에 존재하지 않는 어떤 사회적 실재에 대해 생각하고, 논의하고, 합의하며, 또 이런 대상이 실제로 있는 현상이 되도록 하기 위해서는 합의와 실천의 매개가 되는 언어가 반드시 필요하다. 이처럼 제도를 만드는 과정에서 사용되는 언어의 의미는 사람들이 지향적인 의식의 능력을 이용해 현재의 제도에 대해 어떤 점을 생각하고 논의하거나 또는 아직 존재하지 않는 제도적 상태에 대해 그와 같은 상태를 실현하는 방법으로 의미가 형성된다(Searle, 2009: 238).

이 때 언어의 의미는 다음과 같은 방법으로 형성된다(존 R. 설, 2009: 24-40). 우선 지향적인 우리의 의식은 ① '무엇', '어떤 것'에 관해 ② 생각하고, 상상하고, 소망하고, 염려하고, 두려워하는 등의 의식의 상태를 가질 수 있다. 이때 생각하고 상상하고 소망하는 등은 의식의 심리적인 양상이며, '무엇' 또는 '어떤 것'은 심리적 양상의 내용을 구성한다. 이런 지향적인 상태에 대해 어떤 언어적인 서술이 이뤄졌다고 하자. 이렇게 되면 이때 이뤄진 언어적 서술은 내가 가지고 있는 지향적인 의식의 상태로부터 의미를 부여받는다. 지향적인 상태를 언어적으로 서술한 것이기 때문이다. 그런데 이때 나의 의식이 지향적인 의식 상태의 내용으로 포함하고 있는 '무엇' 또는 '어떤 것', 소위 '표상'은 주변 세계에 관한 것일 수도 있고, 어떤 사람에 관한 것일 수도 있으며, 어떤 추상적인 상태에 관한 것일 수도 있고, 어떤 종교적인 대상에 관한 것일 수도 있다. 심지어는 전혀 존재하지 않는 대상에 대해서도 지향적인 상태에 있을 수 있다. 우리의 의식과 언어, 그리고 세계가 이와 같이 관련되어 있다면, 언어의 의미는 첫째, '무엇' 또는 '어떤 것'을 다양한 의식 상태의 방법으로 인지하고 생각할 수 있는 인간의 지향적인 의식작용에 의지하며, 둘째, 실제로 어떤 의미를 가질 것인지는 우리의 의식이 의식 상태의 대상으로 삼고 있는 '무엇' 또는 '어떤 것'에 의해 결정된다. 그래서 만일 사회구성원들이 아직 존재하지 않는 어떤 '제도적 상태'에 대해 함께 생각하고 논의하고 합의하고 약속하면, 하나의 새로운 제도도 만들 수 있게 되고, 그 제도가 수행할 역할이 어떤 의미를 가질 것인지에 대해서도 함께 만들 수 있게 된다.

설이 여기서 강조하는 것은 지향적인 상태도 언어처럼 논리적 속성을 가진다는 것이다. 즉, '지금 눈이 오고 있다'는 날씨에 대한 나의 믿음은 그것이 실제 세상과 일치하면 진실이 된다. 만일 밖을 보니 실제로는 눈이 오고 있지 않다면 나는 나의 믿음을 바꿀 것이다. 방 안에 있는 가구들을 옮겨서 재배치하고자 하는 의도를 가지고 있다고 하자. 이런 생각을 가지게 되면 나는 내 생각에 따라 실제로 가구를 재배치하는 행동을 할 수 있고, 그래서 내 방을 새롭게 단장할 수도 있다. 즉, 어떤 사람이 가지는 지향적인 의식 상태는 주변 세계와 어떤 논리적인 관계를 맺을 수 있다. 이런 논리적인 관계에 의지해 사람들은 자신의 생각에 따라 주변 세계를 바꿀 수도 있고, 법·정책·정부·언어·결혼 등의 사회적 실재들도 만들 수 있게 된다.

이처럼 설이 언어의 의미 문제를 다루는 방법은 기호에 해당하는 언어와 의미의 근원이 되는 어떤 것이 맺고 있는 관계보다는 인간의 지향적인 의식이 주변 세계와 관계를 맺는 방법과 지향적인 의식이 언어에 의미를 부여하는 의식작용을 중심으로 이뤄진다. 그래서 언어의 의미 문제만을 집중적으로 분석할 때와는 차이를 보인다. 의미 문제는 간단하게 말하면 기호에 불과한 언어와 그 언어에 의해 표현되는 의미 간의 관계에 관한 것이다. 가령 우리가 어떤 어휘나 문장으로 어떤 것을 의미할 때, 그것이 의미하고 있는 내용이 어디에서 오는지에 관한 것이 의미의 문제다. 예를 들면, 지시의 대상으로부터 의미를 얻는다고 할 수 있는지, 이렇게 지시체를 지시하는 방법으로 의미를 얻는다고 할 때 논리적으로 어떤 문제가 발생하지는 않는지, 지시적인 방법이 아니라 다른 방법으로 의미를 얻고 있는 경우에는 어떻게 의미를 얻게 되는지, 어떤 상황이나 사건으로부터 어떤 특징적인 측면을 선택하고 해석해서 구성하는 방식으로 의미를 얻는 것은 아닌지, 또는 관련된 수많은 배경적인 언어로부터 의미를 얻는 것은 아닌지 등의 문제를 다루는 것이 의미론이다.

설의 연구는 언어의 의미 문제 자체를 분석하기보다는 지향성이라고 하는 인간 의식의 작동 원리에 대한 자신의 이해에 기초해 인간이 주변 세계와 관계하는 방식, 다양한 사회 제도의 세계를 수립하는 방식을 설명하는 것에 집중되어 있다. 물론 언어행위와 언어의 의미에 관해서도 이와 같은 제도철학적인 연구의 일부분으로 다루고 있다(예: 존 R. 설, 2009: 24-35, 229-254, Searle, 2010: 61-80). 그래서 제도의 수립에서 언어가 수행하는 역할에 대해서는 상당한 설명을 제공한다. 하지만 후설, 프레게, 비트겐슈타인, 소쉬르(Ferdinand de Saussure), 하이데거 등의 연구에서 볼 수 있는 것처럼 언어의 의미를 형성하는 과정에서 발생할 수 있는 인식론적 문제에까지 접근하지는 못하고 있다.

제도의 수립 과정에서 발생할 수 있는 언어적 문제를 규명하기 위해서는 언어의 형성 과정에서 발생할 수 있는 인식론적 문제를 좀 더 극명하게 드러낼 수 있어야 한다. 이를 위해서는 의미 문제를 좀 더 깊이있게 해명할 수 있는 언어철학의 연구를 참고해야 한다.

3) 집단지향성의 생성 원리에 대한 설명의 부재

설은 제도의 생성과 진화에서 결정적인 요인으로 작용하는 집단지향성의 기원에 대해서도 설명하지 않고 있다. 집단지향성이 어떻게 생성되어 어떻게 개인의 마음에 내재화될 수 있는지, 어떤 방식으로 사람들의 생각과 행동에 영향을 미칠 수 있는지에 대해서는 구체적인 설명을 제시하고 있지는 않다. 따라서 집단지향성의 부재로 제도의 발전에 어려움을 겪고 있는 사회에게 실천적인 도움을 주기는 어렵다. 집단지향성은 '처음 요인'이 아니라 사회적 형성물이다. 그렇다면 왜 어떤 사회에서는 제도 친화적인 집단지향성이 형성될 수 있었는지에 대한 설명이 있어야 한다. 또 이 과정에서 인간 의식의 약점이나 언어적 약점이 어떻게 해결될 수 있었는지에 대한 설명도 이뤄져야 할 것이다. 하지만 설은 이런 점에 대해서는 설명하지 않고 있다.

집단지향성은 마음, 언어와 더불어 제도 발생의 가장 핵심적 요소다. 집단지향성이 제도가 발생하고 진화할 수 있는 경계를 설정한다(Searle, 2010: 47). 제도란 관련된 사람들의 집단적인 인식에 근거한다. 그렇다면 사람들의 집단적인 인식에 의해 제도의 생성과 진화가 결정되는 것은 당연한 논리적 결과다. 그런데 집단지향성은 개인의 지향성처럼 자연 상태의 개인, 자연 상태에서의 사회가 본래부터 가지고 있던 어떤 능력이나 자산은 아니다. 집단지향성은 하나의 사회적인 실재로서 사회 내에서 형성되어야 한다. 그렇다면 제도를 온전히 설명하려면 집단지향성이라는 것은 도대체 어떻게 형성되고 어떻게 작용하는 것인지에 대한 설명이 있어야 한다. 그런데 바로 이 점에 대해서는 설명을 하지 않고 있다. 설은 제도의 수립을 위해서는 서로에게 협력하려는 의지와 이런 의지가 기원할 수 있는 서로에 대한 최소한의 믿음이 필요하다고 말한다(Searle, 2010: 50-52). 그러나 이런 믿음의 기원 자체는 설이 설명하지 않는다.

앞서 살펴본 바와 같이, 제도경제학은 비공식 제도를 강조하면서도 비공식 제도의 발생과 작용 원리에 대해 구체적인 설명을 제공하지 않고 있다. 설의 제도철학은 인간의 의식의 능력이라는 '처음 능력'에 근거해 제도의 발생을 설명한다는 점에서는 분명 제도경제학의 설명을 넘어서고 있다. 그런데 아직 그 근원이 명확하게 설명되지 않는 집단지향성이라는 개념을 포함하고 있다. 설의 연구가 제도에 대한 온전한 연구가 되려면, 인간의 의식의 능력에 기초해 집단지향성이 생성되고 작용하는 원리까지도 설명할 수 있어야 한다.

제도철학이 후설과 하이데거 등의 현상학과 비트겐슈타인 등의 언어철학의 도움을 받아야 하는 것도 바로 이 부분이다. 언어와 같은 공유의 의미를 가지는 집단적인 현상이 인간의 의식의 능력에 의지해 발생하고 작동하는 원리에 대한 설명이 이뤄져야 하기 때문이다. 사회구성원들이 공통으로 가지는 집단적인 지향성이 사람들의 의식의 능력과 일상적인 삶의 방식으로부터 생성되어 나오는 원리에 대한 설명이 이뤄져야 하기 때문이다.

비트겐슈타인과 하이데거는 언어의 역할뿐 아니라 언어가 가지는 한계점과 약점에 대해서도 많은 설명을 제시하고 있다. 언어는 제도를 만드는 데 필연적이다. 그런데 이 언어 자체가 이미 세상을 특정한 관점에서 보게 하고, 특정한 부분을 두

드러지게 하며, 특정한 부분을 전체로부터 고립시켜 그 현상이 가지는 의미를 왜곡할 수 있다(Braver, 2012). 만일 이런 언어에 근거해 제도를 만들면 이런 제도는 한편으로는 사람들의 삶을 제약하는 수단이 되지만, 엄밀히 말하면 세상에 관한 본래의 모습에 근거한 공정한 제도가 되지는 못한다. 언어 자체가 이런 문제를 초래할 위험이 있다는 것이다. 즉, 언어는 제도의 수립을 가능하게도 하지만, 동시에 언어 자신의 한계로 인해 이미 세상 본래의 모습과는 충돌할 위험을 동시에 내포하고 있다는 것이다. 언어적으로 보면 화려한 성(城)과 같은 제도를 발전시키고 있으면서도, 실제 사람들의 삶은 초라한 오두막살이와 같은 상황에 처하는 일이 발생하는 것은 이런 이유 때문이다. 언어 자체가 이미 세상의 실상을 온전히 서술하는 데는 상당한 한계를 태생적으로 가지고 있기 때문이다.

4) 제도 수립의 현실적 갈등 외면

설은 제도의 수립을 놓고 발생하고 있는 현실적인 정치적 갈등이나 사회적 혼란에 대해서도 직접적으로 다루지는 않고 있다. 심지어 설의 설명에 따르면 짐짓 제도란 쉽게 만들 수 있을 것 같은 생각에 빠져들 수도 있다. 간단히 말하면, 언어를 이용해 어떤 대상이나 사람이 처음부터 가지고 있지 않던 지위나 기능을 사회구성원들이 함께 부여하기만 하면 제도는 만들 수 있다. 어찌 보면 참 쉽고 간단해 보인다. 그런데 실제 상황을 보면, 제도를 성공적으로 만들고 있는 사회보다는 오히려 제도의 수립을 놓고 사회구성원들이 심각한 혼란에 직면해 있는 사회가 더 많은 것 같다. 많은 사회가 특정인에게 특정한 정치적 역할을 부여하는 정치 제도의 수립을 놓고 심각한 혼란을 겪고 있다. 어떤 사회들은 정부와 같은 공적인 조직의 수립을 놓고도 국민들이 서로 편을 나눠 내전을 치르는 일이 종종 일어나고 있다. 한국 사회도 정책의 수립에 관해 여러 가지 갈등이 발생하고 있다. 여당과 야당이 사사건건 충돌하고 있고, 사회구성원들도 사실상 모든 정책에서 이견을 노출하고 있다. 대기업의 대주주에게 어떤 권한을 부여할 것인지에 대해 사회구성원들이 서로 생각을 달리하며 충돌하고 있다. 큰 권력이든 작은 권력이든 권력을 가진 사람들이 권력의 행사를 놓고 공과 사를 제대로 구별하지 못하는 일이 끊임없이 일어나고 있다. 설의 설명처럼 집단지향성에 근거해 무난하게 제도를 만드는 경우가 오히려 드물다.

그렇다면 왜 어떤 제도에 대해 사회구성원들이 생각을 공유하는 것이 쉽지 않겠는가? 그런데 바로 이 문제에 대해 설은 설명하지 않고 있다. 이런 갈등이 인간의 인식과 언어에서 기원하는 인식론적인 갈등일 가능성을 설이 제대로 감지하지 못했기 때문인지는 불확실하다. 하지만, 분석철학적으로 지향적 의식과 언어, 세계 간의 관계를 분석하면서 인간의 의식과 언어의 작동 원리에 대한 시각에서 일정한 한계를 가지고 있었고, 이런 이유로 인해 사회적 갈등이 인간 인식의 약점에서 기원할 가능성을 다루기에는 어려움이 있었을 것으로 짐작해 볼 수 있다.

제 4 장

제도와 인간 의식: 현상학적 접근

제 1 절 제도 연구와 현상학

제도 연구자가 왜 현상학을 알아야 하는가? 왜 사회과학의 이슈를 다루면서 철학적인 고민을 함께 하고자 하는가? 제도 연구자들은 이렇게 생각하기 쉽다. 제도 연구자가 제도를 연구하면 될 것이지 왜 철학적인 문제를 이해해야 하는가? 이미 사회 현상에 대한 과학적인 이론의 수립을 가능하게 하는 과학적인 방법론이 잘 발전되어 있지 않는가? 믿을 만한 연구의 방법이 있고, 또 분명한 연구의 대상이 있다면, 얼마든지 사회 현상에 관한 과학적인 지식의 획득이 가능하지 않는가?

사회 연구자들이 사회과학에 대해 가지기 쉬운 낙관적인 인식론은 후설의 설명을 빌리면 일종의 자기망각(self-forgetfulness)의 산물이다(Husserl, 2001: 5). 자신이 사용하고 있는 개념이 어떻게 의미를 획득하고 있는지를 제대로 알지 못하고 있으며, 자신이 개념과 이론을 획득하는 과정에서 그러한 개념과 이론의 정당성을 충분히 검증하지 않았다는 점을 망각하기 쉽기 때문에 마치 자신이 과학을 하고 있는 것 같은 착각에 빠지는 것이다. 제도경제학과 제도철학을 검토하면서 지적했던 한계를 생각해 보면 금방 알 수 있다. 물론, 이들 연구는 사회 현상과 제도 현상의 이해에 상당한 설명을 제공하고 있다. 이런 사실을 부인하고자 하는 것이 아니다. 그런데 이렇게 얻은 지식이 제도 현상에 대해 온전한 설명을 제공하고 있으며, 또한 제도 현상에 대해 의심할 수 없는 근거에 기초해 설명을 제공하고 있다고 할 수 있는가? 분명히 그렇지는 못하다. 제도경제학도 나름의 약점을 가지고 있고, 제도철학 역시 여전히 설명을 제시하지 못하고 있는 부분이 있다. 분명히 이와 같은 약점과 한계점을 가지고 있음에도 불구하고 제도경제학만으로 또는 제도철학만으로 제도 현상을 온전히 설명할 수 있고, 이렇게 얻은 지식이 진리라고 생각하게 되면 일종의 '자기망각'에 빠지는 것이다.

현상학이 어떤 학문인지 한마디로 말하기는 어렵다. 그럼에도 굳이 설명을 한다면, 현상학은 인간 의식의 작동 방식에 관한 탐구다. 좀 더 구체적으로 설명하면 인간의 의식이 어떤 방식으로 작동하기에 생각하고 인식하는 것이 가능하고, 언어가 의미를 얻는 것이 가능한지에 관한 연구다. 인간의 의식과 언어의 작동 방식을 탐구하기 때문에, 인간의 의식과 언어가 가지고 있는 약점과 문제점에 대해서도 상당한 설명을 제공하고 있는 것이 현상학이다.

설에 따르면 모든 제도는 인간의 마음의 능력에 기초해 만들어지고 작동하고 진화한다. 제도의 발생과 작동을 가능하게 하는 원리를 이해하려면 이를 가능하게 하는 인간의 사고가 어떻게 작동하는지 알아야 한다. 그런데 인간의 의식과 언어가 작동하는 원리에 대해 현상학은 설의 연구에서는 해답을 얻기 어려운 인식과 언어의 문제에 대해 상당한 설명을 제공한다. 현상학의 연구에 따르면, 인간의 의식 능력은 제도의 창조를 가능하게 하기도 하지만, 그 과정에서 상당한 문제를 초래할 수도 있다. 심지어 상당한 문제를 초래하고 있음에도 우리는 그 문제를 전혀 눈치채지 못할 수도 있다. 만일 정말 인간의 의식이 이처럼 한편으로는 제도를 가능하게 하지만 다른 한편으로는 상당한 약점이 있어서 제도의 수립과 운영에 상당한 문제를 초래할 수도 있다면 인간의 의식에 무지한 제도는 인간에게 봉사한다는 본래의 목적을 달성하는 데 상당한 위험을 내포하게 된다(사공영호, 2014a).

제도를 만들고 운영하는 과정에서 제도 연구자는 물론 이 과정에 참여하는 정치인, 관료, 이익집단, 시민단체 등 누구든지 자신의 주장을 제시하고 정당화하기 위해 의지할 수밖에 없는 것이 인간의 사고와 언어다. 하지만, 우리의 의식이 작동하는 방식이 우리가 주장하는 바를 충분히 정당화할 수 있을 정도로 그렇게 공정하고 올바른 방식으로 작동하고 있는지에 대해 반성하는 경우는 드물다. 만일 우리의 의식이 편견적으로 작동하기 쉽고, 허구적으로 작동할 수도 있으며, 사실보다는 이념에 쉽게 영향을 받기 쉬운 방식으로 작동할 수도 있다면 정책을 통해 문제를 해결하고 정책을 통해 어떤 목표를 달성하고자 하는 우리의 노력 역시 편견적이고 허구적이며 이념적일 수 있게 된다.

일상의 삶에서 우리의 의식이 실제로 잘 작동하고 있는지에 대해 의문을 제기하는 경우는 드물다. 왜냐하면, 일상의 삶을 살아갈 때 우리의 의식은 그럭저럭 잘 작동하고 있는 것처럼 보이기 때문이다. 게다가 우리의 의식이 실제 작동하는 모습은 우리 자신에게서 숨겨져 있다. 우리 자신의 의식이 작동하는 방식을 돌이켜 반성하기가 쉽지 않다. 예를 들면 이런 것이다. 나는 눈을 통해 세상을 본다. 그렇지만 내가 해부학적인 지식을 공부하기 이전에는 나의 눈이 실제로 어떻게 작동하는지 알지 못한다. 나도 모르는 사이 나의 눈과 나의 뇌는 자신들이 경험한 결과를 나에게 이미 보여주기 때문이다. 내가 일상에서 필요한 것도 내가 눈으로 본 시각자료의 의미이며, 눈 자체는 정상적으로 작동만 하고 있다면 문제될 것이 없다. 우리는 이미 상대의 말을 알아듣고 상대의 행동의 의미를 이해할 수 있다. 나의 의식은 이미 이처럼 자신이 해석한 결과를 나에게 보여준다. 만일 이처럼 나의 의식이 그럭저럭 잘 작동하는 것이 우리의 일상이라면 내가 굳이 나의 의식이 작동하는 원리에까지 관심을 기울일 필요는 없을 것이다.

그런데 나의 생각과 언어, 나의 이론과 지식에 의지해 제도를 만드는 경우는 다르다. 제도에 관여하고 있는 사람들이 잘못된 판단을 하게 되면 그 책임은 국민 전체에 돌아간다. 국민 전체의 자유와 권리에 제약을 가할 수도 있고, 상당한 경제적 · 행정적 비용을 동반하기도 한다. 정책 과정에서 심각한 정치적 갈등을 초래하는 원인이 될 수도 있다. 문제를 해결하고자 내린 결정이 문제를 더 꼬이게 만들 수도 있다. 정책 과정에서 발생하고 있는 이런 여러 가지 문제가 단지 정책 자체의 문제가 아니라 이 과정에서 수많은 해석을 하고 선택을 하고 판단을 내리는 우리의 사고 방식에서 비롯될 수도 있다.

예를 들면, 인간의 인지를 연구하는 심리학자들은 인간 자체가 이미 편견적인 존재라고 설명하고 있다. 이들에 의하면 편견을 갖는 것이 개인의 자기 정체성을 형성하는 데 필연적이다(Plous, 2003; Mills & Polanowski, 1997: 11-12). 즉, 주변 세계에 대해 나만의 신념이나 나만의 믿음이 없다면 도대체 그 사람을 그 사람이 되게 하는 것은 무엇이겠는가 하는 것이다. 즉, 사회구성원 개인의 입장에서 보면, 그가 어떤 편견을 갖는 것은 그 사람이 다른 사람과 구별되게 하고 그 사람이 다른 사람으로부터 인정받고 존경받는 근거가 될 수도 있다는 것이다. 그런데 이런 편견이 정책이 되면 어떻게 되겠는가? 개인의 생각의 자유를 침해하고 행동의 자유를 침해하게 될 것이다. 즉, 우리가 잘 반성해 돌이켜보지 않는 우리의 의식의 작동 방식 속에 제도의 수립과 운영에 상당한 혼란을 초래할 수 있는 요인이 숨겨져 있을 수 있다는 것이다.

이 장의 목적은 현상학의 일부 내용에 관해 논의하되, 이를 제도 연구자의 입장에서 논의하는 것이다. 제도경제학과 제도철학에서 의문을 제기하면서도 제대로 된 해답을 제공하지 못했던 문제들에 대해 현상학적인 관점에서 해답을 찾아보는 것이 목적이다. 이를 위해 인간의 의식이 작동하는 원리 자체를 검토하고, 이어서 인간의 의식이 가지고 있는 여러 가지 인식론적인 약점에 대해 논의하고자 한다.

제 2 절 살아서 작동하지만 숨어 있는 인간 의식

1 의식의 성취로서 경험: 선험적 의식의 영역[1)2)]

인간의 의식을 좀 더 구체적으로 검토하기 위해 먼저 숨겨진 채 작동하고 있어서 우리가 잘 인식하기가 어려운 의식 영역, 즉 후설(Husserl, 2001)이 말하는 소위

1) 이 부분의 논의 내용은 사공영호(2014a, 2014b)의 내용을 참고해 수정·보완한 것이다.
2) 노벨 경제학상을 받은 카너먼(Kahneman, 2011)은 인간의 생각을 크게 '빠른(fast)' 생각과 '느린(slow)' 생각으로 구별한다. 우리는 2+2의 답을 즉시 알 수 있고, 대화할 때 상대의 말을 즉시 알아들을 수 있으

'선험적(transcendental) 의식'의 역할을 드러내어 보도록 하자. 사실 우리가 주변 세계를 경험하고 지각하는 과정에는 우리가 잘 인식하지 못하는 의식의 작동이 숨겨져 있다. 우리는 주변 세계의 대상이나 다른 사람들의 말과 행동을 이미 '어떤 것' 또는 '무엇으로' 경험한다. 즉, 보는 즉시 저것은 나무, 저것은 자동차, 저것은 집, 저것은 강아지인 것으로 경험한다. 또 상대방이 하는 말을 듣는 순간 이미 그것이 무슨 말인지 알아듣고 대답한다. 그러나 우리가 시각 또는 시청각으로 주어진 자료들을 이미 '무엇'인 것으로 인식하는 데는 우리 의식의 성취가 숨겨져 있다. 바로 이 영역이 후설이 일생을 통해 탐구하고자 했던 선험적인 영역이다. 우리가 어떤 대상을 '무엇으로' 또는 '어떤 것으로' 경험할 때, 이런 경험의 이면에는 이런 인식과 경험을 가능하게 하는 우리의 의식의 역할이 숨어 있으며, 이미 작동하고 있고, 이런 의식의 역할과 성취에 의지해서만이 주어진 자료의 의미를 이해할 수 있다는 것이다.

눈으로 주어진 시각정보를 먼저 생각해 보자. 자동차를 보았다고 하자. 그런데 나의 망막에 비친 자동차와 내가 지각하는 자동차 간에는 매우 큰 차이가 있다. 우선 크기가 전혀 다르다. 망막에 비친 상(像)에서 자동차의 크기는 아무리 커도 망막보다 클 수는 없다. 그렇지만 우리는 최소한 사람이 여러 명 탈 수 있는 크기의 실제 자동차의 크기로 지각한다. 내 망막에 비친 자동차는 3차원의 자동차가 아니다. 망막 자체가 평면이기 때문이다. 그렇지만 우리는 자동차를 평면그림으로 인식하지도 않는다. 입체물로 지각한다. 내 망막에 비친 자동차는 자동차의 한 부분일 뿐이다. 그렇지만 눈에 보이지 않는 부분이 전혀 없다고 생각하지도 않는다. 옆으로 돌아가면 다른 면이 보일 것으로 당연히 생각한다. 내 망막에 비친 자동차는 아래위가 뒤집어져 있다. 동공의 수정체가 볼록렌즈로 되어 있어서 수정체를 통과하면서 빛의 방향이 중심부로 꺾이기 때문이다. 그렇지만 우리는 자동차가 뒤집어져 있다고 생각하지 않는다. 경험이 의식의 성취라는 것은 바로 이런 의미다. 망막에 주어진 시각 자료의 실제 모습과 내가 지각으로 경험하는 모습 사이에는 매우 큰

며, 친구를 보면 그가 누구인지도 즉시 알 수 있다. 핸들을 잡으면 의식적인 노력이 없이도 바로 운전할 수 있다. 이런 생각을 '빠른' 생각이라 부르고, 인간 사고의 대부분은 이런 것들로 이뤄져 있다고 설명한다. 반면 중국과 일본의 관계와 같은 문제를 생각할 때는 여러 가지 복잡한 생각이 들며 의도적인 노력을 기울여야 하고 사고는 천천히 진행된다. 카너먼의 인간 사고에 대한 설명은 후설, 하이데거, 드라이퍼스(Herbert L. Dreyfus) 등의 설명과 상당 부분 겹쳐 있다.

차이가 있다. 이것을 가능하게 하는 것이 의식이기 때문에 경험은 의식의 성취라는 것이다. 우리에게 자동적으로 거저 주어지는 것이 경험이 아니라는 것이다. 주어진 대상을 사진을 찍듯이 그대로 담아내어 인식하는 것이 의식이 아니다. 부분적, 파편적으로 주어진 시각 자료에 기초해 그 자료 자체에는 결코 주어져 있다고 볼 수 없는 모습을 지각할 때 우리의 경험은 발생하고, 이런 경험이 가능하도록 하는 것이 바로 우리의 의식이라는 점에서 경험은 의식의 성취인 것이다(Husserl, 2001: 6).[4)]

일상적으로 어떤 생각이나 말을 하고 행동을 할 때도 마찬가지다. 이 속에는 이미 이런 경험을 생생하게 살아 있게 만드는 우리의 의식이 작동하고 있다. 계단을 내려간다고 생각해 보자. 내 다리의 근육을 내가 의식적으로 통제해 계단을 내려가려고 하면 나의 움직임은 어떻게 되는가? 마치 프랑켄슈타인처럼 어기적거리는 모양이 될 것이다(Braver, 2012: 24). 그렇다면 나는 이 계단을 어떻게 별 생각도 없이 너무나도 자연스럽게 걸을 수 있게 되는가? 이 경우에도 자동차에 대한 지각에서처럼 시각에 주어진 정보 자체는 입체영상이 아니다. 2차원으로 주어진 시각 자료를 입체의 계단으로 해석해 내야 한다. 어린 아이가 성장하면서 배우는 것은 이런 것이다. 아이의 눈에 주어지는 계단의 영상 자료는 2차원의 평면 영상이다. 다만, 여러 가지의 선과 음영 자료들이 함께 주어져 있을 뿐이다. 이 자료 자체에는 3차원의 계단이 없다. 무엇인가 평면과는 분명히 다른 양상의 시각 자료가 주어져 있을 뿐이다. 이 자료의 3차원적인 의미, 공간적이고 입체적인 의미는 시각 자료 자체에는 적어도 주어져 있지 않다. 3차원적인 의미는 내가 공간적인 의미를 확인하는 다른 자료를 동원해 해석해 내야만 한다. 이 과정에 개입하는 것이 나의 몸이다. 신체의 동작이다. 만져보고 걸어보면서 몸으로 시각 자료를 경험해 보는 것이다. 아이들이 난생 처음 계단을 접할 때를 생각해 보면 알 수 있다. 처음에는 결코 익숙하고 자연스럽게 계단을 이용하지 못한다. 정말 프랑켄슈타인처럼 어기적거리고 걸려 넘어지기도 한다. 자신에게 주어진 시각 자료의 3차원적 의미를 아직

4) 후설은 이와 같은 '의식의 숨겨진 성취(hidden achievement of consciousness)'를 다루는 것을 선험학문 또는 현상학이라고 말하고 있다(Husserl, 2001: 6, 77; Heritage. 1984: 87). 바로 이 문제가 후설이 평생에 걸쳐 궁극적으로 탐구하고자 했던 우리의 의식에 대상이 주어지는 방식과 의식과 대상 간의 선험적인 상호 관계의 문제다(Welton, 2003: 9). 이에 기초해 다른 모든 증거와 원칙들이 발생하므로 '증거에 대한 증거(evidence for evidence)', '모든 원칙의 원칙(principle of all principles)'이라 칭하고 있다(Welton, 2003: 10).

알지 못하기 때문이다. 그런데 이런 시각 자료를 반복적으로 경험하면서 시각정보의 공간적인 의미를 해석하고 대응하는 데 익숙해지면 아이는 의식적인 노력이 없이 계단을 자연스럽게 이용한다. 그런데 이런 공간 이용이 가능한 것은 어디까지나 의식의 성취다. 나의 몸과 마음의 반복되는 경험 속에서 너무나 익숙해졌기 때문에 더 이상 의식적인 노력을 기울이지 않고도 거의 무의식적으로 시각정보를 해석하고 대응할 수 있는 단계에 도달한 것이다. 나의 의식은 2차원으로 주어진 시각자료를 내가 요구하기도 전에 자동적으로 해석하고 나의 몸도 내가 의식적으로 요구하기도 전에 이미 익숙하게 대응하고 있을 뿐이다. 즉, 선험적인 영역에서 작동하고 있는 나의 의식의 역할이 없다면 이와 같은 방법으로 시각정보에 대응할 수 없다.

대화를 할 때도 마찬가지다. 우리는 어휘의 의미를 일일이 회상하고 생각하면서 어휘를 사용하고, 언어의 문법을 생각하면서 말을 하지 않는다. 그럼에도 불구하고 별 문제 없이 주변 사람들과 대화를 하고 함께 살아간다. 그러나 엄밀히 말하면 언어나 글자는 기호다. 여기에 우리가 의미를 부여하지 않으면 결코 살아 있는 언어가 되지 못한다. 즉, 우리가 말을 하는 것 자체가 의식의 성취다. 기호에 불과한 것에 의미를 부여해야 하고, 전후의 상황과 상대방의 의도를 고려해 이 말의 의미를 해석해야 한다(Husserl, 2001: 13-18). 앵무새와 인간이 다른 것은 말을 할 때 그 속에 의미 부여를 하는 행동을 하고, 이런 의미 부여에 의해 언어가 의미를 실현할 수 있게 한다는 점이다(Husserl, 2001: 14). 말을 하는 것 역시 의식의 성취다 (Farber, 1962: 226-227).[5)]

2 '숨어서 작동하는' 선험적 의식

숨겨져 있지만 그렇지만 나도 모르는 사이 부지런히 작동하고 있는 선험적 의식에 대해 좀 더 깊이 있게 생각해 보자. 먼저 자동차의 예를 다시 생각해 보자. 어떻

5) 파버(Marvin Farber)는 후설의 언어에 대한 분석을 설명하면서 언어에는 의미 부여 행동(meaning-endowing act)과 의미 실현 행동(meaning-fulfilling act)이 포함되어 있다고 설명하고 있다. 의미가 부여되고 이 의미가 언어에 의해 실제로 실현되지 않는다면 언어는 언어로서의 기능을 상실하게 될 것이다.

게 망막에 비친 자동차의 모습은 망막만한 크기에 2차원 영상이며 전면만 주어져 있고 뒤집어진 상임에도 불구하고 내가 지각한 자동차의 모습은 3차원 입체물에 당연히 뒷면도 가지고 있고 실제 크기만한 크기에 땅에 바로 선 자동차의 모습을 하고 있는가? 아주 간단히 말하면 나의 의식이 내가 요구하지 않아도 자신이 경험했던 자동차에 대한 경험을 동원해 시각에 주어진 정보를 해석하고 이렇게 해석한 결과를 나에게 보여주기 때문이다. 의식의 작동이 숨겨져 있다는 것은 의식이 침전해 가지고 있는 경험적인 지식들을 스스로 동원해 주어진 감각 자료를 해석하는 의식의 활동을 우리는 지각하지 못한다는 의미다.

숨어서 작동하는 의식의 성취를 좀 더 분명히 드러내기 위해 후설이 설명하고 있는 예를 다뤄 보자(Husserl, 2001: 39-43). 하나의 테이블을 바라보고 있다고 생각하자. 우리가 바라볼 수 있는 테이블의 모습은 항상 하나의 측면이다. 사실 이렇게 주어지는 측면들의 모양은 무한하다. 너무나 다양한 모습으로 이 테이블은 우리의 망막에 비칠 수 있다. 전체를 한꺼번에 보는 것은 물리적으로 불가능하다. 그래서 항상 눈에 비친 모습은 부분적 측면이다. 그렇다면, 우리의 눈에 비치지 않고 있는 테이블의 측면들은 우리의 의식에서 완전히 배제된 상황에 있는 것인가? 꼭 그렇지는 않다. 우리는 테이블을 이렇게 돌리면 어떻게 될 것이고, 저렇게 돌리면 어떻게 될 것인지 예측할 수 있다. 내가 어디로 움직이면 테이블은 어떻게 보일 것이며 내 머리를 어떻게 돌리면 어떻게 보일지도 예상할 수 있다. 즉, 내가 지금 보고 있는 테이블의 모습은 하나의 단면에 불과하고 다른 단면들은 시각 자료로 주어져 있지는 않지만 이 측면은 이미 다른 측면을 지시하고 있고 시각을 바꾸면 어떻게 모습이 달라질 것인지에 관한 규칙을 사전적으로 계산하고 있다. 즉, 당장의 시각 자료에는 다른 측면들은 비어 있지만 실제로 내가 예측하고 기대하면서 이용할 수 있는 자료까지 고려하면 결코 이 측면이 비어 있지 않다. 테이블의 하나의 측면, 2차원적인 측면만을 보고도 하나의 입체적이고 전체적인 단일체로서의 테이블을 지각하는 것은 그 아래에서 우리의 의식이 우리 자신도 모르는 사이 작동하고 있기 때문이다. 우리 의식은 테이블에 관해 여러 가지 시각정보를 경험했고, 이것을 이용하면서 여러 가지의 방법으로도 경험했다. 이렇게 경험했던 테이블에 대한 지식들은 우리의 의식에 침전되어 남아 있으며, 새로운 테이블을 만나게 되면 내가 의도하지 않아도 나의 의식은 이렇게 침전되어 있는 자료들을 이용해 주어진 자료의 의미를 해석해 해석된 결과를 보여준다. 즉, 우리가 어떤 대상을 무엇으로 경험하는 이면에는 항상 의식의 성취가 숨어 있다.

이 점에 관해 하이데거는 다르게 설명하고 있다. 우리는 테이블을 볼 때, 관점에 따라 모양이 변하는 단순 물체로 보거나 네 개의 다리와 평평한 상판을 가진 하나의 공간 연장물로 보지 않는다. 이미 그것을 식탁이나 책상으로 본다. 이미 나의 입장에서 나의 경험과 삶을 배경으로 나를 위한 무엇으로 본다. 처음에는 주어지는 시각 자료의 특징을 종합해 어떤 입체물로 지각하고 그 다음 어떤 용도를 위한 것으로 보지 않는다. 그것을 용도와 분리시켜서 하나의 공간 연장물로서 인식하는 것은 오히려 상당한 의식적인 노력을 요구한다(Inwood, 1997: 33). 어떤 소리를 들을 때도 그것을 단지 무의미한 소리의 복합물이나 소음으로 듣지 않는다. 이미 바람소리, 군인들이 행진하는 소리, 딱따구리가 나무를 찍는 소리, 불이 타는 소리로 듣는다. 후설이 설명하는 것과 같은 순수한 소리로 듣는 것은 오히려 매우 인위적이고 복잡한 마음의 틀이 요구된다(Heidegger, 1962: §34, 207). 즉, 우리의 마음은 이미 시각이나 청각 자료를 해석해 해석된 결과를 보여준다. 그래서 후설이 설명하고 있는 것과 같은 의식작용에 대해서는 잘 인식하지 못한다. 그러나 잘 의식하지 못한다고 해서 이런 일이 일어나지 않고 있는 것은 아니다. 다만, 이런 숨겨진 의식의 역할을 우리가 잘 의식하지 못할 뿐이다.[6)]

---

6) 하이데거의 이런 설명이 후설의 설명과 상충하는 것은 아니다. 어린아이가 낯선 물건을 접할 때를 생각해 보자. 그 아이는 아직 자신에게 주어진 책상에 관한 시각 자료가 실제로 공간적으로 어떤 의미인지를 알지 못한다. 이 아이가 이 시각 자료의 의미를 이해하기 위해서는 책상에 다가가서 그것을 만져보고 살펴보고 그것을 이용하는 과정을 거쳐야 한다. 이런 과정을 거치면서 책상이 제공하는 시각정보에 익숙해지면 나중에는 책상에 관한 부분적인 시각정보만 주어져도 그것이 책상임을 금방 알 수 있게 될 것이다. 후설과 하이데거가 생각을 달리하는 부분은 대상 자체에 대한 지각이 아니라 대상을 대하는 우리의 일상적인 태도다. 하이데거는 일상에서 우리가 책상을 이해하는 방법은 그것을 단지 공간 연장물로 바라보는 것이 아니라 나의 주변 세계를 이루고 있는 여러 가지 의미있는 대상집합의 하나로서 일상적인 목적을 위해 이용할 수 있는 어떤 대상으로 인식한다는 점을 강조한다. 설사 하이데거의 설명처럼 이해하더라도 이런 인식의 배경에는 역시 숨겨진 의식의 역할이 자리하고 있다는 점만은 부인할 수 없다. 그런데 이런 인식에 관해 드라이퍼스(Dreyfus, 2014)는 우리의 인식이 세상에 대한 이해를 가져오는 것이 아니라 세상과 인식이 함께 발생한다고 설명하고 있다. 우리가 놓인 세상이 우리의 대응을 오히려 이끌고 있다고 설명하고 있다. 게다가 드라이퍼스는 우리가 주변의 대상을 일상적으로 다룰 때 반드시 심적인 표상에 의지해 대상을 지각하고 판단한 다음 이런 인지에 의지해서 행동하는 것인지에 대해서도 의문을 제기하고 있다. 일상의 삶 속에서 인간과 그가 속한 세계는 함께 발생하기 때문에 인간과 세계는 분리가 불가능하며, 이처럼 서로 분리가 불가능하다면 굳이 후설이 설명하는 것과 같은 대상에 대한 표상적인 지각이 필요하지 않을 수도 있다.

대화를 할 때도 마찬가지다. 우리의 의식은 숨겨져 있지만 매우 놀라운 역할을 수행한다. 상대의 표정의 의미를 읽어내고, 상대의 목소리의 톤과 말투를 읽어낸다(Mehrabian, 1971). 상대의 말이 사실에 대한 서술이 아니라 인사, 명령, 사과와 같은 언어적인 행동을 하고 있다는 것도 알 수 있게 해준다(Austin, 1962). 예를 들면, 어떤 직원이 아침에 자기 사무실에 출근하면서 하는 "좋은 아침!"이라는 말은 오늘 아침 날씨에 대한 서술이 아니라 다른 직원들에게 건네는 인사다. 우리의 의식은 이미 이 말을 이렇게 인사로 듣고 이 말의 의미를 해석해 준다. 왜 이렇게 해석하는가? 우리가 굳이 의식적으로 노력하지 않아도 우리의 의식은 지금의 상황과 과거의 경험들, 그리고 말하는 사람의 의도까지도 자기 스스로 고려해 이 말의 의미를 해석하고 해석된 결과를 나에게 보여준다. 그렇지만 우리의 의식이 이런 것들을 고려해 이렇게 의미를 구성해 내고 있다는 사실을 우리는 인식하지 못한다. 비유적으로 말해도 알아듣고 환유적으로 말해도 알아들을 때도 마찬가지다. "오늘 저녁에 같이 한잔 하세!"라고 친구가 말했다고 하자. 여기서 '잔'은 사전적으로는 술잔이다. 그렇지만 우리는 이 말이 사실은 '잔'이 아니라 '술'을 의미한다는 것을 금방 안다. 역시 우리 의식이 상대방의 의도와 언어의 의미를 참고해 우리 자신도 모르는 사이 이렇게 해석해 준다.

이렇게 숨어서 작동하는 의식의 놀라운 특징 중에 하나는 숨겨져 작동하고 있어서 직접적인 의식에서는 멀어져 있음에도 불구하고 너무나 분명해 우리는 이를 의심하지 않고 이용할 수 있다는 점이다(Ravaisson, 2008; Schutz & Luckmann, 1973: 17). 예를 들면, 처음에 망치질을 배울 때는 내가 손에 들고 있는 망치의 움직임에 매우 주의를 기울여야 한다. 잘못하면 손을 찍을 수도 있기 때문이다. 그런데 망치질에 익숙해지게 되면 나는 거의 망치를 의식하지 않으면서 망치질을 할 수 있다. 내가 망치를 의식하지는 않지만 나는 매우 정확하게 실은 내 마음대로 망치를 통제해 못질을 할 수 있다(Heidegger, 1962: 98). 야구의 규칙을 배울 때처럼, 어떤 언어나 행동의 규칙을 처음 배울 때도 처음에는 의식적인 주의나 관심이 필요하다. 그러나 이런 언어나 행동에 익숙해지면 이를 무의식적으로 적용할 수 있게 된다. 의식이 우리의 일상에서 숨겨진 채 작동하게 되는 것은 이런 이유 때문이다. 나의 의식을 의식하지 않아도 나의 의식은 주변의 것들을 익혀서, 내가 원하는 대로 익숙하게 사용할 수 있도록 하기 때문이다.

제 3 절 의식의 작동 원리: 지향적 구성과 해석

1 지향성의 의미

제도의 생성적 기원을 이해하기 위해 이 연구가 출발점으로 삼고 있는 것은 인간의 '마음', '마음의 능력'이다. 인간이 현재와 같은 문화와 사회 제도를 발전시킬 수 있었던 가장 근원적인 자산은 자신의 몸과 마음이 가진 능력이기 때문이다. 인간이 세상을 지각하고 이해하는 능력과 방식에서 핵심을 이루고 있는 마음의 능력은 지향성, 즉 주어진 감각 자료를 지향적으로 인식하는 능력이다. 인간이 세상을 이해하는 가장 기본적인 방식은 감각 자료로 주어진 어떤 것을 인식되거나 이해된 '무엇'인가로 지각하는 방식, 즉 현상학에서 말하는 지향적으로 이해하는 방식이다(예: 에드문트 후설, 2009: 291-304; 박승억, 2007: 74-82; 김진, 2005: 23; Sokolowski, 2000: 7-8 등). 우리의 오감에 주어지는 감각 자료는 그 자체로 받아들여지지 않는다. 인간은 이를 '무엇' 또는 '어떤' 것으로 받아들인다. 그래야만 그것이 무엇인지 알 수 있고 느낄 수도 있으며, 나의 삶에서 유용하고 가치 있는 수단으로 이용할 수도 있다.

지향성이란 크게 두 가지 의미를 가진다. 첫째, 우리의 의식은 항상 무엇인가에 '관한' 의식이라는 점이다. 즉, 사랑하든 미워하든 고마워하든 생각하든 의심하든 혐오하든 존경하든 우리의 의식이 어떤 의식적인 행동을 하고 있든지 우리의 이러한 의식 행위들을 항상 무엇인가 어떤 대상을 가지고 있다는 것이다. 심지어 전혀 세상에 존재하지 않는 어떤 것에 대해서조차도 우리의 의식은 이를 대상으로 삼을 수 있다. 유니콘, 용, 봉황, 페가수스 등 상상 속의 동물들에 대해서도 얼마든지 생각하고 말할 수 있다. 유토피아와 같이 아직 존재하지 않는 세계에 대해서도 얼마든지 꿈을 꾸고 열망할 수 있다(Harney, 1983: 5). 즉, 참조 대상이 되는 지시체가 전혀 없는 상상의 대상이나 새로운 의미가 창조될 수 있고, 이렇게 창조된 의미라고 하더라도 우리가 그것에 기초해 행동을 하고 삶을 살아갈 수 있는 것이 인간이다.

둘째, 우리의 의식은 인식의 내용이 되는 대상을 구성할 수 있는 능력이 있다는 점이다. [그림 4-1]을 보자. 이 그림을 보면 그것을 단지 굽은 선분으로 보는 것이 아니라 토끼 또는 오리로 받아들인다. 우리는 '토끼나 오리 또는 토끼-오리'로 본다. 이 그림을 아무것도 아닌 것으로 내버려두려 하지 않는다. 그림을 보는 순간 이미 이 그림은 당연히 이런 것 중에 하나에 '관한 것'으로 본다. 주어진 자료 자체만을 보면, 이 그림은 단지 구불구불한 선분과 점의 집합일 뿐이다. 이 선의 모습을 그대로 서술하는 속에는 결코 토끼나 오리가 없다. 그렇지만, 우리는 이 그림을 보고 그냥 아무 의미 없는 선분에 불과한 것으로 무시하지 않고, 토끼 또는 오리를 그린 것으로 인식한다. 정확히 말하면, 우리의 의식은 그렇게 인식할 것을 요구하지 않아도 스스로 자신이 가지고 있는 자료들을 이용해 이 그림은 토끼나 오리 또는 토끼-오리인 것으로 거의 자동적으로 구성해 낸다. 그러고는 이런 판단을 확신하고 특별한 계기가 없으면 잘 의심하지도 않는다(Schutz, 1962: 229).

그림 4-1 토끼-오리

다음 그림이 무엇으로 보이는가? "(^__^)", "(*^__^*)". 요즘 전화로 문자를 보내면서 사용하는 그림이다. 이것을 우리는 무엇으로 보는가? 사람의 '얼굴'로 본다. 이것이 지향적인 구성 능력이다. 세상에 이렇게 생긴 얼굴은 어디에도 없다. 그런데 우리 눈에는 이 기호의 조합이 마치 사람의 얼굴을 형상화한 것으로, 또는 이미 얼굴로 보인다. 주어진 자료 자체와 우리가 지각한 내용 간에는 큰 격차가 있다. 이런 격차에도 불구하고 이 그림이 얼굴인 것으로 구성해 내는 것이 지향성이다. 즉, 우리의 숨겨진 의식이 주어진 자료들을 '무엇'에 관한 것으로 자기 스스로 이미 구성해 나 자신에게 보여준다. 이것이 지향성이다. 매우 탁월한 구성 능력을 가지고 있다. 주어진 자료를 '무엇'으로 인식하는 과정에서 자료의 의미를 해석해 성취하는 역할을 하는 것이 우리의 지향성이다.

단지 평면적인 선분의 집합을 보고도 이를 입체적인 정육면체로 받아들인다. 어떤 음들이 연속되는 것을 들으면 그것을 단지 여러 음의 나열적인 집합으로 듣는 것이 아니라 감성을 자극하는 음악으로 듣는다. 살바도르 달리나 피카소의 초현실주의 그림을 보고도 그것이 기묘한 도형과 채색의 조합이 아니라 '우는 여자'라거나 또는 '시계'를 그린 것이라고 이해한다. 방 안에 있는 가구들을 단지 어떤 나무 구조물로 보는 것이 아니라 의자나 책상으로 받아들인다. 우리는 나열되어 있는 어휘들을 무작위적인 어휘의 집합으로 생각하지 않고, 하나의 통일된 문장으로 인식한다. 어떤 행동을 보면 이미 우리는 틀린 것으로 또는 바른 것으로 평가해 받아들인다. 주어진 감각 자료를 그 자체로가 아니라 그 이상의 의미를 가진 초월적으로 구성된 어떤 것으로 받아들이는 능력이 지향적 능력, 지향성이다. 우리는 의식적인 노력 없이도 이미 감각 자료를 어떤 것으로 받아들이는 능력을 가지고 있다. 주어진 자료들을 내가 알 수 있고 이해할 수 있고 느낄 수 있는 어떤 것으로 초월적으로 구성해 낸다. 감각 자료 자체에는 이런 것들이 없다. 우리가 이 자료에 기초해 그런 것으로 초월적으로 구성하기 때문에 이렇게 지각되고 이해될 수 있는 것이다.

숫자의 세계 역시 마찬가지다. 1, 2, 3, 4, 5, 삼각형, 더하기, 곱하기 등등에 대한 인식 능력도 지향적인 이해의 능력이 전제되어야 가능하다. 아무리 사과를 몇 개 가져다 놓고 "사과 하나", "사과 둘", "사과 셋"이라고 말하거나 또는 사과를 차례로 옮기면서 "하나", "둘" "셋"이라고 말하더라도 눈으로 관찰할 수 있는 자료는 사과뿐이다. 숫자라는 새로운 개념적 차원을 이해할 수 없다면 숫자의 세계는 없는 것이다. 아무리 자를 대고 반듯하게 선을 그려도 칠판 위에 그려진 삼각형은 결코 온전한 삼각형이 아니다. 우리가 그렇게 지향적으로 받아들이기 때문에 삼각형은 삼각형이 된다(Russell, 1989: 39).[7] 로크(John Locke)가 말하는 개별적인 대상들로부터 이를 추상화해 보통명사를 구성해 내는 능력(Locke, Nidditch (ed), 1975: 158, BkⅡ, ch11. §6-10; 또는 Cottingham, 2008: 157-160)이나 칸트(Immanuel Kant)가 선험적 종합이라 말하는, 예를 들면 5+7=12로 인식하는 현상 역시 이를 두 개의 숫자를 합하라는 의미로 지향적으로 받아들여야만 덧셈의 의미를 가질 수 있다.

매우 다양한 대상들에 대해 동일한 수사를 사용해 서술할 수 있는 능력 역시 일종의 지향성이다. 예를 들면, 인간은 매우 다양한 상황이나 현상에 대해 이를 '아름다운' 것으로, 즉 어떤 공통된 특성을 가지는 것으로 통찰할 수 있는 능력을 가지

7) 러셀(Bertrand Russell)은 다음과 같이 설명하고 있다. "완전한 삼각형을 그릴 수는 없다. 마음의 눈에 의해 그렇게 보인다(A perfect triangle can't be drawn, it is seen with the mind's eye)."

고 있다(Kraut, 2008: 5). 주어진 감각 자료의 다양성을 크게 뛰어넘는 매우 고차원의 통찰이다. 전혀 다른 차원에 있는 현상들을 우리는 동일한 수식어를 붙여 유사한 카테고리로 분류해 낼 수 있다. 어떤 책이나 시를 읽고 난 이후에는 이것들이 주는 메시지를 느낄 수 있다. 우리는 어떤 영화를 보고나면 영화를 만든 사람이 그 영화를 통해 전달하고자 하는 의미가 무엇인지 느낄 수 있다. 시를 읽고 나면 본문 자체만 놓고 보면 결코 느낄 수 없는 무엇인가를 느낄 수 있다. 시나 영화의 각 부분들이 그 자체로서는 전혀 담고 있지 않은 어떤 것을 우리는 느낄 수 있다. 경험적이고 행태적인 자료들로 세상을 서술하자면 매우 복잡할 것이다. 그러나 우리는 이런 세상에 대해 세상이 어떤 것으로 통찰적으로 지향해 단순화시킬 수 있는 능력을 가지고 있다는 것이다.

2 지향적 인식 능력의 특성[8)]

지향성을 핵심으로 하는 우리의 의식작용은 다음과 같은 특성들을 가지고 있다. 첫째, 주변 세계에 대한 나의 경험과는 상관없는 순수 인식[9)]이 아닌 그 밖의 지향적 인식에서는 내가 이미 경험한 사실이나 내가 알고 있는 정보를 이용한다. 이런 점에서 일상에서 작용하고 있는 의식은 대체로 해석적으로 작동한다. 즉, 이미 가지고 있는 선지식이나 선이론을 참고해 새로운 자료의 의미를 이해하는 것이 해석이다. 만일 우리가 토끼나 오리를 전혀 본 적이 없거나 또는 이와 유사한 동물을 전혀 경험하지 못한 상황에서도 이 그림이 무엇을 그린 것인지 알 수 있을 것인가? 그렇지 못할 것이다. 즉. 우리가 이 그림을 보고 토끼나 오리로 보는 것은 우리가 자각하지 못하는 사이 우리의 의식이 토끼나 오리에 관해 우리가 이미 가지고

8) 사공영호(2012b: 11-14)의 내용을 인용한 것이다.

9) 예를 들면, 숫자에 관한 이야기를 듣고 숫자의 세계를 이해하는 것이나, 음의 나열을 음악으로 듣는 데는 기존의 경험이 굳이 필요하지 않다. 이런 사례는 경험과는 상관이 없는 순수 인식의 세계다. 그런데 숫자에 대한 인식이나 음악에 대한 인식 역시 일종의 구성물이다. 다만, 숫자나 기하학적 개념, 음악에 대한 이해는 그 자체 이외의 외부의 자료를 참고할 필요가 없다는 점에서 순수하다. 순수 의식이라고 하더라도 지향적으로 구성되지 않는다면 숫자에 대한 개념적인 인식은 존재할 수 없다. 음악은 내적인 시간 의식에 기초해 지나간 음들과 다가올 음들에 대한 기억과 기대 속에서 현재의 음의 의미를 이해해야만 현재의 음의 의미를 이해할 수 있다는 점에서 구성적이다(Husserl의 『시간 의식』 참고).

있던 지식을 동원하고, 이 지식에 비춰 이 그림을 해석한 결과다(예: Held, 2003: 8-9; 하이데거, 가다머). 사회문제와 정책문제들 역시 사람들의 삶에 대한 나의 경험과 지식, 가치관과 선입견을 동원해 이렇게 문제로 정의하게 된다.

둘째, 지향적인 인식을 위해 동원되는 지식이나 자료의 범위는 매우 넓고 깊다(Husserl, 1962: §40; Schutz, 1944: 107-109; Barber, 2011: §3.3; Natanson, 1962: XXXVII). 무엇인가로 인식할 때 우리의 의식적인 관심은 초점 현상에 집중된다. 그러나 해당 현상은 다른 현상들과 아무런 관련성이 없는 독립적이고 파편적인 현상으로 주어지는 것이 아니다. 주제화되지 않은 관련 자료들의 지평[10]으로부터 의미의 요점을 지향적으로 구성해 내는 것이 지각이다. 예를 들면, 우리가 천둥소리를 들을 때 실제로 우리가 듣고 있는 것은 단지 천둥이 아니라 "고요함과 대비되면서 그 고요함을 깨는 천둥소리(thunder-breaking-in-upon-silence-and-contrasting-with-it)"를 듣는다(Barber, 2011). 숫자 '1'은 다른 수많은 숫자의 지평 속에서 이해되며, 상대가 한 말은 전후의 맥락과 상황이라는 지평 속에서 의미를 얻는다(Wittgenstein, 2009a: §40; Rawls, 1989). 나무만을 보고도 정원, 정원이 있는 집, 집이 위치한 도시, 도시가 위치한 우주에 대해까지 참고 가능한 것이 지각의 지평이다(Schutz, 1944).

셋째, 지향적 인식은 작은 '단서', 즉 감각 자료로부터 훨씬 큰 '어떤 것'에 대한 인식을 가능하게 한다(Held, 2003: 18). 즉, 설사 작은 단서, 매우 부분적이고 파편적인 자료가 주어지더라도, 이 자료의 의미를 이해하기 위해 동원할 수 있는 지평적인 지식들이 구축되어 있다면, 주어진 단서 자체와는 비교할 수 없는 '어떤 것'을 초월적으로 구성해 낼 수 있는 것이 지향적인 인식이다. 떨어지는 나뭇잎 하나만으로도 가을이 온 것을 알 수 있는 것이 인간이다. 내가 선 위치에서 내 눈에 비친 대상의 일부분 정보만으로도 그 대상을 온전한 어떤 것으로 지각한다. 앞서 설명한 후설의 테이블 인식에 대한 설명은 전형적인 예다(Husserl, 2001: 39-43). 주어진 자료는 테이블의 한 단면뿐이다. 하지만 우리의 의식은 다른 단면들에 대한 기억들을 스스로 동원해 그것을 테이블로 본다. "될성부른 나무는 떡잎부터 알아본

10) 지평선이란 나의 시선이 닿을 수 있는 경계다. 그래서 만일 지평선 안에 어떤 대상이 있다면 이 대상은 나에게 지각될 수 있다. 마찬가지로 내가 축적하고 있는 경험과 지식은 새로운 자료나 경험을 이해하는 데 일정한 경계와 같은 것으로 작용한다. 이 경계를 벗어나면 이해하고 인식하기 어렵다. 그런데 이 경계 안에 있다면 대상 현상의 의미를 이해하고 인식할 수 있다.

다"는 것도 이렇게 해서 가능하다. 하나를 보고 열을 아는 것이 지평적인 지식을 이용하는 지향적인 인식에서는 가능하다. 또한 감각 자료와 지각된 인식 간에 상당한 거리가 있는 매우 초월적인 인식도 지향적인 인식에서는 가능하다. 상대가 던진 몇 마디의 말만으로도 상대의 진심을 꿰뚫어볼 수 있다. 나열된 단어들의 집합 속에서 문장의 의미를 읽어내고, 소설이나 시를 읽고 본문 자체의 내용에는 결코 담겨 있지 않는 저자의 메시지를 분명하게 유추할 수도 있다. 아무 상관없는 것처럼 흩어져 있는 사건들 속에서 인과 관계를 유추하고 판단할 수 있는 것이 인간이다(Heritage, 1984: 84-85).

넷째, 많은 경우 우리의 의식은 거의 자동적으로 작동한다는 점도 이해할 필요가 있다. 이미 내가 알고 있는 어휘라면 나는 이 어휘의 의미를 이해하기 위해 의식적으로 내가 알고 있는 지식을 동원할 필요가 없다. 이미 해석된 의미를 인식한다. 상대방의 행동 역시 마찬가지다. 일상의 전형적인 행동들은 의식적인 노력이 없이도 거의 자동적으로 행동의 의미를 이해할 수 있다. 문장을 구성하기 위해 문법적인 지식을 의식적으로 동원할 필요가 없다. 목수가 전혀 망치를 의식하지 않은 채 못질을 하듯이, 피아니스트가 전혀 자기 손가락의 움직임을 의식하지 않은 채 연주를 하듯이 내가 경험하고 축적해 몸과 마음으로 익힌 것들을 자동적, 무의식적으로 이용할 수 있다(Ravaisson, 2008; Heidegger, 1962: 98).

한 가지 더 설명해야 할 것은 지향적 인식의 사회성 또는 상호주관성과 관련된 측면이다. 자연세계, 기계적 대상에 대한 인식 역시 의식적인 지각의 산물이다. 그러나 자연과학은 주관성의 배제를 가능하게 하는 대상의 존재 방식과 객관적인 연구 방법을 수립함으로써 발전할 수 있었다. 물론, 이런 세계의 의미를 해석하는 데는 여전히 주관적인 판단이 개입할 수 있다. 그러나 어떤 식의 행동이 바른 행동인지 어떻게 알게 되는가? 어떤 대상에 대해 '어떤 이름'으로 부르고 어떻게 대해야 할지 어떻게 알게 되는가? 이런 대상은 상호 주관적으로 지위와 기능이 부여되는 대상이다. 즉, 나만의 인정으로 되지도 않고, 너만의 인정으로 되지도 않는다. 우리가 같이 그런 것으로 인정해야만 그런 것으로 안정적으로 있을 수 있게 된다(Searle, 1995, 2010). 그런데 우리들 간의 상호주관성은 어디까지나 그러한 관계 안에 있는 우리들 간에 구성된 것이며, 집단이나 사회 간에 구성된 것은 아니라는 점에서 갈등의 근원이 될 수도 있다(Gergen, 2009).

이상의 내용을 종합해 보면, 인간이 자신의 주변 세계를 이해하고 인식한다는 것은 대상 현상을 '있는 그대로' 인식하는 작업이 아니다. 주어진 상황을 나 자신이 가진 지식과 경험, 이론과 가치를 준거의 틀로 삼아 내가 보기에 '어떤 것' 또는 '무엇'으로 지향적, 초월적으로 구성해 내는 작업이다. 지향적 인식의 초월적이고 구성적인 특성을 극명하게 보여주는 것이 자연세계에는 존재하지 않지만 인간 의식과 사고의 세계에는 존재하는 대상들이다(Schutz, 1962: 207). 숫자의 세계, 논리학의 세계, 사실과는 다른 본질의 세계, 언어와 기호의 세계 등은 순전히 인간의 지향적인 인식 및 사고의 능력이 개입하지 않으면 존재할 수 없는 세계다. 물론 최고의 실제의 세계로 물리적인 세계가 있지만, 이와 더불어 초자연적인 종교와 우상의 세계도 인간에게는 분명 존재한다. 자기 부족의 중요한 의사 결정을 신에게 의탁하고 있는 부족에게 그러한 신은 결코 부인할 수 없는 절대적인 믿음의 대상이다(피터 윈치, 2011). 즉, 적어도 이를 지향적으로 인지하는 당사자의 입장에서는 그런 세계가 존재하는 것은 너무나도 분명하고 부인할 수 없는 상황이다. 가령, 종교는 인류의 역사와 함께 해왔고, 과학이 발전한 현대에서도 인간은 결코 종교로부터 자유롭지 못할 것으로 종교 연구자들은 보고 있으며, 현실도 그렇다. 어떤 신이든 그를 믿는 사람들에게 그 신은 절대적인 존재로서 그 사람의 생각과 일상의 삶을 결정할 수 있다. 신의 존재를 경험적 자료로 증명할 방법은 없다. 그렇지만 인간은 그를 믿으며 살아가고 있다. 즉, 인간에게 '있는 것'은 자연세계에 있는 것과 같은 방식으로는 제대로 규명해 낼 수 없는 독특성이 분명히 있다는 것이다.

3 지향적 구성의 의미

지향적 구성의 의미를 좀 더 깊이 분석해 보자. [그림 4-1]이 어떻게 토끼나 오리가 되는가? 이 그림을 오리로 취할 때는 주둥이 부분과 눈 부분으로 보이는 부분을 취하면서, 뒷면에 오목한 부분은 무시한다. 반면 이 그림을 토끼로 취할 때는 뒷면의 오목한 부분을 입으로 해석해 취한다. 즉, 구성적으로 이해한다는 것은 달리 말하면 취할 것은 취하고 버릴 것은 버리는 과정인 것이다. 살바도르 달리와 피카소의 그림 역시 마찬가지다. 세상에 이렇게 생긴 시계나 사람의 얼굴은 없다. 그럼에도 불구하고 우리는 이를 시계로 취하거나 사람의 얼굴로 취한다. 나뭇가지에 걸려 축 늘어진 시계는 현실에는 없다. 하지만, 분명히 시계바늘에 해당하는 것이 있고, 또 시각을 표시하는 숫자들의 원을 관찰할 수 있다. 그런데 내가 지금까지 관찰한 대상들을 참고해 보면, 이와 같은 바늘과 숫자의 체계를 가진 것은 시계밖에 없다. 그렇다면 나무에 걸려 축 늘어진 모양은 무시하고, 바늘과 숫자를 중심으로 시계를 그린 것으로 이해한다. 피카소의 그림도 마찬가지다. 현실에는 그와 같은 사람이 없다. 그럼에도 불구하고 좀 독특하기는 하지만 사람의 눈과 흡사하게 그려진 것이 있고 또 좀 이상하기는 하지만 그래도 코나 입에 해당하는 것이 있다면 나머지 많은 차이점은 무시한다.

인간 인식의 이런 측면에 대해 노벨 경제학상을 받은 카너먼(Daniel Kahneman)은 이용 가능성 휴리스틱스(availability heuristics), 대표성 휴리스틱스(representive-ness heuristics)라고 칭하고 있다(Kahneman, 2011). 새로운 자료의 의미를 이해하기 위해서는 사람들은 자신이 이미 가지고 있는 지식을 이용할 수밖에 없다. 그런데 주어진 자료의 내용 중에서 내가 이용할 수 있는 자료로 이미 알고 있는 내용과 일치되는 부분이 있다면 이런 부분을 중심으로 대상을 이해한다. 자료의 내용 중에서 대표적인 부분, 특징적인 부분만 취하고 나머지는 버린다. 내가 이미 알고 있는 지식을 참고해 주어진 자료의 특정한 부분을 선택하고, 이렇게 선택된 내용을 중심으로 나의 선지식을 이용해 이해하는 것이 구성적인 인식의 원리라는 것이다.

제 4 절 지향적 · 해석적 인식의 한계와 거래비용

1 '자기망각'과 편견화 위험

인간의 지향적인 의식 능력은 제도의 수립을 가능하게 하는 가장 근원적인 요건이다. 그런데 이런 인간의 의식은 매우 놀라운 능력과 더불어 상당한 약점도 가지고 있다. 나의 의식은 내가 굳이 요구하지 않아도 이미 작동한다. 그런데 단지 지향적으로만 작동하는 것이 아니라 해석적으로 작동한다. 내가 요구하고 의도하지 않아도 내가 가지고 있는 지식을 나도 모르는 사이에 동원해 주어진 자료의 의미를 해석하고, 이렇게 해석한 결과를 보여준다. 그래서 이미 '어떤 것'으로 보인다. 그런데 이런 해석적인 인식은 새로운 정보의 의미를 이해하기 위해서는 필연적이지만, 내가 이미 가지고 있는 지식을 이용할 수밖에 없다는 점에서는 주관적이고 편견적이다.

편견은 크게 두 가지 조건에 기초하고 있는 어떤 견해나 믿음이다. 첫째는 어떤 현상에 대해 서로 경쟁적인 다수의 관점이 있으며, 둘째는 어떤 것이 정답인지는 불확실하다는 것이다. 이 상황 조건의 특징은 특정한 대안을 정답이라고 주장할 정당한 근거가 부족하다는 점이다. 상황 조건은 이러함에도 특정한 견해를 우선시하거나 마치 이를 정답으로 주장한다면 이런 생각이 편견이다. [그림 4-2]를 보면서 생각해 보자(밀턴 K. 뮤니츠, 1996: 419 참고). A라는 점에 대해 X, Y, Z 세 가지 경쟁적인 접근 시각 또는 이론이 있다. 그런데 이 이론들 중에서 어떤 이론이 정답인지는 알 수 없다. 그럼에도 불구하고 이 셋 중 특정한 이론 하나가 정답이라고 생각하고 있다면 이것이 편견이다.[11]

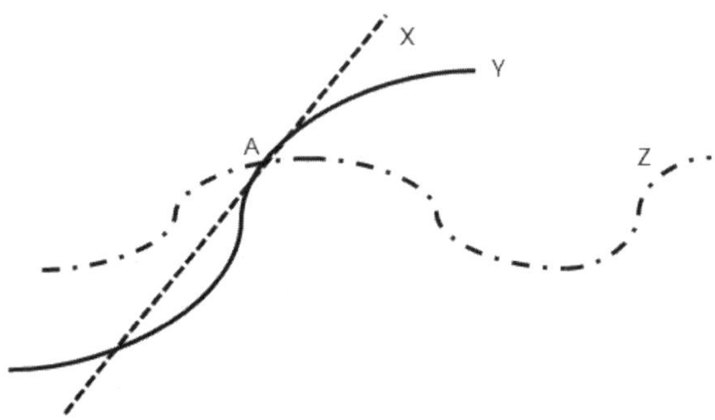

그림 4-2 이론과 편견

11) 심리학자들은 어떤 집단이나 그 구성원들에 대한 사람들의 (부정적인) 선입견을 편견이라 보고 있다. 단지 어떤 믿음이나 의견을 갖는 것이 아니라 경멸, 혐오와 같은 느낌을 포함하기도 한다(Plous, 2003). 이런 인식이 상대에 대한 차별과 박해의 근원으로 작용하기 때문에 사회적 갈등의 원인이 된다. 이 연구는 주로 인식론적인 차원에서 접근하고 있다.

우리의 의식이 작동하는 방식은 다분히 편견의 위험을 내포하고 있다. 이미 설명한 바와 같이, 우리는 주어진 자료의 의미를 해석하기 위해 내가 이미 가지고 있는 경험, 지식, 이론, 이념, 가치 등 다양한 선지식들을 동원한다. 처음 이런 해석을 시도할 때는 신중하게 고민도 하고 다른 해석 방법도 검토할 것이다. 그런데 이런 해석에 익숙해지면 나의 의식은 내가 굳이 요구하지 않아도 이미 그렇게 해석해서 그 결과만을 내게 보여준다. 나의 해석의 근거가 완전하지 않다는 점도 망각하고 해석을 수행하고 있는 나의 의식도 망각한다. 후설이 말하는 '자기망각'에 빠진다. 그러면 나는 이미 그렇게 보게 되고, 이런 나의 판단의 근거에 대해 더 이상 의심하지 않게 된다. 실은 완전히 정당한 근거에 기초하고 있는 해석이 아님에도 불구하고 나는 이런 식으로만 세상을 보게 된다. 이런 것이 편견이다.

좀 더 자세히 설명하면 이렇다. 앞서 설명한 바와 같이, 인간은 자신이 이미 가지고 있는 지식, 경험, 정보를 이용해 새로 주어진 자료나 사건의 의미를 풀어낸다는 점에서 해석적이다. 주어진 자료 그 자체만으로 그 안에 숨겨진 의미를 찾아내는 방식으로 인식하는 소위 '분석'적인 이해가 아니다.[12] 그런데 해석적 이해는 다큐멘터리적인 인지 방식에 의존한다(Heritage, 1984: 84-87; Schutz, 1953: 5-6).[13] 이런 인지의 방식 역시 공정하고 중립적인 해석을 방해한다. 다큐멘터리 영화의 제작자는 어떤 특정한 메시지를 전달하기 위해 이를 기획한다. 그런데 자신이 전달하고자 하는 의미를 잘 전달하기 위해서는 매우 주도면밀하게 세부적인 내용을 구성하고자 하며, 이런 목적을 위해 어떤 자료들은 강조하고 어떤 자료들은 제외한다. 다시 말하면, 일부의 자료를 선택해 해당 자료들을 특정한 방식으로 제시하면서 이 설명들을 따라가면 특정한 결론이나 판단에 도달하도록 이끈다. 사회세계에 대한 인식과 연구 역시 이런 방식과 유사하다. 연구자는 이론, 사상, 개념을 배경으로 대상 현상의 특정한 측면들을 선택해 특정한 방식으로 대상 현상을 연구하고 이런 관점에서 대상 현상을 해석한다. 그래서 어떤 결론을 내리는데, 이 결론은

12) 예를 들면, 피타고라스 정리와 같은 삼각형에 대한 지식은 삼각형 자체에 대한 분석만을 통해 얻을 수 있다. 이런 지식을 얻는 과정에서는 나의 사전적인 경험이나 다른 이론적인 지식을 동원할 필요가 없다.

13) 슈츠는 우리의 일상적인 태도에 대해 다음과 같이 설명하고 있다. 우리는 흔히 특정 측면에만 관심을 기울인다. 그래서 이 대상에 대해 "S는 p다"라고 서술하는 것은 많은 것들이 생략된 표현이다. 실은 "S는 다른 많은 것 중에서 p다"라고 서술해야 한다. 그럼에도 불구하고 "S는 p다" 는 표현을 당연한 것으로 단언하고 있다면, 이는 내가 많은 경우 S의 p 측면에 관심이 있기 때문이며, 다른 q, r의 측면은 타당하지 않은 것으로 무시한 결과다.

엄밀히 말하면 이미 자신이 가지고 있는 이론이나 사상이 옳다는 것을 뒷받침하는 역할을 하고 있다. 결국 자신이 이미 가지고 있는 생각을 다시 검증하는 것이다.

다큐멘터리적 해석의 가장 큰 특징은 자료에 대한 선택이 부분적으로 이뤄질 수 있다는 점이다. 약간 극단적인 예를 들자면 여러 항성 가운데 특정한 별들만을 자의적으로 골라서 별자리를 규정하는 것과 같은 일이 발생할 수 있다(Searle, 1998: 34; Goldman, 2010: 13). 카(Edward H. Carr)는 역사 연구자들이 역사적 사실로 서술하는 현상들은 마치 어부가 자기가 선택한 지점에서 자신이 선택한 그물을 사용해 자신이 원하는 종류의 물고기를 잡아 올린 것과 같다고 비유하고 있다. 그래서 역사에 대한 연구는 '가위와 풀'로 연구자가 원하는 사실들을 골라내고 잘라 붙여서 원하는 그림을 만들어 내는 과정이 될 수 있다고 경고하고 있다. 역사 연구에서 객관적인 서술이란 있을 수 없으며, 결국 사실은 무(無)가 되고 해석이 전부가 될 수 있다고 설명하고 있다(에드워드 H. 카, 1997: 41, 45-46). 게리멘더링식의 개념 구성의 위험에 노출될 수박에 없는 것이 다큐멘터리적인 해석의 방식 자체에 내재되어 있다. 이런 이유로 골드만(Goldman, 2010: 13)은 사회 현상에서 과학적 사실은 '외부의 실체(out there entities)'가 아니라 사회적 제작물(fabrication)일 뿐이라고 말하고 있다.

해석적인 이해가 자기 주장을 반복하는 상황에 빠지기 쉬운 것은 해석적 이해의 순환성에서 비롯된다(Malpas, 2009; Ramberg & Gjesdal, 2005: §1).[14] 해석적 이해는 삼각형에 대한 연구에서처럼 개념 자체에 주어져 있는 의미에서부터 사실상 동어 반복적으로 새로운 의미를 연역해 내는 작업이 아니다. 주어진 자료의 의미를 이해하기 위해 연구자가 이미 가지고 있는 지식, 이론을 활용하고, 이런 해석에 기초해 기존의 지식을 수정하거나 강화, 보완해 가는 방식으로 주변 세계에 대한 이해를 확장해 간다. 사람이 성장하는 과정, 사회화되는 과정은 해석 순환적인 이해에 필요한 배경적인 지식, 윤리, 가치관을 학습해 가는 과정이다(Piaget, 1932; 대니얼 K. 랩슬리, 2000: 21-52; Dreyfus, 1980). 예를 들면 이런 것이다. 어릴 때는 어떤 행동이 가치 있는 행동이고 어떤 행동이 무례한 행동인지 알지 못한다. 그

14) 앞서 설명한 카너먼(Kahneman, 2011)의 이용가능성 휴리스틱스 역시 사람은 결국 자신이 이용할 수 있는 정보를 이용해 새로운 정보를 해석할 수밖에 없기 때문에 발생하는 인지 특성이다.

래서 부모의 말이나 선생님의 말을 잘 듣는다. 그런데 학교와 집에서 배우고 실제 주변 사람들이 행동하는 것을 보면서 어떤 가치관을 가지게 되면 이때부터는 이런 지식을 적용해 스스로 판단을 할 수 있게 된다. 이렇게 얻은 지식이 내재화되어 주변 세계를 이해하고 해석하기 위해 무의식적으로 활용하는 단계가 되면 이런 지식은 새로이 접하는 자료와 사건들을 해석하기 위해 언제나 의지하게 되는 근원적인 진리(primordial truth)와 같은 지식이 된다(Dreyfus, 1980: 7; Heidegger, 1962: 274-278).

학문적인 성장이 이뤄지는 과정도 마찬가지다. 학문을 배우는 과정은 학문 연구에 필요한 배경적인 지식, 철학, 사상, 이론들을 학습하는 과정이다. 그런데 이렇게 해서 주변 세계를 연구할 수 있는 하나의 학문사상을 학습하게 되면 연구자는 자신이 학습한 지식에 기초해 연구를 계속해 나갈 수밖에 없다. 자신이 의지할 수 있는 지식이 그것뿐이기 때문이다. 즉, 연구 역시 하나의 패러다임을 배경으로 해석 순환적으로 진행된다(Kuhn, 1962). 물론 지식의 확장이 일어날 수는 있으나 이는 어디까지나 해당 패러다임 안에서 일어나며, 패러다임의 혁명이 일어나는 경우는 드물다. 게다가 학문이 성숙되어 갈수록 특정한 패러다임은 이를 뒷받침하기 위해 이용할 수 있는 자료와 증거들이 많아지고, 이론과 개념들은 거의 무의식적으로 적용할 수 있을 정도로 내면화된다. 내가 굳이 세상을 그렇게 보려 하지 않아도 세상은 이미 그렇게 보이고, 연구자는 점점 이러한 자신의 패러다임이 처음부터 의심할 수 없는 확신들 속에서 만들어진 것은 아니었다는 점을 망각하게 된다(Descartes, 1644: 42; Husserl, 2001: 5; 차인석, 1987: 27-31).

주변 세계에 대한 상호 주관적인 이해 역시 해석 순환적인 편견적 인식의 위험을 온전히 해결하기는 쉽지 않다. 가핑켈(Garfinkel, 1967)의 연구를 보면, 사회구성원들은 일상의 삶 속에서 어떤 행동 방식이나 어떤 개념에 대해 상당한 공통적인 이해를 얻을 수 있을 것임을 보여준다. 실제 우리의 경험에서도 그렇다. 주변의 사람들과 많은 부분에서 우리는 생각을 공유하고 있다. 그런데 사회적인 문제나 정치적인 문제에서는 사회구성원 전체가 상호 주관적인 공통 인식에 도달하는 경우가 드물다. 이런 문제에서 달성되는 상호주관성은 일부의 사람들 사이에서 달성되는 부분적이고 집단적인 현상이다. 파스칼(Blaise Pascal)의 지적처럼 피레네 산맥의 한쪽에서 진리인 것이 다른 쪽에서는 잘못이 될 수 있는 것이 사회세계에서 형성된 지식이다(피터 L. 버거, 토마스 루크만, 2014: 17). 이런 상황에서는 상호주관이 소위 '내집단 편애(ingroup favoritism)'의 근원이 된다.[15] 단지 다른 생각을 가지고 있을 뿐임에도 그들의 생각을 평가절하한다. 서로가 자신들의 생각이 더 정당하고 바람직하다는 생각에 빠진다. 상호주관성이 편견적인 이해와 집단 간 갈등의 원인이 될 수 있다(Plous, 2003; Mills & Polanowski, 1997).

2 '자연적 태도'에 따른 객관화 위험

선험적인 의식, 지향적인 의식의 구성, 해석적인 의식의 이해에 대한 무지와 무관심은 인간 인식의 주관성 또는 상호주관성에 대한 오해를 초래한다. 즉, 주관적인 판단의 결과를 객관적인 인식으로 오해하게 할 수 있다는 것이다. 나는 눈을 이용해 세상을 보지만 내 눈을 직접 보지는 못한다. 어떤 안경을 계속 쓰고 있으면 안경을 벗어보기 전에는 내가 안경을 쓰고 있다는 것을 알지 못한다. 나는 나의 의식의 성취를 통해 세상을 보고 접하고 이해하고 대응한다. 그런데 나는 나의 의식이 성취한 결과는 알 수 있지만 나의 의식이 어떻게 그런 지각을 성취했는지는 알지 못한다. 이미 나무로 보이고, 이미 집으로 보이고, 이미 어떤 의미의 말로 들리기 때문이다. 이것이 소위 후설이 말하는 자연적 태도다(Husserl, 1962: §38-39; Held, 2003: 34; 신귀현, 1983: 66; 마르크스, 1989: 37). 자신의 지각은 의식의 성취라는 점을 알지 못하는 자기 인식에 대한 일상적인 태도를 '자연적 태도(natural attitude)'라 한다. 후설은 이런 태도를 '자기망각'이라 비판하고 있다(Husserl, 2001: 5). 나의 의식의 구성물임에도 정작 그러한 의식을 구성한 나의 의식이 왜 그렇게 인식했는지 그런 인식이 얼마나 정당한 것인지는 전혀 인식하지 못한다. 대신 대상 현상의 탓으로 돌린다. 대상이 그런 것이기 때문에 내가 그렇게 본 것으로 생각한다. 주관적인 구성물을 객관적인 지각으로 오해한다. 이런 인식에 대해 슈츠는 '맹목적 믿음(blind blief)'이라며 비판하고 있다(Schutz, 1962: 55).

나의 인식은 나의 의식의 구성물이라는 점을 인식하려면 후설이 제안하는 현상학적 환원이 필요하다(Husserl, 1962: §39-43; Heritage, 1984: 41; Schutz, 1962:

15) http://www.understandingprejudice.org/apa/english/page7.htm 참고.

103-106, 122-123). 현상학적 환원이란 주어진 감각 자료를 이해하기 위해 내가 동원한 경험, 이론, 개념, 가치관, 선지식 등을 모두 배제하고 주어진 자료 자체로 돌아가서 그 자료만을 관찰해 보는 것을 의미한다. 주어진 자료를 이해하고 인식하기 위해 의식 · 무의식적으로 동원해 이용하고 있는 경험, 지식, 이론, 가치관 등은 모두 괄호 안에 넣어두고, 이런 경험과 지식에 근거해 이뤄지는 판단을 일단 중지하고 주어진 감각 자료 자체로 되돌아가서 그 감각 자료 자체만을 바라보라는 것이다(Husserl, 1962: §69-71).

예를 들면 이런 것들이다. 우선 앞의 [그림 4-1]을 다시 보자. 이 그림을 보는 순간 나는 이미 이 그림을 '토끼나 오리 또는 토끼-오리'로 인식한다. 그런데 내가 이 그림을 이렇게 인식할 수 있는 것은 내가 경험한 토끼나 오리에 대한 경험과 이 동물들을 묘사한 다양한 그림들에 대한 기억을 이용해 이 그림을 이해하기 때문이다. 주어진 감각 자료 자체로 되돌아가기 위해서는 내가 이 그림을 이해하기 위해 이용하고 있는 경험과 지식들을 잠시 괄호 안에 넣어두고, 그리고는 이것은 토끼나 오리를 그린 것이라는 '판단'을 중지하고 이 그림을 바라보아야 한다. 선험적 의식이 내가 요구하지 않아도 수행하는 해석 작업을 중지하고 이 자료 자체를 보아야 한다. 이것이 바로 현상학적 환원이다. 내가 이미 가지고 있는 지식, 이론, 경험이 나도 잘 인식하지 못하는 사이 나의 인식에 영향을 미치는 것을 중지시켜 보는 것이다. 나의 선지식의 영향을 배제하고 주어진 자료 자체로 돌아가 보는 것이다. 그러면 이 그림은 토끼나 오리가 아니라 단지 구불구불한 선과 점의 조합물이라는 것을 알 수 있다. 세상 어디에도 이렇게 생긴 토끼나 오리는 없다. 크기도 훨씬 작고, 2차원의 평면선분에 불과하다. 내가 실제로 경험한 3차원의 동물인 토끼나 오리와는 분명 크게 다르다. 이렇게 선지식을 배제하고 나면 자료 자체의 모습과 내가 지각한 모습 간의 차이를 비교할 수 있게 되며, 이런 차이를 극복하고 지각을 가능하게 한 지향적인 의식의 역할을 분명히 알 수 있다. 내 의식이 내가 요구하기도 전에 자신이 가진 경험과 지식을 이용해 그렇게 해석해 그 결과만을 보여주기 때문에 내가 이렇게 지각했다는 점을 분명히 알 수 있다.

자연적 태도란 인간 의식의 이와 같은 구성작용을 알지 못하는 일상의 인식 태도를 의미한다. 의식의 역할을 알지 못하므로, 지각의 원인이나 근거를 감각 자료에 돌리는 것이 자연적 태도의 전형이다. 즉, [그림 4-1]이 토끼나 오리 또는 '토끼

-오리'로 그려져 있기 때문에 내가 그렇게 인식했다고 생각하는 것이 자연적 태도다. 나의 의식이 구성 작업을 수행했기 때문에 내가 그것을 토끼나 오리로 볼 수 있다는 것을 알지 못한다.

대상 현상에 대한 인식이 나의 의식의 성취물이라는 것을 알지 못하고 있으므로 주관적인 의식의 구성물을 객관적인 인식의 결과물로 생각하게 된다. 편견적인 이해의 산물인 것은 공정하고 온전한 이해의 산물인 것처럼 착각하게 된다. 생각을 달리하는 사람들은 대상 현상을 제대로 이해하지 못하고 있지 못하기 때문이라고 생각한다. 나는 대상의 모습을 그대로 인지했으므로 나의 인식은 정확하다고 생각한다. 즉, 지극히 편견적이고 주관적이며 이념적인 생각을 하고 있으면서도 자신의 생각이 이런 문제점을 가지고 있다는 것을 잘 알지 못하는 것이 자연적 태도다. 후설이 말하는 자기망각은 바로 자연적 태도에서 비롯된다. 자기 의식의 선험적인 작동과 성취를 알지 못하기 때문에 자신의 의식이 공정하지 못하게 작동할 위험을 제대로 인식하고 경계하지 못하게 된다.

제도 연구자들 역시 자연적 태도로부터 자유롭지 못하다. 연구자들은 나의 이론, 나의 학문, 나의 사상, 나의 가치와 이념을 동원해 사회 현상을 해석한다. 만일 이러한 나의 이론과 이념을 배제하면 결코 그런 결론에 도달할 수 없다. 즉, 사회과학은 결코 객관적인 학문이 될 수 없다는 것이다. 이런 점을 망각하지 않으면 설사 주관적이라고 하더라도 문제가 되지 않는다. 나의 해석이 갖는 한계를 인지하고 있기 때문이다. 또 이런 생각을 사회구성원들이 함께 공유하고 있다면 그것은 단지 주관이 아니라 공통된 주관적인 생각이 되며, 이런 생각는 노스가 말하는 공통된 신념이나 설의 집단지향성이 될 수도 있다. 사회구성원들이 함께 추구하는 비전이 되고 이념이 될 수 있다.

그러나 연구자들의 연구와 자연적 태도가 결합되면 결론의 의미는 잘못 해석되기 쉽다. 자신의 경험과 이론에 근거한 자기 의식의 성취물이라는 것을 알지 못하므로 자신의 연구 결과는 대상 현상에 대한 객관적인 지식인 것으로 오해하게 된다. 설사 자신의 패러다임과 사상을 배경으로 하고 있음을 인식하고 있는 경우에도 자신의 연구 결과가 상대적으로 옳다고 생각하고, 사회 제도는 바로 이런 지식에 근거해 수립되어야 한다고 생각한다. 그러나 이렇게 만들어진 제도는 심할 경우 일종의 이념적 폭력이 될 수 있다. 다른 사회구성원들은 전혀 그렇게 생각하지 않고 있음에도 자기망각에 빠져 자기 인식의 주관성을 인지하지 못한 자연적 태도의 산물이기 때문이다.

예를 들면 이런 것이다. 수도권, 성매매, 비정규직, 재벌 등 우리 사회가 직면하고 있는 문제에 대한 인식들이 객관적인 대상 현상에 대한 인식인가? 그렇지 않다. 어떤 이념과 사상을 배경으로 해서 대상 현상의 특정한 측면만을 골라 이름을 붙인 현상이다. 나무가 있고 산이 있듯이 누구나 공감하고 누구나 동의할 수 있는 대상으로 존재하는 현상이 아니다. 어떤 이념과 사상을 배경으로 특정한 해석에 붙여진 이름이기 때문이다. 그런데 실제 이 문제를 연구하고 있는 연구자나 정책집단들은 이런 점을 망각하기 쉽다. 자신의 해석에서 배제된 측면을 망각하기 쉽고, 자신이 동원하고 있는 이론이나 이념이 누구나 인정할 수 있는 근거를 가지고 있는 것은 아니라는 점을 망각할 수 있으며, 자신들의 생각은 자신들과 생각을 공유한 사람들 사이에서만이 정당화될 수 있다는 점도 망각하기 쉽다. 선험적인 의식도 망각하고 요구하지 않아도 작동하는 해석적인 의식도 망각한다. 그래서 내가 굳이 의도하지 않아도 대상 현상은 이미 '수도권', '성매매', '비정규직', '사교육'으로 보인다. 이것이 자연적 태도에 의한 현상의 객관화다. 내가 그렇게 보기 때문에 꽃이 아름답다는 것을 알지 못하고, 아름다움의 원인을 꽃에게 돌리듯이, 내 해석의 결과를 대상 현상이 가진 본래적이고 객관적인 속성인 것으로 착각하는 것이다.

3 의사 소통 비용 · 합의비용의 증가

인간의 인식이 '자기망각'에 빠지기 쉽고, 일상의 자연적 태도로 인해 자기 인식의 필연적 주관성에 대해 잘 알지 못한다면, 이는 의사 소통 비용과 합의비용의 증가를 초래할 것이다. 즉, 거래비용을 증가시키는 요인이 된다는 것이다.

후설과 하이데거에 의하면, 인간이 인식은 선험적이면서 구성적이고 해석적이다. 숨겨진 의식의 성취에 의지한다는 점에서 선험적이고, 감각 자료에 주어진 것 이상의 어떤 것으로 인식해 낸다는 점에서 구성적이며, 선지식과 선이론을 적용해 세상에 던져져 있는 나에게 갖는 의미를 찾아낸다는 점에서 해석적이다. 그러면서도 자기 인식의 근거와 정당성의 불충분성에 대해 망각하기 쉽다. 그럼에도 불구하고 의심을 철회하고 기꺼이 믿음을 선택한다. 사람의 인식은 자신의 선지식을 이용하는 인식의 구조로 인해 항상 편견적이라는 점도 잘 이해하지 못한다. 선험적으로 작동하고 있는 자신의 의식의 역할을 이해하지 못하는 일상의 자연적 태도로 인해 주관적 이해의 산물을 객관적인 지식으로 오해하기도 한다. 해석적인 앎의 한계로 인해 주변 세계를 공정하게 이해할 수 있는 개방적인 인식 조건에 도달하는 것 자체가 어렵다는 점도 인간은 잘 의식하지 못한다. 결국 자신의 판단의 객관성과 도덕성에 대해서는 과신하면서도 상대의 판단은 모든 점에서 낮게 평가하는 오류를 범한다(Schutz, 1962: 55-56; 마이클 셔머, 2008: 151-188; 2012: 350-381; 찰스 샌더스 퍼스, 2008: 251-305; Mitnick, 2012 등 참고).[16]

이런 인간 사고의 한계는 제도의 수립 과정에서 협상비용과 합의비용을 증가시키는 여러 가지 사고의 편향을 초래한다(마이클 셔머, 2008: 151-188). 다른 사람의 생각의 맹점은 잘 보면서도 자신의 맹점은 잘 알지 못한다. 그래서 자신의 성격에 대해 친구들보다 후한 점수를 주면서 자신의 판단은 객관적이라 생각한다.[17] 스스로를 신뢰하기 때문에 자신의 내면 동기에 대해서는 정당하고 절대적인 것으로 인정한다. 대부분의 기업경영인은 자신이 다른 경영인보다 더 도덕적이라고 생각하고, 고등학생들은 대부분 자신의 다른 학생과 어울리는 능력이 상위라고 생각한다.[18] 마더 테레사가 천국에 갈 확률은 79%라고 생각하면서 자신이 천국에 갈 확률은 87%라고 생각한다.[19] 공식 제도의 수립에 참여한 사람들도 역시 마찬가지일 것이다. 자신을 신뢰하고 있으므로 자신이 더 도덕적이고 더 친화적이라고 생각하고, 문제는 상대방에게 있다고 생각할 것이다. 자신의 좋은 행동에 대한 칭찬은 받아들이고 나쁜 행동에 대한 책임은 상황을 탓하는 경향도 있다.[20] 과거를 현

16) 슈츠는 우리가 일상에서 학습해 의지하며 살아가는 상식적인 지식들은 너무나 익숙해서 더 이상 의심하지 않는 일종의 맹목적인 믿음이라고 설명한다. 마이클 셔머(Michael B. Shermer)는 이런 믿음이 결코 공정할 수 없다는 점을 인간 사고의 여러 가지 편향들을 동원해 설명하고 있다. 퍼스(Charles S. Pierce)는 사람들이 설사 과학적인 방법을 동원해 자신의 생각을 검증한다고 하더라도 이는 자신이 이미 가지고 있는 믿음을 고정화하는 과정일 뿐, 믿음 자체의 정당성을 검증하는 과정은 아니라고 설명한다. 간단히 말하면, 사람들은 설사 증거가 부족하더라도 어떤 상황에 대해 가능성을 믿는 존재이고, 이런 믿음이 편견적일 수 있지만 자신과 믿음을 공유한 사람들과 더불어 살아가거나 이런 사람들에게 의지해 자신의 믿음을 정당화하며 살아간다는 것이다.

17) 맹점 편향(blind spot bias).

18) 자기관찰 착각(introspection illusion).

19) 자기복무적 편향(self-serving bias).

재 알고 있는 바에 맞도록 재구성하기도 한다. 복잡하고 뒤죽박죽인 세계에서 점들을 연결하고 우리가 찾아냈다고 생각하는 이 연결을 기반으로 이야기를 구성해 이해한다.[21] 일부만을 보고 전체 모집단을 판단하기도 한다.[22] 현재 자신이 가지고 있는 믿음을 확인해 줄 수 있는 증거를 인정하고 찾지만 이를 반증하는 증거는 무시하고 재해석한다.[23]

현상학적으로 보면, 이와 같은 사고의 편향은 자신이 이미 가진 선지식과 배경지식을 이용해 새로운 상황의 의미를 구성적 해석적으로 이해해야 하는 인간 의식의 작동 원리에서 수반되는 현상들이다. 선험적 의식의 작동을 알지 못하는 자연적 태도에서 현상을 이해하므로, 자신의 판단을 객관적이고 절대적이라고 생각하고, 자신의 판단이 객관적이므로 자신의 판단이 더 도덕적이라고 생각한다. 내가 이미 알고 있는 지식을 이용해야 하므로 과거의 역사와 나의 배경 지식에 기초해 이해할 수밖에 없고, 수많은 반복적인 경험 속에서 확인해 왔으므로 반증을 공정하게 받아들이기는 어렵다. 이 모든 사고 방식이 서로에 대한 중립적이고 공정한 이해를 방해하는 요인으로 작용하고, 서로가 공감하고 합의에 도달하는 것을 방해하는 요인으로 작용한다.

제도란 관련자들이 서로 의견을 교환하고 합의하는 방식으로 이뤄진다. 그런데 현상학의 설명에 따르면 합의는 공통된 선지식과 선이론에 기초해, 어떤 현상을 동일한 관점에서 바라보면서, 동일한 의미로 해석해 낼 때 달성된다. 그래서 현상학에서의 합의는 일종의 지평 융합(fusion of horizon)이다(Gadamer, 1975: 299-306). 상황을 이해하기 위해 동원되는 선지식과 선이론, 배경적인 지식과 경험 등의 지평이 서로 겹쳐질 때, 진정으로 상대의 생각을 공감하고 동의하고 합의하는 것이 가능하다.

공식 제도의 수립 과정에는 많은 사람이 참여한다. 하나의 어떤 문제를 중심으로 논의하지만 그 문제의 당사자들이 가진 입장은 서로 매우 다양한 것이 보통이

---

20) 전가 편향(attribution bias). 자신의 성공은 근면, 영민함의 결과로 보면서 다른 사람은 운, 재수, 조건의 탓으로 돌린다. 자신의 나쁜 행동은 상황을 탓하고, 다른 사람의 경우는 그의 인격을 탓한다. 자신은 삶 속에서 신을 체험하기 때문에 신을 믿지만 다른 사람들은 위안을 얻고 죽음의 두려움을 피하려고 믿는다고 생각한다. 자신의 믿음은 합리적이라고 생각하면서 다른 사람의 믿음은 충동적이라고 생각한다.

21) 뒷북 편향(hindsight bias).

22) 작은 수의 법칙(law of small numbers).

23) 확증 편향(confirmation bias).

다. 만일 이 문제에 대해 각자가 해결한다면 각자는 자기 나름의 해결책을 모색할 것이다. 그런데 이 문제에 대해 다수의 사회구성원이 함께 합의해야 한다면 상황은 완전히 달라진다. 이는 분명 인간 의식의 작동 원리에 비춰보면, 전혀 새로운 문제를 야기한다. 문제의 상황을 이해하기 위해 각자가 의지하고 있는 인식의 지평은 서로 다른 사람들이 하나의 합의된 결론에 도달해야 하기 때문이다. [그림 4-2]의 설명을 빌리면, X, Y, Z이라는 서로 다른 경험과 이론과 사상을 배경으로 A라는 상황을 이해하고 있는 사람들에게 갑자기 하나의 관점으로 현상을 볼 것을 요구하는 것이다. 하지만 이미 각자가 의지하고 있는 배경적인 지식이 다르기 때문에 합의에 도달하는 것이 결코 쉽지 않다. 왜냐하면, 이미 배경 지식이 다르기 때문에 상대의 입장을 이해하는 것조차 어렵기 때문이다(Dreyfus, 1980: 7).[24] 서로 다른 패러다임을 가진 과학자와 사회사상가들이 상대의 이론과 사상을 이해하기 힘든 것도 이 때문이다.

이런 상황에서 합의를 시도하는 것은 일종의 불가능한 목표에 도전하는 것이나 마찬가지다. 이런 점을 잘 보여주는 것이 애로(Kenneth J. Arrow)의 불가능성 이론이다. 애로에 의하면 사회구성원들이 이미 서로 다른 생각과 선호를 가지고 있을 때, 이들의 다양한 선호를 민주적이고 공정한 방법으로 수렴해 하나의 사회후생함수를 수립할 방법은 없다. 이것이 불가능성 정리다(이정전, 2005: 197-200). 사회후생함수를 공정하게 결정하려면 사회구성원들의 여러 가지 선호를 빠짐없이 무제한 수용할 수 있어야 한다. 어떤 개인의 선호가 독특하다고 하더라도, 단지 독특하다는 이유만으로 그의 생각을 배제할 수는 없다. 단지 다르고 독특하다는 것은 그의 선호를 배제할 수 있는 정당한 근거가 되지는 못한다. 그런데 사회구성원들은 자신들의 사고·언어·이념의 한계로 인해 이미 공유화가 불가능한 서로 다른 생각과 선호를 가지고 있다. 이런 상황에서는 사회의 후생을 극대화할 수 있는 방법을 합리적으로 결정할 수 있게 해주는 함수를 결정하는 것이 불가능하다. 다

24) 드라이퍼스는 로티(Richard Rorty)의 설명을 빌려서 배경 지식을 달리하는 사람들은 상대를 이해하기 위해 동원할 수 있는 지식 자체가 서로 다르기 때문에 서로를 이해할 수 없다(incommensurable)고 설명한다. 로티는 특정한 상황에 처한 사람들이 이런 상황을 배경으로 수립하고 있는 사적인 언어를 동원해 서로 다른 상황에 처한 사람들과 관련되어 있는 공적인 정책을 수립할 경우 이 언어는 상호 이해를 가능하게 하는 언어가 되지 못한다고 설명하고 있다(Rorty, 1989: xv). 로티의 이런 설명은 언어의 의미의 근원에 관한 비트겐슈타인과 하이데거의 설명에 비춰보면 금방 이해할 수 있다. 이런 점에 대해서는 제5장에서 좀 더 자세히 논의한다.

시 말하면, 사회후생을 극대화할 수 있는 방법을 찾아내는 것이 불가능하다는 것이다.

4 정책 및 정치 갈등의 심화

정책 갈등의 기원 역시 가장 근원적으로는 인간 사고의 이런 한계에서 비롯된다. 각자가 주관적·편견적으로 정책문제를 정의하고 있다면 정책 과정에서의 갈등은 불가피하다. 그런데 갈등문제를 더욱 해결하기 어렵게 만드는 것은 주관성과 편견성이 영향을 미치는 단계다. 주관성과 편견성이 우리의 의식이 숨겨진 채 작동하는 단계에서 이미 우리의 생각과 언어에 영향을 미치고 있기 때문이다. 내가 대상 현상을 '무엇' 또는 '어떤 것'으로 볼 때, 우리의 의식은 해석을 성취하면서 이미 숨겨져 작동하고 있다. 그런데 이 단계에서 이미 작용하고 있다. 예를 들면, 내가 어떤 현상을 '성매매', '수도권', '재벌', '사교육' 같은 개념으로 이해할 때, 대상 현상을 이런 현상으로 해석해 구성해 내는 의식의 성취 속에 이미 주관성이 개입되어 있다는 것이다. 그래서 과연 이 현상을 '성매매'로 보는 나의 관점이 정말 편견 없고 주관적인 가치를 배제한 판단인지에 대해 진지하게 반성하기 이전에는 잘 알지 못한다. 그래서 자신의 문제 의식은 각자의 삶의 방식, 각자의 가치관, 각자의 해석적 이해, 각자의 주관적 언어 해석, 각자의 패러다임, 각자의 이해 관계, 각자의 역사와 문화 등을 반영하고 있다는 점을 알기 어렵다. 게다가 해석 순환적인 이해가 깊어지면 이런 이해는 정당성의 근거와 상관없이 돌이키기 어려운 확신이 된다. 이러한 이성의 한계는 연구자들은 물론 정치인, 관료, 이익집단, 시민단체, 유권자 등 정책 과정에 참여하고 있는 누구도 피할 수 없다.

그렇다면, 가령, 사회구성원들이 어떤 문제에 대해 서로 생각을 달리하고 있는 상황에서 정책문제를 공정하게 정의할 수 있는 방법이 있겠는가? 사실상 없다. 서로의 의견을 비교할 공정한 판단의 기준도 없고 공정한 해답도 없다. 서로의 대화를 가능하게 할 수 있는 공통의 의미를 가지는 언어도 부재하다. 동일한 어휘를 이미 다른 의미로 쓰고 있다. 이미 나는 옳고 상대방은 틀렸다는 결론에 도달해 있다. 나의 사상과 이론과 경험과 삶의 방식과 나의 해석의 틀에 비춰보면 당연히 내가 옳기 때문이다. 어떤 문제가 사이비 문제가 되는 것은 굳이 문제가 아닐 수도 있는데 내가 나의 가치관과 나의 삶의 방식과 나의 이념을 기준으로 문제를 정의하면서 시작된다. 그런데 우리의 생각과 언어는 안타깝게도 이런 방식으로 작동할 수밖에 없는 한계를 가지고 있으면서, 게다가 이런 한계를 스스로 알기도 어려운 이중적인 약점을 가지고 있다. 나의 입장에서는 객관적이고 심각한 문제로 느껴지지만 이러한 나의 문제 의식은 나의 주관적 해석의 산물이라는 점을 인식하기 어렵고, 내 사고의 주관성과 자기참조성을 망각하고 있어서 나에게 심각한 문제라도 다른 사람에게는 그렇지 않을 수 있다는 것을 알기 어렵다. 심지어는 나의 문제 의식에 동의하지 않는 사람들을 무지하거나 도덕심이 결여된 사람으로 생각하기까지 한다.

이런 점에서 정책 갈등은 단지 이해 갈등이나 이념의 갈등이 아니라 우리의 사고 방식 자체가 편견적으로 작동하는 이성의 한계에 뿌리를 두고 있으며, 이런 상황에서 갈등의 원인은 서로가 상대에게 있다고 볼 가능성이 높다. 그러나 갈등의 원인은 어느 한쪽에 있는 것이 아니라 우리 모두의 이성의 한계에 있다. 하지만, 이런 이성의 한계에 무지할 경우, 상대에게 잘못이 있으므로 내가 양보해야 할 이유는 없으며, 갈등은 타협 없는 평행선을 그리게 될 것이다.

슈츠는 이에 대해 '자연적 태도'에서 자명한 것처럼 보이는 실재, 즉 과학 이전에 과학이 근거하고 있는 인식의 기초가 되는 구조 자체를 상호 주관적으로 형성할 것을 요구하고 있다(Schutz & Luckmann, 1974: 3; Heritage, 1984: 66). 이미 달리 보이고 있다면 갈등의 해결이 어렵다. 동일한 것을 달리 보게 되는 인식의 근원적 구조 자체를 함께 만들어야만 갈등을 예방할 수도 있고, 갈등을 해결할 수 있는 공통의 기반도 만들 수 있다. 가다머가 공통된 해석을 위해 해석의 기반이 되는 지평 융합(fusion of horizon)을 요구하는 것도 이런 이유 때문일 것이다(Gadamer, 1975: 305).

지평 융합이란 서로 다른 관점과 배경적인 지식에 기초해 A라는 현상을 이해하고 있는 X, Y, Z이라는 세 사람이 A를 위해 동원하고 있는 배경적인 지식에서 서로 융합이 일어나는 것을 의미한다. 즉, 다른 관점에서 보면 달리 보일 수밖에 없다. 동일한 결론에 도달하려면 해석의 근거가 되고 있는 배경 지식과 관점의 차이가 해소되어야 한다. 이것이 지평 융합이다. 그런데 정치에서의 지평 융합은 사실상 자기의 정치적 정체성의 약화 또는 상실을 의미할 수도 있다. 결코 쉽지 않다. 결국 각자는 자신의 정치적 이념과 정치적 이해에 집착할 수밖에 없고, 양보와 타협보다는 치열한 경쟁과 충돌을 피할 수 없게 된다. 그러나 중요한 것은 어떤 쪽이 승리하든 그러한 승리는 다수의 승리가 되지는 못할 가능성이 높다는 점이다. 왜냐하면, 지평 융합이 없는 상황에서의 패배는 나는 이해할 수 없고 동의할 수 없는 법과 정책의 수립을 낳기 때문이다.

제 5 장

제도와 언어: 언어철학적 접근

제 1 절 제도의 수립과 언어

언어는 사회세계에 존재하지 않는 제도의 수립을 가능하게 한다는 점에서는 창조의 재료다. 언어가 없이 언어에 의해 서술되고 의미가 부여되어야 하는 제도가 만들어질 수는 없다. 우리는 언어를 이용해 약속을 하고, 협약을 체결하고, 사회 공동의 규약을 만들며, 정책과 법도 만들고, 기업을 비롯한 조직의 정관도 만든다. 언어가 이런 역할을 할 수 있게 되는 것은 첫째는 그것이 어떤 공통의 의미를 담고 있기 때문이고, 둘째는 언어를 이용해 행동을 하는 것도 가능하기 때문이다. 즉, 약속을 하고 규약을 만드는 것은 단지 의미를 서술하는 것이 아니라 어떤 행동을 하는 것이다.

그러나 언어는 일종의 양날의 칼이다. 놀라운 힘도 가지고 있지만 동시에 치명적인 약점도 가지고 있다. 가령, 제4장에서 설명했던 것처럼, 인간의 인식은 매우 편견적이기 쉽고, 주관적인 인식을 객관적인 것으로 오해할 수 있으며, 구체와 추상을 혼동하기 쉽고, 해석 순환적인 편견에 빠질 위험도 높다. 그런데 언어는 이와 같은 인간 인식의 한계를 그대로 반영하고 있을 가능성이 높다. 언어는 인식과 사고의 가장 핵심적인 구성물이기 때문이다. 즉, 객관적인 의미를 담고 있는 것 같지만 지극히 주관적이고 편견적인 의미를 담고 있을 수 있다. 그럼에도 불구하고 당사자 자신은 자신이 사용하고 있는 개념이 주관적이고 편견적인 자신의 인식을 반영하고 있다는 점을 잘 모를 수도 있다. 후설(Edmund Husserl)은 우리의 이와 같은 일상적 시각을 자연적 태도(natural attitude)라고 부르고 있다. 인간의 인식은 자신이 이미 가지고 있는 지식과 이론, 경험 등을 참고해 새로 주어진 자료의 의미를 해석해 내는 방식으로 이뤄진다. 이처럼 인식은 의식의 구성 과정의 산물이라는 것을 알지 못하는 것이 자연적 태도다. 매우 추상적이고 모호한 자료를 접했음에도 상당히 구체적인 의미를 포함하고 있는 것으로 오해할 수 있다. 또 자신의 언어는 자신의 선지식을 반영하고 있음에도 이런 사실을 모를 수도 있다. 언어와 개념들이 사회구성원 전체에 적용되는 법과 정책을 수립하기 위한 재료로서 갖춰야 할 의미의 공정성이나 공유 및 공감의 가능성을 결여하고 있을 가능성이 높다는 것이다.

좀 더 구체적으로 생각해 보자. 비행기나 자동차의 설계도를 먼저 생각해 보자. 이 설계도들은 각종 기술적인 용어들로 가득 차 있을 것이다. 수십만 개의 부품에 관한 복잡한 기술적 용어들로 이 설계도는 채워져 있을 것이다. 그러나 이처럼 수많은 부품을 생산하고 조립해 비행기를 만드는 과정에서 설계도에 포함된 용어의 의미 자체가 장애물로 작용하지는 않는다. 이 용어들에 대해 이 과정에 참여하고 있는 수많은 관련자가 의미를 공유할 수 있고, 또 이렇게 공유한 의미에 기초해 설계도에 서술되어 있는 그대로 비행기를 만들 수도 있다.

하지만 사회 제도는 하나의 설계도에 기초해 수립하는 것이 간단치 않다. 헌법, 법률, 협약, 정관 등도 일종의 설계도다. 국가의 질서, 정부의 조직, 특정 목적을 가진 조직, 행동의 규칙, 사회 제도 등에 대한 설계도다. 이러한 공식 제도들이 포함하고 있는 언어의 의미에 대해 사회구성원들은 얼마나 공감할 수 있는가? 만일 사회구성원들이 설의 설명처럼 집단 지향적으로 공감하고, 공통된 의미를 부여하며,

공통된 지위나 역할을 부여하면 이런 제도는 얼마든지 만들어질 수 있다. 그러나 실제 이런 공식 규칙을 이루고 있는 언어들의 의미에 관해 공통된 의미를 부여하는 일은 결코 쉽지 않다. 이들 언어에 관해서는 끊임없이 해석의 갈등이 있어 왔다. 이런 해석 문제에 대해 해당 부처가 유권 해석을 하기도 하고,[1] 법원이 재판을 통해 판결을 내리기도 하며, 대법원이나 헌법재판소의 판단에 가서야 최종적으로 공식적이고 국가적인 해석이 내려지기도 한다. 그러나 제도적으로는 최종적인 결론이 내려지더라도, 이런 해석에 사회구성원 전체가 공감하고 동의한다는 보장은 없다. 설사 법원의 판단은 그러하더라도 사회구성원들은 자신의 생각이 옳다고 판단하고, 그런 해석 방식과 행동 방식을 여전히 지속할 수 있다. 그렇다면 사회 제도에 관한 언어에서는 왜 이렇게 해석의 문제가 심각하게 발생할 수밖에 없는가? 간단히 말하면, 자동차의 설계도에서처럼 공정하고 객관적인 해석의 기준이 없기 때문이다. 다시 말하면, 사회 현상이나 사회 제도에 관해서는 누구나 공감할 수 있는 객관적인 의미를 갖는 언어를 만들어 내는 것이 결코 쉽지 않다는 것이다.

언어의 의미를 부여하는 방법에는 여러 가지가 있다. 아래에서 좀 더 구체적으로 논의하겠지만, 수학이나 기하학에서처럼 개념 정의에 의해 의미를 부여할 수도 있고, 자연과학에서처럼 대상을 기준으로 의미를 부여할 수도 있다. 사회 현상으로부터 특정 측면들을 추출하고 구성해 의미를 부여할 수도 있다. 또 인간의 의식이나 심리에 관해서는 어떤 표상과 같은 것을 참고해 의미를 부여할 수도 있다. 수학이나 자연과학의 개념은 상대적으로 객관성이 높은 의미의 부여가 가능하다. 반면, 사회 현상에 관한 개념은 그렇지 않다. 그 개념에 의해 지칭되고 있는 현상 자체가 사회에 따라 다르고 상황에 따라 다르고 시대에 따라 다르다. 동일한 명칭으로 불리더라도 실제의 의미는 상당히 다른 것이 사회 현상에 관한 언어들이다.

게다가 사회 현상에 관한 언어는 그것이 의미하는 바가 존재하는 양상 역시 매우 독특하다. 가령 어떤 사회사상가가 '민주적 사회'에 대해 자신의 희망과 기대를 담은 어떤 글을 썼다고 하자. 그렇다면, 이때 이 사회사상가가 말하는 '민주주의'는 어떤 실제적인 의미가 있는 것인가 없는 것인가? 우선 이때의 민주주의는 그가 속

1) 가령, 보건복지가족부가 2009년 발행한 자료를 보면, 해당 부처는 공중위생관리에 관한 법령의 해석에 관해서 138건의 질의와 이에 관한 답변 내용을 자료집으로 편찬해 공포하고 있다(보건복지가족부, 2009, 「공중위생관리 질의응답집」). 이 자료집은 1개 과에서 자신들의 업무와 관련된 유권 해석 사항들을 정리한 것이다. 따라서 부처 전체로 보면 이와 같은 유권 해석에 대한 질의가 훨씬 많을 것이다.

한 사회의 현재의 상태에 관한 것은 아니다. 그러므로 현재의 사회 상태를 근거로 그가 말하는 민주주의의 의미를 알 수는 없다. 그러나 있는 것을 참고해서 없는 것에 대해 말할 수는 있으므로 현재의 상태가 그가 말하는 민주주의의 의미를 이해하는 데 분명 도움은 될 것이다. 설사 현재의 상태를 참고해서 그가 의미하는 바를 이해한다고 하더라도 이것이 실재하는 현상에 관한 서술을 담은 것은 아니라는 점에서 이때의 의미는 일종의 '관념'에 그친다고 해야 할 것이다. 다시 말하면, 상상하고 희망하는 의식작용의 내용은 될 수 있어도, 현실에 관해 서술하는 의식의 내용은 분명 아니라는 것이다. 이 사상가가 말하는 '민주주의'가 '실재'적인 의미를 가지는 때, 즉 경험적인 증거를 가지는 때는 그가 말하는 그와 같은 사회가 실제로 도래했을 때다. 그런데 선진국과 같은 민주적인 질서를 실제로 이룩한 사회는 분명 많지 않다. 안타깝게도 이 사상가가 속한 사회 역시 민주적인 질서를 이룩할 수 있는 사회적인 여건을 거의 가지고 있지 못할 가능성이 크다. 그래서 실제로 그의 사회가 그가 꿈꾸는 민주적 사회를 이룩할 가능성은 낮다. 상황이 이와 같다면 그가 말하는 민주주의는 어떤 의미를 갖는가? 지금의 사회를 서술한 것도 아니고, 실현 가능성이 높은 미래의 상황을 서술한 것도 아니다. 보통 '개념(concept)'이라는 것은 '그것이 진실이 되는 조건'이 근거해 성립한다(Kemp, 2011: 32). 만일 그렇지 않다면 그 개념은 현실과는 아무런 상관이 없는 공허하고 무의미한 상징에 불과한 것이 될 것이고, 이런 논의는 과학적 지식을 가능하게 하는 것은 분명 아니다. 그럼에도 불구하고 우리는 그의 글을 읽으면서 설사 유토피아를 희구하는 다소 허황된 꿈이라고 하더라도 그의 '민주주의'가 무의미하다고 말할 수는 없을 것이다. 가능성이 전혀 없다고 할 수도 없기 때문이다. 비트겐슈타인의 표현을 빌리면, 민주주의에 대한 이런 논의는 그와 생각을 같이하는 사람들 간의 언어 게임에서는 의미가 있지만, 전혀 생각을 달리하는 사람들에게는 무의미하다.

왜 언어를 이용해 제도를 수립하는 것이 쉽지 않은가? 왜 언어적으로는 화려한 제도의 성(城)을 지어놓고 있으면서, 실제의 삶은 그 성 옆에 지어진 초라한 오두막에서 살아야 하는 제도와 현실의 괴리가 발생하게 되는가? 제도 수립의 필연적 매체인 언어가 한편으로는 제도의 수립을 가능하게 하지만, 자칫 잘못 이해할 경우 오히려 제도의 수립에서 상당한 혼란을 초래할 수 있기 때문이다. 언어적으로만 생각하면 될 것 같지만, 실제 제도 현상이 창조되고 수립되는 과정은 언어로 서술할 때와는 완전히 다른 양상을 보일 수 있기 때문이다. 비행기는 공기를 이용해 대지를 이륙한다. 그런데 하늘을 나는 비행기에게 가장 큰 장애물이 되는 것 역시 공기다. 언어의 약점에 무지하면서 장점만을 취할 수는 없다. 언어의 약점을 알아야만 장점을 살려내어 제도를 만드는 데 조심스럽게 이용할 수 있다.

언어철학을 참고해 생각해 보면, 언어는 제도 연구자들이 내가 원하는 목적을 위해 자유롭게 이용할 수 있는 안전하고 객관적인 도구가 결코 아니다. 언어는 한편으로는 제도의 창조와 수립을 가능하게 하지만 그렇다고 약점이 없는 완전한 도구가 결코 아니다. 언어 자체가 상당한 약점을 가지고 있다. 언어가 이런 약점을 가지고 있다면, 언어에 의지할 수밖에 없는 제도의 수립에도 상당한 혼란을 초래할 가능성을 직감할 수 있다.

제 2 절 언어의 발생 원리와 의미의 근원

1 언어의 발생과 지향성

일상의 상호작용 관계에서 인간이 가진 지향적인 의식 능력의 위력을 가장 극명하게 보여주는 것이 언어다. 보통 우리는 이미 대상이 거기에 있고, 거기에 이름을 붙이면 언어는 만들어진다고 생각한다. 물론 이런 측면이 있고, 언어의 기원에 대한 전통적인 생각도 그렇다(Wittgenstein, 2009a: §1). 그러나 이런 생각은 언어를 가능하게 하는 가장 핵심적인 요소를 망각한 것이다. 언어를 가능하게 하는 것은 우리의 의식이다. 인간의 의식에 의해 언어는 창조된다. 기호에 불과한 언어에 의미를 부여하는 일이 가능한 것도 인간 의식의 지향적 인식의 능력에서 기원한다. 언어는 의식의 창조물이기 때문에 인간의 의식의 약점들도 거울처럼 반영하고 있다. 언어를 제대로 알기 위해서는 우선 언어가 우리의 의식과 맺고 있는 관계부터 이해해야 한다.

지향적인 의식 능력이 어떻게 언어를 가능하게 하는지 생각해 보자(사공영호,

2012a: 228-229). 먼저 지시적으로 이름을 붙이는 단순한 경우를 생각해 보자. 아직 일상 언어들이 전혀 발생하기 않은 상황에서 어떤 사람이 토끼에게 '가바가이'라는 이름을 붙이고자 한다고 가정하자. 이 명칭이 토끼에 대한 명칭이 되기 위해서는 그 명칭을 가족구성원이나 공동체 구성원들이 공유해야 한다. 이렇게 어휘를 공유하기 위해 한 사람이 자신의 손으로 토끼를 가리키면서 '가바가이'라고 다른 사람에게 말하고 있다고 하자. 이런 식으로 토끼에게 '가바가이'라는 이름을 붙일 수 있는가? 전통적인 생각은 이렇게 하면 대상에 대해 이름을 붙일 수 있다는 것이다. 그러나 사실은 전혀 그렇지 않다. 아무리 여러 차례 반복하더라도 상대방은 그가 말하는 '가바가이'의 의미를 정확히 알 수는 없다. 토끼를 가리키면서 '가바가이'라고 말했다고 하더라도 그것이 흰색을 의미했을 수도 있고, 토끼의 특정 부분을 의미했을 수도 있고, 토끼의 털을 의미했을 수도 있으며, 숫자를 의미했을 수도 있고, 토끼털의 부드러운 느낌을 의미했을 수도 있다. 상황에 따라서는 그 외 전혀 예상하지 못한 것을 의미했을 수도 있다. 즉, 지시하는 것 자체만으로는 결코 '가바가이'의 의미를 고정시킬 수 없다.

'가바가이'의 의미를 고정하기 위해서는 이 말이 토끼가 아니라 '흰색', '털', '토끼의 특정 부분' 등 다른 것을 의미할 가능성을 기각할 수 있어야 한다. 그런데 이런 작업은 단지 동일한 상황에서 토끼를 가리키는 것만으로는 결코 이뤄질 수 없다. 발언자는 서로 다른 상황에서 '가바가이'를 말하면서 토끼라는 의미 외에 의미들을 기각할 수 있는 참고 자료들을 제공할 수 있어야 한다.[2] 그리고 이 말을 듣는 청취자는 이런 상황들을 비교하면서 그가 하는 말의 의미를 추리하고자 노력해야 한다. 예를 들어, 모두 흰색이면서, 모두 털이 있는 말과 염소와 토끼를 동시에 비교하면서 이것은 토끼, 이것은 말, 이것은 염소라고 말하면 그 말을 듣는 사람은 토끼라는 어휘로 털이나 흰색을 의미하지는 않고 있다는 것을 좀 더 쉽게 알 수 있을 것이다. 우리는 아이들에게 동물에 대해 가르칠 때 토끼, 코끼리, 기린, 개, 소, 말 등이 함께 그려진 그림책을 흔히 이용한다. 왜 이렇게 하는가? 서로 다른 동물들의 그림을 보면서 아이들이 지금 자신들이 배우고 있는 것이 동물들에 관한 이

2) 리머(Riemer, 2010: 94-95)는 설(Searle, 1969)의 연구를 인용하면서 언어가 그것이 의미하는 지시 대상을 지칭하기 위해서는 첫째, 발언자의 발언을 적용할 수 있는 오직 하나의 대상이 존재해야 하며, 둘째, 발언자의 표현에서 대상을 규정할 수 있는 충분한 방법들이 청자들에게 제공되어야 한다고 설명하고 있다.

름이라는 것을 쉽게 짐작할 수 있도록 하기 위해서다. 빨간색을 설명하기 위해 초록색, 노란색, 주황색을 함께 설명하고, 숫자를 가르칠 때는 1, 2, 3, 4, 5 등을 함께 가르친다. 이 역시 이유는 마찬가지다. 각 이름의 의미를 알기 위해 아이들이 추리하고 생각해야 할 부담을 줄여주는 방법이기 때문이다. 여기서 중요한 점은 지시하는 것만으로는 결코 의미가 확정되지 않는다는 점이다. 어휘의 의미를 이해하기 위해서는 우선 경쟁적인 관계에 있는 의미들을 기각하고 특정한 의미를 추리하기 위해 참고할 수 있는 자료나 상황이 주어져야 한다. 또한 이와 같은 상황 속에서 해당 언어의 의미를 추리하고 구성해 낼 수 있는 지향적인 인식 능력을 가지고 있어야만 한다. 동물들이 언어의 의미를 납득하지 못하는 것은 그들에게 참고할 만한 자료가 전혀 주어지지 않기 때문이 아니다. 참고할 만한 자료는 있어도 이런 추상의 차원을 구성해 낼 수 있는 지향적인 인식 능력을 가지고 있지 않기 때문이다. 이런 점에서 언어는 단지 대상에 붙여진 이름에 불과한 것이 결코 아니다. 인간이 가지고 있는 추리 능력과 지향적인 구성 능력에 의해 창조된 인간의 의식 능력의 산물이며 의식 능력의 증거다.

언어가 사회성을 가지는 것도 언어의 의미를 부여하는 과정 자체가 일련의 지속적인 상호작용을 요구하기 때문이다(Rawls, 1989). 롤스(A. Warfield Rawls)는 상호작용이 지속되는 과정에서 연속적으로 발생하는 상황들이 공유의 의미 대상을 포함하고 있을 때, 사람들은 이런 상황 조건에 근거해 언어를 만들 수 있다고 설명한다. 게다가 이처럼 자신들이 공유하고 있는 상황을 기반으로 어휘의 의미를 부여할 때는 다른 어떤 사전적인 배경 지식도 필요하지 않다. 공유하고 있는 참조의 근거를 기초로 얼마든지 의미를 부여할 수 있다. 각 사회가 서로 다른 언어들을 만들 수 있는 것도 이 때문이다. 다만, 서로 상대방과 공유된 의미에 도달하기 위해 협력하려는 태도를 공유하는 것으로 족하다(Rawls, 1989: 157-169). 이런 연속적 과정에서 1차적으로 지시하고 비교하는 것이 용이한 명사나 형용사들이 만들어지면, 이런 명사와 형용사들에 기초해 더 추상성이 높은 명사와 형용사들이 파생되어 나오고 관련되는 동사들도 파생되어 나올 수 있을 것이다.

이팔루크(Ifaluk)족은 '파고(fago)'라는 하나의 어휘를 '사랑한다', '슬프다', '고향 생각' 등의 여러 가지 의미로 사용하고 있다(Gergen, 2009: 65-66). 이처럼 하나의 어휘로 다양한 뜻을 전달하는 것이 어떻게 가능한가? 하나의 어휘임에도 다양한 뜻으로 의미를 구성하고 해석해 낼 수 있는 인간의 의식 능력이 이를 가능하게 한다. '사랑한다', '슬프다', '고향 생각'과 같은 어휘들은 의미의 대상을 지시하는 것조차도 불가능하다. 하지만 인간은 어떤 발언의 의미를 이해하기 위해 발언이 이뤄진 상황과 전후의 맥락, 상대방의 표정, 상대방의 말투까지도 거의 무의식적으로 참고할 수 있다.[3] 이처럼 언어의 의미를 이해하기 위해 참고할 수 있는 많은 자료를 고려하면, 설사 동일한 어휘라도 얼마든지 서로 다른 의미가 될 수 있다. 마치 주변에 놓이는 퍼즐 조각에 따라 하나의 퍼즐이 전혀 다른 그림의 일부가 되는 것과 같다. 언어의 사용자가 그 어휘를 어떤 맥락에서 사용하는가에 따라 의미는 전혀 다른 의미로 달라질 수 있고, 이런 차이점을 해석해 그 어휘의 의미를 이해할 수 있는 것이 인간의 이해 능력이다.

언어란 어떤 대상, 심상, 현상, 표상 등에 붙여진 이름이라고 생각하는 것은 인간의 의식과 언어의 발생 및 작동 원리에 대한 무지에서 비롯되는 심각한 오해다. 객관적인 대상에 대해 객관적인 명칭을 붙인 것이 언어이며, 따라서 언어를 이용해 주변 세계에 대해 객관적인 지식을 얻어낼 수 있다고 생각하는 것도 인간의 의식과 언어에 대한 심각한 무지의 산물이다. 언어는 철저하게 인간의 의식의 산물이며, 사회적인 상호작용의 산물이다.

2 기호삼각형과 언어의 발생

언어가 어떻게 의미를 얻고 작동하는지 의미 연구자(semanticists)들이 기호의 분석을 위해 사용하는 기호삼각형(semiotic triangle)을 적용해 생각해 보자(Riemer, 2010: 13). 이들에 의하면 언어 자체는 하나의 기호에 불과하다. 그 자체로는 아무런 의미도 가지지 않는다. 그것 자체로는 세상에 대해 어떤 사실을 서술하고 있는 것도 아니고, 상대방에게 전달하고자 하는 나의 생각을 담고 있는 것도 아니다. 기호에 불과한 언어가 의미를 얻기 위해서는 다른 두 가지와 관계를 맺

---

3) 메라비언(Mehrabian, 1971)에 의하면 사람들이 서로 얼굴을 마주하고 대화할 때 의사 전달의 내용에서 언어(words)가 차지하는 비중이 매우 낮으며(7%), 목소리의 톤(38%)과 얼굴의 표정과 같은 비언어적인 표현(55%)이 나머지를 차지한다. 특히, 언어적인 내용과 다른 것이 충돌할 경우 언어 자체보다는 그 사람의 표정이나 목소리에서 느껴지는 느낌을 더 중시한다.

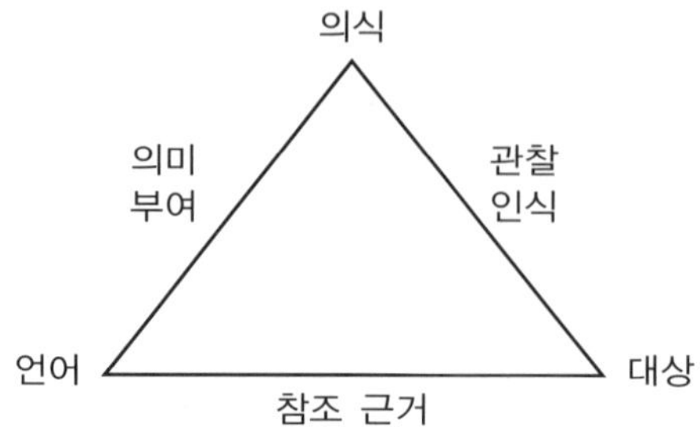

그림 5-1 언어의 구조

어야 한다. 첫째는 그 기호에 의미를 부여하고, 부여된 의미를 해석하는 인간의 의식이다. 기호에 불과한 언어가 어떤 현상이나 대상에 관한 서술이 되기 위해서는 의미를 부여함으로써 그것이 다른 무엇인가에 관한 것이 되도록 하는 인간 의식의 개입이 있어야 한다. 또 그것 자체는 가지고 있지 않는 부여된 의미를 해석하는 데도 인간 의식의 역할이 필연적이다. 둘째는 인간의 의식이 기호에 의미를 부여하거나 또는 부여된 의미를 해석할 때, 어떤 의미를 부여하고 어떤 의미로 해석해 낼지를 결정하는 참조 대상(referent)이 있어야 한다.

가령 '물'이라는 기호는 그 자체만 놓고 보면 아무런 의미도 담고 있지 않은 무의미한 인공적 선분집합에 불과하다. 이것 자체로는 어떤 의미도 담고 있지 않으며, 따라서 이것 자체만을 관찰해서는 그 속에서 어떤 의미도 얻을 수 없다. 이 무의미한 기호 '물'이 어떤 의미를 가질 수 있으려면, 그것이 본래는 가지고 있지 않은 어떤 의미를 그것에 부여해야 한다. 또 부여된 의미가 무엇인지 해석할 수 있어야 한다. 바로 이런 작업을 하는 것이 인간의 의식이다. 그렇다면 기호에 부여할 의미는 어떻게 규정할 수 있을 것인가? 그것은 순전히 그러한 의미를 부여하는 사회구성원들의 선택이다. 이 기호로 특정한 인간의 행동을 지칭하도록 할 수도 있고, 특정한 자연의 생물을 지칭하도록 할 수도 있으며, 그 외 또 다른 어떤 것을 지칭하도록 할 수도 있다. 무엇을 지칭하든 그것이 분명한 의미를 가지려면 의미의 부여자인 인간이 보기에 구별이 가능하고 또한 그러한 구별을 사회구성원들이 함께 공유하는 것이 가능한 그런 어떤 대상이나 현상 또는 속성이 되어야 할 것이다. 이런 방식으로 '물'이라는 무의미한 기호는 거기에 의미를 부여하는 인간 의식 능력의 도움을 받아 그것이 본래는 가지고 있지 않던 의미를 부여받게 되고, 이렇게 되면 그것은 단지 무의미한 기호에 불과한 것이 아니라 어떤 의미를 담고 있는 언어가 된다.

이렇게 언어가 만들어지면, 언어는 주변 세계에 대한 서술을 위한 수단이 될 수도 있고, 제도의 수립을 위한 도구가 될 수도 있다. 또 언어가 없이는 불가능한 복잡한 사고와 계산, 추리를 가능하게 할 수도 있다. 즉, 사고를 위한 수단이면서 진리를 얻는 수단이 되는 것이다(Searle, 2010: 69, 89). 기호삼각형을 기준으로 하면, 진리란 언어로 서술된 내용을 만족시키는 상황이 언어로 서술한 대상에서 일어날 때 얻어진다. 이것이 진리에 관한 대응이론(correspondence theory)이다. '눈은 희다'는 명제는 실제 눈을 관찰했을 때 그 색깔이 항상 흰색이라면 진실이 된다. 이런 방식으로 세계에 관한 지식을 얻으면 우리는 세계에 관한 진정한 앎에 도달할 수 있다. 비트겐슈타인이 언어의 한계가 세계의 한계라고 규정하는 것도 이 때문이다.[4] 인간은 언어에 의해 사고한다. 그렇다면 인간이 가지고 있는 언어가 사고할 수 있는 대상의 한계를 결정한다. 만일 어떤 대상에 대해 사고할 수 없다면 그 대상에 대해 알 수도 없고, 알 수 없다면 그 대상에 대해 지식을 얻고 그 대상에 대해 적절히 대응하며 살아가는 것도 불가능하다. 결국 언어가 인간이 이해하고 대응하며 살아가는 세계의 한계를 결정하게 된다.[5]

언어의 발생 원리를 생각해 보면, 이 기호에 어떤 의미를 담을 것인지는 의미를 부여하는 작업을 수행하는 인간의 지향적인 의식 능력의 범위에 달려 있다. 인간이 자신의 의식 능력을 이용해 분류하고 개념화하고 지각하고 생각하고 추상하고 상상하고 추론하는 그 모든 것이 의미의 대상이 될 수 있다. 앞서 설명했던 어떤 사회사상가의 '민주주의' 개념을 다시 생각해 보자. 지금 있는 현상도 아니고, 그렇다고 장래에 분명히 있을 것으로 확신할 수 있는 현상도 아니다. 그럼에도 불구하고 그는 이런 의미의 민주주의에 대해 신념을 가지고 있고 소망하고 있고 이의 실현을 위해 그의 삶을 바칠 각오를 하고 있을 수도 있다. 도대체 언어라는 것이 무

---

4) 비트겐슈타인의 『논리철학논고』 5.6, 5.62, 5.63 등과 남경희(2005: 57-64)의 연구 참고.

5) 이런 생각은 『논리철학논고』에서의 비트겐슈타인의 입장이다. 이런 생각은 그의 후기 철학에서는 완전히 달라진다. 언어를 매개로 얻는 명제적인 지식이 인간이 얻을 수 있는 유일한 지식이 아니다. 인간이 실제로 주변 세계를 이해하고 대응하며 살아가는 데는 언어적으로는 서술할 수 없는 지식(예: skill, know-how)을 포함하고 있으며, 개념으로 규정할 때는 오히려 대상 현상의 의미가 왜곡되는 일이 일어날 수도 있다고 설명한다.

엇이기에 이처럼 지극히 가능성이 낮을 수도 있는 어떤 상황에 대해 확신을 갖게 하고, 소망을 갖게 하며, 그것이 삶의 목표가 될 수도 있는가? 이런 질문에 대한 대답은 언어의 의미와 인간의 생각, 그리고 언어에 의해 서술되는 대상이 맺고 있는 신비롭고도 미묘한 관계에 대한 분석을 요구한다.

3 수학 및 자연과학에서 언어와 의미

1) 이념적 대상에 대한 생각과 언어의 수립

0, 1, 2, 3, 4, 5와 같은 숫자들, +, -, ×, ÷ 등과 같은 계산 방법들, 점, 선, 삼각형, 사각형 원과 같은 기하학의 개념 등 인간의 생각에 의해 생성된 개념들을 먼저 생각해 보자. 이 개념들은 정의에 의해 생성되는 언어들이다. 따라서 이 개념들은 의미를 알기 위해 세상의 어떤 대상을 참고할 필요가 없다. 정의하는 어휘들의 의미만 알면 이 개념들은 이해할 수 있다. 유클리드 기하학을 예로 들면, 점, 선, 직선, 각도, 도형 등에 대한 정의가 이뤄지면, 이런 어휘들에 대한 정의에 기초해 삼각형, 사각형, 원을 정의할 수 있다. 삼각형에 대해 세계의 변을 가진 도형이라는 정의가 내려지면, 이와 같은 삼각형의 정의로부터 삼각형에 대한 다음과 같은 여러 가지의 법칙적인 명제를 도출할 수 있다. 2각의 합은 180°보다 작으며, 가장 긴 변의 반대편에 있는 각이 가장 크다. 또 가장 큰 각의 반대편에 있는 변이 가장 길며, 두 변의 길이의 합은 남아 있는 한 변의 길이보다 크다. 그러나 이런 명제들을 알기 위해 세상에 있는 어떤 사물이나 현상을 참고할 필요가 없다. 이 명제를 검증하기 위해 세상의 어떤 대상을 관찰해야 할 필요도 없다. 그래서 이 개념들과 법칙들은 교실에서도 배울 수 있다.[6]

이 개념들이 인간의 의식 능력에 의해 창조되는 관념이라는 점은 다음과 같은 점을 생각해 보면 금방 알 수 있다. 어떤 수학교사가 삼각형에 관해 설명하기 위해 칠판 위에 임시로 삼각형을 그렸다고 하자. 그렇다면 이 그림은 그려진 모습 그 자체에 근거해 삼각형으로 지각되는가? 즉, 정확히 삼각형으로 그려졌기 때문에 그

6) 칸트가 말하는 분석명제는 이와 같은 것들이다. 개념에 대한 분석만으로도 그 개념이 의미하는 대상에 대해 많은 지식을 얻을 수 있다.

것을 삼각형으로 인식하는가? 그렇지 않다. 그가 그린 선분을 자세히 보면 그것은 정확한 직선 모양을 하고 있는 것이 아니라 여기저기 휘어져 있다. 다시 말해 칠판 위의 도형 자체는 실제로는 몇 각형인지 알 수 없을 정도로 많은 각도를 포함하고 있다. 삼각형이 아니다. 그런데 왜 우리는 이 정체 불명의 도형을 놓고 삼각형을 설명할 수 있고, 삼각형에 대해 학습할 수 있는가? 토끼-오리를 인식할 때처럼 필요한 부분은 선택하고 필요 없는 부분은 배제할 수 있기 때문이다. 우리가 가지고 있는 삼각형에 대한 개념적 이해에 기초해 그것을 삼각형으로 '보기' 때문에 삼각형이 되는 것이다. 이런 점에서 '삼각형'에 대한 우리의 인식은 우리가 이미 가지고 있는 개념적 이해, 즉 '관념'의 산물이다.

숫자를 배울 때도 마찬가지다. 손가락을 펼치면서 '하나!', '둘!', '셋!', '넷!' 하며 아이에게 수에 대해 가르친다. 그런데 이때도 펼쳐지는 손가락 자체에는 개념으로서의 숫자는 포함되어 있지 않다. 손가락의 움직임과 더불어 서로 다른 소리가 발언되고 있을 뿐이다. 개념으로서의 숫자는 이런 동작과 언어 속에서 구성해 내야만 존재할 수 있다. 숫자의 차원이라고 하는 주어진 자료와는 전혀 새로운 세계에 대한 인식을 인지할 수 없다면 그와 같은 세계는 존재할 수 없게 된다. 인간의 사고 능력의 산물이다. 칸트(Immanuel Kant)는 '5 + 7 = 12'라는 수식에 대해 '5 + 7'에는 결코 '12'가 들어 있지 않다고 말한다. '5 + 7' 자체에는 포함되어 있지 않는 의미를 찾아내야만 이 등식은 성립한다는 것이다(Kant, 1929: 52-53). 셈의 세계 역시 인간의 사고 능력의 산물이라는 것이다. 이런 점에서 '0'은 인간의 사고 능력을 잘 보여준다. 숫자의 차원에서 아무것도 존재하지 않는 상태를 뜻한다. 그럼에도 인간이 지향적인 사고의 대상으로 삼고 있는 개념의 세계에서는 엄연히 존재한다.

이 개념들은 플라톤이 '이데아(idea)'라고 부를 만큼 영원 불변하는 의미를 가지고 있다. 그러나 약간의 약점이 있다. 수나 기하학에 관한 개념과 이론이 보편적이고 필연적인 규칙을 가질 수 있는 것은 그것이 현실 세계와는 아무런 관련이 없기 때문이다. 일종의 동어 반복이기 때문이다. 세계와 관련되면 상황은 달라진다. 가령, 유클리드 기하학에서 평행선은 영원히 서로 교차하는 일이 없다. 그런데 지표면에서 실제 평행선을 그어 보면 다르다. 양극에서 이 평행선들은 만나게 된다. 개념적인 삼각형은 언제나 내각의 합이 180°다. 그런데 지구의 표면에서 서울-도쿄-

홍콩을 잇는 삼각형을 그리면 이 삼각형은 180°를 넘는다. 현실의 평면은 완전평면이 아니라 구체(球體)이기 때문이다. 다시 말하면, 단지 개념의 차원에서 다룰 때는 보편적이고 필연적인 법칙이라도 현실에서는 그렇지 않다. 개념이 전제하는 상황과 현실의 상황이 일치한다는 보장이 없기 때문이다. 상황의 영향을 받을 수밖에 없기 때문이다.

세상과는 완전히 단절된 순수 이론적 차원에서 수립한 개념이기 때문에 세상에 대해서는 아무런 지식도 제공해 주지 않는다. 이 개념들이 세상 어디에서나 동일한 의미를 가지며 또한 어디에서나 통할 수 있는 것도 특정 사회나 특정한 대상을 기반으로 해서 의미가 형성되지 않았기 때문이다. 물론 우리는 세상에 관한 지식을 얻기 위해 이들 개념을 이용할 수는 있다. 그러나 개념 자체만 놓고 보면 이 개념은 세상과 무관하다는 의미에서 '순수' 개념들이다. 또 세상은 이 개념들처럼 완전한 동질성을 유지하지 않고 있기 때문에 세계를 수량화하면서 은폐되는 부분이 반드시 발생한다. 즉, 테이블 앞에 놓인 사과를 보고 '사과가 두 개 있다'고 서술했다고 하자. 이렇게 해서 얻을 수 있는 지식이 분명히 있다. 그런데 사과는 품종이 다양하고 맛도 다양하고 영양 성분도 매우 다양할 수 있다. 그런데 서술된 내용은 '사과'에 관한 것이다. 물론 이렇게 같은 이름으로 불릴 수 있는 공통된 점도 가지고 있다. 그래서 '사과 두 개'라고 말하고 있다. 그러나 공통점에 초점을 두면 서로 다른 점은 은폐된다.

2) 자연 대상에 관한 언어들

자연 대상에 관한 언어들도 인간의 의식의 능력에 의지해서만이 의미를 얻을 수 있다. 순수 이념적 개념과 차이가 있다면, 이 어휘들은 의미 부여 및 의미 해석을 위해 자연세계에 존재하는 대상을 참조한다는 점이다.

먼저 이 개념들도 인간의 의식의 능력에 의지해서만이 의미를 얻을 수 있다는 점을 생각해 보자. 가령 어떤 나무를 가리키면서 '이것은 나무다'라고 말했다고 하자. 우선 지시의 대상이 된 것은 세상에 유일하게 하나밖에 없는 어떤 구체적 대상이다. 그 나무는 그것만의 모양과 크기와 시·공간적인 특성을 가진 하나의 개체다. 그런데 이것을 가리키면서 말한 '나무'라는 서술은 화자나 청자가 이미 알고 있는 어떤 개념으로서의 나무다(Kemp, 2011: 32-33). 즉, 개별의 나무는 모두 다르다. 하지만 모든 나무가 가지고 있는 어떤 공통된 속성을 기준으로 나무들을 골라 분류하고, 이 집합에 붙인 이름이 나무라는 명칭이다. 술어로서의 '나무'는 어떤 종류의 나무들이 가지고 있는 공통된 속성, 즉 그것의 본질, 그 나무가 나무가 되게 하는 속성에 붙여진 하나의 개념이다. 즉, '나무'라는 개념 자체는 이미 인간 의식의 구성 능력의 산물이라는 것이다. 이러한 의식의 작업을 밀(John S. Mill)은 추상화라고 부르고 있다. 이 작업의 핵심은 어떤 대상들에 대해 그것들이 공통적으로 가지고 있는 점들은 선택하고 그 외 나머지 속성들은 버리는 방법으로 그 대상들을 분류하는 것이다(Mill, 1872: §1; Schutz, 1953: 6).

그뿐만 아니라 '이것' 역시 단지 지시하는 방법만으로 의미를 얻지는 못한다. 여기에 관해서는 이미 설명한 바 있다. 아무리 토끼를 가리키면서 '가바가이'라고 말해도, 이렇게 지시하면서 말하는 것만으로는 '가바가이'의 의미를 알 수 없다. 마찬가지다. 지금 화자가 말하는 '이것'이 나무라는 어떤 식물에 관한 것인지, 그 잎에 관한 것인지, 색깔에 관한 것인지는 지시만으로는 규정되지 않는다. 게다가 '이것'이라는 말의 의미는 상황에 따라서 무한히 의미가 달라진다. 다시 말해 동일한 나무를 지시하면서 '이것이 잎이다', '이것이 줄기다', '이것이 초록색이다', '이것이 식물이다', '이것은 살아 있다'고 말하는 것이 가능하다. 또 서로 다른 것을 지시하면서, 예를 들어, 책상을 지시하거나, 벤치를 지시하거나, 가구를 지시하면서도 '이것은 나무다'라고 말할 수 있다. 그렇다면 '이것은 나무다'라고 말할 때 '이것'의 의미를 어떻게 알 수 있는가? 발언의 전후 맥락과 상황을 고려해 '이것'의 의미 역시 추론해 내야 한다. 서술되는 대상이 존재하고 있다는 점에서 자연 대상에 관한 언어들은 상대적으로 쉽게 의미를 규정할 수 있다. 그러나 이 경우에도 인간의 의식이 개입되지 않으면 언어는 의미를 얻을 수 없다.

인간 의식의 역할이 필연적이지만 자연 대상에 관한 언어와 생각에는 중요한 차이점이 있다. 가장 먼저 지적할 것은 의미의 근거가 되면서 동시에 인간 의식작용의 대상을 이루는 대상이 언어의 생성 여부와 상관없이 존재하고 있으며, 동시에 그것에 대한 인간의 인식 여부와 상관없이 존재하고 있다는 것이다. 기호삼각형을 기준으로 보면, 언어 및 의식과는 상관없이 대상이 존재한다는 점이다. 지칭의 대상이 이미 존재하고 있다면, 이를 근거로 삼아 그것에 대해 지각하고 생각하는 것도 가능하고, 동시에 이를 근거로 삼아서 그것에 관한 언어를 만드는 것도 가능하다.

언어의 의미를 이해하기 위해 참조할 수 있는 지시 대상이 존재한다는 것은 여러 가지 이점이 있다. 우선 언어의 의미를 학습하는 것이 용이하다. 아이들이 언어를 배울 때 보면, 주변에 있는 사물들에 관한 어휘들을 쉽게 배운다. 언어는 기호에 불과한 것이며, 따라서 그것이 의미하는 바를 규정해야 하는 문제가 항상 존재한다. 그런데 어떤 어휘의 의미를 다른 어휘로 규정하게 되면 소위 '무한 회귀'에 빠진다.[7] 어떤 언어의 의미를 이해하기 위해 수많은 설명 어휘를 끊임없이 거슬러 올라가야 하는 문제가 발생한다. 그런데 의미의 대상을 지시할 수 있다면 이런 무한 회귀의 위험에서 벗어날 수 있다. 즉, '달'이 무엇인가에 대해 언어로 설명하자면 복잡하다. 많은 언어적인 지식을 동원해야 하며, 설사 그렇게 하더라도 확실하게 설명이 이뤄진다는 보장이 없다. 그런데 그것이 의미하는 대상이 바깥 세계에 존재하고 있다면, 하늘에 떠 있는 달을 지시하는 방법으로 의미의 회귀를 단절할 수 있다.

과학적인 지식을 얻고 축적하는 데도 절대적으로 유리하다. 이 대상들에 대해 서술된 명제들은 대상과 비교하는 방법으로 명제가 담고 있는 의미가 실제와 일치하는지를 검증할 수 있다. 이런 점에서 프레게(Frege, 1892)는 언어나 명제의 의미를 안다면 그것 또는 그런 상황을 지시할 수 있으며, 그것이 진리가 되는 조건을 아는 것이라고 설명한다. 의미가 참조 대상을 결정한다는 것이다. 가령 내가 '호박'이 어떤 의미인지를 안다면, 나는 여러 가지 보석 중에서 어떤 것이 호박인지는 구별해 낼 수 있다는 것이다. 이렇게 검증된 내용들을 축적해 대상 현상에 관해 상대적으로 온전한 지식에 도달할 수도 있다. 이 과정에서 연구자들은 자신이 가지고 있는 이론이나 지식이 실제 현상과 다르다면 자신의 생각을 세상에 맞춰 바꾸는 방식으로 대응한다. 인간의 의식과 상관없이 존재하고, 자신의 법칙에 의해 작동하는 세계가 이미 존재하기 때문에 반복적인 검증을 거쳐서 확인되고 검증된 지식을 축적하는 방식으로 주변 세계에 대한 이해의 범위를 확장하고 지식을 축적할 수 있다.

대상 세계는 패러다임을 극복하거나 이견을 극복하는 데도 결정적인 근거로 작

7) 이 점에 관해 비트겐슈타인은 어휘들의 의미를 설명하기 위해 그 개념에 대한 정의를 시도하는 것은 정의되지 않은 다른 용어들로 이끌 뿐이라고 설명한다(Wittgenstein, 1958: 26).

용한다. 지동설에 앞서 2천 년 이상 인간의 생각을 지배했던 것은 천동설이다. 우리의 눈으로 보면, 하늘이 도는 것으로 보인다. 그런데 이러한 패러다임이 극복될 수 있었던 것은 옛 패러다임의 정당성을 뒷받침했던 대상 세계는 과거나 지금이나 변함없이 동일한 방식으로 작동하고 있었기 때문이다. 연구자들이 서로 생각을 달리할 때도, 만일 서로의 생각과는 상관없이 자신의 법칙에 따라 작동하는 세계가 있다면, 이 세계에 관한 관찰을 기준으로 서로의 이견을 극복할 수 있다.

또한 자연 대상에 관해서는 부분적인 진리도 진리가 될 수 있다. 이미 존재하는 대상들에 관해서는 설사 그것과 관련된 모든 지식을 얻지는 못하더라도 부분에 관한 지식은 그 나름대로 가치를 가진다. 각 분야의 자연과학도들은 동일한 대상을 놓고 서로 다른 속성들에 대해 서로 다른 관점에서 접근하고 설명한다. 그러나 이런 부분적인 지식들이 다른 부분적인 지식들과 충돌하지 않는다. 왜냐하면 연구의 공통 대상이 되고 있는 대상 현상은 그것을 어떤 시각에서 접근하는가에 따라 여러 가지 특성을 나타낼 수 있기 때문이다. 가령, 인간에 관해 철학, 심리학, 생물학, 의학, 생화학, 물리학 등은 각각의 관점에서 서로 다른 설명을 제공한다. 부분적인 지식들이 서로 충돌하지 않는다. 앞서 설명한 자동차나 항공기에 관해서도 마찬가지다. 한 사람이 자동차의 설계와 제작에 필요한 모든 지식을 가져야 할 필요가 없다. 각자는 자신들의 전문지식에 기초해 엔진도 만들고 항법 장치도 만들고 동체도 만들겠지만 이런 다양한 지식에 기초해 지극히 복잡한 항공기를 성공적으로 만들어 낼 수 있다. 부분에 관한 연구를 종합해 전체적인 지식을 얻는 것도 가능하고, 반대로 전체로부터 부분을 떼어내어 연구하는 것도 가능하다. 러셀(Bertrand Russell)이 말한 것처럼 '고립된 진리도 진리가 될 수 있는 영역(An isolated truth may be quite true)'인 것이다(Braver, 2012: 7).

그런데 인간의 지적인 능력이 제한되어 있다는 점을 생각하면 '부분의 진리도 진리가 될 수 있다'는 자연과학 세계의 특성은 인간이 자연세계를 이해하고 대응할 수 있는 능력에 결정적인 영향을 미친다. 누구도 전체를 알기는 어렵다. 하지만, 굳이 전체를 알지 못하더라도 자신이 잘 알고 있는 부분에 대해서만큼은 전문적인 대응이 가능하기 때문이다. 또 이런 부분적인 대응들이 확산되고 축적되면 인간이 주변 세계에 대응할 수 있는 전체적인 역량은 지속적으로 향상될 것이다.

그러나 사회세계에는 이와 같은 부분적인 진리가 없다. 사회세계에서 부분에 관한 지식은 해당 이론의 관점에서만 정당화될 수 있는 편견의 성격이 강하다. 그런 패러다임과 이념을 공유하고 있는 사람들 사이에서만 정당화될 수 있기 때문이다. 사회세계가 존재하는 방식, 사회세계에 대해 지식을 얻는 방식, 사회세계에 관해 언어가 의미를 얻는 방식, 사회세계에 대해 사람들의 생각이 작동하는 방식 등이 모두 자연세계와는 완전히 다르기 때문이다.

4 과학 발전의 언어 조건

자연과학이 발전하고 산업기술이 발전하고 첨단 정보통신기술과 생명공학이 발전할 수 있었던 것은 그것들이 사용하고 있는 언어가 이를 뒷받침해 주었기 때문이다. 여기서 사용되는 언어는 언어가 서술의 수단, 의사 전달의 수단, 협력의 수단, 설계의 수단 등으로서 갖춰야 할 조건들을 갖추고 있다. 우선 의미가 엄격(rigid)하다(Kripke, 1972). 크립키(Saul A. Kripke)의 설명에 의하면, 어떤 표현이 언제든 어느 때이든 항상 동일한 것을 지시한다면 그 표현은 엄격한 명칭(rigid designator)이다(Cottingham, 2008: 192). 만일 어떤 표현이 대상과의 관계에서 강한 엄밀성을 갖는다면 우리는 언어가 의미하는 대상물을 정확히 구별할 수 있을 것이다. 의미하는 바를 해석하는 데 혼란이 발생하지 않을 것이다. 이런 점에서 보면, 자연세계의 대상에 관한 언어들은 엄밀성이 매우 높다. 설사 화성의 표면에서 찾고 있는 것이 '물'이라고 하더라도 우리는 이 표현으로 동일한 대상을 지칭할 수 있다.

대상들이 가진 특징이나 속성들에 대해서도 객관적 측정 도구를 이용하면 정확히 서술할 수 있다. 또한 매우 정밀한 서술도 가능하다. 아주 미세한 대상에서부터 지극히 거대한 대상까지 매우 정밀하게 측정하고 서술할 수 있다. 자연과학이 이와 같은 극단적인 정밀성을 달성할 수 있었던 것은 자연에 대한 서술을 수학화할 수 있었기 때문이다. 논리학적으로 따지면 수학은 일종의 형식 논리의 세계다. 형식 논리는 수학적인 개념을 채택해 논의를 전개함으로써 일상 언어를 채택할 때 발생하는 의미의 불확실성을 피하면서, 동시에 극단적인 의미의 정밀성과 더불어 논리적 정당성도 확보할 수 있는 논리 전개의 방식이다(Riemer, 2010: 175). 자연과학은 한편으로는 형식 논리적인 논리 전개의 방식을 채택하면서 동시에 논리의 구성 요소를 이루는 언어에 대해서는 자연세계의 대상을 1 대 1로 관련시키는 방식을 채택함으로써 의미의 모호성은 회피하면서 동시에 논리성과 정교성을 확보하고 있다.

이처럼 과학에 사용되는 어휘들이 정확하고 객관적인 의미를 가질 수 있는 것은 언어와 그것이 의미하는 대상 현상이 이런 의미 부여를 가능하게 하는 방식으로 존재하고, 이런 존재론적 특성에 기초해서 대상과 대칭적인 관계를 맺는 방식으로 의미를 부여했기 때문이다. 서로 다른 어휘들이 있어도 그것이 의미하는 대상이 무엇인지가 추상적이고 복합적이고 모호하다면 그 어휘의 의미는 불확실해질 수 밖에 없다. 어휘가 독립된 단위인 것처럼 그것에 의해 서술되는 대상도 독립된 단위로 분리하고 구체화할 수 있을 때 어휘의 의미도 명확하게 구체화할 수 있다. 어휘와 지칭의 대상이 이와 같은 대칭 관계를 맺고 있을 때, 언어로 서술된 내용과 대상 현상을 비교함으로써 서술된 명제의 의미도 확인할 수 있고, 그 명제의 진위도 확인할 수 있다. 프레게나 논리실증주의자들의 생각처럼 어떤 명제가 진리가 되는 조건(상황)을 그 명제의 의미로 보는 것도 가능하다(Riemer, 2010: 128-129).

대상 현상의 상태에 맞춰 얼마든지 이를 서술할 수 있는 언어를 개발할 수 있다. 언어를 이용해 서술할 수 있는 범위에서 한계가 없다. 적절한 언어가 없어서 대상을 서술하지 못하는 일이 잘 발생하지 않는다. 아무리 크고 아무리 작아도 적어도 이론적으로는 서술하는 데 문제가 생기지 않는다. 지극히 크고 여전히 팽창하고 있는 우주의 크기를 서술할 수도 있으며, 우주의 역사를 무한히 거슬러 올라갈 수도 있다. 지극히 미세한 양성자, 중성자, 쿼크까지도 측정과 서술의 대상으로 삼을 수 있다. 반면, 사회세계에서는 그렇지 않다. 서술하기 어려운 대상(예: 기술, 윤리, 예술)이 존재하고 있고, 설사 서술을 하더라도 언어로써는 결코 온전히 서술하기 어려운 측면이 있다.

객관성이 높다. 사람들의 생각이나 주관적인 가치의 영향을 배제하고 서술하는 것이 용이하다. 편견을 배제하는 데도 유리하다. 가치와 편견을 배제할 수 있기 때문에 서로 의견을 달리하는 경우가 상대적으로 덜하다. 가치와 편견을 배제할 수 있다면 이견의 해소도 그만큼 용이해진다. 공통의 참고 대상을 가지고 있다는 점도 도움이 된다. 의미가 이처럼 명확하고 객관적이기 때문에 이에 관한 의사 소통도 용이하다. 굳이 대상 현상에 대해 상당한 지식을 가지고 있지 않더라도 대상 현상을 지시할 수 있고, 대상 현상에 관해 함께 관찰할 수 있다. 의사 소통이 용이하기 때문에 관심 있는 사람이면 누구나 이에 대한 논의에 참여할 수 있다.

맥락 및 상황으로부터의 독립성도 높다. '이것은 물이다'라는 말은 어디에서나 '이것은 물이다'라는 의미로 번역되고 이해될 수 있다. 상황에 따라 말의 의미가 달라지지 않는다. 어떤 말이든 그것이 발언되는 것은 어떤 상황 안에서다. 그런데 자연 대상에 대해서는 상황에 대한 고려를 배제하더라도 발언의 내용을 이해하는 데 문제가 생기지 않는다. 발언자의 발언 의도 역시 굳이 고려하지 않아도 된다. 그래서 만일 발언자가 어디에서든 물을 발견한다면 그는 모든 상황을 무시하고 '이것은 물이다'라고 말할 수 있고, 듣는 사람도 그가 하는 말의 의미를 상황을 고려하지 않아도 알 수 있다. 이런 이유로 자연 대상에 관한 지식은 보편성과 필연성이 높다. 지역에 상관없이 적용될 수 있고, 동일한 원인은 필연적으로 동일한 결과를 초래한다. 따라서 결과를 예측할 수 있고, 적절히 설계하고 적절한 통제를 가하면 원하는 결과를 얻을 가능성도 매우 높다.

의미의 형성에 영향을 주는 요인들의 범위가 국한적이다. 자연세계에서는 언어와 의미의 근거가 되는 대상이 대칭 관계를 맺고 있다. 기본적으로는 대칭 관계에 있는 대상 자체가 의미에 영향을 미치는 한계로 작용한다. 의미를 알기 위해 다른 것들을 참고할 필요가 없다. 예를 들면, 발언자의 의도, 발언이 이뤄지고 상황, 사회적인 관습 등을 참고해야 할 필요가 없다. 사회적이고 상황적인 여건을 고려하지 않아도 의미를 알 수 있으므로, 사회적 배경을 달리하는 사람들도 이런 언어의 의미는 이해할 수 있다. 즉, 의사 소통의 범위가 넓다. 그래서 미국, 일본의 산업기술을 배워 한국에서 자동차를 만들고, 선박을 만드는 데 언어의 의미가 문제를 일으키지는 않았다. 수십만 가지의 서로 다른 부품들로 구성된 항공기나 우주왕복선과 같은 지극히 복잡한 구조물을 설계도에 따라 완성할 수 있고, 예상한 대로 통제할 수 있는 것은 정확하고 정밀하며 명확하고 객관적인 언어가 있었기 때문이다.

제 3 절 사회세계에서 언어와 언어의 의미

1 사회세계에서 언어의 의미 문제

자연세계에서 언어가 의미를 서술하고 주변 세계에 대한 분석과 서술, 추리와 예측, 진위의 검증, 설계와 계획 공유, 지식 축적의 도구가 될 수 있듯이 사회세계에서도 언어가 이런 역할을 수행할 수 있을 것인가?

이 질문을 언어와 관련된 질문들로 재정리해 보면 다음과 같은 문제가 된다.

- 사회세계에 대해 자연과학에서처럼 객관적이고 정밀한 언어적 서술이 가능한가?
- 사회 현상에 관한 언어들은 자연 현상에 관한 언어에서처럼 의미의 구체성, 실재성을 가지고 있는가?
- 언어적 서술이 대상 현상의 본래 모습에 대한 서술을 오히려 왜곡하고, 결과적으로 현상에 대한 있는 그대로의 이해를 방해할 위험은 없는가?
- 사람들은 어떤 언어적 서술을 동일한 의미로 이해하고 해석할 수 있는가?
- 언어의 의미에 대한 해석의 차이가 발생할 경우 이를 극복할 수 있는 방법이 있는가?
- 부분적 지식을 종합하는 방식으로 전체적인 이해에 도달할 수 있는가?
- 부분적인 언어적 서술들이 서로 충돌하며 양립하지 못할 가능성은 없는가?
- 사회과학에서 발전시킨 개념과 이론은 자연과학에서와 같은 보편적이고 일반적인 적용가능성을 가지고 있는가?
- 사회과학도들은 자연과학에서처럼 전체 연구자들이 공유할 수 있는 패러다임에 기초해 사회세계에 대한 지식을 구축하고 있는가?

이 질문을 인식론적인 질문으로 전환하면 다음과 같은 질문이 된다.

- 사회세계에 대해 사람들은 자연세계에서처럼 자신의 주관적인 생각이나 자신의 이념을 최대한 배제한 상황에서 사회 현상에 접근하고 이해할 수 있는가?

- 대상 현상을 편견 없이 이해하는 것이 가능한가?
- 완전한 현상학적 환원과 같은 편견의 배제가 가능한가?
- 편견 없는 이해를 위해 경쟁적인 관계에 있는 이론, 사상, 패러다임들에 대해 이를 공정하게 학습하고 이해하는 것이 가능한가?
- 의심할 수 없는 근거에 기초해 자기 인식을 정당화하고 있는가?
- 인식의 정당성 문제에 관해 자기망각의 위험, 자연적 태도의 위험을 피할 수 있는 방법이 있는가?

사회세계의 존재론에 관해서는 다음과 같은 질문들이 제기될 수 있다.

- 사회세계는 안정적인 서술이 가능할 정도로 지속적이고 안정적인 상태를 유지하고 있는가?
- 사회세계에서 일어나고 있는 일들은 자연세계에서처럼 공통된 본질을 가지고 있는가?
- 만일 사회세계에서 일어나고 있는 일들이 공통된 본질을 가지고 있다면, 그것은 언어적인 서술이 가능한 양태를 가지고 있는가?
- 사회세계와 사회 현상에 대해 연구자는 자연과학에서처럼 연구 대상 현상을 직접적인 관찰의 대상으로 삼을 수 있는가?

자연과학이 가능할 수 있었던 것은 이와 같은 문제에 적절히 대응하거나 또는 이를 극복할 수 있었기 때문이다. 무엇보다도 이런 대응을 가능하게 한 것은 자연세계가 존재하는 방식 자체다. 언어 자체는 무의미한 기호다. 그런데 이 무의미한 기호가 세계에 대한 서술의 도구가 되고, 세계에 대한 연구와 분석의 도구가 되며, 아직 존재하지 않는 어떤 것에 대한 설계의 도구가 될 수 있었던 것은 이 기호들에게 의미를 부여하고 부여된 의미를 해석하는 방법이 그만큼 객관성과 정확성, 정교성을 확보할 수 있었기 때문이다. 세계를 이해하고 사고하는 인간의 의식과 독립되어 있으며, 또한 언어와도 독립되어 있는 세계가 존재한다는 점이 자연과학을 가능하게 한 객관적이고 정교한 언어의 근거다.

인식 과정에서 발생할 수 있는 편견적이며 주관적인 사고의 위험을 피할 수 있었던 것도 연구자의 편견을 검증할 수 있는 객관적인 대상이 이미 주어져 있었기 때문이다. [그림 5-1]의 기호삼각형을 기준으로 하면, 자연과학에는 인간의 의식이나 언어와는 상관이 없이 사전적으로 존재하면서 자신의 법칙에 의해 작동하는 대상 세계가 존재하고 있다. 이 대상 세계를 기준으로 이에 대한 이해 과정에서 발생할 수 있는 편견이나 패러다임적인 오해를 지속적으로 바로잡을 수 있었고, 이 대상 세계를 기준으로 언어의 의미도 부여했기 때문에 자연 세계에 대한 이해와 자연과학은 가능했다는 것이다.

그러나 사회세계와 사회세계에 관한 언어는 자연세계에서처럼 관계를 맺고 있지 않다. 근본적으로 다르다. 인식과 서술의 대상이 되는 사회 현상이나 사회세계는 자연세계처럼 존재하지 않는다. 사회세계의 언어는 자연세계에서처럼 객관적으로 존재하는 어떤 대상에 근거해서 의미를 획득하지는 않는다. 간단히 말하면, 기호삼각형을 안정화시키고 공유화시킬 수 있는 어떤 객관적이고 사전적인 근거는 존재하지 않는다.

그렇다면 인간의 사고는 어떻게 작동하며 인간의 언어는 어떻게 작동하겠는가? 객관적이고 사전적인 근거를 상실하고 있으므로 결국 개인의 판단, 우리들의 판단, 공동체 구성원들의 판단에 의지할 수밖에 없다. 객관적인 검증 기준이 없으므로 미신적인 해석을 검증하기도 어렵고 편견적인 해석을 확인하기도 어렵다. 그래서 사회구성원들의 생각이 언어의 의미에도 근거로 작용하고, 이런 언어에 기초해서 사회 공동의 약속을 수립하고, 제도를 수립하고, 관습이나 규범을 수립할 때도 근거로 작용할 수밖에 없다.

기호삼각형을 기준으로 하면, 인간이 본래부터 가지고 있던 것은 자신의 의식 능력밖에 없었다. 이런 의식 능력에 의지해 점차 언어를 발전시킬 수 있었고, 이런 언어에 기초해 각종 사회 제도를 형성하고 발전시킬 수 있었다. 자연세계에서처럼 사회세계라는 대상 세계에 기초해 사람들의 언어와 사람들의 생각이 발전되어 나온 것이 아니다. 반대다. 사람들이 가장 먼저이고 사람들의 일상적이고 사회적인 삶 속에서 언어가 의미를 얻으며, 이런 언어에 기초해 사회 제도들이 발생되어 나왔다. 언어가 사회성과 역사성을 가지면서 공동체적인 삶의 일부를 형성해 왔다. 언어가 이처럼 사회적인 삶의 일부로 생성되고 진화될 때, 이때 언어의 의미는 어디에서 오는지 좀 더 구체적으로 생각해 보자.

2 사회세계에서 언어의 의미 부여

1) 이미 존재하는 상태를 이용한 의미 부여

인간은 독특하고도 탁월한 정신 능력을 가지고 있다. 이런 정신 능력의 일면을 보여주는 것이 인간이 생각하고 상상하고 추리하고 계획할 수 있는 대상은 사실상 무한하다는 점이다. 지향적 인식의 초월적이고 구성적인 특성을 극명하게 보여주는 것이 자연세계에는 존재하지 않지만 인간 의식과 사고의 세계에는 존재하는 대상들이다(Schutz, 1962: 207). 숫자의 세계, 논리학의 세계, 사실과는 다른 본질의 세계, 언어와 기호의 세계 등은 순전히 인간의 지향적인 인식 및 사고 능력이 개입하지 않으면 존재할 수 없는 세계다. 물론 최고의 실제의 세계로 물리적인 세계가 있지만, 이와 더불어 초자연적인 종교와 우상의 세계도 인간에게는 분명 존재한다.

인간은 이미 존재하고 있는 상태나 현상을 참고해서 전혀 존재하지 않는 어떤 것에 대해서도 의미를 부여하고 이에 관한 표현을 창조할 수 있다. 예를 들면, 2013년 물리학자들은 1964년 힉스(Peter W. Higgs)가 주장한 소위 '힉스 입자'라는 것이 실제로 존재한다는 것을 입증했다. 힉스는 양성자, 중성자, 쿼크 등에 관한 이론에 기초해 '더 이상 쪼개지지 않는' 기본 입자에 질량을 부여한 '입자'의 존재를 주장했다. 그렇다면, 힉스 입자의 존재가 입증되기 이전에 힉스가 주장한 '힉스 입자'에 관한 서술은 진실인가 아니면 거짓인가? 만일 물리학자들이 힉스 입자의 존재를 증명하지 못했다면 힉스의 주장은 진실이라 할 수도 없고 거짓이라 할 수도 없다. 그럼에도 불구하고 물리학자들은 기존의 물리학적 지식, 즉 이미 존재하는 어떤 것에 대한 지식에 기초해 이런 주장을 제시했고, 또 이를 마침내 검증해냈다. 한편, 천문학자들은 한때 수성보다 태양에 더 가까이에 있으면서 태양의 주위를 돌고 있는 '벌컨(Vulcan)'이라는 행성이 있을 것으로 예상한 적이 있었다. 그러나 이런 행성은 존재하지 않는 것으로 밝혀졌다(Kemp, 2011: 24). 이런 주장 역시 이미 존재하는 천체들과 이들의 운동에 관한 관찰에 기초해 제기된 것이다.

경제학자들이 코스(Ronald H. Coase)가 제안한 거래비용 개념에 기초해 제시한 거래비용이 '0'이 되는 세계, 즉 '코스의 세계(Coasian World)' 역시 기존의 이론을 토대로 가설적으로 수립된 세계다. 이 개념이 의미하는 세계 자체는 너무나도 분명하다. 왜냐하면, 거래비용이라고 하는 지극히 현실적인 개념에 근거해 수립된 세계이기 때문이다. 하지만 의미는 명확함에도 이 세계는 실제로 존재할 수 있는 세계가 아니다. 인간은 항상 정보의 문제에 직면할 수밖에 없기 때문이다.

'유니콘', '페가수스', '유토피아', '모든 인간이 평등한 사회', '정의가 충만한 사회', '민주주의가 꽃피는 사회' 같은 말들을 생각해 보자. 이 표현들은 분명히 어떤 대상 또는 어떤 상태를 의미하고 있다. 실제적인 증거를 제시하기는 어렵다. 그렇지만, 현재 존재하는 대상이나 현재 발생하고 있는 상황을 참고해서, 그것이 달라진 모습을 서술하는 방식으로 어떤 상태에 대해 생각할 수 있고, 이런 상태에 대해 표현을 할 수 있다.

사회 연구자들은 이런 개념의 유혹에 빠지기 쉽다. 자신들이 연구하고 있는 문제가 너무나 심각하고 처절하게 느껴지기 때문이다. 문제의 심각성에 대한 인식이 깊어질수록 문제의 해결에 대한 소망은 높아지고, 문제를 풀고자 하는 의지는 강해진다. 이런 상황에 있는 연구자들의 입장에서 보면, 문제 현상이 해결된 상황은 마치 유토피아처럼 보일 것이다.

플라톤의 주장을 생각해 보자. 극심한 정치적 혼란 속에서 스승 소크라테스가 독배를 받고 죽어가는 모습을 지켜보았던 플라톤은 『국가』와 『법률』에서 다음과 같은 사회를 제안하고 있다(칼 포퍼, 2006: 172-173).

> 최상의 국가에서는 아내와 아이들과 모든 가축은 공동 소유다. 사적이고 개인적이던 모든 것을 어디서든 우리 생활에서 뿌리째 뽑아버리기 위해 가능한 한 모든 방법이 동원되었다. 그렇게 되면, 본래 사적이고 개인적이던 것들까지도 아무튼 모든 사람의 공동 소유가 된다. 우리의 눈과 귀, 손까지도 개인에게 속하는 것이 아니라 공동체에 속하는 것처럼 보고, 듣고, 행동하는 듯하다. 모든 사람은 칭찬하고 비난할 때에도 완전히 만장일치로 하도록 길들여지며, 심지어 그들은 똑같은 일에 동시에 기뻐하고 슬퍼한다. 그리하여 모든 법률은 국가를 철저하게 통합시킬 때 완벽해진다. 국가의 최우수성의 기준으로 위에서 밝혀진 원칙들보다 나은 것은 아무도 찾을 수 없을 것이다.
>
> 무엇보다 가장 으뜸가는 원칙은 남자든 여자든 아무도 지도자 없이는 안 된다는 것이다. 어느 누구의 마음도 전적으로 자기 스스로 무언가를 하게끔 습관화되어서는 안 된

다. 그것은 열정적으로 하는 것이든 장난삼아 하는 것이든 마찬가지다. 오히려 사람들은 전쟁 때나 한창 평화로운 때에 그의 지도자에게 눈을 돌려 그를 따라야 한다. 그리고 사소한 일까지도 지휘를 받아야 할 것이다. 예컨대 그렇게 하라는 명령이 떨어졌을 때만 자리에서 일어나거나 움직이거나 씻거나 먹거나 해야 할 것이다. 한마디로 말하면 사람들은 오랜 습관에 의해 결코 독립적인 행위를 꿈꾸지 않고 전혀 그런 짓을 할 수 없도록 자신의 영혼을 길들여야만 한다. 이보다 더 우수하거나 또는 이보다 더 훌륭하고 더 효과적으로 전쟁에서의 구제와 승리를 확신시켜 주는 법률은 없으며, 앞으로도 없을 것이다.

왜 플라톤은 '개인의 소유와 개인의 판단이 완전히 사라진 사회' 그리고 '지도자에게 모든 사회구성원이 절대 복종하는 사회'와 같은 어찌 보면 황당한 사회에 대한 소망을 피력했겠는가? 그가 겪었던 그리스의 정치와 사회적인 현실이 그만큼 혼란스러웠기 때문에 이런 처절한 현실에 대한 이해에 기초해 이와 같은 사회사상을 제시했을 것이다.[8] 아마도 사회 연구자들은 누구나 플라톤과 같은 개념의 유혹에 빠질 수 있을 것이다. 실제로 이런 사회를 만들기는 쉽지 않을 것이다. 그럼에도 이런 서술이 완전히 무의미하다고 말할 수는 없다. 이런 사회가 형성될 가능성도 완전히 없는 것은 아니기 때문이다. 문제는 이렇게 개념화된 세계의 실현가능성에 대해 사회 연구자들이 과대평가할 위험이 있다는 점이다.

2) 해석에 근거한 의미 부여

자연세계에 관한 서술과 지식의 획득도 제시된 자료의 의미를 찾아낸다는 점에서는 일종의 해석이다. 그런데 사회세계에서의 해석과는 차이가 있다. 자연세계에서의 해석은 나의 편견과 선입견을 최대한 배제한 채, 현상 자체에서 논리적으로

---

8) 포퍼는 플라톤의 이와 같은 정치사상에 대해 '전체주의적'이고 '유토피아적'이며, '사회공학적'인 '닫힌 사회'의 전형이라고 비판하고 있다. 개인의 생각과 자유는 지극히 제한되고 개인보다 사회를 앞세운다는 점에서 전체주의적이다. 공유와 철저한 교육이라는 제도적인 방법으로 사회를 바꾸고자 한다는 점에서 사회공학적이다. 이렇게 하여 '최상의 사회'를 만들고자 한다는 점에서 유토피아적이다. 플라톤에 대해 포퍼는 돌멩이 하나도 그대로 내버려두지 않고 사회 전체를 바꾸려 하고 있으며, 사회악을 뿌리째 뽑아버려야 한다고 확신하면서, 세상에 어떤 품위 있는 것을 실현하기 위해서는 비위에 거슬리는 사회제도를 완전히 근절해야 한다고 주장한다는 점에서 급진적이라고 비판한다. 포퍼는 플라톤의 아이디어에 대해, 지상에서 천국을 건설하려는 시도는 설사 의도는 선하더라도 단지 하나의 지옥을 만들 뿐이라고 비판하고 있다(칼 포퍼, 2006: 262).

얻어낼 수 있는 의미를 찾아낸다. 예를 들면, 아무리 천체들의 움직임에 대해 방대한 자료들이 주어져도 자료 자체에는 지구가 자전하고 있다는 설명은 없다. 이 자료들로부터 이 자료들이 의미하는 바를 해석해 내야만 알 수 있다. 그런데 사회세계에서 해석한다는 것은 상당히 다른 의미다. 여기서 해석은 자료 자체의 의미를 강조하는 후설의 해석보다는 선지식과 선이론의 불가피성을 주장하는 하이데거의 해석을 의미한다.

하이데거에 의하면 인간은 이미 세상에 던져져 있고, 나는 나의 의도와 상관없이 단지 내 안에서 자동적으로 작동하고 있는 지향적인 인식의 능력을 이용해 일상의 삶 속에서 이미 주변 세계를 경험(live through)하고 느낀다. 굳이 배우려고 하지 않아도 이미 학습이 이뤄지고 주변 세계에 대한 이해는 저절로 축적된다. 게다가 이렇게 얻은 지식들은 나 자신도 잘 알지 못하는 사이 내재화되고, 나 자신이 잘 인식하지도 못하는 사이 나의 생각과 판단에 영향을 미친다(사공영호, 2014b: 25-31). 그래서 내가 이미 얻은 선지식이나 선입견을 버리는 판단중지를 감행하고 나의 의식에 주어지는 자료 자체로 돌아가서, 자료 자체의 의미를 이해하는 것이 매우 힘들다(Laverty, 2003: 14). 후설은 이처럼 내가 삶 속에서 배운 모든 배경적인 지식들을 배제하는 것이 가능하고 또 그렇게 해야만 대상 자체의 모습에 기초한 객관적인 본질을 규명할 수 있기 때문에 판단중지를 요구한다. 세상에 던져진 우리들은 이미 우리들이 내재화하고 있는 선입견과 선지식들을 자동적으로 이용하며, 굳이 의식적인 노력을 하지 않아도 대상 현상을 해석해 그것을 '무엇'인 것으로 지각한다. 이미 '나무로' 보이고, '새소리로' 또는 '기차소리로' 들리고, '비도덕적이거나 불공정한 행동으로' 지각된다.

그런데 주어진 자료의 해석을 위해 인간이 동원할 수 있는 선지식이나 선입견은 사실상 무한하다. 인류의 역사를 돌이켜보면 금방 알 수 있다. 과학적인 방법으로 해석이 이뤄지기 이전에 인간들은 지극히 미신적인 방법으로 인간의 삶과 주변 세계를 해석했다. 현대 사회에서도 이런 해석은 여전히 인간의 삶에서 적지 않은 비중을 차지하고 있다.

인간은 이미 결코 피할 수 없는 방식으로 세상에 던져져 있다. 이 세상을 이해하고 대응하면서 나의 생명과 삶의 수단으로 삼아야만 나는 이 세상에서 살아갈 수 있고 더 잘살 수 있다. 이런 인간의 입장에서 보면 나의 주변에 주어진 대상들은 단지 가치중립적인 사실로 이해해야 할 대상들이 아니다. 그것들이 나에게 갖는 의미를 이해하는 것이 나의 생존에 필연적이다. 내 주변에 있는 모든 것은 나의 생존이라는 관점에서 해석되어 이해되고 이용되어야 한다. 모든 것은 과학적 관찰의 대상이 아니라 나의 관점에서 '해석'의 대상이다(이남인, 2013: 205-210).

이런 이유로 인간은 이미 자신의 실존 및 세계의 가능성을 느끼며 살아간다. 책상은 이미 책을 펴고 읽을 가능성을 지닌 대상이며, 연필은 글을 쓸 가능성을 지닌 것이다. 세계란 이미 인간의 활동 가능 영역의 총체를 의미한다. 자신과 세계를 가능성으로 경험하는 것이 인간의 세계에 대한 이해다. 그래서 도구적 대상 역시 막연하게 단지 사실적 대상으로 주어지는 것이 아니라 나의 삶을 위한 구체적 도구로서 해석의 대상으로 주어진다. 이런 인간의 입장에서 보면 내가 그것을 무엇으로 해석하느냐에 따라 그 대상의 의미는 결정된다. 자연의 대상이든, 도구이든 인간이든 다 마찬가지다. 해석의 대상이다. 대상들에 대한 해석은 이미 그것들이 인간에게서 갖는 의미와 가치에 대한 인식을 포함하고 있다.

인간과 세계는 분리불가능한 관계로 얽히게 된다(Laverty, 2003: 8-10). 의식은 세계와 분리되어 있지 않다. 나는 이미 세계 속에 실존하고 있으며, 해석을 통해 단지 세계를 알아가는 것이 아니라 우리의 존재 자체가 해석적이다. 주변 세계에 대한 나의 해석적인 이해가 '실재'를 결정한다. 그런데 이런 해석을 가능하게 하는 선지식들은 한편으로는 나의 인식의 방향과 범위를 제한하지만 동시에 대상 현상에 대해 특정한 관점에서 접근하도록 나의 인식을 앞장서 이끄는 중요한 역할을 수행한다(Gadamer, 1975: 278-291; Malpas, 2009: 11-13).

인간이 주변 세계와 관계하는 이와 같은 하이데거의 설명에 비춰보면, 우리가 일상적으로 사용하고 있는 언어는 이미 주변 세계와 나 자신에 대한 나와 우리들의 해석을 담고 있다고 보아야 할 것이다. 동일한 대상도 해석을 달리하면 얼마든지 의미는 달라질 수 있다.

3) 상황에 근거한 의미 부여

구체적인 대상을 지시할 수는 없으나 어떤 상황을 근거로 해서, 그 상황으로부터 어떤 의미를 추상화하고 언어를 생성할 수도 있다. 예를 들면, 플라톤은 프로타고라스에서 왜 미덕은 교실에서 가르칠 수 없는가라는 의문을 제기한다. 수학과 기하학의 개념들은 일상의 삶과는 상관이 없는 이념적인 개념들이고 그래서 실제 사회적인 상황을 동원하지 않고 교실에서 그 개념을 설명하는 것도 가능하다. 그런데 미덕은 일상의 삶에서 인간의 행동 방식에 대한 개념이다. 이런 개념을 설명하려면 그런 상황이 발생하는 실제의 삶을 관찰해야 한다. 즉, 실제의 상황 속에서 어떤 행동이 갖는 의미를 해석해 내야만 미덕이 어떤 것인지 알 수 있다.

의미의 대상을 직접적으로 지시할 수는 없으나 해당 현상이 발생하는 상황이나 전후의 맥락(context)으로부터 의미를 구성적으로 이해하는 방식으로 의미를 납득할 수도 있다. 언어는 항상 어떤 상황이나 맥락 속에서 발언된다. 그렇다면 이런 발언이 이뤄지는 상황과 전후의 맥락을 참고해 언어의 의미를 추정할 수 있다는 것이다(Riemer, 2010: 66-67). 앞서 설명한 이팔루크족의 '파고'를 생각해 보자. 이들은 이 하나의 어휘로 '사랑한다', '슬프다', '고향 생각' 등의 여러 가지 의미를 표현하고 있다(Gergen, 2009: 65-66). 어떻게 이런 식의 표현이 가능한가? 전후의 상황에 대한 이해로부터 상대방이 하고 있는 말의 의미를 이미 어느 정도 예상하고 추정할 수 있기 때문에 가능하다.

가핑켈이 '지표적(indexicality)' 언어라 부르고 있는 표현들도 상황에 근거해 생성된다(Garfinkel, 1967: Heritage, 1984: 142-144). 지표적 언어란 그 어휘가 발언되는 상황에 따라서 의미가 달라지는 표현을 말한다. 가장 대표적인 것은 '이것', '저것', '이런 행동', '저런 행동', '이 사람', '저 사람'과 같은 표현들이다. 우리는 일상에서 이런 표현들을 많이 사용한다. "이것 봐라.", "이것 들어라.", "이렇게 해라.", "이것이 내가 의미하던 것이다." 그렇다면 이때 우리가 말하는 '이것'의 의미는 어떻게 알 수 있는가? 앞서 '가바가이'의 예에서 설명한 것처럼 이때 '이것'의 의미를 확정하는 것은 단지 이 발언 자체만으로는 지극히 부족하다. 매우 여러 가지로 '이것'의 의미는 해석될 수 있다. 그런데 우리는 이런 말을 많이 사용하고, 그럼에도 각각의 상황에서 사실은 너무나도 다른 의미로 사용되고 있는 '이것'이라는 표현의 의미를 대부분은 별 어려움 없이 곧바로 알 수 있다. 어떻게 알 수 있는가? 우리가 이런 표현을 사용할 때 그 대화에 참여하고 있는 사람들은 이미 일상생활에 내재된 방향성을 공유하고 있다. 이미 상황에 대한 이해를 공유하고 있다. 이미 상당한 배경적인 지식을 공유하고 있기 때문에, 이런 공유의 인식에 기초해서 이런 지표적인 표현의 의미도 이해할 수 있는 것이다(Shotter, 2005: 125).

용기가 무엇이고 정직이 무엇인지를 설명하려면 어떻게 해야 하는가? 지시할 대상이 있는가? 그렇지는 않다. 이런 의미를 설명하려면 이를 잘 보여줄 수 있는 사례를 예로 들어주어야 한다. 사례를 제시하면서 '이런 것'이 정직이라고 설명해 주어야 한다. 인간의 행동 방식에 대한 이와 같은 표현은 사람들이 행동하는 상황에 대한 설명에 근거해서, 그 상황에 대한 특정한 관점에서의 해석에 근거해서 이런 개념을 이해해야 한다. 이런 점에서 이런 어휘들은 일종의 지표적 표현이다. 나무가 무엇이고 돌이 무엇인지를 알기 위해 구체적인 대상을 지시할 수 있는 상황과는 매우 다르다. 이처럼 대상 자체를 지시하지는 못함에도 의미를 이해하는 것이 가능한 것은 인간이 가지고 있는 지향적이고 구성적인 해석의 능력에서 비롯된다. 특정한 상황에서 특정한 방식의 행동이 갖는 의미를 이해할 수 있는 능력이 있다면, 이런 이해에 어떤 명칭을 부여할 수도 있다.

언어의 의미가 상황에 대한 이해에 근거해서 지표적으로 부여될 수 있다는 설명은 비트겐슈타인에서 기원하는 것으로 보인다. 비트겐슈타인에 따르면, 언어의 의미는 고정되어 있는 것이 아니라 사용하는 맥락 속에서 결정된다(Wittgenstein, 2009a: §43). 예를 들면 이런 것이다. '사랑한다'는 말을 정의하는 것이 가능한가? 매우 어렵다. 좋아한다는 뜻일 수도 있고, 단지 좋아하는 것 이상의 특별한 감정일 수도 있다. 경우에 따라서는 매우 다른 뜻으로 사용될 수도 있다. 그렇지만 실제 상황에서 어휘들을 사용할 때 우리는 그 어휘의 의미를 거의 의심하지 않고 사용한다(Wittgenstein, 1969: §307; Malcolm, 1982: 15-17). 그렇다면 매우 가변적인 어휘의 의미가 어떻게 일상의 삶 속에서는 안정적으로 의미를 전달하는 수단이 될 수 있는가? 주어진 상황을 고려해 그 말의 의미를 이해할 수 있는 인간의 해석 능력에 의해 가능하게 된다.

일상의 언어, 특히 사회세계에서의 언어는 지표적인 측면을 강하게 내포할 가능성이 높다. 일상의 삶을 배경으로 하고 있고, 이러한 삶의 여건에 대한 고려가 암묵적으로 언어의 해석에서 작용할 수밖에 없을 것이기 때문이다. 그럼에도 특별한 어려움 없이 함께 살아갈 수 있는 것은 언어의 의미가 객관적이기 때문이 아니라 상황을 고려해 언어의 의미를 이해할 수 있는 인간 능력의 산물이다. 하나의 발언은 청자에게 여러 가지 해석의 가능성을 제기한다. 사실상 백과사전적인 해석의 여지를 가지고 있다. 그런데 실제로 이 발언의 의미를 어떤 하나로 해석하는 것은 수많은 가능성 중에서 하나를 선택한 결과다. 그렇다면 청자가 이런 해석에 도달한 이유는 청자가 어떤 이유로 이런 해석을 선택하고 다른 잠재적인 해석을 기각했는지를 알아야만 알 수 있을 것이다. 즉, 발언된 내용 자체가 마치 사전에서와 같은 명확하고도 고정된 의미를 가지고 있고, 화자는 이런 의미를 이해하는 방식으로 언어의 의미를 이해하고 있지는 않다는 것이다(Riemer, 2010: 130).

사회과학도들은 이런 지표적인 표현을 객관적인 표현으로 바꾸고 싶어한다. 즉, 상황에 대한 고려를 배제하고 상황 독립적인 의미를 수립하고자 한다. 그러나 현실은 이와 거리가 멀다(Sharrock, 2004: 9). 이미 자신들의 이해 속에 특정한 사회적 현실에 대한 이론적 · 사상적인 이해가 배경을 이루고 있기 때문이다. 즉, 자신들이 상정하고 있는 그와 같은 사회에서만이 그 개념은 그와 같은 의미를 가질 수 있고, 이런 점에서 어느 정도의 지표적인 성격을 배제할 수는 없다는 것이다.

3 비트겐슈타인의 언어게임이론

1) 언어의 의미와 언어의 사용

상황에 대한 이해에 기초해, 사람들의 해석 능력에 의지해, 언어의 의미가 다양하게 생성될 수 있다는 위의 설명들은 비트겐슈타인의 후기 언어철학의 산물이다. 언어는 해석의 도구이며 해석의 산물이라는 하이데거의 설명 역시 비트겐슈타인의 언어에 대한 설명과 상통한다(Braver, 2012). 이런 설명의 공통점은 어휘들은 하나의 공통된 의미를 가지고 있다는 전통적인 의미론에 대해 이이를 제기하면서, 언어의 의미에 대해 상당히 새로운 설명을 제공한다는 점이다.

비트겐슈타인은 표현들이 갖는 하나의 공통된 의미가 있다고 생각하고 이를 통해 의미를 규정하고자 하는 것은 일종의 키메라 사냥(Wittgenstein, 2009a: §94; 수잔 프롬, 1996: 97)이라 비판한다. 전통적인 의미론에 대한 반박으로 비트겐슈타인이 제시하는 것이 언어게임이론이다. 전통적인 의미론에서는 어휘들이란 세계에 존재하는 어떤 대상의 공통적 속성을 의미하기 위해 붙여진 이름이다. 그런데 막상 일상의 삶에서 발언되는 언어들의 공통된 의미를 추적해 보면, 마치 키메라를 좇고 있는 것과 같은 혼란에 빠진다. 그러한 공통된 의미를 찾는 것이 쉽지 않은 경우가 많기 때문이다.

언어게임이론에 의하면 언어의 의미는 공통된 본질을 의미하는 방식으로 부여되지 않는다. 대신 게임에서와 같이 부여된다. 예를 들어, 축구에서 '골인'이라는 어휘의 의미는 그것 자체만으로는 의미가 없다. 승리의 기준이 무엇이고, 각 팀은 어떻게 구성되고, 각 선수들에게 허용되는 행동은 무엇이고, 반칙적인 행동은 무엇인지 등등의 관련 규칙들 속에서만이 '골인'은 골인으로서 의미를 갖는다. 비트겐슈타인은 체스를 예로 들어 설명하고 있다. 체스의 말을 가리키면서 '이것이 왕이다'라고 말하는 것만으로는 체스에서 왕이 갖는 의미를 제대로 전달할 수 없다. 장기에서 말의 중요성은 "그 놀이에서의 그것의 역할"(Wittgenstein, 2009a: §108, 563)에 의존한다. 즉, 체스에서 '왕'의 의미를 이해하려면 체스게임 전체의 규칙과 각 말들의 움직임 속에서 '왕'의 의미를 이해해야 한다.

'왕'의 의미를 이해하려면 체스의 규칙 전체를 이해해야 한다. '골인'의 의미를 이해하려면 축구경기의 규칙 자체를 이해해야 한다. 그렇다면 어떤 '언어', '어휘'의 의미를 이해하려면 어떻게 해야 하겠는가? 그런 말을 사용하고 있는 사람들이 어떤 상황에서 어떤 때에 어떤 이유로 그런 말을 하고 있는지를 이해해야 할 것이다. 단지 언어뿐 아니라 그것과 함께 하고 있는 비언어적인 규칙과 관습들까지도 참고해야 할 수 있다. 언어 표현은 이러한 삶의 흐름에서만 의미를 갖기 때문이다(Wittgenstein, 2009a: 116).

언어의 의미가 인간이 가진 지향적인 구성의 능력에 의해 구성되어야 하는 것도 바로 이런 이유 때문이다. 언어 자체가 독자적으로 가지고 있을 것으로 생각되는 의미를 탐구해서는 그 어휘의 의미를 결코 이해할 수 없다. 상황과 맥락, 배경과 의도를 고려해 해당 언어의 의미를 구성해 내야만 그 말의 의미를 이해할 수 있다. 상황이 달라지고 맥락이 달라지면 이를 배경으로 구성되어 나오는 언어의 의미 역시 달라진다.

쇼터(Shotter, 2011)는 언어의 의미는 일상의 상호작용 속에서 서로의 상호적인 활동을 통해 그때그때 창조된다고 말한다. 예를 들어, 일생을 함께한 노부부가 있다고 하자. 먼저 삶을 마감하게 된 남자가 여자에게 마지막으로 "고맙소! 사랑해요! 우리 천국에서 다시 만나요"라고 말했다고 하자. 우리는 이 발언의 의미에 대해 상당 부분 공감할 것이다. 그런데 이때 남편이 남긴 '고맙소! 사랑해요!'라는 표현은 과연 사전에 나온 의미와 동일한 의미이겠는가? 아니면 보통 남녀간에 하는 애정 표현의 하나와 동일한 의미를 가지는 것이겠는가? 사실 이 때 그가 남긴 이 마지막 말의 의미는 바로 그 당시 그 상황 속에서 그 상황만이 부여할 수 있는 의미를 가지고 있으며, 그래서 그 상황을 가장 잘 알고 있는 부부만이 서로 이해할 수 있는 것이 아니겠는가? 그렇다면 이 말의 의미는 바로 그 상황 속에서 창조되고 있다고 보는 것이 오히려 맞을 수도 있을 것이다.

이미 설명한 바와 같이 비트겐슈타인은 "언어의 의미는 사용 중에 있다"고 주장한다(Wittgenstein, 2009a: §43). 그런데 엄격하게 말하면 우리가 직면하는 상황이 동일한 경우란 있을 수 없다. 상황이 달라지면 의미도 달라진다. 설사 부분적으로는 의미의 유사점이나 공통점이 있다고 하더라도, 쇼터의 설명처럼 각각의 상황 속에서 언어의 의미가 새롭게 창조되는 측면도 생각해 볼 수 있다. 분명히 상황에 따라 다른 의미를 가진다. 그럼에도 불구하고 별 문제를 일으키지 않는 것 역시 인간이 가지고 있는 지향적인 의미 이해 능력 때문이다. 여러 가지 요소를 특별한 의식적인 노력이 없이도 자동적으로 고려해서 언어의 의미를 이해할 수 있는 능력을 가지고 있기 때문에 언어 자체 속에 완전한 의미를 담아야 할 필요가 없다. 설사 발언된 언어의 의미 자체는 매우 가변적이라 하더라도 그 발언이 이뤄진 상황이 의미의 불확실성을 해소해 준다. 그래서 이팔루크족의 '파고'는 여러 가지 의미로 사용될 수 있고, 석공이 조수에게 외치는 "석판!"은 충분히 명령어가 될 수 있는 것이다(Wittgenstein, 2009a: §19-20). 즉, 상황 속에서 언어의 의미가 구성되고 있는 것이다.

비트겐슈타인이 보기에 언어의 의미 문제가 발생하는 것은 언어와 행동, 언어와 맥락 사이의 밀접한 관계를 잊어버릴 때다. 실제적 상황과 유리시켜 언어를 다루려 할 때 문제가 발생한다. 예를 들면, 시간의 개념을 어떤 실제적인 상황에서 사용할 때는 특별한 의미 문제가 발생하지 않는다. 가령, 우리가 어떤 약속을 할 때 사용되는 시간의 의미를 묻는다면 어떤 당혹도 생기지 않는다. 이런 상황에서 시간이라는 말이 어떤 실제적 혹은 가능적 상황의 문맥과 관련을 맺고 이해될 수 있기 때문이다. 그러나 상황과의 모든 연결을 끊어 버린 채, 만약 우리가 단순히 "시간이란 무엇인가?"라고 묻는다면, 우리는 당황하게 된다(Wittgenstein, 2009a: §89). 왜 당황스러운가? 우리는 시간이라는 어휘를 수학이나 자연과학에서처럼 엄격한 개념을 가진 어휘로 사용하지 않고 있기 때문이다. 엄격한 개념적인 이해가 없이 이 시간 개념을 사용하고 있는데 갑자기 시간에 대한 개념 정의를 물으니 당혹스럽다. 일상에서는 정의 없이 사용하고 있지만 그래도 무엇인가 정의가 있는 것이 아닌가? 이에 대해 비트겐슈타인은 다음과 같이 말한다.

> 대부분의 경우 우리는 우리가 사용하는 개념을 분명하게 한정지을 수 없다. 우리가 그것의 진정한 정의를 알지 못해서가 아니라, 그것들의 진정한 정의가 없기 때문이다. 있어야 한다고 상상하는 것은 아이들이 공을 가지고 놀 때마다 아이들이 엄밀한 규칙들에 따라서 놀이를 하고 있다고 상상하는 것과 같은 것이다(Wittgenstein, 1958: 53).

명령하고, 질문하고, 말하고, 담소하는 것은 걷고, 먹고, 마시고 노는 것과 마찬가지로 우리의 자연사(自然史)의 한 부분이다(Wittgenstein, 2009a: §25). 이런 상황에서는 문제가 되지 않는다. "언어의 의미는 사용에 있다"(Wittgenstein, 2009a: §43)는 비트겐슈타인의 유명한 명제 역시 이런 의미다. 사람들이 일정한 상황에 함께 처해 있으면서 어떤 이야기를 진행하고 있을 때는 그 상황과 전후의 맥락이 그 언어에 의미를 부여해 준다. 아이들은 배고파도 울고 짜증나도 울고 목이 말라도 운다. 그런데 아이의 상황을 알고 있는 엄마는 이 울음의 의미를 짐작할 수 있고 적절히 대응할 수 있다. 어떤 상황 속에 있을 때는 몸짓만으로도 의사를 전달할 수 있다. 어떤 상황에 대한 이해, 목적에 대한 이해, 의도에 대한 이해 등 수많은 힌트가 주어진다. 따라서 엄격히 정의된 표현을 동원하지 않아도 서로의 의미를 전달할 수 있다. 그래서 해당 어휘들이 굳이 정의된 개념을 가질 필요가 없다.

심지어는 '고통'과 같은 지극히 개인적이고 주관적인 상황을 묘사하는 어휘조차도 단지 개인의 특정한 상태를 일컫는 어휘가 아니라 그 말이 발언되는 상황으로부터 의미를 부여받는다고 비트겐슈타인은 설명한다. 즉, 그림을 보여주면서 '이것은 나무'라고 가르치듯이 '고통이란 말의 뜻을 배운 것이 아니다. 비트겐슈타인은 다음과 같이 설명한다.

> 한 아이가 다쳐서 운다. 이제 어른들이 그에게 말을 건네어 소리쳐 보이고 그 후에는 문장들을 가르쳐 준다. 어른들은 아이에게 새로운 고통거동을 가르친다(Wittgenstein,

2009a: §244, §384).

즉, "나는 아프다"라는 문장은 내적 체험의 묘사가 아니라 그것을 대신해서 간주관적인 언어게임 속에서 발언되고 의미도 얻는다. 내적 체험에 관한 언어게임도 공개적인 언어게임에 의해 그러한 체험 및 경험에 관한 간주관적인 소통이 가능해진다. 이런 점을 비트겐슈타인은 다음과 같이 설명하고 있다.

> 모든 기호는 저 홀로는 죽은 것처럼 보인다. 무엇이 그것에 생명을 주는가? 그것은 쓰임 속에서 산다(Wittgenstein, 2009a: §432).

고통을 겪는 데 대한 기준은 고통거동과 그가 자신의 고통거동을 인식시키는 상황이다. 환경이 고통 개념의 구성에 결정적이다. 이런 점에서 감각어 역시 개인 체험을 지시하는 사적 언어로 표현한 것이 아니라 원래부터 사람들 간의 어떤 상황에서 의미를 얻는 간주관적 언어다(수잔 프롬, 1996: 160).

사회 연구자들은 이와 같은 일상의 맥락으로부터 분리해 언어의 의미를 정의하고 개념화하기를 원한다. 정확하고 정밀하게 정의된 개념일수록 대상 현상에 대해 구체적인 분석을 가능하게 할 것이다. 그뿐만 아니라 정확하게 대상을 특정화할 수 있는 개념을 가지는 것은 대상 현상에 대한 진리를 얻는 데 필연적으로 요구된다(Frege, 1892: 63). 어떤 개념이 그것이 의미하는 구체적인 지시 대상(reference)을 가지지 못한다면 그에 관한 서술을 검증할 방법이 없기 때문이다.

그런데 비트겐슈타인에 의하면, 이처럼 어떤 표현에 대해 그것의 의미를 정의하고자 시도하면서 언어의 의미가 정의되는 것이 아니라 오히려 문제로 등장하게 된다. 일상적인 상황 속에서 우리가 어떤 문제에 대해 논의할 때, 이때는 언어가 심각하게 의미 문제를 일으키지 않는다. 이미 당사자들은 상황에 대한 인식과 문제에 대한 인식 그리고 목표에 대한 인식을 공유하고 있기 때문이다. 만일 아직 이런 공통의 인식을 가지고 있지 않다면 서로의 생각을 공유하는 과정을 거치면서 상황에 대한 인식을 공유할 수 있고, 이에 기초해서 언어들의 의미도 이해할 수 있다.

하지만, 사회 현상의 연구자들은 개별 상황이 아니라 자신들이 보기에 유사한 것으로 판단되는 여러 상황에 대해 공통적인 설명을 얻기를 원한다. 일반화된 지식을 얻기를 원한다. 연구자들의 이런 욕구를 비트겐슈타인은 '일반화에 대한 갈망(craving for generality)'이라고 명명하고 있다(Wittgenstein, 1958: 17-18). 비트겐슈타인이 경고하는 것은 이처럼 무리하게 일반화된 개념, 즉 어떤 공통된 속성에 대한 지칭으로서 언어의 의미를 부여하고자 하는 것이 오히려 인간이 언어를 이해하고 이용하는 방식에 대해 오해하게 만들며, 언어의 의미에 대해서도 오해하게 만든다는 것이다. 예를 들어, 많은 상황이 하나의 개념적인 범주로 포함되면, 해당 개념은 의미의 기반이 되는 공통의 상황, 공통의 맥락, 공통의 배경적 인식, 공통적인 인식의 지평을 형성하는 것이 오히려 어려워진다. 의미의 기반이 되고 참고 자료가 되는 공통의 상황을 상실하기 때문에 형식적으로는 개념을 수립한 것 같으나, 실제로 그것이 무슨 뜻인지는 알기 어려운 상황에 처한다. 시간이 무엇이냐는 질문에 답하기 어려운 것도 마찬가지다. 시간에 대한 여러 가지의 대화 상황들 속에서 공통된 의미가 무엇인지를 찾고, 이런 공통된 의미에 기초해서 시간을 정의할 수 있다고 생각한다. 그런데 실제 사용자들은 공통된 의미가 있기 때문이 아니라 상황 속에서 굳이 공통의 의미가 결여되어 있어도 의미를 이해할 수 있기 때문에 그 표현을 사용하고 있다. 이런 상황에서 연구자들은 공통의 의미를 부여하고자 하기 때문에 개념 정의의 문제가 발생하는 것이다.

비트겐슈타인이 지적하는 '일반화 열망'의 위험을 잘 지적하고 있는 것이 '종교'와 '정부'의 개념 정의 시도에 대한 제임스(William James)의 다음과 같은 설명이다.

> 종교철학에 관한 대부분의 책은 그 본질을 구성하고 있는 정확한 정의를 내리는 것에서부터 시작하려고 한다. … 나는 지금 그것들을 일일이 나열하며 아는 체하고 싶지 않다. 그렇지만 수가 너무 많고 너무 다르다는 사실은 '종교'라는 단어가 어떤 하나의 원리나 본질만을 나타낼 수는 없으며, 오히려 집합적 이름이라는 것을 입증하기에 충분하다. 이론을 세우는 사람들은 항상 그 자료들을 지나치게 단순화시키는 경향이 있다. 이것이 철학과 종교에 횡행하고 있는 절대론이나 독단론의 뿌리다. … '정부'의 본질에 대해 묻는다면, 어떤 이는 권위라고, 또 어떤 이는 복종이라고, 또 다른 이는 경찰이라고, 군대라고, 모임이라고, 법체계라고 말할 것이다. 그러나 정부가 세워진 이래 이런 모든 것 없이 존재할 수 있는 정부는 없었음이 사실이다. 어떤 경우에는 그것들 가운데 어느 하나가 더 중요하고, 또 다른 경우에는 다른 어떤 것들이 더 중요하다. 정부를 가장 완벽하게

알고 있는 사람은 그것의 본질을 나타내 줄 정의의 문제로 자신을 괴롭히지 않는다. 그는 정부의 모든 특질을 차례차례 상세히 알아가는 것을 즐기기 때문에, 그 특질들이 통합된 추상적 개념을 교훈적인 것이라기보다는 혼란만을 가중시키는 것으로 자연히 간주할 것이다(윌리엄 제임스, 2011: 85-86).

2) 가족유사성에 의거한 의미의 이해와 사용

설사 낱말이 어떤 구체적인 대상과 결합되지는 않으며 또한 사용되는 상황에 따라 의미가 달라진다고 하더라도, 이를 통해 의사를 전달하고 행동 의도를 표현하기 위해서는 구성원들이 공유할 수 있는 있는 공통의 의미를 가질 수 있어야 하지 않겠는가? 이런 요구에 대해 비트겐슈타인이 제시하고 있는 것이 가족유사성(family resemblance)이다(Wittgenstein, 2009a: §65, 66, 68; 1958: 18). 우리가 세계를 접하고 인식하면서 사용하고 있는 언어에는 공통된 본질과 같은 것이 없다. 다만 유사한 맥락에서 사용되고 있을 뿐이며, 가족의 구성원들이 가지고 있는 것과 같은 다양한 종류의 유사점들이 있을 뿐이며, 이에 기초해 의미가 부여될 수 있는 것이다(남경희, 2005: 147-148). 가족이 닮았다는 것은 어떤 사람은 서로 코가 닮았고, 어떤 사람은 눈썹이 닮았으며, 어떤 사람은 걸음걸이가 닮았다는 것이다. 자연세계에서 어떤 종에 속하는 대상들이 어떤 독특성을 공유하고 있듯이 어떤 하나의 공통점을 가족구성원들이 모두 공유하고 있다는 의미가 아니다. 훨씬 느슨하게 유사점을 공유하고 있다. 예를 들면, 우리가 게임이라는 어휘를 붙이는 대상들은 많다. 올림픽게임, 카드게임, 축구, 피아노 연주, 오페레타 등을 게임이라 부르고 있다. 그러나 여기에 게임의 본질을 이루는 공통된 무엇이 있지는 않다. 다만, 유사성들이 복잡하게 서로 겹쳐진 하나의 그물이 있을 뿐이다(Wittgenstein, 2009a: §66). 게임에 대해 정확한 개념을 정의하기는 어렵다(Wittgenstein, 2009a: §68). 그럼에도 불구하고 우리는 이 개념을 의미 있게 사용할 수 있다. 이것이 가족유사성에 기초한 의미의 사용이다.

연장의 기능은 연장 자체에 내재하기보다는 다양한 용처에 쓰임으로써 획득된다. 장기짝들의 정체성은 장기게임에서 다양한 전략을 형성함으로써 형성된다. 어휘들이 사전적인 의미를 가지기는 하나 그 의미는 어휘의 사용을 위한 최소한의 규칙에 불과하다. 어휘들은 구체적으로 사용되기 이전에는 실질적인 의미를 가지지 않는다. 사전적 의미를 준거로 하여 삶의 현장에서 쓰임으로써 그 의미를 획득한다. 어휘가 의미를 가진다면 그 의미를 구성하는 것은 일종의 가족유사성이다. 각 상황에서 어휘의 의미 사이의 유사적 관계가 아니라 상황을 이루고 있는 요소들 사이의 가족 유사적 관계들이다(남경희, 2005: 149).

또한 비트겐슈타인(Wittgenstein, 2009a: §68)은 하나의 실의 견고함은 그것을 구성하고 있는 개별의 섬유가 그 실 전체를 관통하기 때문이 아니라, 여러 개의 개별적인 섬유들이 겹쳐 있기 때문이라는 비유로 설명하고 있다. 가족 유사적인 수많은 사례 속에서 어휘의 의미를 구성적으로 이해하고 있기 때문에 가변적인 상황 속에서도 이해하고 적용할 수 있는 실천적 유연성과 의미적 견고성을 동시에 가지고 있다는 것이다. 세상에 대한 우리의 지식, 특히 사회세계에 대한 우리의 지식은 우리의 주변 세계에 대한 경험 속에서 얻은 것이다. 심지어 문학, 영화, 건축, 음악, 속담, 격언 이 모든 것이 한편으로는 세상에 대한 우리 자신의 느낌이나 생각을 서술하고 있지만 다른 한편으로는 우리에게 진정 중요한 가치는 무엇이고, 우리가 무엇을 위해 살아야 하며, 무엇을 지키며 살아야 할 것인가에 대해 끊임없이 의문을 던지고 있다. 이런 수많은 경험 속에서 그것들로부터 지향적인 능력에 의지해 의미를 구성할 수 있는 만큼 언어는 의미를 얻는다.

제 4 절 사회세계에서 의미의 특징과 한계

1 자기 참조적 의미 부여

기호삼각형에서 참조 관계는 언어와 그것이 의미하는 대상 간의 관계를 말한다. 가령 '달'이라는 표현이 무슨 뜻인지를 알려면 그것이 의미하거나 또는 지시하는 하늘에 떠 있는 '달'을 참조하면 된다. '달'이라는 기호 자체는 의미를 가지고 있지 않다. 이처럼 기호에 불과한 무의미한 '달'이라는 글자가 실제로 하늘의 달을 의미할 수 있는 것은, 이 천체를 참고해 그것에게 달이라는 이름을 붙이고, 이 이름을 이용해 그것에 관한 사실들을 서술하고 있기 때문이다. 이런 관계가 기호와 의미 대상 간의 참조(refer) 관계다. 그런데 자기 참조라는 것은 언어의 의미를 이해하거나 규정하기 위해 따로 참조할 대상이 없다는 의미다. 그렇다면 참조 대상이 없는데 어떻게 어떤 것을 의미하는 언어가 발생할 수 있는가? 어떤 의미가 발생하면서 이렇게 발생하는 의미를 참고해 그 의미에 이름을 부여하면 자기 참조적으로 의미를 부여할 수 있다.

먼저 자연 대상에 대한 우리의 생각과 언어를 보자. 자연세계에서는 이미 대상 현상이 존재하고 있다. 우리는 이 대상들을 관찰하고 인식한다. 관찰하고 인식한 내용을 토대로 삼아 그것에 관한 언어적인 상징을 창조한다. 이런 상황에서는 우리의 생각도 세계를 참고해 생성된 것이고, 언어도 대상 현상이 되는 세계를 참고해 의미를 부여받는다. 우리의 생각과 언어는 모두 대상 현상을 참고해 생성된 것이다. 우리는 이렇게 만들어진 언어를 이용해 대상 현상에 대해 추리하고 생각하며 비교하고 추상하는 등의 사고작용을 수행한다. 이렇게 수행하는 우리의 사고가 의미를 가지는 것은 이때 사용하는 우리의 언어가 세계라는 대상 현상으로부터 의미를 얻고 있기 때문이다. 즉, 우리는 언어로 사고하지만, 언어를 빌려 세계에 대해 사고하는 것이 가능하다. 언어의 의미가 객관적으로 존재하는 대상 세계를 참고해 생성된 것이기 때문이다.

그런데 인간이 주변 세계와 관계하는 방식은 단지 주어진 대상을 최대한 편견 없이 관찰해 그것이 가지고 있는 어떤 규칙을 찾아내는 그런 방식에 그치지 않는다. 앞서 설명한 바와 같이, 이미 자신의 목적을 위해 새로운 방식으로 주변의 대상들을 해석하고자 한다. 해석을 달리하면 동일한 대상에 대해서도 서로 다른 의미가 발생할 수 있고, 서로 다른 표현들이 발생할 수도 있다. 동일한 표현이라고 하더라도 서로 다른 상황을 배경으로 서로 다른 의미로 사용할 수도 있다. 만일, 이처럼 사회구성원들이 자신들의 해석과 자신들의 상황에 기초해서 자신들만의 의미를 부여한다면 자신들이 부여한 해석과 의미가 해당 표현의 근거가 되는 그런 표현이 발생한다. 이런 것이 '자기 참조적'인 의미 부여다.

자기 참조적 관계의 가장 원형적인 현상은 약속이다. 약속이 약속으로서의 의무를 수반하게 되는 것, 즉 약속이 되는 것은 단지 관련자들이 그렇게 약속했기 때문일 뿐이다. 약속 자신이 약속으로서 존재하는 근거다. 이런 관계가 자기 참조다. 자연 대상에 관한 언어나 생각에서처럼 나를 설명하고 나를 이해하기 위해 다른 어떤 대상을 참고할 필요가 없다. 왜 어떤 행동이 비도덕적인 행동이 되는가? 우리가 그런 행동을 비난하기 때문이다. '비도덕적 행동'의 기준이 이미 사전적으로 주어져 있는 것이 아니다. 사회구성원들이 어떤 행동에 대해 함께 비난하기 때문에 그런 행동은 비도덕적인 행동이 된다(솔 A. 크립키, 2008: 154). 사람들의 생각이 변하면 비도덕적인 행동에 해당하는 행동도 변한다. 사회구성원들이 그들만의 해석에 근거해 그러한 해석에 어떤 언어적인 명칭을 부여하면서 그런 분류의 언어적 표현과 그 표현에 해당하는 대상 행동이 함께 탄생한다. 그래서 언어의 의미를 참고할 대상이 언어밖에 별도로 주어져 있지 않다. 언어와 함께 발생하고 부여하는 의미가 달라지면 의미도 달라지고, 그리고 얼마든지 사라질 수도 있기 때문이다.

예를 들어, 원시공동체가 만들고자 하는 족장이라는 제도에 대해 생각해 보자. 이 제도는 공동체 구성원들이 어떤 사람에게 '족장'이라는 특별한 지위를 부여하기로 함께 약속함으로써 성립하게 된다(Searle, 2010: 42-60). 이처럼 어떤 사람에게 어떤 특별한 지위를 부여하는 것은 우리의 의식 능력, 즉 우리의 의식이 가진 지향적인 사고 능력의 산물이다. 어떤 대상에게 그것이 본래부터 가지고 있지 않던 지위나 기능을 부여할 수 있는 능력의 산물이다. 발생의 과정을 보면, 사회구성원들이 어떤 생각을 공유하고, 이런 생각에 기초해 어떤 약속을 하면서 '족장'이라는 제도도 만들어지고 그것을 지칭하는 언어도 발생한다. 그래서 '족장'이라는 어휘의 의미를 설명하기 위해서는 '족장' 제도를 설명한다. 하지만, 족장 제도 자체를 설명하려면 다시 그 제도가 발생하게 된 배경, 즉 '족장' 제도에 대한 사람들의 생각을 설명해야 한다. 즉, 특정 대상에게 특정한 지위나 역할을 부여하고자 하는 사람들의 생각에 의지해 제도 현상도 발생하고 그 제도 현상을 지칭하는 어휘도 발생한다. 그래서 어휘의 의미를 설명하기 위해서도 사람들의 생각을 설명해야 하고, 제도 현상의 존재 이유를 설명하기 위해서도 사람들의 생각을 설명해야 한다. 결국 사람들의 생각이라고 하는 동일한 현상에 근거해 대상을 일컫는 명칭에 해당하는 언어와 제도 현상을 모두 설명해야 하는 상황에 처한다. 약속이 약속이 되는 이유는 관련자들이 그렇게 약속했다는 점이 근거이듯이, '족장' 제도가 족장 제도로서 인정받고 정당화될 수 있는 이유도 공동체 구성원들이 함께 그렇게 약속했다는 것뿐이다. 이것이 제도, 언어, 생각 간의 자기 참조적인 관계다.

대한민국 헌법에 보면 총강에서는 민주공화국, 권력, 국민, 법률, 의무, 영토, 국제법, 국내법, 정당, 전통문화 등과 같은 어휘들이 나오고, 국민의 권리에 관해서는 인간으로서의 존엄과 가치, 행복, 평등, 차별, 자유 등의 어휘들이 등장한다. 이 어휘들의 의미를 알려면 어떻게 해야 하겠는가? 어떤 대상을 지시함으로써 의미를 설명할 수 있는가? 이들 어휘에 대해 지시할 수 있는 대상은 없다. 단지 사전에 정의된 것을 보면 알 수 있겠는가? 아마도 사전에 있는 의미를 통해 어휘의 의미를 규정하고자 하면 어떤 어휘의 의미를 이해하기 위해 이 어휘를 설명하는 어휘들의 의미를 무한히 거슬러 올라가야 하는 무한 회귀에 빠지게 될 것이다. 그렇다고 자연 현상에서처럼 지시할 수 있는 구체적인 대상이 있는 것도 아니다. 법령집을 가리키는 것이 법에 대한 설명이 될 수 있는 것도 아니고, 어떤 나라의 국민들을 지시함으로써 국민의 의미를 전달할 수 있는 것도 아니다. 비트겐슈타인의 설명을 다시 인용하자면, 체스의 '왕'을 가리키면서 '이것이 왕이다'라고 말하는 것만으로는 체스의 왕에 대한 설명이 결코 되지 못하는 것과 같은 원리다(Wittgenstein, 2009a: §31-33; Braver, 2012: 94).

설사 정당, 국민, 법률 등에 대해 어떤 대상을 지시했다고 하더라도 실제 그 대상을 지시하는 것만으로는 이들 어휘의 의미를 결코 온전히 알 수 없다. 우리가 어떤 의미(지위 또는 권한)를 부여하는지에 따라 실제적인 의미가 달라진다(Searle, 1998, 2010). 정당이 특권집단의 독재적 통제를 위한 수단이 될 수도 있고, 민주적인 정치 과정의 수단이 될 수도 있다. 그래서 정당이 무엇인지를 알려면 결국 정당에 대해 국민들이 가지고 있는 생각과 기대가 무엇인지를 알아야 하는 문제가 대두된다. 이런 상황에서 '정당이란 어떤 것이다'라고 공통 요소를 찾아내어 정당의 본질을 정의하기는 매우 힘들다. 결국 우리가 이런 어휘들에 대해 어떤 의미를 부여하고 인정하고 공감하고 실제로 이런 의미 이해에 기초해 행동하는지가 이들 어휘의 의미를 규정한다(Follesdal, 1994: 140). 객관적인 대상의 공통점에 기초해 의미가 수립되는 것이 아니라 그 사회적 존재에 관해 사람들이 가지고 있는 인식에 기초해 자기 참조적으로 정당의 역할이 부여된다(Searle, 1995: 32; Anscombe, 1978: 97-99). 기호삼각형을 놓고 보면, 사회 현상의 발생과 존재에 대해 그것에 대한 사람들의 생각과 그것에 대한 표현이 대상 현상의 일부분을 이루고 있다(솔 A. 크립키, 2008: 154). 따라서 굳이 존재론적인 근원을 제시하자면 정당에 대해 가지고 있는 사회구성원들의 인식이 정당이 정당으로서 존재하게 되는 근원으로 작용한다. 그런데 사회구성원들이 가지고 있는 정당에 대한 인식은 다시 역사와 사회문화의 산물이다. 그래서 존재론적인 근원을 사람들의 생각에서 찾더라도 다시 이런 근원이 형성된 근거를 찾기 위해서는 사회의 역사를 해석해야 하는 문제에 직면하게 된다.

2 '근거 없는 근거'에 의한 정당화

많은 경우 언어들은 사람들이 가지고 있는 생각이나 의도를 참조의 근거로 삼아 의미를 획득한다. 당연히 사람들이 어떤 공통적인 이념이나 종교적인 신념을 가지고 있고, 이에 기초해서 살아가고 있다면 이런 이념이나 신념 역시 관련된 언어를 탄생시키고 의미도 부여할 것이다. 또 이에 기초해서 교육기관, 자선단체, 법규와 같은 공식적인 제도들이 만들어진다면 이런 제도들 역시 사람들이 가지고 있는 이러한 신념을 존재의 기반으로 삼게 될 것이다(예: 알렉시스 드 토크빌, 1997; 막스 베버, 1988).

자연과학의 발전 과정이나 사회과학의 발전 과정에서 관찰되는 패러다임 역시 유사한 측면이 있다. 그러한 패러다임을 공유한 사람들은 비슷한 이론적인 전제, 공유된 개념, 공유된 관점에 기초해서 대상 현상을 분석하고 해석한다. 그래서 이러한 패러다임을 공유한 연구자들 사이에서는 그러한 연구의 결과 역시 공감을 얻게 되지만 패러다임을 달리하는 연구자들에게는 공감을 얻는 것도 어렵고 납득시키는 것도 힘들다. 결국 비슷한 생각을 하는 사람들끼리 모여 학술활동을 하게 된다. 특히 사회과학은 더욱 그렇다. 편견적인 해석을 바로잡아 줄 수 있는 공통된 기준이 되는 대상 세계에 기초해서 학문이 정립되는 것이 아니라 대상 현상에 대한 공통된 가정이나 또는 공통된 해석의 관점에 기초해서 학문이 정립되기 때문이다.

이미 설명한 바와 같이, 인간의 인식은 해석적인 측면이 강하며, 해석적인 이해를 위해 인간은 자신이 이미 가지고 있는 경험, 이론, 신념, 가치, 문화, 삶의 방식 등을 동원한다. 일종의 자기 참조적인 이해다. 어떤 행동이 바람직하고, 가치가 있고 윤리적인 것은 어디까지나 우리가 가지고 있는 가치와 이념을 배경으로 할 때만이 그렇게 인정될 수 있다. 그런데 이렇게 해석을 위해 동원되는 이론이나 가치와 이념이 단지 우리의 역사와 문화의 소산이라면 이렇게 탄생하는 어휘들과 어휘의 의미들 역시 우리의 생각에 기초해서 의미를 부여받는다는 점에서 자기 참조적이다. 주변 세계에 대한 인간의 이해와 해석에는 개인과 사회의 역사적 경험이 개입되고(Gadamer, 1975), 공동체의 삶의 양식과 이를 반영하고 있는 언어가 개입되며(Wittgenstein, 2009, 1958; Saussure, 2012), 종교와 이념이 개입되고(알렉시스 드 토크빌, 1997; 막스 베버, 1988), 개인과 공동체의 자기 인정 욕구도 개입된다(Mills & Polanowski, 1997). 이런 요소들이 영향을 미칠 수 있게 되는 것은 사회세계에서 인간의 해석과 이해는 자기 참조적인 측면을 강하게 내포하고 있기 때문이다. 그런데 자기 참조적이라는 것은 공통의 참조 근거를 결여할 위험을 항상 내포하는 것이며 당연히 편견의 위험을 수반한다.

진리라고 하는 것은 객관적인 방식으로 어떤 명제가 정당화될 때 달성될 수 있다. 자연세계에서 보편적이고 필연성이 높은 지식의 획득이 가능했던 것은 이런 식의 정당화 원리에 기초해서 명제를 검증할 수 있었기 때문이다. 사회세계는 다른 방식으로 존재하고 작동하고 있다. 그래서 사회과학에서는 진리를 정당화하는 원리 역시 다르다.

자기 참조적으로 의미를 획득하는 사회과학의 명제들이 정당화되는 원리를 생각해 보자. 미국독립선언문은 "모든 인간은 평등하게 창조되었다."고 선포하고 있다. 그런데 실상 미국에서 여성과 흑인이 실질적인 평등을 획득한 것은 20세기에 와서다. 그렇다면 미국 사회에서 '평등'이라는 것은 어떻게 진정한 사회적 진리가 될 수 있었는가? 사람들의 생각과 삶의 방식, 그리고 이를 반영한 공식 제도들이 인정하는 만큼의 평등을 실현하고 확대해 왔다. 자기 참조적으로 정당화되는 만큼 제도적인 발전도 이뤄져 왔다는 것이다.

이에 대해 비트겐슈타인은 '근거 없는 근거(groundless ground)'라는 표현을 쓰고 있다(Wittgenstein, 1969: §166; Bax, 2013: 10-13; Braver, 2012; Putnam, 1981: 49-50).[9] 자연세계에서처럼 인간의 생각과는 무관하게 존재하고 있으며, 그

9) 퍼트남은 이런 종류의 진리에 대해 '내적 일관성에 기초한 진리'라고 설명하고 있다. 즉, 우리들의 언어게임, 우리들의 세계관, 우리들이 가지고 있는 해석의 틀 속에서는 진리이지만, 이를 검증할 수 있는 외적이고 객관적인 기준은 없다는 의미다. 외부 세계에 서술의 진위를 검증할 기준 대상이 존재하고, 이러한 기준 세계와 비교해 명제의 진위를 검증해 얻을 수 있는 진리가 아니라는 의미다. 그런데 내적 일관

래서 어떤 명제의 검증을 위한 객관적 근거가 존재하고, 이런 공정하고 객관적인 토대에 기초해 정당화된 진리가 아니다. 이런 점에서 보면 '평등'에 관한 서술은 근거가 없다. 자연세계에 객관적인 근거가 있는 것은 아니지만 그럼에도 불구하고 사람들은 이런 가치를 인정하고, 게다가 이에 따라 행동하고 이를 뒷받침할 수 있는 제도까지도 발전시켜 왔다. 이런 점에서 비춰보면 근거가 없는 것도 아니다. 결국 우리의 생각, 우리의 신념, 우리의 가치가 정당화의 근원이라는 것이다.

그러나 이렇게 마련된 근거는 이런 생각을 공유하는 사람들에게는 정당화의 근원이 될 수 있지만 다른 생각을 가진 사람들에게는 그렇지 못하다. 설득의 문제, 갈등 해소의 문제가 발생하는 것도 이 때문이다. 이미 가치와 신념을 달리하고 있고, 이미 삶의 양식을 달리하고 있는 사람들 사이에는 공통의 진리를 만들어 낼 수 있는 공통의 토대 자체가 존재하지 않으며, 공통의 언어가 존재하지도 않는다. 이런 사람을 만났을 때는 정당한 근거를 제시하면서 대화에 의해 이견을 해소하려 하는 것이 아니라 오히려 '이단자'라고 생각하거나 훈계를 하려하고 심지어 대화를 피하게 된다(Bax, 2013: 11-12).

언어라는 것은 하나의 연극에서 특정한 장면을 잘라내어 이름을 붙인 것과 흡사하다. 이 장면의 의미는 반드시 그 연극의 전체적인 내용 속에서 이해되어야 한다(Wittgenstein, 2009a: §38). 마찬가지로 '어떤 어휘가 이해되지 않는다'는 말은 좀 더 정확히 말하면 '특정한 언어게임, 즉 특정한 언어적인 서술 내에서는 이해되지 않는다(It makes nonsense in this particular game)'는 말이다. 브레이버(Braver, 2012: 94)는 어떤 이름을 부여하는 것은 단지 대상에 대해 어떤 이름을 붙이는 것이 아니라, 어떤 대상인지 이에 대해 어떻게 생각하고 어떻게 말할 것인지를 합의하는 것이 어휘의 성립을 가능하게 한다고 설명하고 있다. 그런데 이런 다양한 해석 중에서 어떤 해석이 가장 중시되어야 한다는 점을 공정하게 규정할 방법이 없다는 점(Braver, 2012: 21)이 첨예한 갈등의 원인으로 작용한다.

성에 기초한 진리는 자기 영역에서는 알려지지 않은 영역이 항상 존재하게 되며, 이렇게 알려지지 않은 영역까지 고려하면 해당 이해는 편견에 불과한 것이 될 위험에 항상 노출된다(Welton, 2003: 17).

3 언어화로 인한 본래 모습의 파괴: 험티–덤티 문제

어떤 현상에 대해 언어적인 서술을 시도하는 것이 대상 현상의 본래 모습에 대한 있는 그대로의 공정한 이해를 오히려 방해할 수도 있다. 언어로 서술된 모습이 본래의 모습을 파괴할 가능성이 높기 때문이다. 브레이버(Lee Braver)는 이런 문제를 '험티-덤티 문제(Humpty-Dumpty Thesis)'라 부르고 있다. '험티-덤티'는 『이상한 나라의 앨리스』에 나오는 계란처럼 생긴 인간이다. 그런데 만일 이 험티-덤티가 땅에 떨어져 깨어진다면, 아무리 깨어진 조각들을 단단히 묶어도 깨어진 틈을 완전히 메꿀 수는 없다. 따라서 험티-덤티가 본래의 모습을 잃지 않도록 하는 방법은 본래의 전체성을 파괴하지 않는 것이다(Braver, 2012: 110).

어떤 현상을 이론적으로 관찰하기 위해 그 현상을 그것이 발생하고 있는 전체적인 맥락으로부터 분리시키게(de-worlding) 되면, 마치 물고기를 물에서 건져냈을 때처럼 현상의 본래 모습을 오히려 관찰할 수 없게 된다(Braver, 2012: 107). 왜냐하면, 대상 현상이 발생하고 생동하도록 이끄는 다이내믹한 맥락들은 배제하기 때문이다. 진정한 전체의 모습을 볼 수 있는 가능성을 차단하기 때문에 이러한 인식의 오류에서 사이비 문제들은 만들어지기 쉽고 반면에 해결책은 오히려 숨겨지게 된다(Braver, 2012: 111-112).

좀 더 자세히 설명하면 이렇다. 우선 일상의 삶을 살아가는 사람들의 입장에서 생각해 보자. 사람들은 이미 세상에 던져져 있고, 이렇게 이미 세상 속에 던져진 인간들은 자기 주변의 모든 대상을 자신의 삶의 관점에서 바라본다. 이렇게 보면, 주변에 있는 모든 것은 내가 삶을 위해 도구화하는 수단들의 일부를 형성한다. 이와 같은 상황에서 부분과 전체는 서로가 서로를 있게 하는 상황과 비슷하다. 즉, 어떤 것이 '연필'이 되는 것은 이미 내가 종이도 있고, 써야 할 내용도 있고, 쓸 수 있는 능력도 있고, 이렇게 해서 달성하고자 하는 어떤 목적도 있기 때문이다. 함께 이용할 수 있는 도구들이 없다면 이미 연필은 연필로서의 의미를 상실한다. 하이데거는 "하나"의 도구는 존재론적으로 불가능하다"고 단언적으로 지적하고 있다(Heidegger, 1962: §69, 404). 왜냐하면, 어떤 하나의 도구는 다른 수많은 의미있는 도구들 사이에서 의미를 얻고 기능을 얻고 필요성을 획득하기 때문이다. 그래서 연필을 알기 위해 단지 연필을 관찰하는 것은 연필에 대한 진정한 이해를 오히려 방해한다. 연필이 연필로서의 기능을 얻는 이유는 그것이 그런 본성을 가지고 있기 때문이 아니다. 단지 그것이 그런 기능을 수행할 수 있기 때문일 뿐이다. 만일 그러한 기능을 수행할 것이 필요함에도 연필이 없다면, 다른 어떤 것을 동원해서든 그러한 기능을 수행하게 할 수 있다. 즉, 연필이 연필의 모습을 나타내 보이는 것은 단지 그것이 그런 특성을 가지고 있기 때문이 아니라 어떤 것이 그와 같은 상황 속에 놓이기 때문이다(Braver, 2012: 107).

그런데 과학적인 연구를 수행할 때 주관적인 관심을 배제하고 객관적인 실재를 서술하기 위해 대상 현상이 발생하는 맥락은 배제한 채, 대상 현상 자체에 일단 초점을 맞춘다. 그런데 사회 현상의 경우는 객관적인 지시체가 없다. 대신 어떤 관점에서 어떤 사상이나 이론, 또는 어떤 가치를 배경으로 대상 현상의 여러 측면 중에서 특정한 측면을 고립시켜야 한다. 대상 현상을 특정한 관점에서 해석하고 그러한 의미를 구별해 내야 한다. 전체의 모습에서 특정 부분을 국한시키고 이 부분을 전체로부터 분리시키는 작업을 해야 특정 부분을 의미하는 개념이 만들어질 수 있다. 그런데 이렇게 개념들에 의해 대상 현상을 부분화하면, 이런 부분적인 개념과 이해를 아무리 잘 종합하더라도 대상 현상의 본래의 전체적인 모습으로 되돌릴 수는 없는 상황에 처한다.

우리의 사고는 특정 측면을 선별적으로 추출해 추상적인 의미를 부여할 능력을 가지고 있다. 그럼에도 불구하고 이렇게 만들어진 언어는 그러한 의미를 부여하는 사람들의 입장에서는 충분히 자기 참조적인 방식으로 의미를 가질 수 있다. 즉, 나는 나의 관점에서 나의 어휘들을 이용해 대상 현상을 서술했지만 이러한 서술도 나와 생각을 같이하는 사람들의 입장에서 보면 충분히 의미를 가질 수 있고, 또 이런 의미에 근거해 행동할 수도 있고, 또 이런 의미를 추구하는 질서를 세우고, 이런 가치를 추구하는 사회공동체를 만들 수도 있다.

그런데 '험티-덤티' 문제가 암시하는 것은 적어도 그러한 관점이 대상 현상에 대한 본래의 모습을 있는 그대로 파악한 것은 결코 아닐 수 있다는 점이다. 나의 관점에서 또는 우리의 관점에서 대상 현상의 특정한 측면을 특정한 관점에서 잘라내어 개념화한 것이다. 따라서 이런 개념에 근거해 대상 현상의 본래의 모습을 있는 그대로 이해할 수는 없다는 것이다.

예를 들면, 사교육, 수도권, 비정규직, 성매매, 선행학습 등 등 우리가 우리 사회의 현상을 서술하기 위해 사용하고 있는 개념들은 어디까지나 이미 대상 현상의 특정한 측면을 특정한 관점에서 서술하고 의미를 부여한 것이다. 이런 어휘들을 통해 대상 현상의 본래 전체적인 모습을 이해할 수는 없다. 그뿐만 아니라 이런 어휘 자체가 이미 대상 현상의 전체적인 이해를 방해한다. 전체적인 이해를 결여하고 있으므로 이런 인식에 근거한 문제 역시 사이비 문제가 될 위험에 직면한다. 게다가 전체를 보지 못하고 있기 때문에 문제를 풀기도 어렵다. 왜 이 문제들이 이토록 해결이 어렵겠는가? 우리가 사용하고 있는 개념 자체가 현상의 본래 모습을 보지 못하도록 방해하고 있기 때문이라는 것이다.

어휘들은 일상의 삶에서는 모호성의 문제가 크지 않다. 상황과 맥락, 그리고 사람들이 가지고 있는 지식과 경험, 이런 모든 것을 거의 무의식적으로 고려해서 의미를 이해할 수 있는 인간의 의식의 능력이 자연스럽게 작용하고 있기 때문이다. 그런데 이를 일상에서부터 분리시켜 사실화, 개체화하고자 하는 순간 문제가 발생한다. 일상에서 어휘들은 상황 속에, 대화 속에, 많은 해석의 배경 지식이 동원될 수 있는 상황의 일부를 이룰 뿐이다(Rawls, 1989: 163). 그런데 이런 맥락과 배경 지식으로부터 단절되어 마치 독립적으로 어떤 본질적인 의미를 가지는 것처럼 다룰 때 언어에 의해 서술된 현상이 실제 상황과는 괴리되는 문제가 발생한다.

4 언어적 서술이 곤란한 영역

언어로 서술하기는 곤란하지만 그럼에도 일상의 삶에서는 중요한 역할을 수행하는 영역이 존재한다. 사회세계와 인간 행동의 세계를 언어로 서술하면 이런 부분은 서술 영역에서 제외된다. 이런 부분은 언어가 제대로 서술해 낼 수 없다.

가장 대표적인 것은 기술(skill)적인 영역이다. 인간이 주변 세계와 관계하는 방식은 과학적이고 기계적인 것이 아니라 기술적(skillful)이다. 물놀이를 하면서 성장하다 보면 자연스럽게 수영하는 법을 배운다. 그런데 이를 언어적으로 서술해 기술을 묘사하기는 어렵다. 어떻게 수영을 하는지 정확하게 서술할 수는 없지만 나는 너무나 물을 잘 다룰 수 있다. 언어를 배우고 언어 예절을 배우는 것도 마찬가지다. 삶 속에서 자연스럽게 배운다. 그런데 이를 언어적으로 서술하기는 어렵다. 관찰이 가능한 대상처럼 외부 세계에 존재하고 있는 것이 아니기 때문이다. 주어진 자료에 대해 마치 컴퓨터가 작동하는 것과 같이 기계적으로 정보를 처리해 대응하는 과정이 아니기 때문이다. 기술의 핵심은 지식이 아니라 능력이다. 무엇인가를 체화해서 다루고 이용하고 대응할 수 있는 능력이다. 기계적이고 산술적인 판단이 아니라 통찰적이고 전체적이며 해석적인 판단이다.

기술적인 능력의 전형적인 예는 어떤 분야의 전문가들이 내리는 판단이다. 이 전문가들은 언어로는 서술할 수 없는 지식과 경험을 보유하고 있다(Flyvbjerg, 2001: 18, 11-21; Dreyfus, 1986, 2014). 예를 들면 이런 것이다. 초보 간호사와 유능한 간호사의 예를 들어 생각해 보자. 초보 간호사는 자신이 책에서 배운 지식에 기초해 자신의 업무를 처리할 것이다. 필요한 검사를 하고 판단을 내리고 적절한 처치를 하는 업무 과정에서 초보 간호사가 판단을 내리는 기준은 교과서적인 지식이다. 이 지식은 나름대로는 체계적인 지식이고 과학적인 지식이다. 이런 식의 업무 처리는 기술적이라기보다는 이론적이다. '노하우(know-how)'보다는 '대상에 관한 지식(know-what)'에 근거해 업무를 처리하는 것이다. 이런 업무 처리의 특징은 환자가 처한 개별적인 상황의 차이와 특징에 대해서는 고려하지 못한 채, 상황 독립·맥락 독립적으로 자신이 학습한 이론적인 지식을 의식적으로 생각하면서 이를 기준으로 업무를 처리한다는 것이다. 이런 초보 간호사는 자신의 업무 과정에서 문제가 발생한다면 자신이 배운 이론이나 규칙 자체가 충분히 상세하지 않았다는 점을 탓할 것이다(Flyvbjerg, 2001: 13).

그런데 간호 업무에 충분한 경험이 축적되고, 이론적인 지식도 현장 경험 속에서 충분히 체화되어 있는 전문 간호사는 매우 다른 방식으로 환자를 대한다. 비슷한 환자들인 것 같지만 그 차이점을 인지하고 다르게 대응한다. 각 환자의 개별적인 상황에 매우 깊이 개입한다. 그래서 어떤 판단을 내릴 때도 교과서적인 판단을 내리는 것이 아니라 자신이 이해한 환자의 상태와 여건을 고려해 판단한다. 즉, 자신의 해석이 판단에 중요한 변수가 되며, 따라서 자신의 판단에 대해 책임감도 느낀다. 이런 전문 간호사가 환자와 관계하는 방식은 분석적인 문제 해결자나 인간의 판단을 정보 처리 과정 모형처럼 생각하는 심리학적인 이해와는 다르다. 이들의 생각은 빠르고, 통찰적이며, 전체적이고, 해석적이다(Flyvbjerg, 2001: 14). 문제 해결적인 분석적 사고의 방식을 넘어서 있다. 분석자처럼 정보를 분석하는 것이 아니라 상황 자체에 몰입한다. 드라이퍼스의 설명에 의하면 체스 마스터들은 분석적으로 체스를 두는 것이 아니라 몸 전체로 체스를 느끼고 판단한다고 한다(Flyvbjerg, 2001: 14-15; Dreyfus, 1986: 33-34). 머리로 생각해 답을 얻는 것이 아니라 몸 전체가 배고픔을 느끼듯이 경기를 느끼고 경험하며 경기에 임한다는 것이다.

전문 간호사가 환자를 대하는 상황은 이와 흡사하다. 의식적인 평가와 객관적인 선택에 따라 판단하지 않는다. 상황에 깊이 개입하고 예전의 경험에 기초해 진화된 관점을 보유하고 있을 뿐 아니라 각 상황에서 키워드를 인식할 수 있는 능력을 보유하고 있으면서 그 외 나머지는 배경으로 후퇴시키는 능력을 가지고 있다. 자연발생적으로 해석이 일어나고 통찰적인 판단이 이뤄진다. 그래서 상황에 따라 서로 다른 기술적인 판단을 내리고 서로 다르게 대응할 수 있다. 즉각적이고 통찰적인 상황 인식과 더불어 동시적으로 전체적이고 타당한 결정에 도달하지만, 이런 판단에 도달하기 위해 의식적이고 의도적인 노력을 기울이지는 않는다. 굳이 노력하지 않아도 이미 이런 전문적이고 기술적인 판단에 도달한다. 전문 축구선수가 의식적으로 규칙을 적용하고 주어진 자료를 해석하고 분석해 결론에 도달하지 않는 것과 마찬가지다. 이들에게 생각과 몸은 이미 반응한다. 이런 것이 통찰적인 결정이며 기술적인 대응 능력의 특징이다(Flyvbjerg, 2001: 15-18). 유능한 축구선수는 언어로는 결코 온전히 서술할 수 없는 지식을 가지고 있다.

비트겐슈타인의 언어에 대한 후기 철학이나 하이데거가 『존재와 시간』에서 인간이 주변 세계와 관계하는 방식에 대해 설명하는 것은 바로 이런 점을 강조하는 것이다. 인간은 주변 세계를 명제적·이론적으로만 다루지 않는다는 것이다. 이보다는 기술적으로 대응하는 측면이 훨씬 크다는 것이다. 인간이 언어를 마치 연장통의 익숙한 도구처럼 이용하는 것이나, 인간이 도구들을 손에 익숙한 도구처럼 이용하듯이 인간은 주변 세계를 기술적으로 대응할 수 있는 능력을 가지고 있고, 또한 그렇게 대응하며 살아가고 있다는 것이다. 예이츠(William B. Yeats)의 시 중에 다음과 같은 구절이 있다(Dreyfus, 2003: 11).[10]

10) 이에 관해서는 드라이퍼스(Dreyfus, 1986, 2014)의 연구를 함께 참고할 수 있다.

> 인간은 진리를 체화할 수 있다. 그러나 그것을 알 수는 없다(Man can embody truth, but he can't know it).

이 말의 의미는 하이데거의 망치를 다시 생각해 보면 금방 알 수 있다. 망치가 무엇인지에 대해 누구보다 잘 알고 있는 것은 목수다. 그런데 목수는 망치를 연구자처럼 다루지 않는다. 그냥 사용하고, 사용하는 중에 그것에 익숙해지고, 자유롭게 망치를 이용할 수 있게 된다. 이것이 목수가 망치에 대해 진정으로 가지고 있는 지식이고, 이 지식이 그가 진정으로 필요로 하는 망치에 대한 지식이다. 그런데 목수가 망치를 이용할 수 있는 이 능력은 어떤 의식의 주체가 어떤 대상을 관찰하고 연구해 얻은 지식이 아니다. 그냥 사용하는 중에 체화한 것이다. 그래서 그가 어떻게 망치를 이처럼 자유자재로 사용할 수 있는지는 자신도 잘 설명하지 못한다. 망치의 사용법에 대해 과학적 지식, 이론화된 지식을 가지고 있지는 않다는 점에서는 그는 망치에 대해 모르는 것이다. 그러나 망치에 대한 진리는 망치를 사용할 수 있는 그의 체화된 능력이 이미 보유하고 있다.

기술적인 능력은 언어적으로 서술하는 것이 곤란하다. 인간 관계에 관한 것이든, 생산활동에 관한 것이든, 또는 일상적인 삶에 관한 것이든 기술에 관한 것은 이를 언어로 서술해서는 현상 자체를 있는 그대로 서술하는 것이 곤란하다. 서술이 곤란하다는 것은 과학적인 검증이 곤란하다는 것이고 과학적인 연구의 대상으로 삼는 것이 곤란하다는 것이다. 그렇다면, 인간의 생각과 행동을 서술하면서 이처럼 기술적이고 서술하기 곤란한 부분은 빼고 서술하면 어떻게 되겠는가? 이런 능력의 주체이면서 자신이 가진 정신과 신체의 능력에 의지해 일상의 삶을 살아가는 의식 주체로서의 개인은 점차 사라지게 된다. 후설이 말하는 인간의 사실인화(factual man) 현상이 일어난다. 실제 인간이 살아가는 모습이나 실제 사회세계에서 조직이 작동하고 제도가 작동하는 양상과 사회과학에 의해 서술된 세계가 괴리되는 현상이 일어난다. 판단 주체이면서 삶의 주체로서의 개인은 사라지고 인간의 존엄에 봉사해야 할 이성이 오히려 인간을 속박하는 제도를 정당화하는 수단으로 전락하는 일이 일어날 수도 있다(막스 호크하이머, 2006; Berendzen, 2013 참고).

제 5 절 언어의 의미 문제와 제도 수립의 거래비용

1 개념화로 인한 상황으로부터의 단절

자연세계에서 '고립된 진리도 진리'가 될 수 있는 것은 서술의 대상이 되는 현상이 다른 자연의 대상으로부터 분리가 가능하고, 분리가 되어도 자신의 본성을 유지하며, 이렇게 유지하는 본성이 안정되고 공통된 속성을 유지하기 때문이다. 이런 상황에서 동일한 개념에 의해 분류된 대상을 동일하게 다루는 방법을 찾는 것은 하나의 기술이 되며 문제가 되지 않는다. 하지만 사회 현상은 아니다. 사회 현상은 외형적으로 보면 동일한 현상처럼 보이고 동일한 종류로 분류할 수 있을 것 같지만 현실은 그렇지 않다. 사회 현상을 특정한 기준에 따라 동일한 대상으로 분류해 개념화하는 것은 분류의 기준이 된 속성에서는 공통적일지 모르지만 나머지 모든 차이는 배제하면서 분류하는 것이다. 즉, 배제된 요소까지도 고려하면 동일하게 볼 수 없는 현상을 동일하게 분류한 것이다.

예를 들면, 1966년 제정된 중소기업기본법 제2조에 의하면, 중소기업이란 공업 기타 제조업・광업・운송업 기타 업종은 상시 종업원 수가 200인 이하이거나 자산 총액이 5천만 원 이하인 기업, 상업 기타 서비스업은 종업원 수가 20인 이하이거나 자산 총액이 1천만 원 이하인 기업을 중소기업으로 분류하고 있다. 현행 중소기업기본법시행령 제3조는 두 가지 기준에 따라 중소기업을 분류한다. 첫째, 업종별 매출액 기준으로 업종을 35가지로 세분화하고, 업종별로 평균 매출액 기준은 400억 원에서부터 1,500억 원으로 서로 다르게 규정하고 있다. 둘째, 자산 총액이 5천억 원 미만이어야 한다.

사회 현상에 대해 이를 분류하고 개념화한다는 것은 이런 것이다. 자연 현상과는 전혀 다르다. 그것을 동일하게 다뤄야 할 이유는 단지 작다는 것인데 크고 작은 것을 나눌 수 있는 객관적이고 공정한 기준이 없다. 이 문제는 업종별로 매출액 상한을 차등화한다고 해결되지 않는다. 예를 들면, 숙박 및 음식점업 등 4개 업종은 평균 매출액 등이 400억 이하, 전문 과학 및 기술 서비스업 등 5개 업종은 평균 매출액 등 600억 원 이하, 음료제조업 등 9개 업종은 평균 매출액 등이 800억 원 이하, 농업 등 17개 업종은 평균 매출액 등이 1,000억 원 이하, 의복제조업 등 6개 업종은 평균 매출액 등이 1,500억 원 이하이면 중소기업이 된다. 여기서 각 업종의 의미는 통계법 22조에 따라 통계청장이 고시한 한국표준산업 분류에 따르도록 하고 있다.

그런데 기업이란 하나의 유기체와 비슷하다. 설사 동일한 업종에 종사하고 있더라도 어떤 기업이 그와 같은 매출액과 그와 같은 자산 규모를 가지게 된 이유 자체가 동일한 경우는 있을 수 없다. 조직의 규모에 영향을 미치는 모든 요인이 해당 기업이 그와 같은 상황에 처한 원인들로 작용해 나타난 결과가 현재의 매출과 자산 규모다. 그런데 다른 모든 요인을 배제하고 매출액과 자산 규모만을 기준으로 해서 기업을 분류해 그것을 하나의 개념집단으로 분류는 것이 어떤 의미가 있겠는가? 과연 이런 분류가 대상 현상을 제대로 분류하는 기준이 될 수 있겠는가? 정말 다른 것을 다르게 다루고 같은 것을 같게 다루는 기준이 될 수 있겠는가? 그렇지 않다. 포함되지 않은 기준들까지 포함하면 매우 다른 대상을 동일하게 다루는 결과를 초래하기 때문이다. 결코 공정하게 다루는 방법이 아니며, 게다가 사회세계에서는 이런 방법이 없다.

전국의 대학들은 모두가 각자가 처한 상황이 다르다. 학생 수, 학과의 수, 학교의 위치, 재정적 건전성과 견고성, 사회적인 지명도, 학생들의 선호도, 학과의 구성, 학교의 이념, 학교가 설립된 배경과 목적, 국제화 정도, 교수들의 연구 업적, 학교 경영진의 도덕성, 특성화 분야, 장래 발전 가능성 등 모든 조건이 서로 다르다. 그런데 정부가 대학 정책을 펴기 위해서는 이런 변수들을 모두 고려하는 것이 불가능하다. 그래서 일부의 평가 기준을 선택하고 이를 기준으로 대학들을 분류하고, 평가해 점수를 매기고, 이 점수를 기준으로 대학을 평가해 재정 제한을 가하고 구조개혁을 하고 있다. 이런 정책 역시 대학들을 자신들이 처한 상황으로부터 분리시키는 결과를 초래한다. 대학들은 자신이 처한 상황에 적응하고 대처해 살아남고 경쟁력을 얻어야 한다. 그런데 정부는 각 대학이 처한 상황과는 상관없이 특정한 일부의 기준으로 대학을 평가한다. 어떤 기준을 만들어도 공정할 수 없다. 그럼에도 이런 불공정성을 무시하고 정책을 추진하는 것이 정부와 정치다.

비유적으로 설명하면 이렇다. 풍선이 풍선이 되게 하는 것은 무엇인가? 겉으로 보이는 고무 재료만으로는 결코 풍선이 되지 못한다. 눈에 보이지는 않지만 그 속에 들어 있는 공기가 고무풍선이 풍선이 되는 이유다. 겉으로 보이는 것은 전체의 일부분일 뿐이다. 설(John R. Searle)의 설명을 적용하면, 어떤 조직이 그와 같은 조직이 된 것은 그 조직에 영향을 미치는 많은 사람이 조직에 그와 같은 지위와 기능을 부여했기 때문이다. 그 조직이 어떤 규모이고 어떤 업종에 종사하는지는 관찰이 가능한 변수이기는 하지만 지극히 부분적인 변수들이다. 다음과 같이 생각해 보자. 사람들은 왜 해당 조직에 그런 지위와 기능을 부여했는가? 하이데거의 작업실의 공구들을 응용하면 이렇다. 어떤 도구가 망치가 되는 것은 그것이 많은 다른 도구들과 함께 있으면서 그 도구와 재료와 작업계획 속에서 그런 기능을 부여받기 때문이다. 이런 재료와 공구들과 작업계획이 함께 있지 않다면 망치는 망치로서의 의미를 상실한다. 망치의 크기와 모양은 왜 서로 달라지는가? 그 망치들이 놓이는 작업환경이 뭔가 다른 종류의 망치를 요구하기 때문이다. 어떤 망치가 좋은 망치인지는 누가 알 수 있는가? 상황에 따라 달라진다. 어떤 사람이 어떤 재료와 어떤 공구와 어떤 기술을 가지고 어떤 것을 계획하고 있는지에 따라 다르다. 그렇다면, 어떤 작업실이 어떤 규모에 어떤 시설을 갖출 것인지는 어떻게 결정되겠는가? 주된 재료에 따라서, 재료들을 가공하는 방법에 따라서, 시장의 규모에 따라서, 고객들의 요구에 따라서, 생산자가 중요시하는 가치에 따라서, 생산자의 경영의 능력에 따라서 달라질 것이다. 그렇다면 이 작업실들을 공정하게 분류하고 공정하게 대우할 방법이 있는가? 이런 방법은 없다. 그럼에도 불구하고 일부의 기준에 따라 분류하고, 이 기준에 따라 다르게 다룬다면 이 정책은 어떤 정책이 되겠는가? 결코 공정한 정책이 되지는 못한다.

후설이 실증과학에 대해 인간을 사실인(fact-minded man)화한다며 비판하는 이유도, 실은 인간을 그가 실제로 살아가는 모습, 즉 실제 그가 처한 일상의 삶의 여건과 이런 일상에서 일어나는 인간의 살아 있는 의식의 경험으로부터 사람들을 고립화시키고 단절시키기 때문일 것이다. 이런 개념들은 인간에게서 진정으로 중요한 것이 무엇인지를 무관심하게 만들 수 있기 때문일 것이다(Husserl, 1970: 6). 인간에 대해 과학적인 지식을 얻으려면 측정이 가능하고 관찰이 가능하며 검증이 가능한 사실적인 요소들을 중심으로 인간에 대해 서술할 수 있어야 한다. 이렇게 인간에 대해 서술해 낼 수 있는 측면이 분명 있다. 그러나 이렇게 사람을 분류해 다루는 방법 역시 그를 진정으로 인간답게 다루는 방법은 결코 될 수 없다. 그 기준은 그의 전체 모습에서 지극히 일부의 조건에 불과하기 때문이다.

전체적으로 보면, 인간이 주변 세계와 관계하는 방식은 언어게임과 유사하다. 그때그때 상황에 따라 여러 가지 상이한 조건에 따라서 언어의 의미를 새롭게 이해하고 해석하면서 논의를 전개해 나가듯이 고정된 규칙에 따라 주변 세계에 대응하는 것이 아니라 상황과 조건에 적합한 대응을 새롭게 수립하는 방식으로 문제에 대응하고 있다. 이런 상황에서는 고정적인 의미의 언어가 필요하지 않다. 고정적인 의미의 언어로는 상황과 맥락에 따라 달리 부여해야 하는 의미를 결코 적절히 부여하고 전달하지 못한다. 의미의 엄밀성이 아니라 상황에 대한 이해, 맥락에 대한 이해, 상대의 의도에 대한 이해, 조직의 목표에 대한 이해 등에 기초해서 언어의 의미를 상황 의존적으로 부여하고 상황 의존적으로 해석해 상황에 적합한 의미를 서술하고 공유하는 방식으로 서로 다른 상황에 대응하고 있다. 엄밀한 의미와 엄밀한 해석 규칙에 따라 언어와 상호 관계가 작동하는 것이 아니라 유연한 의미와 상황 의존적인 해석 능력과 대응 능력에 의지해 사람들 간의 상호작용이 일어나고 있다는 것이다.

조직이나 다른 사회적인 대상들 모두 마찬가지다. 법과 정책의 대상으로 삼기 위해 대상을 개념화하는 순간 대상 현상은 그것이 처한 상황으로부터 단절되면서 독자적인 생명력과 대응 능력에 기초해 자신의 상황에 대응하며 살아가는 유기체로서의 독자성은 훼손될 것이다.

이처럼 상황으로부터 괴리된 개념에 근거해 정책을 수립한다며 결국 이런 정책은 회피의 대상이 될 것이며, 무시의 대상이 될 것이다. 상당한 순응비용을 야기할 수 있다.

2 개념화와 재량권의 필연적 발생

인간의 행동은 언어를 이용해 개념화하는 것이 용이한 형태로 존재하고 있지 않다. 언어가 상황 속에서 의미를 얻듯이, 행동 역시 상황 속에서 의미를 얻는다. 동일한 행동이라도 상황에 따라 의미는 달라진다. 크립키(Kripke, 1972)가 말한 것과 같은 의미의 고정성, 즉 하나의 표현이 하나의 동일한 대상(행동)만을 지칭하는 서술의 정교성과 의미의 명확성은 사회 현상에서는 있을 수 없다. 동일한 상황에서 일어나는 동일한 행동이란 사회세계에서는 일어나지 않기 때문이다. 결국 비슷한 종류의 행동으로 분류해 그런 종류의 행동을 의미하는 표현을 사용할 수밖에 없다. 이런 표현으로는 의미를 고정하는 것이 불가능하므로 의미의 해석 과정에서 재량권은 필연적이다.

예를 들면 이런 것이다. 대한민국 헌법 제46조에 의하면, ① 국회의원은 '청렴'의 의무가 있다. ② 국회의원은 '국가 이익'을 우선하여 '양심에 따라' 직무를 행한다. ③ 국회의원은 그 지위를 '남용하여' 국가·공공단체 또는 기업체와의 계약이나 그 처분에 의하여 재산상의 권리·이익 또는 직위를 취득하거나 타인을 위하여 그 취득을 알선할 수 없다. 제66조는 다음과 같이 규정하고 있다. ① 대통령은 국가의 '원수'이며, 외국에 대하여 국가를 '대표한다.' ② 대통령은 국가의 독립·영토의 보전·국가의 '계속성'과 헌법을 '수호'할 책무를 진다. ③ 대통령은 조국의 '평화적 통일'을 위한 '성실한 의무'를 진다. 그렇다면, 이와 같은 헌법의 규정에 포함된 '청렴', '국가 이익', '양심에 따라', '남용하여', '원수', '대표한다', '수호', '성실한 의무' 등과 같은 어휘들의 의미를 객관적으로 규정할 방법이 있는가? 없다. 어느 정도까지는 뇌물과 부정 청탁에 해당하고 어느 정도는 통상적인 감사의 표현이나 인간적인 교류 관계라고 구별할 방법이 있는가? 그렇지 않다. 상황에 따라 다르다. '국가의 이익'은 무엇이고 '양심에 따라'는 어떤 의미인가? 명확하게 서술할 방법이 없다. 상황에 따라 '국가의 이익'도 달라지고 '양심'의 의미도 달라진다. 이런 표현의 의미를 어떻게 해석할 것인지는 결국 국회의원 당사자에게 맡겨진다. 이처럼 당사자의 재량에 맡겨지기 때문에 이념의 영향에 물들고, 이해 관계의 영향을 받을 수도 있게 된다.

농림축산식품부의 훈령의 하나인 농지전용업무 처리규정을 보면, 다음과 같이 규정하고 있다.

제6조(농지전용 허가의 심사) ① 법 제34조에 따른 농지전용 허가(협의) 요청이 있는 경우 다음 각 호의 심사 기준에 따라 심사하여야 한다.

1. 법 제32조(농업진흥지역 안의 농지인 경우에 한한다) 및 법 제37조에 위배되

지 아니할 것

2. 다음 각 목의 사항 등을 참작할 때 전용하려는 농지가 전용 목적사업에 적합하게 이용될 수 있을 것으로 인정될 것. 가. 시설의 규모 및 용도의 적정성. 나. 건축물의 건축에 해당하는 경우에는 도로·수도 및 하수도의 설치 등 해당 지역의 여건
3. 다음 각 목의 사항 등을 참작할 때 전용하려는 농지의 면적이 전용 목적사업의 실현을 위하여 적정한 면적일 것. 가. 「건축법」의 적용을 받는 건축물의 건축 또는 공작물의 설치에 해당하는 경우에는 건폐율 등 「건축법」의 규정. 나. 건축물 또는 공작물의 기능·용도 및 배치계획
4. 다음 각 목의 사항 등을 참작할 때 전용하려는 농지를 계속하여 보전할 필요성이 크지 아니할 것. 가. 경지 정리 및 수리시설 등 농업생산기반 정비사업 시행 여부. 나. 해당 농지가 포함된 지역 농지의 집단화 정도. 다. 해당 농지의 전용으로 인하여 인근 농지의 연쇄적인 전용 등 농지 잠식 우려가 있는지의 여부. 라. 해당 농지의 전용으로 인근 농지의 농업경영 환경을 저해할 우려가 있는지의 여부. 마. 해당 농지의 전용으로 인하여 농지축이 절단되거나 배수가 변경되어 물의 흐름에 지장을 주는지의 여부
5. 해당 농지의 전용이 인근 농지의 농업경영과 농어촌 생활환경의 유지에 피해가 없을 것. 다만, 그 피해가 예상되는 경우에는 다음 각 목의 사항 등을 참작할 때 그 피해 방지계획이 타당하게 수립되어 있을 것. 가. 해당 농지의 전용이 농지개량시설 또는 도로의 폐지·변경을 수반하는 경우 예상되는 피해 및 피해 방지계획의 적정성. 나. 해당 농지의 전용이 토사의 유출, 폐수의 배출, 악취·소음의 발생을 수반하는 경우 예상되는 피해 및 피해 방지계획의 적정성. 다. 해당 농지의 전용이 인근 농지의 일조·통풍·통작(通作)에 현저한 지장을 초래하는 경우 그 피해 방지계획의 적정성
6. 해당 농지의 전용이 용수의 취수를 수반하는 경우 그 시기·방법·수량 등이 농수산업 또는 농어촌 생활환경 유지에 피해가 없을 것. 다만, 그 피해가 예상되는 경우에는 피해 방지계획이 타당하게 수립되어 있을 것
7. 사업계획 및 자금조달계획이 전용 목적사업의 실현에 적합하도록 수립되어 있을 것[11)]

이 훈령에 따르면 담당공무원은 시설의 규모 및 용도의 적정성, 해당 지역의 여건, 적정한 면적, 건축물 또는 공작물의 기능・용도 및 배치계획, 보전할 필요성이 크지 아니할 것, 지역 농지의 집단화 정도, 연쇄적인 전용 등 농지 잠식 우려, 농업경영 환경을 저해할 우려, 물의 흐름에 지장을 주는지의 여부, 피해 방지계획이 타당하게 수립되어 있을 것, 피해 방지계획의 적정성, 자금조달계획이 전용 목적사업의 실현에 적합하도록 수립되어 있을 것 등을 고려해서 전용을 허가해야 한다. 우량농지로 보전할 필요성이 있는 경우, 인근 농지의 농업경영에 현저한 영향을 미치는 경우, 인근 농지 또는 농업기반시설을 손괴할 우려가 있는 경우, 전용 목적의 실현을 위한 사업계획 및 자금조달계획이 불확실한 경우, 전용하려는 면적이 전용 목적 실현을 위한 면적보다 과다한 경우에는 전용을 허가해서는 안 된다.

왜 법령의 규정을 서술하면서 '적정성', '필요성', '집단화 정도', '잠식 우려', '지장 여부', '타당하게', '적합하도록' 등과 같은 사람에 따라 판단의 결과가 달라질 가능성이 높은 추상적이고 모호한 의미의 형용사와 부사들을 동원할 수밖에 없는가? 이런 언어의 의미는 판단자가 누구냐에 따라 의미가 달라질 수밖에 없는 것이 아닌가? 그렇다. 판단자에 따라 해석이 달라질 수 있고, 그래서 인허가권자의 재량권이 발생하고, 설사 불허하더라도 객관적인 근거를 제시할 수는 없다.

왜 사회 현상에 관해서는 이런 식의 서술, 이처럼 모호하고 추상적인 서술밖에 이뤄지지 못하는 것일까? 왜 인간의 행동이나 사회 현상에 관한 어휘들은 자연과학의 대상에 대한 서술에서처럼 정교하고 정확할 수가 없는가? 이에 대한 답은 제4장부터 제6장까지 부분적으로 제시되었다.

첫째, 사회세계는 자연세계처럼 인간의 인식 여부와 상관없이 객관적으로 주어진 세계가 아니다.

---

11) 제7조(심사 결과 처리 기준) ① 관할청은 제5조 및 제6조에 따라 심사 결과 다음 각 호의 어느 하나에 해당하는 경우에는 법 제37조 제2항 및 시행령 제33조 제2항에 따라 원칙적으로 전용 허가를 하여서는 아니 된다. 1. 법 제32조 및 시행령 제44조에 따른 농지 전용 제한 사항에 해당하는 경우. 2. 전용하고자 하는 농지가 농업생산 기반이 정비되어 있거나 농업생산 기반 정비사업의 시행 예정지역으로 편입되어 우량농지로 보전할 필요성이 있는 경우. 3. 해당 농지의 전용 또는 타용도 일시 사용이 일조・통풍・통작에 현저한 지장을 초래하거나 농지개량시설의 폐지를 수반하여 인근 농지의 농업 경영에 현저한 영향을 미치는 경우. 4. 해당 농지의 전용 또는 타용도 일시 사용에 따른 토사의 유출 등으로 인근 농지 또는 농업기반시설을 손괴할 우려가 있는 경우. 5. 전용 목적의 실현을 위한 사업계획 및 자금조달계획이 불확실한 경우. 6. 전용하려는 면적이 전용 목적 실현을 위한 면적보다 과다한 경우.

둘째, 전체로부터 부분을 분리해 서술의 대상으로 삼기도 쉽지 않다. 인간의 행동과 발언은 그의 삶의 일부이다. 발언 자체에 대한 관찰만으로는 그 의미를 결코 제대로 이해할 수 없다. 이런 언어에 익숙해지면 마치 그 언어가 그 자체로서 독자적인 의미를 가지는 것 같지만 이는 착각이다. 항상 일상의 삶 속에서 의미를 얻고 있는 것을 주변 세계로부터 분리해 내면 그것은 의미를 잃는다. 의미를 분리해 낸 것이 아니라 반복적이고 익숙한 경험들을 통해 유사한 상황들을 분류한 것이다. 설사 상황을 분류하더라도 그 상황들에 대해 온전한 정보가 주어져 있지는 않으며, 따라서 이 사건을 어떻게 분류해야 할 것인지에 대해 객관적인 기준을 마련할 수 없다. 이런 이유도 가족 유사적으로 의미가 부여되고, 자기 참조적으로 의미가 부여된다. 그래서 어휘들은 당시의 상황과 전후의 맥락, 그리고 발언자의 발언 의도의 영향에 항상 노출되어 있다. 이런 이유로 사회 현상에 관한 우리의 언어는 그 의미가 가변적이다.

셋째, 언어를 동원해서 세계에 대해 서술하지만 그 언어의 의미 역시 고정적으로 주어진 것이 결코 아니다. 언어의 의미가 고정적으로 해석될 수 있는 것도 아니다. 현재와 미래를 아우르고, 개인의 경험과 상황의 영향을 받고, 개인의 가치관과 이념의 영향이나 개인의 심리적이고 생리학적인 영향까지도 담고 있는 인식 주체인 개인의 생각이나 느낌이다. 인간이 가진 이와 같은 심오한 의미를 정확하게 지시하면서 그 의미를 담아낼 수 있는 그런 언어는 없다. 기술적으로 불가능하다. 게다가 인식의 주체인 인간은 자신의 느낌을 온전히 언어로 서술해 낼 수 있는 존재도 아니다. 그래서 내가 아무리 상대방을 사랑하더라도 이를 언어로 표현하는 데는 한계가 있을 수밖에 없다. 결코 언어로는 온전하게 표현하지 못할 것이다.

즉, 사회 현상이 존재하는 방식, 그것에 대한 우리의 인식, 이런 인식을 서술할 수 있는 우리의 언어 등이 모두 객관적이고 정교한 서술을 허용할 수 있는 방식으로 존재하지 않는 것이 사회 현상, 인간 인식의 영역이라는 것이다.

그래서 법을 정해 특정인에게 특정한 권한을 부여하는 것은 실은 특정한 기계나 설비를 갖추고 특정한 기능을 부여하는 것과는 전혀 다른 종류의 현상이다. 자동차나 정유공장은 스스로 생각하지 않는다. 그런데 대통령과 국회의원, 시장과 도지사는 다르다. 우리는 이들이 수행하는 권한과 기능의 범위를 결코 명확하게 규정해 한계를 지어주지 못한다. 언어로 서술하기 어려운 문제에 대해 언어로 온전히 서술할 수는 없는 권한을 부여하는 것을 핵심으로 한다. 객관적이고 공정한 기준에 따라 서술할 수 없는 상황, 객관적인 의미의 판단 기준을 서술할 수 없는 상황에 대해 판단의 권한을 부여할 수밖에 없는 상황에 처하는 것이 지위와 권한의 부여에 의한 제도 수립이다.

3 기술의 서술적 한계와 재량권

인간이 주변 세계와 관계하는 방식은 과학적이고 기계적인 것이 아니라 기술적이라는 점도 재량권을 필연적으로 요구한다. 이 점 역시 지위 기능 부여가 재량권을 포함할 수밖에 없는 이유가 된다. 우리가 어떤 사람에게 어떤 권한을 부여할 때 그에게 기대하는 것은 단지 기계적으로 업무를 처리하는 것이 아니라 관련 상황에 대한 자신의 이해 능력과 통찰력을 이용해 최선을 다해 줄 것을 기대하는 것이다. 그런데 이런 결정은 마치 컴퓨터가 작동하는 것과 같은 기계적인 정보 처리의 결과물이 아니다. 훨씬 통찰적이고 전체적이며 해석적인 판단이다. 어떤 분야의 전문가들이 내리는 판단은 이런 점에서 기술이라 할 수 있다. 이 전문가들은 언어로는 서술할 수 없는 지식과 경험을 보유하고 있다(Flyvbjerg, 2001: 18, 11-21; Dreyfus, 1986, 2014). 어떤 사람에게 권한과 지위를 부여하는 것은 그가 가지고 있는 이와 같은 기술적인 지식과 판단 능력에 근거한 의사 결정을 요청하는 것이다.

어떤 사람에게 어떤 권한을 부여하고 지위를 부여하는 것은 그가 가지고 있는 주변 세계에 대한 이해의 능력과 대응의 능력을 활용해 주어진 문제를 처리해 줄 것을 의뢰하는 것이다. 이러한 능력이나 기술은 언어로 서술될 수 있는 범위를 벗어난다. 굉장히 많은 전문적인 이론과 지식을 축적하고 있으면서 상황에 따라 개별 상황의 특성들을 이해하고, 각각의 상황에 대해 통찰적인 해석을 내리고, 기존의 이론적인 지식이 제공하지는 않는 새로운 대안을 탐색할 수 있는 것이 이런 기술적인 능력이다.

미국의 판례에는 '경영 판단의 원칙(business judgement rule)'이라는 150년 이상 지켜온 판례가 있다(사공영호, 2007). 간략히 설명하면, 기업의 이사회가 자신의 이익을 위해 행동하거나 신의성실 의무를 위반했다는 사실을 충분한 증거에 의해 밝힐 수 없다면, 이사회가 주주의 최선의 이익을 위해 일하고 있다고 간주할 수 있다는 법적인 원칙을 말한다. 즉, 기업의 CEO나 이사회의 어떤 경영상의 결정으로 인해 회사와 주주가 큰 손해를 입었다고 하더라도, CEO와 이사회가 성실하게 회사의 이익을 위해 내린 결정이라면 사후적으로 책임을 물을 수는 없다. 사실, 본래 경영을 맡긴다는 것 자체가 경영진이 자신의 능력과 통찰력에 기초해서 판단할 수 있는 재량권을 주는 것을 핵심적인 내용으로 한다. 그런데 그가 어떤 상황에서 내리는 결정에 대해 과학적이고 이론적인 근거를 제시할 수 있는가? 불가능하다. 주어진 정보 이외에 객관적으로 수량화할 수 없는 점들까지도 고려해 통찰적인 결정을 해야 하는 것이 최고경영자의 역할이다. 이런 판단은 단지 분석에 근거한 선택이 아니다.

4 의사 소통의 가능성 문제

제도라는 것은 그것과 관련된 사회구성원들이 모두 해당 제도에 대해 명시적으로든 묵시적으로든 그런 삶의 방식, 행동의 방식, 언어의 방식을 인정하고 공감하는 데 기초해서 만들어진다. 그런 식의 제도 수립에 대해, 그런 의미의 제도 수립에 대해 공감하고 인정하는 것이 필연적으로 요구된다. 자동차를 만들고 비행기를 만들 수 있는 것은 설계도에 서술된 의미를 관련자들이 함께 공유할 수 있기 때문이다. 설계자가 부여한 의미를 각 부품의 제작자들이 정확하게 이해할 수 있고, 설계자가 요구하는 대로 가공을 할 수 있기 때문에 이런 것들을 만들어 내는 것이 가능하게 된다. 객관적인 의미를 갖는 언어는 설계의 도구이기도 하지만, 많은 사람이 생각을 공유하는 수단이기도 하다. 생각을 공유할 수 있는 범위가 넓고 정확할수록 한편으로는 많은 사람이 참여하는 대규모의 협력이 가능하고, 다른 한편으로는 수많은 사람이 참여하지만 해석의 이견에서 발생하는 문제는 피할 수 있다.

하지만 사회세계에 관한 언어의 의미는 자연세계와 같은 고정성과 객관성을 가지고 있지 못하다. 허구적일 수 있고, 편견적이고, 주관적이고, 가치 개입적이고, 나의 삶의 과정과 경험을 배경으로 하고 있고, 나의 이론과 사상을 배경으로 하고 있다. 아내의 말을 남편은 다 이해하기 힘들고 아내도 남편의 말과 행동을 온전히 이해할 수 없다. 상사의 말을 부하는 다 이해하기 어렵고 상사도 부하의 말과 행동이 이해되지 않을 때가 많다. 친구의 말을 이해하기 힘들 때도 많다. 인간의 생각과 해석에 영향을 미치는 모든 것들이 의사 소통 가능성의 근거가 될 수도 있지만, 다른 한편으로는 오히려 걸림돌이 될 수도 있다. 언어에서의 일치는 삶의 양식에서의 일치라는 비트겐슈타인(Wittgenstein, 2009a: §241)의 주장은 사회세계에서 언어에 의한 의사 소통의 의미와 한계를 정확히 지적한 것이다. 남자와 여자는 서로가 처하는 삶의 상황이 이미 다르다. 상사와 부하도 마찬가지다. 이미 서도 다른 업무적 상황에 처해 있다. 설사 가까운 친구라고 하더라도 여러 가지 이유로 삶의 양식을 달리할 수 있다. 언어는 이런 삶의 일부분이다. 삶의 전체 양상이 다르고 언어는 이런 전체의 일부분, 하나의 도구를 이루고 있을 뿐이다. 동일한 의미가 부여되고 동일한 의미로 해석되어야만 의사 소통은 일어난다. 그런데 이런 의사 소통의 전제 조건을 갖추는 것 자체가 쉽지 않은 것이 사회세계다.

제 6 장

비공식 제도와 공통 이념: 현상학적 접근

제 1 절 제도 연구의 미완의 과제: 비공식 제도

1 풀리지 않는 의문

제도 현상에 대해 이해하기 위해 인간, 언어와 더불어 반드시 함께 다뤄야 할 것이 비공식 제도(informal institutions) 또는 비공식 제약(informal constraints)이다. 공통의 이념(shared idea, shared belief system)은 인간의 사고와 언어, 행동에 대해 제약으로 작용한다는 점에서 비공식 제약의 중요한 요소를 이룬다. 두 가지 현상 모두 기본적으로는 인간의 의식의 작동 원리, 인간이 주변 세계를 이해하고 관계하는 방식에 대한 이해에 근거해서 설명되어야 하므로 함께 다루고자 한다. 다만, 논의의 편의를 위해 비공식 제도를 중심으로 먼저 설명을 전개하고자 한다.

인간이나 언어에 대한 이해에 못지않게 제도 연구자들에게는 난제로 남아 있는 것이 비공식 제도다. 제2장에서 제도를 공식 제도와 비공식 제도로 분류하고, 비공식 제도를 이루고 있는 것으로 종교, 전통 관습, 일상에서 얻어지는 행동규칙과 규범, 일상의 언어 등을 소개했다. 토인비, 토크빌, 베버, 노스, 헌팅턴(Samuel Huntington) 등 역사 및 경제사 연구자들의 연구를 보면 비공식 제도들은 사람들의 생각과 행동, 사회조직의 발생과 공식 제도의 발전에 지대한 영향을 미쳤다. 이 연구들은 비공식 제도가 공식 제도의 발전이나 경제·정치 제도의 발전에 미친 영향에 대해서는 잘 설명하고 있다. 그런데 비공식 제도가 인간의 행동에 대해 실제로 통제력을 가지게 되는 이유가 무엇인지에 대해서는 제대로 설명하지 못하고 있다. 비공식 제도와 인간의 사고·행동이 맺고 있는 관계를 정확히 이해하지 못하고 있기 때문에, 법과 정책을 만들어서 사회문화도 바꾸고 사회구성원들의 삶의 양식도 바꿀 수 있다고 생각한다. 공식 제도의 영향력에 대해 과대평가하는 실수를 범하게 된다.

비공식 제도를 제대로 이해하려면 그것이 미치는 영향력뿐 아니라 이런 영향력의 근원에 대해 정확히 이해해야 한다. 어찌 보면 얼마든지 무시할 수도 있을 것 같은 종교, 관습, 규범 등이 사람들의 생각에 그렇게 강하게 영향을 미치는 것이 어떻게 가능한가? 인간은 의식의 주체이고, 게다가 자유 의지를 가진 존재이며, 각자는 자기의 판단으로 자유롭게 자신의 사고 작업을 수행하고 있다. 그래서 인간이란 생각하는 존재이고 이성적인 존재라고 규정한다. 그런데 이처럼 스스로 생각하고 더군다나 자유롭게 자기 의지대로 생각할 능력을 가진 인간의 생각과 행동에 대해 전통, 관습, 규범, 문화, 종교와 같은 추상적인 사회 현상들이 어떻게 영향을 미칠 수 있는가? 이 점에 대해서는 제도 연구자들이 답하지 못하고 있다. 대신 제도 연구자들은 이미 주어진 어떤 것으로 제도를 다룬다. 이런 식의 설명으로는 비공식 제도가 어떻게 일상의 삶 속에 살아 있는 생명력과 영향력을 가지는지 설명할 수 없다.

결론부터 말하자면, 비공식 제도가 인간의 생각과 행동에 영향을 미치는 것은 이미 인간의 사고 자체와 뗄 수 없는 관계로 결합되어 있기 때문이다. 이미 사고 자체와 결합되어 있기 때문에 인간은 자신의 생각에 의지해 자율적으로 공정하게 사고 작업을 수행하고 있는 것으로 생각하지만, 실은 자신도 모르는 사이 비공식 제도의 영향을 피할 수 없는 상황에 놓이게 된다.

많은 제도 연구자가 단지 관습이기 때문에 또는 그것이 규범이기 때문에 지킨다고 설명한다. 그러나 이런 설명은 설명이 아니다. 동어 반복이다. 지켜야 하기 때문에 또는 지켜왔기 때문에 지킨다고 설명하는 것이다. 그러나 인간의 의식과 언어에 대한 현상학과 언어철학의 설명에서 살펴본 것처럼 인간은 단지 관습이기 때문에 지키는 그런 단순한 모방자가 아니다. 게다가 인간은 처절하게 현실을 경험하는 존재이고, 얼마든지 나름의 판단을 할 수 있고 또 거부할 수도 있는 존재다. 즉, 지금까지는 지켜왔지만 그럼에도 불구하고 그것의 타당성에 대해 의심할 수 있는 것이 인간이고 또 합리적이지 않다면 거부할 수 있는 것이 인간이다.

제도 연구자들이 비공식 제도에 대해 제대로 이해할 수 없는 이유는 인간에 대한 이해, 인간이 주변 세계와 관계하는 독특한 방식과 탁월한 능력에 대해 이해하지 못하고 있기 때문이다. 비공식 제도의 영향력을 이해하기 위해서는 인간의 의식의 차원으로 돌아가야 한다. 제1장 [그림 1-1](이 책 41쪽 참조)에서 설명한 내용을 참고하자면, 비공식 제도가 발생하고 작동할 수 있는 원리에 대한 설명은 지향적인 의식 능력에서 시작되어야 한다. 인간이 가지고 있는 이해와 학습 능력의 근원을 이루고 있는 것이 지향성이기 때문이다. 즉, 지금까지 비공식 제도의 영향력에 대한 설명이 쉽지 않았던 것은 이의 생성, 학습, 확산, 진화를 가능하게 하는 인간의 의식의 능력에 대한 이해가 제대로 이뤄지지 않았기 때문이다. 인간의 의식에 대한 이해가 부재한 상황에서는 여기에 의지해 발생하는 비공식 제도에 대해 발생적인 차원에 접근할 수 있는 통로 자체가 없다.

2 기존 연구들의 한계

많은 연구가 비공식 제도가 초래하는 경제·사회적인 성과의 차이를 설명하는 데 집중해 왔다. 기독교적인 사회와 그렇지 못한 사회(토크빌, 토인비, 베버), 사회자본과 신뢰가 형성되어 있는 사회와 그렇지 못한 사회(퍼트남, 후쿠야마), 이슬람적인 경제 규범을 따르는 사회(World Bank, 2002), 공산주의적인 사상이 남아 있는 사회와 그렇지 않은 사회(Offe), 유교적인 전통이 강하게 남아 있는 사회와 그렇지 않은 사회(후쿠야마), 동일한 사회 내에서도 종교, 문화, 전통 규범을 달리하는 사람들 간의 행동 방식의 차이 등을 연구해 왔다. 이런 연구들은 비공식 제도가 가지는 경제·사회적인 성과의 차이를 잘 보여주는 장점이 있다. 그러나 이런 연구의 한계는 비록 비공식 제도와 제도의 성과 간에 어떤 상관 관계를 발견한다고 하더라도, 이런 상관 관계의 원인, 즉 비공식 제도의 영향력의 근원이 무엇인지는 설명하지 않는다는 점이다.

공식 제도와 비공식 제도가 공동의 목적을 위해 서로 경쟁하고 충돌하는 현상(Helmke & Levitsky, 2004; World Bank, 2002; O'Donnell, 1996; North, Summerhill, & Weingast, 2000), 거래비용 문제에 대응하기 위해 서구 사회로부터 도입하는 제도와 정책이 자신들이 가지고 있는 전통적인 규범이나 종교, 관습과 충돌하면서 변질되고 형식화되어 가는 현상(O'Donnell, 1996; North, Summerhill, & Weingast, 2000)에 대한 연구도 비공식 제도의 영향력을 잘 보여준다. 하지만, 이런 연구들 역시 실제 비공식 제도가 어떻게 사람들의 생각과 행동을 제어하는지를 설명하지는 않고 있다. 공식 제도가 비공식 제도와 충돌하면서 변질될 수밖에 없는 이유가 무엇인지에 대해서는 설명해 주지 않는다. 이런 설명의 한계 역시 인간의 의식이 작동하는 원리 자체를 고려하지는 않고 있기 때문에 피할 수 없다.

이런 점에서 인간의 행동을 설명하고자 하는 사회 연구자들이 궁극적으로 인간의 의식을 탐구하고자 하는 것은 너무나도 당연한 결과다. 스미스의 도덕 감정에 대한 연구는 사실상 비공식 제도의 자생적 생성 원리에 대한 연구다. 스미스는 타인의 아픔을 나의 아픔으로 느낄 수 있는 공감 능력에서 자생적 미덕의 발생 가능성을 찾고 있다. 공감 능력이 인간의 이기심을 억제할 수 있고, 이렇게 이기심이 억제된 상황에서 타인의 생명, 재산, 명예를 존중하는 도덕이 자발적으로 생성되고 발전될 수 있다는 것이다(애덤 스미스, 1759: 1-24; 박세일, 2009: 661-677). 이런 스미스의 설명은 매우 심리학적이고, 특히 우리 의식의 작동 방식에 대한 서술에 근거해 도덕 감정의 발전을 설명하고자 한다는 점에서 현상학적인 것으로 평가되고 있다(Fleischacker, 2013: 4, 11-12).[1]

---

1) 상대방의 상황을 보는 순간 나는 이미 상대의 입장에 나를 위치시키고 이런 상황에서의 나의 경험들을 자동적으로 상상하면서 상대의 아픔을 이해할 수 있다는 설명(Fleischacker, 2013: 11-12)은 현상학의 감정이입과 유사한 현상이다. 또한 나의 의식에 주어진 감각 자료의 의미를 해석하기 위해 나의 의식은 과거의 기억과 향후의 기대까지도 고려한다는 후설(Husserl, 2001)의 설명과도 상통하는 측면이 있다.

현대의 진화경제학자들은 인간의 의식을 탐구하는 대신 인간에 대한 가정을 변화시켜 가면서 인간의 협력행동을 설명하고자 한다(Ostrom, 2000: 137). 오스트롬(Elinor Ostrom)에 따르면 세상에는 여러 종류의 사람이 있으며, 이 중에는 집단행동의 이점을 상호적으로 달성하는 데 좀 더 의지가 있는 사람들도 있다. 그렇다면 이런 잠재적 협력자들의 협력이 가능한 조건을 잘 갖춰 줄 수 있도록 제도를 설계해야 하며, 이런 제도의 설계가 어떻게 가능한지의 문제에 답하고자 한다. 그런데 그의 연구를 보면, 어떤 제도가 장기적으로 안정적으로 존속하기 위해서는 참여자들의 상호성, 내생적인 신뢰성의 규범 문제가 중요한 변수로 등장한다. 즉, 공식 제도가 안정적으로 존속할 수 있으려면 공동체 구성원들이 상대의 협력에 협력적으로 대응할 수 있는 상호에 대한 신뢰를 요구한다. 만일 그렇지 않다면 죄수의 딜레마 상황에 빠지고 제도는 존속할 수 없다. 규범의 토대 위에 협력 성향이 발전한다는 것이다(Ostrom, 2000: 154). 오스트롬 역시 결국은 규범의 발생을 연구할 필요가 있음을 제언하고 있다. 즉, 오스트롬의 연구 역시 인간의 의식과 상호작용 및 상호 이해의 작동 원리에 대해 무지했기 때문에 결국 최종적으로는 규범을 연구할 필요성을 제기할 수 있었을 뿐, 더 이상 협력적 규범의 근원을 파고들 수는 없었다.

이렇게 보면, 제도의 발전을 연구하고자 했던 경제학도들은 결국 규범의 발생, 비공식 제도의 생성과 작동이라는 궁극적인 문제에 직면하지만, 이에 대해 온전한 해답을 제공하지는 못한 채 연구를 마무리하고 있다.[2] 내재화된 행동의 규칙이라고 말하지만 '내재화'의 원리에 대해서는 설명하지 못하며, 도덕 감정을 탐구하지

스미스(Adam Smith)의 연구에서 가장 의미 있는 점은 비공식 제도의 근원을 우리의 의식에서 찾고 있다는 점이다. 그러나 당시의 학문적 여건은 이런 근원적인 문제를 탐구하기에는 우리의 의식에 대한 기초적인 이해가 너무나 부족했다. 세계를 바라보고 있는 관찰자는 자신의 눈을 보지는 못하듯이, 숨겨져 작동하고 있는 의식을 드러내어 관찰할 수 있는 방법도 없었고, 따라서 우리 의식의 탁월한 능력을 이해할 수 있는 방법도 없었으며, 인간이 일상의 삶 속에서 삶의 규칙을 습득하는 원리를 당시로서는 설명하기 어려운 상황이었다.

2) 그런데 이런 문제는 사실상 모든 사회과학이 직면하고 있다. 예를 들면, 정치 연구자들은 정치의 양상을 결정하는 중요한 변수로 정치문화를 지적한다. 정책 연구자들은 행정 중심의 권위주의적 행정의 원인으로 행정문화를 탓한다. 이미 사람들이 어떤 식의 공통된 사고와 행동의 방식을 가지고 있기 때문에 그렇게 행동한다고 설명한다. 그런데 이런 생각이 어디에서 와서 어떻게 사람들의 생각과 행동에 그토록 상당한 영향을 미칠 수 있는지에 대해서는 적어도 사회과학의 영역 내에서는 근원적이고 설득력 있는 설명을 찾기가 쉽지 않다.

만 인간의 의식 자체에 온전히 도달하지는 못했다. 협력행동은 규범의 토대가 있어야 한다고 말하면서 그런 토대가 어디에서 어떻게 오는지는 설명하지 못하고 있다. 왜 이런 한계에 직면하는가? 이런 현상들은 인간의 의식이 작동하는 원리에 대한 이해를 요구하기 때문이다. 현상학의 설명에 비춰보면, 이런 현상들은 인간의 의식이 작동하는 원리 속에 내재화되어 있는 현상이다. 따라서 인간의 의식에 대한 현상학적인 이해에 기초해서만이 '내재화'도 설명할 수 있고, 나 자신도 모르는 사이 '도덕 감정'이 형성되고 내면화되며 습관화되는 원리도 설명할 수 있으며, 규범과 같은 제약이 무의식적으로 지각되고 내면화되는 원리도 설명할 수 있다.

제 2 절 인간 의식의 선험적 영역과 비공식 제도[3)]

1 인간 의식의 선험적 영역

제4장에서 검토한 바에 따르면, 인간의 의식에는 소위 선험적(transcendental) 영역이 있다. 첫째, 인간의 지각과 인식에는 의식의 주체인 당사자는 의식하기 힘들지만 그럼에도 불구하고 분명히 어떤 인식작용이 일어나고 있는 숨겨진 의식의 영역이 존재한다. 이 영역을 선험적 영역이라 한다. 둘째, 이 선험적인 의식의 영역은 우리가 굳이 이를 작동시키려고 의도적인 노력을 기울이지 않아도 일상의 삶 속에서 대상 현상을 지각하고 해석하고 이해하고 대응하기 위해 작동하며, 또 이러한 지각이나 해석의 방법을 습득해서 이를 자신의 의식 속에 내면화하는 능력을 가지고 있다. 셋째, 의식 속에 내면화되고 침전된 지식, 인식과 행동의 방식은 내가 굳이 의식적으로 이를 이용하지 않아도 자동적으로 나의 생각에 동원되어 나의 판단에 영향을 미친다. 그래서 나는 나 자신도 잘 인식하지 못하는 사이 어떤 생각이나 판단에 이미 도달하게 되고 그런 생각을 당연시한다. 또 일상적인 행동에서도 많은 부분은 이처럼 자동적이고 무의식적인 방식으로 이뤄진다(사공영호, 2014a,

3) 이 부분에 관한 좀 더 자세한 논의는 『철학과 현상학 연구』에 게재된 사공영호(2014)를 참고할 것. 제4장의 제2절도 참고할 수 있다.

2014b).

우리는 일상의 삶에서 내가 굳이 의식적이고 의도적인 노력을 전혀 기울이지 않아도 이미 나무로 보이고, 자동차 소리로 들리고, 어떤 이야기로 해석이 되며, 어떤 행동인 것으로 알 수 있다. 이런 것으로 나는 이미 경험한다. 내가 '나무로', '자동차 소리로', '어떤 이야기로', '어떤 행동'으로 경험하고 있다는 것은 알 수 있다. 이 부분은 내가 경험하는 영역이면서 동시에 내가 의식할 수 있는 영역이다. 선험적 영역이란 이런 경험에 앞서는 영역으로서 이런 경험을 가능하게 하는 영역이다. 의식의 주체인 나 자신은 잘 의식하지 못한다. 그런데 내가 이런 것들을 '나무로', '자동차 소리로', '어떤 이야기로', '어떤 행동'으로 경험할 수 있는 것은 나의 의식이 내가 이와 관련된 주어진 자료의 해석을 전혀 요구하지 않았음에도 저 스스로 이런 해석 작업을 수행해 그러한 해석의 결과를 나에게 보여주기 때문이다. 바로 이 영역, 내가 요구하지 않고 의도하지 않아도 나의 의식이 이미 스스로 주어진 자료에 대한 해석 작업을 수행하는 영역이 바로 선험적인 영역이다. 만일 이런 해석 작업이 수행되지 않는다면 나는 결코 그것을 '나무로', '자동차 소리로', '어떤 이야기로', '어떤 행동'으로 경험할 수 없다. 마치 이런 것들을 처음 접하는 어린아이처럼 저것이 무엇인지, 저 소리가 무슨 소리인지, 저 사람의 말이 무슨 뜻인지, 저 행동이 무슨 의미인지에 대해 궁금해 하고 알고자 할 수는 있다. 그러나 결코 그것이 무엇이고 무슨 의미인지 금방 알 수는 없다. 이런 점에서 주변 세계에 대한 우리의 지각이나 다른 사람의 말과 행동에 대한 즉각적인 이해는 숨겨진 의식의 성취, 즉 선험적인 의식의 성취의 결과물이다. 비공식 제도 연구자들이 비공식 제도가 인간의 생각과 맺고 있는 관계에 접근할 수 없는 이유는 이런 현상들이 바로 선험적인 의식의 영역과 결합되어 있기 때문이다.

2 선험적 영역에서 작용하는 비공식 제도[4)]

예를 들어 생각해 보자. 광주의 한 고등학교 2학년 학생들이 버릇이 없다는 이유로 1학년 학생들을 교실에서 집단폭행하는 사건이 발생했다(광주CBS, 2011.7.12).

4) 사공영호의 논문(2014b)을 인용하거나 이를 참고해 작성한 것이다.

'버릇이 없다'는 이유로 상대를 폭행하는 일이 종종 발생하고 있다(뉴시스, 2013.10.15; 2011.9.10; 머니투데이, 2011.4.28). 2013년에는 한 대기업 임원이 항공사 및 승무원의 서비스에 대해 불만을 느꼈고, 결국 승무원을 폭행하는 사건이 발생했다. 이런 사건의 발단은 상대방의 말과 행동에 대해 가해자들이 무례하고 불만스러운 행동으로 생각하고 그래서 불쾌감을 느꼈다는 점이다. 만일 이렇게 생각하지 않고 그래서 이런 감정적인 느낌이 발생하지 않았다면 이러한 폭행사건이 발생하지 않았을 것이다. 일상의 삶을 돌이켜보면, 우리는 대부분의 경우 이미 어떤 판단에 도달해 있다. 내가 의도적으로 노력하지 않아도 이미 그렇게 보인다.

후설의 연구에 비춰보면, 일상적인 판단과 행동의 전체적인 전개의 과정은 크게 두 부분으로 나눌 수 있다. 첫째는 당사자가 의식하기 어렵지만 그럼에도 불구하고 우리의 의식은 어떤 작업을 수행하고 있는 영역, 즉 선험적인 영역이고, 둘째는 당사자가 느끼고 인지할 수 있는 경험의 영역이다. 상대방의 행동에 대해 가해자들이 느끼는 '무례한 행동'이라는 생각과 '불쾌한 느낌'은 가해자가 경험할 수 있는 두 번째 영역이다. 그런데 가해자의 의식 속에서 일어나고 있는 해석 작용, 즉 선험적 영역에 대해서는 잘 인식하지 못한다. 상대의 행동에 대해 가해자들은 의식적으로 생각할 겨를도 없이 이미 '무례한' 행동으로 인식하고, 불쾌함도 이미 경험하기 때문이다. 도대체 이런 느낌은 어떻게 발생한 것인가? 후설(Husserl, 2001)의 설명에 비춰보면, 우리가 무엇을 경험하든 그것은 이미 의식의 성취다. 그 이면에는 우리가 굳이 요구하지 않아도 주어진 대상을 '무엇' 또는 '어떤 것'으로 이해하고 인식하려는 우리의 의식이 작용하고 있다.

하이데거(Heidegger, 1962)의 설명에 의하면, 이처럼 주어진 자료의 의미를 이해하고 해석하는 과정에서 우리는 우리 자신이 가지고 있는 선지식에 의지한다. 그래서 상대의 행동에 대해 내가 이미 가지고 있는 과거의 경험들을 참고해 '무례한 행동'인 것으로 해석하는 작업이 나의 의식 속에서 내가 인식하지 못하는 사이 이미 이뤄진다는 것이다. 즉, 당사자들이 잘 인식하지 못하고 있을 뿐이며, 당사자의 의식은 주어진 상황(자료)에 대해 이를 이해하고 해석해 평가하는 작업을 이미 성취했고, 이런 해석적인 인식의 성취의 결과로 우리는 '무례한 행동'이라는 생각과 '불쾌한' 느낌을 생생하게 경험하는 것이다.

이렇게 생각해 보자. 단지 상대방의 행동이 '무례하고 불쾌한' 행동의 유일한 원인인가? 아마도 폭행 당사자들은 상대방의 행동이 유일한 원인이라고 생각할 것이다. 이런 식의 생각이 전형적인 '자연적 태도'에 의한 상황 인식이다. 인식의 원인을 외부로 돌린다. 그러나 실은 그렇지 않다. 가해 학생은 이미 상대 학생의 행동을 버릇없는 행동으로 느꼈다. 왜 이렇게 느껴졌는가? 자신도 모르는 사이 자신의 의식은 한국식의 예절을 적용해 상대의 행동을 해석했기 때문이다. 즉, 가해 학생이 받은 불쾌한 느낌은 당사자의 의도적이고 의식적인 노력의 결과가 아니다. 의도적인 노력의 필요도 없이, 자신이 미처 인식하지도 못하는 사이에 우리의 의식이 해석 작업을 수행한 것이다. 가해 학생이 한국식의 예절을 잘 알지 못하고 있었다면 상대의 행동이 '버릇없는' 행동이라는 판단 자체가 발생하지 않았을 것이다. 즉, 가해 학생은 자신이 의식하지도 못하는 사이 자신이 평소 경험해 왔던 한국식의 예절을 기준으로 피해자의 행동을 판단하고, 한국의 언어 예절에서 그와 같은 행동은 매우 무례한 행동이라는 점을 이미 잘 알고 있었기 때문에 이런 느낌에 이른 것이다.

그렇다면 이 사건들에서 당사자들의 사고와 행동에 좀 더 결정적인 변수가 된 것은 첫 번째 숨겨진 의식작용인가 아니면 두 번째의 경험 영역인가? 당사자들이 인식하지는 못하지만 당사자들의 의식은 어떤 판단 작업을 습관적으로 성취하고 있는 영역인가 아니면 당사자들이 인식할 수 있는 생각과 감정적인 경험의 영역인가? 숨겨진 의식에 의한 해석적인 인식의 영역이 결정적이다. 나의 의식이 나도 모르는 사이 상대의 행동을 '무례한 행동', '불만스러운 행동'인 것으로 판단한 것이 사건의 발단이기 때문이다. 얼마든지 달리 해석할 수도 있음에도 불구하고 우리의 의식은 자신이 내면화하고 있는 과거의 습관화된 판단 기준을 자동적으로 적용하고, 당사자는 이런 의식의 성취를 알지 못했기 때문에 상대방에게 잘못이 있다고 판단하고 상대방에게 폭력을 행사한 것이다.

좀 더 충격적인 예를 생각해 보자. 1997년 8월 5일 대한항공 801편이 괌 공항에서 약 4.8km 떨어진 니미츠 힐에 충돌해 승객 254명 중 228명이 사망하는 사건이 발생했다. 이 사건의 원인에 대해 말콤 글래드웰(2009)은 현재의 상황에 대해 상사에게 직접적인 직언을 피하고 상사의 판단을 기다리는 한국의 문화를 지적하고 있다. 즉, 부조종사가 몇 초만 빨리 조종사에게 상황의 심각성을 정확히 말했다면 이 사고를 피할 수 있었다는 것이다. 하지만 부조종사는 평소의 행동 방식에 따라 자신이 그렇게까지 말하는 것은 무례하다는 습관적인 판단에 이미 도달해 있었다.

비공식 제도는 이처럼 당사자는 잘 인식하지 못하는 숨겨진 의식의 영역에서 이미 작용하고 있다. 후설이 말하는 선험적인 의식의 영역에서 나의 지향성이 주어진 자료의 의미를 구성하고 해석하는 단계에서 이미 작용하고 있다. 나도 모르는 사이 이뤄지는 상대방의 행동에 대한 해석에 기준으로 동원되고, 또 나의 행동에 대한 기준으로 이미 적용된다. 나도 잘 모르는 사이 어떤 판단에 도달했으므로 이런 판단의 정당성에 대해 반성하기도 어렵다. 하지만 어떤 결론에 도달하도록 이미 나의 생각을 제어하고 있고, 또 이에 기초해 행동을 선택하도록 이끌고 있다.

3 의도하지 않아도 작동하는 비공식 제도

1) 규칙 위반 실험

비공식 제도가 사람들이 잘 인식하지 못하는 선험적인 의식의 작용에 영향을 미칠 뿐 아니라, 내가 굳이 의도적으로 이를 동원하지 않아도 이미 자동적으로 동원되고 적용된다. 인간의 의식에 침전되어 있으면서 자동적으로 작동하는 지식과 기술처럼 비공식 제도 역시 내가 굳이 의식적으로 적용하지 않아도 이미 자동적으로 의식의 작용에 영향을 미친다. 밀그램(Stanley Milgram)과 가핑켈(Harold Garfinkel) 등의 규칙 위반 실험(Breaching Test)은 이런 점을 분명하게 드러내 보여준다. 다음의 실험들을 보자.

[실험 1]: 끼어들기(Milgram et al., 1956)
피험자: 평균 6명의 사람이 지하철 승차권을 구입하기 위해 줄을 서 있다.
실험자: 세 번째 사람과 네 번째 사람 사이에 "Excuse me, I'd like to get in here."라고 말하면서 끼어들어 앞을 향해 선다. 그리고는 누군가가 훈계를 하면 즉시 자리를 뜬다. 그렇지 않으면 1분간 그 자리에 있는다.

[실험 1]은 '먼저 온 사람이 먼저 서비스를 이용한다'는 상식적 규범을 위반하는 행동을 실험자가 실행하면서 상대의 반응을 지켜보는 실험이다. 물론 이런 행동에

대해 사람들은 잘못을 지적하고 훈계한다. 즉, 사람들은 무심코 줄을 서지만 그런 행동을 정당화하는 규범이 이런 무의식적인 행동 속에서 자리 잡고 있다. 그런데 이 실험에서 규범이 비공식적 제약으로 작용하는 영향력을 좀 더 극명하게 보여주는 것은 피험자의 행동이 아니라 실험자가 스스로 느끼는 심리적 불편함이다. 이 실험에 참여해 규칙에 위반되는 행동을 했던 사람들은 먼저 와 있는 사람들 사이에 끼어드는 행동을 자신이 수행해야 하는 것에 대해 스스로 상당히 불편하고(nauseous), 불안함(anxious)을 느꼈다고 보고했다. 무의식적으로 규칙을 따르고 있을 때는 나의 의식에 내재화된 규범의 영향을 잘 알지 못한다. 하지만 막상 이런 규칙을 위반하고자 할 때는 의식에 내재화되어 있던 규범이 표면화되면서 이를 어기는 행동에 대해 상당한 심리적 압박과 불안을 경험한다. 규범의 힘은 여기서 나온다. 잘 인식하지는 못하지만 그렇게 행동하게 하고 있고 또 이를 어길 때는 심리적 압박을 느끼게 한다.

[실험 2] 피험자가 실험자에게 어제 있었던 자동차 타이어 펑크에 대해 말한다.
피험자: "I had a flat tire."
실험자: "What do you mean, you had a flat tire?"
피험자: 피험자는 순간적으로 놀란다. 그리고는 다소 짜증스러운 어조로 다음과 같이 말한다. "What do you mean. A flat tire is a flat tire. Nothing special. What a crazy question!"

[실험 3]: 피험자가 실험자에게 즐겁게 손을 흔들며 말한다.
피험자: "How are you?"
실험자: "How am I in regard to what? My health, my finance, my school work?"
피험자: (얼굴을 붉히면서) "Look!! I was just trying to be polite. Frankly, I don't give a damn how you are."

[실험 2]와 [실험 3]은 실험자가 자신이 평소 알고 지내던 피험자와의 대화에서 상식적인 표현들이 무슨 의미인지를 명확히 할 것을 요구할 때 상대방이 어떻게

반응하는지를 관찰하는 실험이다(Garfinkel, 1967: 221-2; Heritage, 1984: 79-80). 일상적인 대화의 규칙을 위반하는 행동을 통해 그러한 규칙의 존재와 자기 집행력의 근원을 확인할 수 있는 실험이다. 위의 실험에서 피험자들은 자신의 말에 대해 그런 식으로 대답하면 곤란하다는 짜증스러운 반응을 보인다. 일상의 대화에서 서로가 암묵적으로 따르고 있던 대화의 규칙을 지키지 않는 행동을 하는 상대에 대해 그의 행동이 이미 옳지 않다고 판단하고 짜증스럽게 대응하고 있는 것이다.

2) 의도하지 않아도 작동하는 비공식 제도

밀그램과 가핑켈의 실험이 잘 보여주는 것은 비공식 제약이 거의 자동적으로 작동하고 있다는 점이다. 내가 의도적으로 적용할 필요도 없이 거의 자동적으로 실험 관련자들의 심리와 사고에 영향을 미치고 있다. 우선, 밀그램의 실험에서 보면, 실험자는 자신이 규칙 위반 행동을 하기도 전에 이미 상당한 심리적 압박을 경험한다. 이런 심리적 압박은 어떤 의도에 의해 발생한 것이 아니다. 단지 어떤 '무례한' 또는 '상식적 규범을 어기는 행동'을 해야 한다는 일 자체가 이미 심리적인 압박을 초래하고 있다.

가핑켈의 실험에서도 피험자는 이미 실험자의 대화 방식이 이상하다는 판단에 곧바로 도달한다. 피험자가 의식적으로 정상적인 대화의 규칙을 생각하고 이를 적용했을 가능성도 전혀 없지는 않을 것이다. 그러나 피험자의 반응행동을 보면, 이미 놀라고 짜증스러운 어조를 띠며, 또 심지어 얼굴이 붉어지기까지 한다. 실험자의 행동에 대해 어떤 고민하고 신중하게 판단을 했을 때 나온 반응행동으로 보기는 어렵다. 이보다는 앞서 설명한 폭행 사례에서와 흡사하다. 피험자는 이미 실험자가 일상적인 대화 규칙을 위반하고 있다는 결론에 도달해 있고, 그렇기 때문에 이렇게 짜증을 내고 감정이 섞인 반응을 보이는 것일 것이다.

간단히 말하면, 내가 어떤 행동의 규칙이나 규범을 의도적으로 적용할 필요가 없다. 나도 모르는 사이 나의 의식은 이미 이런 규칙을 적용해 그 결과를 나에게 보여준다. 그렇게 '판단되는 것(judged)'이 아니라, 이미 그런 것으로 '보인다(seen)'(Kosowski, 2010: 22). 규칙의 위반 여부를 의식적으로 고민하고 숙고해서 판단할 필요가 없다. 이미 그렇게 보이고 그렇게 느껴진다. 아마도 이런 방식으로 자동적으로 작동하는 것이 후설이 규명해 낸 초월적인 의식의 주된 작동 방식의 하나이며, 바로 이런 이유로 사람들은 자신의 의식의 역할을 잘 알지 못하는 소위 '자연적 태도'에 빠지는 것일 것이다.

위의 실험들은 비공식 제도나 규범이 사람들의 감정과도 결합되어 있음을 보여주고 있다. 굳이 그것이 무엇이라고 명제적으로 서술하기는 어렵다. 그런데 분명 나의 의식은 이미 어떤 판단에 도달해 있고, 게다가 이미 감정적으로 반응하고 있다. 비록 나의 주관적인 판단이지만, 적어도 나의 감정을 기준으로 하면 지극히 객관적인 현상이다. 나는 분명히 이런 감정을 객관적인 대상을 경험하듯이 명확한 심리적인 상태로서 경험하기 때문이다. 즉, 비공식 제도는 선험적인 의식의 영역에서 작용하고 있을 뿐 아니라 사람들의 감정과도 결합되어 있기 때문에 사람들의 생각과 행동에 상당한 영향력을 행사한다는 것이다.

제 3 절 비공식 제도의 생성

1 비공식 제도에 대한 두 가지 접근

라파넬(Irene Rafanell)은 비공식 제도에 대한 접근 시각을 크게 두 가지로 나누고 있다(Rafanell, 2003: 15-17). 첫째는 어떤 객관적 구조물(objective structure: OS)로 이미 주어진 것으로 보는 입장이다. [그림 6-1]에서 왼쪽 그림이 여기에 해당한다. 비공식 제도는 이미 주어져 있고, 이렇게 주어진 대상을 사회구성원들이 사회화 과정을 통해 배우고 학습함으로써 이를 준수하게 된다는 것이다. 이미 주어져 있으므로 이의 생성이나 작동 방식보다는 비공식 제도가 공식 제도의 발전이나 경제적 성과에 미치는 영향에 주된 관심을 기울인다. 토크빌, 베버, 토인비 등 역사 연구자들과 노스와 같은 제도 연구자, 파슨스와 같은 사회학도들은 이런 입장이다(Heritage, 1984: 21). 이들은 비공식적 제약들을 이미 주어진 것으로 다룬다. 종교와 관습의 영향이나, 이미 형성된 비공식 제도를 학습할 수밖에 없는 개인의 입장에서 보면 분명 그런 측면이 있다.

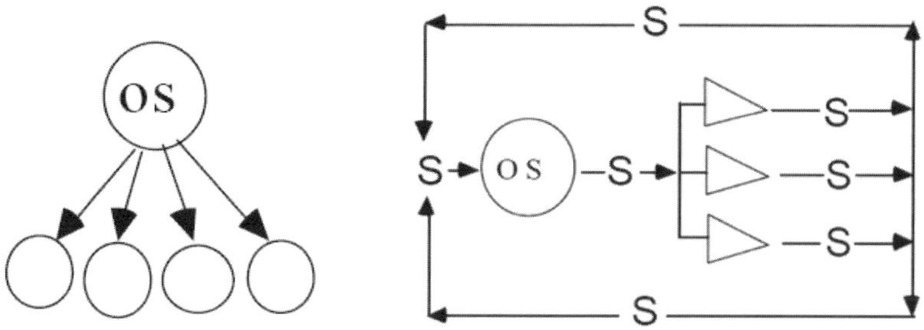

그림 6-1 비공식 제약의 발생

그런데 이런 설명은 다음과 같은 약점이 있다. 좀 더 자세히 보면, 이와 같은 제약들도 시대가 변하고 사회적인 상황이 변하면 변해 간다. 즉, 비공식 제도가 고정적으로 있으면서 사람들의 행동에 안정적으로 제약을 가한다고만 말할 수 없는 측면이 있다. 이처럼 사람들이 비공식 제약을 바꾸고 변화시켜 갈 수 있다면, 왜 어떤 경우에는 지속되고 어떤 경우에는 변화되는지를 함께 설명할 수 있어야 한다. 그런데 이 입장은 비공식 제도의 변화 문제에 대해 잘 설명하지 못한다.

둘째, 인간이 단지 수동적인 존재로 전락한다. 과연 이것이 인간에 대한 올바른 이해인가 하는 문제가 제기된다. 사람들은 단지 전통이라는 이유로, 또는 어떤 행동의 규범이 이미 정해져 있다는 이유만으로 그것을 학습하고 그것을 그대로 지키면서 살아가는 존재인가? 분명히 그렇지는 않다. 그런데 이처럼 규범은 이미 주어져 있고, 사회구성원들은 이를 단지 수용하고 준수하는 존재가 된다면, 생각과 삶의 주체로서의 인간은 점차 의미를 상실하고 망각될 수밖에 없다(Heritage, 1984: 21). 헤리티지(John Heritage)는 파슨스가 인간의 행동에 대한 과학화를 시도하면서 인간을 단지 내재화된 가치의 보유자로 취급했다고 비판한다. 인과모형에 의해 인간 행동을 설명하면서 행위자의 구체적인 사고, 느낌, 마음 등은 부수적인 현상 또는 접근할 수 없는 영역으로 남겨지게 되었다는 것이다.

셋째, 이런 규범이 처음에 어떻게 발생한 것인지에 대해 답해 주지 않는다. 어떻게 발생한 것인지를 알 수 없다는 것은 그런 규범이 정당화되고 사회적으로 수용될 수 있었던 이유에 대해 알 수 없다는 것을 의미한다.

넷째, 어떻게 성립되어 어떻게 발전되어 왔는지를 알지 못하므로 이의 개선이 필요한 사회에 대해서는 실천적인 도움을 주기가 어렵다. 즉, 아프리카, 중동, 아시아, 남아메리카 등의 많은 국가에서는 비공식 제도와 공식 제도가 충돌하면서 민주주의 또는 자본주의의 발전을 목표로 만들어진 제도들이 무력화되는 일이 일어나고 있다. 이런 사회들이 공식 제도를 통해 사회 발전을 시도하기 위해서는 공식 제도를 뒷받침할 비공식 제도의 토대를 요구한다. 그런데 이미 전통과 규범은 주어진 것이라고 전제하면 건전한 비공식 제도를 발전시킬 수 있는 방법을 모색하는 일은 관심 밖에 놓인다.

한편 오른쪽에 있는 그림에서 비공식 제도는 사회구성원들에게 영향을 미치기도 하지만 동시에 사회구성원들에 의해 형성되기도 한다. 즉, 사회구성원들 간의 상호작용에 영향을 미치기도 하지만, 반대로 사회구성원들의 선택에 의해 달라지고 변화될 수도 있다는 것이다.

지금까지의 논의들을 생각해 보면, 비공식 제도는 이 두 그림 중 어느 한쪽이라 생각하기보다는 좀 더 구체적으로 어떤 종류의 비공식적 제약인지에 따라서 이미 사회적으로 고착화되어 상당한 지속력을 발휘하고 있는 것도 있고, 반대로 사람들의 생각이 달라지고 사회적인 여건이 달라지면서 새롭게 형성되고 변화되어 가는 현상도 있다고 보는 것이 마땅할 것이다. 가령, 한국 사회에서 가족구성원들 간의 관계는 사회적인 여건이 달라지면서 크게 변화되고 있다.

비공식 제도가 발생하는 것 역시 오른쪽 그림에서처럼 사회구성원들이 사회를 이루고 함께 살아가는 상황 속에서 해답을 찾아야 할 것이다.

2 의도하지 않아도 일어나는 발생 · 학습과 내재화[5)]

1) 비공식 제도가 존재하는 방식

비공식적인 사고 및 행동의 제약에 대한 학습의 문제를 다루기 위해 먼저 검토해야 할 것은 비공식 제도가 인간의 의식과의 관계에서 존재하는 방식이다. 사회과학도들은 과학적인 개념과 이론적인 지식을 추구하고, 이를 위해 이론화된 개념, 명제적으로 서술할 수 있는 개념에 의해 비공식 제도를 서술하고 측정하고 분석하

5) 사공영호의 연구(2014b)를 인용한 것이다.

기를 원한다. 사실상 '대상에 관한 지식(know-what)'과 같은 형태의 어떤 대상을 의미하고 있는 것이다.

그런데 이론적이고 개념화된 지식으로 비공식 제도를 다루는 것은 실제 비공식 제도가 존재하고 작동하는 방식과는 괴리될 위험이 존재한다. 즉, 비공식 제도의 실상을 제대로 서술해 내지 못할 위험이 존재한다는 것이다. 예를 들면, "'시간'이 무엇인가?" 또는 "예절이 무엇인가?" 이렇게 물으면 사람들은 이런 질문에 대해 언어적으로 서술하는 데 난감해 할 수 있다(Wittgenstein, 2009a: §89). 그런데 언어적으로 서술은 하지 못하더라도 실제 상황에서는 시간에 대해 자유롭게 이야기할 수 있으며, 어떤 행동이 무례한 행동인지에 대해 금방 눈치챌 수 있다. 굳이 이론적이고 명제적인 지식을 가지고 있지 않아도 언어 예절을 지킬 수 있고, 행동의 규범도 따를 수 있다. 아이들이 언어를 문법적으로 배우지 않아도 일상의 삶 속에서 언어를 습득할 수 있고, 운전자가 이론적 법칙으로 자동차의 운전 방법을 배우지 않아도 자동차의 운전 기술을 배울 수 있으며, 목수가 이론적 규칙으로 망치의 작동법을 배우지 않아도 망치에 익숙해지는 것과 같은 이치일 것이다. 이런 삶의 기술을 학습하는 과정은 본인도 잘 인식하지 못하는 속에서 배운다는 점에서 비인지적(noncognitive)이며, 또한 명제적이고 이론화된 지식이 아니라는 점에서 비이론적(nontheoretical)이다(Braver, 2012: 28). 간단히 말하면 실천적이다(Dreyfus, 1980, 2014).

마치 이론적인 지식이나 명제적인 지식으로 행동 규범이나 비공식적 제약이 존재하는 것처럼 생각할 때 이런 것을 어떻게 학습하고 내재화할 것인지의 문제가 발생한다. 이런 오해는 소위 '자연적 태도'에서 인간과 주변 세계의 관계를 이해할 때 발생하는 오해다. 그러나 하이데거의 설명처럼 인간은 이미 세상에 던져져 있고, 인간과 세계는 분리가 불가능할 정도로 얽혀 있다(Guignon, 2013: 88-90). 이런 관계에 놓이게 되면 일상의 삶의 과정 자체가 주변 세계에 대한 이해와 해석의 과정으로 작용하고, 이런 일상적인 삶 속에서는 목수가 일상적인 작업 속에서 이론적 지식 없이도 망치에 익숙해지듯이 현존재는 일상적인 삶의 양식과 삶의 기술에 익숙해질 수 있다(Deryfus, 1980: 7-8; Braver, 2012: 21-26). 이런 관점에서 보면, 비공식 제도는 일상의 삶에서 얻은 삶의 기술의 일부를 이루고 있는 인간의 행동에 대한 제약이라고 보는 것이 오히려 옳을 것이다.

2) 의도하지 않아도 일어나는 학습

실천적인 기술은 일상의 삶 속에서 자연스럽게 사실상 저절로 학습된다. 지향적인 인식 능력과 해석 능력을 가진 의식의 주체에게는 일상의 삶 자체가 학습의 연속이다. 인식의 주체가 의식적으로 자신이 경험한 내용들을 분류하고 정리하고 축적해 적용하려 하지 않아도 나의 의식이 스스로 이런 기능을 이미 수행해 주기 때문이다.

하이데거가 말하는 근원적 진리(primordial truth)에 해당하는 삶의 기술은 이런 자연적이고 비의도적인 학습의 결과를 잘 보여주는 산물들이다(Dreyfus, 1980: 7). 가령, 어린이는 일상의 삶 속에서 사람에 따라, 장소에 따라, 그리고 상황에 따라 갖춰야 할 언어적인 예절을 배운다. 그뿐만 아니라 이런 일상적인 경험 속에서 각종의 대상들에 대해 문화적인 해석의 방법까지도 함께 배운다. 이처럼 일상에서 습득된 문화적인 해석 방식을 하이데거는 근원적 진리라고 부르고 있다고 드라이퍼스는 설명한다.[6)]

이러한 삶의 기술에 대한 학습 원리는 현상학의 영향을 받은 여러 사회학도의 연구에서 관찰할 수 있다. 예를 들면, 쇼터(Shotter, 2008)는 일상의 삶을 살아가는 사람들에게는 단지 '세상 안에 있기 때문에 세상으로부터 얻어지는 지식'이 있음을 강조하며, 이를 'from-within knowledge'라고 부르고 있다. 가핑켈(Garfinkel, 1967: 110)은 배심원들은 배심원이 되기 이전에 이미 세상의 삶 속에서 95% 배심원이 되어 있다고 말한다. 배심원으로서 지켜야 할 행동의 규칙을 이미 일상의 삶 속에서 배웠다는 것이다. 가핑켈의 연구에서 성전환 여성인 아그네스의 '여성다움'에 대한 지식은 이런 지식의 실상을 잘 보여준다. 일상의 삶 속에서 '남자다움'과 '여자다움'을 이미 느끼고 학습해, 그러한 행동의 방식을 매우 명확하게 내재화하고 있다(Garfinkel, 1967: 116-185; Heritage, 1984: 181-198). 나의 의도와는 상관없이 일상의 삶 속에서 배심원으로서의 행동 방식도 대부분을 익혔고, '여성다움'에 대한 판단 기준도 자연스럽게 학습되었다는 것이다.

---

6) 드라이퍼스에 따르면, 이와 같은 근원적인 진리에 해당하는 지식에 대해 하이데거, 메를로퐁티, 비트겐슈타인 등은 이론적으로 서술할 수 없다는 데 공감하고 있다. 왜냐하면 너무나 인간의 의식 속에 잘 스며들어 있어서(pervasive) 이를 객관적인 대상으로 삼기가 어렵고, 또한 기술적(skill)인 내용을 포함하고 있기 때문이다.

하이데거(Heidegger, 1962: §27; Wheeler, 2013: 37)의 다음과 같은 설명은 이와 같은 일상에서 일어나고 있는 비의도적이고 무의식적인 학습의 원리를 잘 설명해 주고 있다.

> 현존재는 이미 다른 사람들과의 관계 속에 던져진다. 그래서 점차 다른 사람들 사이에 녹아들게 된다. 그런데 자신이 다른 사람들 사이에 스며들게 되면 다른 사람들의 모습은 오히려 점점 희미해지고 덜 분명해진다. 그런데 이렇게 다른 사람들의 모습이 희미해졌을 때, 타자들은 현존재에 대해 오히려 독재적인 모습을 드러내 보인다(In this inconspicuousness and unascertainability, the real dictatorship of the "they" is unfolded). 그들이 좋아하는 것을 좋아하고, 그들이 보는 대로 보고, 읽는 대로 읽고, 판단하는 대로 판단하게 된다.

하이데거의 이 말은 이런 의미로 생각된다. 우리는 성장하는 과정에서 주변에 있는 사람들로부터 이런저런 것들을 배운다. 그런데 이때 우리가 배우는 것들이 단지 한 '선생님'의 이야기거나 또는 오로지 나의 '부모님'의 이야기라면 이는 그냥 이 사람들의 이야기가 된다. 그냥 '특정한' 누구의 이야기일 뿐이다. 이런 상황에서는 이 사람들 이외에도 얼마든지 다른 이야기가 있을 수 있다. 따라서 이들의 이야기가 독재적인 영향력을 얻지는 못할 가능성이 높다.

그런데 비슷한 이야기들을 여러 사람에게 들었고, 또 소설이나 영화 또는 뉴스 등을 통해 여러 차례 간접적으로 관찰하고 경험했다고 하자. 이렇게 되면 우리는 이 이야기를 누구로부터 들은 것인지 지명하기가 어려워진다. 그냥 많은 사람 또는 주변에 있는 사람들이 다 그렇게 이야기한 것처럼 생각된다. "누가 그렇게 가르쳐 주더냐?"라고 물으면, "사람들이 다 그러더라"라고 답하게 되는 상황에 처한다. 즉, 특정한 누구로부터 배웠다고 지적할 수는 없지만, 바로 이런 상황에서 오히려 사람들의 가르침은 훨씬 분명해진다. 가핑켈의 연구에서 관찰할 수 있는 배심원으로서의 행동 방식이나 '여성다움'에 대한 인식도 이런 학습 원리의 산물일 것이다.

이러한 학습 원리는 '익숙한 도구(readyness-to-hand)'와 목수의 관계와도 흡사하다. 목수가 망치질에 익숙해지는 것은 첫째는 그의 직업상 이와 같은 도구를 자꾸만 사용해야 하는 상황에 처하기 때문이고, 둘째는 그가 가지고 있는 여러 도구의 편제에서는 망치에 상응하는 기능을 수행할 도구가 필요하기 때문이다(이남인, 2013: 107-109). 즉, 망치질을 따로 연습했기 때문이 아니라 자신의 도구들을 이용해 자신의 임무를 수행하는 과정에서 망치를 자꾸만 사용할 수밖에 없는 상황에 놓여 있기 때문이다. 수많은 도구와 임무 속에서 망치가 진정한 도구가 되듯이 일상의 삶 속에서 어떤 행동의 방식을 배우고 익히고 반복하고 습관화할 수밖에 없는 상황에 놓일 때, 우리는 그런 행동의 방식과 해석의 방식을 자연스럽게 배우고 익히고 반복하고 습관화할 수밖에 없는 상황에 놓인다는 것이다. 이런 상황이 되면 목수는 망치를 '준비된 도구(readiness-to-hand)'처럼 다룰 수 있게 된다. 설사 내가 잘 인식하지 못하는 의식의 숨겨진 영역 속에서 작동하더라도 매우 자연스럽게 거의 무의식적으로 이런 규칙을 적용할 수 있게 된다는 것이다.

학습과 내재화를 가능하게 하는 가장 주된 원리는 일상 삶 속에서의 반복적인 경험과 친숙함이다(Guignon, 2013: 89; Blattner, 2009: 62).[7] 처음 이런 행동을 배울 때는 행동의 의미를 잘 알지 못한다. 그런데 수많은 경험 속에서 점차 익숙해지고 나면, 목수가 망치질을 하면서 망치를 의식하지 않듯이, 나의 의식 속에 습관화되고 내재화되어 거의 의식하지 않고 자동적으로 행동의 규칙들을 적용할 수 있게 된다. 그래서 마치 의식의 판단에 대해 '독재자'가 된 것처럼 우리의 사고와 행동에 대한 제약으로 작용하게 된다.

이런 지식 또는 기술은 공식적인 교육과정을 통해 보통 학습하는 이론적인 지식이 결코 아니다. 일상의 삶에서 얻은 삶의 기술이며 삶의 능력의 일종이다. 내가 굳이 어떤 지식을 배우려고 노력할 필요가 없다. 일상의 삶에서 다른 사회구성원들과 함께 살아가면서 상대방과 상호 관계하고 또 이런 상호 관계를 더 자연스럽게 이뤄 가고자 하는 과정에서 저절로 학습할 수 있다.

---

7) 비트겐슈타인은 사람이 언어의 의미를 학습하는 원리에 대해 비슷한 설명을 제시하고 있다. 어떤 어휘의 의미는 마치 사전에 정의된 것과 같은 공통된 하나의 의미를 학습하는 방식으로 이뤄지지 않는다. 그의 비유에 따르면(Wittgenstein, 2009a: §68), 하나의 실의 견고함은 그것을 구성하고 있는 개별의 섬유가 그 실 전체를 관통하기 때문이 아니라, 여러 개의 개별적인 섬유가 겹쳐 있기 때문이다. 가족 유사적인 수많은 사례 속에서 어휘의 의미를 이해하고 있기 때문에 가변적인 상황 속에서도 얼마든지 적용할 수 있는 실천적 유연성과 의미적 견고성을 동시에 가지는 언어의 의미에 대한 학습이 이뤄진다는 것이다.

3 일상의 사실적 경험과 분리할 수 없는 규범, 비공식 제도

1) 사실과 규범을 함께 인지하는 현존재

규범과 비공식 제도는 도대체 어떻게 생성되는가? 무엇인가 새로운 행동 기준을 정하고 학습하고 내재화하는 방식으로 규범은 생성되고 작용하는가? 수학을 배우고 기하학을 배우듯이 배워야 할 필요가 없다. 자신의 경험에 기초해 상대의 행동을 해석하고 대응하며 살아가는 인간의 입장에서 보면 사실과 규범은 분리되어 있지 않기 때문이다.

하이데거의 설명에 비춰보면, 바람직한 행동 방식, 억제해야 할 행동에 대한 학습은 하나의 삶의 기술로서 일상의 삶 속에서 자연스럽게 학습하고 내재화할 수 있다. 다시 말하면, 일상의 삶 속에서 언어가 발생하고 일상의 행동 기술들이 발생하고 학습되듯이 비공식 제도 역시 일상의 삶 속에서 발생하고 습관화되고 내재화될 수 있다. 자신의 세계를 도구적인 전체로서 해석의 대상으로 삼고 있는 현존재(Dasein)의 입장에서 보면(이남인, 2013: 205-210), 사실을 접하는 것은 이미 규범적인 해석 측면까지 포함하고 있기 때문이다. 주변 세계는 그 자체만 놓고 보면 사실에 해당한다. 그런데 이에 대응하고 살아가야 하는 현존재의 입장에서 보면, 주변의 사실들은 이미 규범적인 요소와 함께 해석되고 경험된다. 바람직한 것, 가치 있는 것, 바람직한 행동, 지켜야 할 행동 규범을 일상적으로 경험하고 이를 익히고 습관화할 수밖에 없는 상황에 놓인다는 것이다.[8)]

현상학에 근거해 두 가지 이유를 제시하고자 한다. 첫째, 인간에게 주변의 모든 대상은 이미 가치판단과 평가의 대상이 된다. 둘째, 다른 사람들이 어떤 방식으로

---

8) 이 점에 관해서는 주변 세계를 대상(objects), 도구(tool), 사람으로 구별하는 하이데거의 분류가 유용하다. 주변의 대상을 단지 대상으로만 다룰 때는 가치가 개입할 이유가 없다. 단지 사실이 있을 뿐이다. 그런데 이 주변의 대상을 이용해 살아남아야 하는 현존재의 입장에서 보면, 모든 것은 잠재적인 이용의 대상들이다. 모든 것은 도구화가 가능한 대상들이다. 그런데 도구와 대상 간에는 큰 차이가 있다. 도구에는 평가 기준을 적용할 수 있다. 가치 기준을 적용할 수 있다. 규범적인 기준을 적용할 수 있다. 왜냐하면, 도구는 더 튼튼해야 하고, 더 이용하기 편리해야 하고, 더 정밀해야 하고, 더 효율적이어야 하고, 목적에 적합해야 하며, 더 아름다워야 하기 때문이다. 즉, 동일한 대상이라고 하더라도 이를 도구적인 관점에서 보면, 한편으로는 사실이면서 동시에 규범적인 판단의 대상, 규범적인 개념 수립의 근거로 작용하게 된다. 그런데 인간에 대해서는 인간을 단지 도구처럼 다루는 것은 인간의 실존적인 본성과 충돌함을 지적한다.

행동하고 있다는 사실 자체가 가능한 행동, 정당한 행동, 바람직한 행동에 대한 기대의 근거로 작용한다. 이런 인간의 입장에서 보면 사실과 규범은 분리되어 있지 않다.

예를 들어 생각해 보자. 우리가 어떤 것을 보고 그것을 책상으로 인식했다고 하자. 그렇다면, 이러한 책상에 대한 지각과 어떤 책상이 좋은 책상이라는 기대는 완전히 별개의 인식인가? 그렇지 않다. 책상이 무엇인지에 대한 이해와 어떤 책상이 좋은 책상인지에 대한 이해는 분리되어 있지 않다. 책상을 아는 것은 이미 튼튼한 책상, 사용하기 편리한 책상, 보기에도 아름다운 책상에 대한 인식의 능력을 포함하고 있다. 어떤 사람이 군인이라는 점을 아는 것은 이미 "좋은 군인은 용감한 군인이다"라는 기대를 포함하고 있다. 마찬가지로, "그 사람은 정직한 사람이다"라는 사실 서술적인 문장은 이미 "그 사람 믿을 만한 사람이다"라는 도덕적 판단을 포함하고 있다. 왜 이런 대상들은 이미 규범적인 요소를 포함하고 있는가? 이 대상들은 인간이 추구하는 어떤 목적을 위해 만들어졌고, 이처럼 어떤 목적을 위해 만들어진 것들은 그 목적을 기준으로 대상 현상의 가치를 평가할 수 있기 때문이다.

인간은 이미 결코 피할 수 없는 방식으로 세상에 던져져 있다. 이 세상을 이해하고 대응하면서 나의 생명과 삶의 수단으로 삼아야만 나는 이 세상에서 살아갈 수 있고 더 잘살 수 있다. 이런 현존재의 입장에서 보면 나의 주변에 주어진 대상들은 단지 가치 중립적인 사실로 이해해야 할 대상들이 아니다. 그것들이 나에게 갖는 의미를 이해하는 것이 나의 생존에 필연적이다. 내 주변에 있는 모든 것은 나의 생존이라는 관점에서 해석되어 이해되고 이용되어야 한다. 모든 것은 과학적 관찰의 대상이 아니라 나의 관점에서의 '해석'의 대상이다(이남인, 2013: 205-210).

이런 이유로 현존재는 이미 자신의 실존 및 세계의 가능성을 느끼며 살아간다. 책상은 이미 책을 펴고 읽을 가능성을 지닌 대상이며, 연필은 글을 쓸 가능성을 지닌 것이다(이남인, 2013: 205-206). 세계란 이미 현존재의 활동 가능 영역의 총체다. 자신과 세계를 가능성으로 경험하는 것이 현존재의 세계에 대한 이해다. 그래서 도구적 대상 역시 막연하게 단지 사실적 대상으로 주어지는 것이 아니라 나의 삶을 위한 구체적 도구로서 해석의 대상으로 주어진다. 이런 현존재의 입장에서 보면 내가 그것을 무엇으로 해석하느냐에 따라 그 대상의 의미는 결정된다. 자연의 대상이든 도구이든 인간이든 다 마찬가지다. 해석의 대상이다. 대상들에 대한 해석은 이미 그것들이 현존재로서의 인간에게 갖는 의미와 가치에 대한 인식을 포함하고 있다. 어떤 책상은 이미 좋은 책상으로 보인다.

인간의 행동 방식 역시 마찬가지다. 현존재의 입장에서 보면, 인간의 행동은 어떤 목적을 위한 수단이며, 이런 점에서 평가의 대상이다. 인간이 추구하는 것이 행복이든 안전이든 평화이든 협력이든 그것이 무엇이든 간에 인간의 행동은 이런 목적을 기준으로 평가될 수밖에 없다. 일상의 상호작용은 이런 우리들의 상호 평가에 기초해 일어난다. 이런 일상의 삶의 여건에서 어떤 행동은 이미 바람직한 행동으로 보인다. [그림 6-1]이 의미하는 바도 이런 것이다. 일상의 삶 속에서 바람직한 행동 방식을 함께 형성해 간다는 것이다.

규칙 위반 실험에서 확인할 수 있는 숨겨진 도덕적인 기준 역시 이런 방식으로 유래한 것일 것이다. 다른 사람들의 행동을 관찰하는 속에서 이미 그 행동의 가치에 대한 판단이 이뤄지고, 서로의 행동에 대한 대응과 상호작용이 일어나고, 이러한 상호작용의 결과로 어떤 행동 방식이 정당화되고 학습되고 내면화된 것일 것이다.[9]

2) 지향적 인식에서 사실과 규범

왜 어떤 행동에 대해 틀렸다고 말하는가? 우리가 예상한 것이나 기대한 것과는 다르기 때문이다. 그렇다면 예상하고 기대하는 행동의 방식은 어디에서 오는가? 일상의 경험에서 온다. 이처럼 일상의 행동이 기대와 예상의 근거이며 기준이 된다는 점은 규칙 위반 실험이 잘 보여준다. 줄을 서지 않는 행동에 대해 비난하거나 또는 이런 행동을 하고자 할 때 실험자가 느끼는 심리적 불안의 원인은 다른 사람들은 이 규범을 지킨다는 사실(fact)에 기원한다. 대부분의 사람이 줄을 서지도 않고 지키지도 않는 상황이라면 줄이라는 개념 자체가 존재하지 않고, 이를 지켜야 할 이유도 없고 근거도 없게 된다. 줄이라는 개념 자체가 존재하지도 않는데 그것

---

9) 슈츠(Schutz, 1953: 7-21)의 '상호적 관점(reciprocal perspective)', 버거와 루크만(Berger & Luckmann, 1966: 46-47; 53-54; Barnes, 1983: 538)의 '상호적 전형화(mutual typification)', 쇼터(Shotter, 2005: 123)의 '상호적 행동(joint action)' 등의 개념은 사회 규범이 사회구성원들의 상호작용 속에서 자연적으로 형성되어 나오는 원리를 설명해 준다.

을 지키라고 요구하는 것은 일종의 난센스다. '줄은 지켜야 한다'고 가르쳐야 하는데 서술과 교육의 대상이 되는 '줄' 자체가 존재하지 않는 상태이고 무의미한 기호에 불과하기 때문이다. 일상의 언어 방식을 어기는 행동에 대해 피험자가 보이는 거부적인 반응행동 역시 사실에서 기원한다. 보통 사람들이 행하는 해당 언어에 대한 해석이나 반응행동과는 너무나도 다른 방식으로 반응하고 있다는 것이 상대의 행동을 비난하는 근거다.

사실이 규범이 되는 원리는 후설의 선험적인 의식의 분석에 근거해 설명하면 이렇다. 제4장에서 설명한 바와 같이 우리의 일상적인 인식, 지각, 해석의 이면에서 거대한 선험적인 의식의 영역이 작용하고 있다. 그런데 이 선험적인 의식은 지금까지 경험한 주변 세계에 대한 자료들을 자신도 모르는 사이 축적하고 있으면서 새로운 자료를 인식하거나 해석하기 위해 동원한다. 그래서 2차원의 부분적인 시각정보만 주어진 자동차를 보고도 우리는 그것이 3차원의 전체 자동차인 것으로 지각하고, 지극히 관점적이고 부분적인 정보로만 주어지는 주변 대상에 관한 정보만으로도 대상이 무엇인지 금방 알 수 있다. 이에 대한 후설의 설명은 비록 관점적이고 부분적인 자료만이 주어졌지만 우리의 의식은 아직 주어지지 않은 자료들에 대해 이미 기대하고 있고 예상할 수 있으며 또 이처럼 기대하고 예상되는 정보도 활용해 대상을 지각한다는 것이다. 즉, 당장에 주어진 자료는 관점적이고 부분적이지만 인간의 의식이 그간의 경험을 통해 자신의 기억 속에 침전시켜 놓고 있는 정보까지 활용하면 부분의 정보만으로도 충분히 전체를 예상할 수 있다는 것이다. 그런데 만일 어떤 대상이 침전된 지식에 근거해서 예상하거나 기대할 수 있는 범위를 벗어난 모양을 하고 있다면 어떻게 되겠는가? 대상이 독특하다고 생각하고 다시 한 번 관심을 기울이고, 또 침전되어 있는 나의 지식에도 일부 수정을 가할 것이다.

규칙 위반 실험에서 관찰되는 사람들의 행동도 이런 관점에서 생각해 볼 수 있다. 어떤 사람과 대화할 때 그 대화는 절대 완전 무작위로 전혀 예상할 수 없는 방식으로 흘러가지 않는다. 어떤 상황에서 어떤 행동을 할 때 어느 정도 상대방의 행동에 대해 예측할 수 있다. 이런 예측의 근거는 그동안의 경험이다. 그동안의 유사한 상황에서의 많은 사실적인 경험에 기초해 상대의 행동을 예상할 수 있으며 이미 기대하고 있다. 나의 발언에 대한 상대의 대답이나 반응도 예측할 수 있다. 지금까지 대부분의 사람은 그와 같은 행동 방식을 보였기 때문이다. 관점적이고 부분적으로만 주어진 시각 자료를 보고도 대상 전체를 예상할 수 있듯이, 부분적으로 주어진 인간 행동에 대해서도 그동안의 사실적인 경험을 참고해 그 행동과 관련된 주변 사람들의 행동을 어느 정도는 예측할 수 있으며, 또한 무의식적으로 어떤 행동에 대한 기대도 품고 있다. 언어적 관습을 위반하는 규칙 위반 행동에 대해 피험자가 짜증스러운 반응을 보이는 이유는 이 때문이다. 그동안의 경험을 통해, 대부분의 다른 사람들의 행동 방식과 비교해 예상 밖의 반응행동을 한 것을 비난한 것이다. 통상적인 사실에 근거해서 예상할 수 있는 행동의 범위를 벗어났기 때문에 비난한 것이다. 그렇다면, 이때 비난의 근거가 되며 또한 지켜야 할 규범이 되는 것은 무엇인가? 많은 사람이 그렇게 행동하는 그런 식의 언어 방식과 행동 방식이다. 즉, 사실이 규범이라는 것이다. 왜 사실이 규범이 되는가? 사실이 예상과 기대의 근거가 되기 때문이다. 그 자체만 놓고 보면 사실이다. 그런데 바로 이 사실이 어떤 행동을 가능한 행동 또는 바람직한 행동인 것으로 정당화하는 근거가 되면 그것은 규범이 된다. 자신도 모르는 사이 자신이 경험한 사실적인 상황들을 참고해 상대의 행동을 기대하고, 또 이런 기대와 예상에 근거해 상대방의 행동을 평가하고 대응하는 우리 의식의 지각 방식과 해석 방식을 적용하면 사실과 규범은 분리될 수 없는 것이 된다.

플라톤은 프로타고라스에서 왜 미덕은 교실에서 가르칠 수 없는가라는 질문을 제기한 바 있다. 이 문제는 철학도와 사회과학도들이 풀고자 하는 영원한 수수께끼 중 하나다. 이에 대해 후설과 하이데거는 다음과 같이 답한다. 자신이 경험한 내용을 토대로 주변의 일들을 이미 예상하고 해석하며 살아가는 지향적인 인식의 주체이며 현존재인 인간의 입장에 보면, 일상의 삶의 경험과 규범은 분리되어 존재하지 않는다. 사실을 경험하는 속에 규범은 이미 함께 존재하고 있다. 삶 속에서만이 삶과 관련된 언어를 배울 수 있듯이, 규범도 삶 속에서만이 학습할 수 있다. 이론적인 분석과 명제적인 서술의 대상이 아니라 삶의 일부분이기 때문이다.

제 4 절 비공식 제도가 제도 현상에 초래하는 문제점들

1 통제가 곤란한 영향력

비공식 제약이 제도 현상에 초래하는 가장 심각한 문제점은 통제나 변화의 가능성이 낮다는 점이다. 설사 비공식 규범에 문제가 있다고 하더라도 이에 대해 인위적인 변화를 가하는 것이 매우 어렵다는 것이다. 예를 들면, 이미 서로에 대한 믿음을 상실하고 사회자본이 훼손된 이탈리아 남부 사회를 이탈리아 북부 사회처럼 만들 수는 없다는 것이다. 이미 스페인 지배의 전통이 강하게 배어 있는 남아메리카 국가들의 문화를 북아메리카 국가들처럼 만들 수는 없다. 이슬람 전통에 근거해 삶의 방식을 형성하고 있는 중동과 북아프리카의 국가들이 새로운 문화를 수용해 새로운 제도적인 전통을 생성하도록 할 수는 없다. 후쿠야마(Fukuyama, 1995)는 한국이나 중국은 기본적으로 개인 간의 신뢰에 기초한 사회가 아니라고 말한다. 이처럼 구성원 간의 신뢰가 약화되어 있고, 기회주의적인 행동이 확산되어 있는 사회를 정직하고 공정한 사회로 만드는 것은 어렵다는 것이다.

그렇다면, 어떤 사회가 가지고 있는 문화적인 전통, 비공식 제약과 규범이 자본주의적인 경제 질서나 민주적인 정치 질서를 수립할 수 있는 상황에 있지 않다면 어떻게 해야 하는가? 통제가 불가능하다는 말은 설사 비공식 제약이 사회의 발전을 뒷받침할 만한 건전성을 갖추고 있지 못하다고 하더라도 이를 변화시키기는 어렵다는 것이다.

왜 비공식 제도의 변화가 어려운가? 일종의 균형 상태, 즉 그런 상태를 벗어나는 것이 최선의 선택이 되지 못하는 상태이기 때문이다. 즉, 제2장에서 언급했던 여성할례 전통을 생각해 보자. 분명이 이 일 자체는 당사자에게 상당한 고통을 안겨주고 심지어 목숨을 앗아갈 수도 있다. 그런데 이를 거부하면 더 큰 손해를 볼 수 있다. 즉, 다른 사람들은 이를 받아들이고 있는데 어떤 사람이 굳이 이를 거부하고 있다면 그 사람은 사회적으로 지탄의 대상이 되고, 사람들이 선호하는 정상적인 결혼의 대상자가 될 수 없다. 오히려 손해를 보게 된다. 다른 사람들은 다소 부정한 방법이라도 재물을 모으는 데 도움이 된다면 기꺼이 이를 택한다. 그런데 정직하지 못한 행동이라고 생각하고 이런 행동을 거부하면 어떻게 되는가? 결국 가난해지고 소외되는 결과를 초래한다. 한국은 강한 상하문화를 가지고 있다. 나이를 따지고 지위의 고하를 따진다. 그런데 개인 간의 평등을 강조하면서 이런 관례를 무시하면 그 사람은 버릇없는 사람, 무례한 사람이 된다. 변화를 시도하는 것이 오히려 당사자에게 손해가 된다. 설사 경제의 발전, 정치의 발전, 사회의 발전에 부정적인 영향을 미친다고 하더라도 어떤 행동 방식이 이미 사회에 확산되어 있다면 이를 개선하기는 어렵다. 노스가 말하는 경로의존성도 이런 이유로 발생한다.

비공식 제도가 인간의 의식과 맺고 있는 관계와 학습이 이뤄지는 방법의 독특성 역시 이에 대한 통제의 걸림돌로 작용한다. 현상학적으로 보면, 비공식 제도란 인간이 자신의 의식 능력을 이용해 일상적인 사회적 삶을 살아가는 과정 속에서 자연스럽게 발전시키고 학습하고 내재화하고 있는 주변 세계에 대한 이해 및 대응 방식이다. 삶 속에서 얻어지는 삶의 기술이다. 올바른 삶의 방식을 명제적으로 또는 개념적으로 서술해 이를 교육하고 배우도록 하는 방식으로 교육하는 것이 불가능하다. 플라톤이 지적했던 것처럼 교실이 아니라 삶 속에서 배워야 하는 것이다. 물놀이를 하면서 수영을 배우듯, 일상의 삶을 살다 보면 이론적인 지식은 없어도 사회구성원들이 당연시하는 말과 행동의 방식과 그 의미를 이해할 수 있고, 이렇게 학습한 내용들을 자연스럽게 자신의 의식 속에 침전시켜 내재화하고 있다가 필요한 상황이 되면 자동적·무의식적으로 이런 행동 방식을 적용하게 된다(Heidegger, 1962: §45; Dreyfus, 1980: 7; 1986, 2014; Braver, 2012: 24, 28 등).[10] 이렇게 얻어져 작용하고 있는 것이 비공식 제도다. 누군가가 이 과정에 개입해 변화를 시도하는 것이 지극히 어려운 방식으로 학습이 이뤄지고 있다는 것이다.

또 일단 학습이 되면 당사자는 잘 의식하지 못하는 선험적인 의식의 영역에서 판단에 영향을 미치기 때문에 이 판단 자체를 문제로 삼아 변화를 요구하는 것은 힘들다. 비공식 제도가 인간의 생각과 행동에 미치는 영향력 역시 바로 여기에서 기원한다. 일단 배우고 학습하게 되면, 우리의 의식은 우리가 요구하지 않아도 이

10) 브레이버는 이에 관해 '암묵적 앎의 신비(tacit mystery)'라고 설명하고 있다. 너무 익숙해 우리의 의식에서는 멀어져 있음에도 불구하고, 우리의 행동에 대해서는 무의식적·자동적으로 완전한 영향력을 행사하기 때문이다.

를 일상의 삶 속에서 무의식적, 습관적으로 적용하기 때문이다. 우리의 요구와 상관없이 이미 우리의 의식은 숨겨져 있는 규칙을 적용해 상대의 행동을 해석하고, 나의 행동을 해석해 그 결과를 보여준다. 그래서 나무를 보고 자동차를 보는 것이 의식의 성취이듯이 어떤 행동을 무례한 행동, 비윤리적인 행동으로 보는 것도 이미 의식의 성취다. 바로 이런 의식의 성취 속에서 우리의 의식은 자신이 일상에서 배워 침전하고 있던 해석의 방법과 행동의 방식을 자동적으로 적용하기 때문에 우리가 미처 인식하지도 못하는 사이 우리의 생각과 행동에 대한 제약으로 작용하게 되는 것이다. 당사자도 잘 의식하지 못하는 사이 이미 그의 판단에 영향을 미치고 있는 요소를 개선의 대상으로 삼을 수는 없다.

2 공식 제도의 무력화 위험

비공식 제도와 충돌할 경우 공식 제도가 무력화되거나 형식화되고 변질될 수 있다는 점을 많은 연구에서 지적해 왔다. 그럼에도 불구하고 정책 연구자들이 여전히 공식 제도를 통해 사회에 변화를 가하고자 하는 것은 한편으로는 이것이 우리가 선택할 수 있는 수단이기도 하지만 다른 한편으로는 비공식 제도가 가지고 있는 영향력을 제대로 실감하기 어렵기 때문이기도 하다. 제도 연구자들이 비공식 제도의 영향력을 구체적으로 실감하기 어려운 것은 비공식 제도가 인간의 사고와 행동에 미치는 영향력이 인간 사고의 매우 깊은 내면에 당사자 자신도 잘 인식할 수 없는 양상으로 숨겨져 작용하고 있기 때문이다.

비공식 제도에 대한 현상학적 분석에 비춰보면, 단지 관습·관례·규범·전통 등으로 비공식 제도를 설명하는 것은 인간의 사고와 행동에 대해 가해지고 있는 다양한 제약과 이런 제약들의 영향력의 기원, 이런 영향력의 필연성 등을 설명하기에는 충분하지 못하다. 인간의 사고와 행동에 대해 가해지는 제약을 해명하고자 한다면 인간의 사고가 작동하는 기본 원리에 대한 이해에 기초해 설명되어야 한다. 인간의 사고에 대해 가해지고 있는 제약들은 우리의 의식작용과 매우 절묘하게 결합되어 있다. 우리의 의식의 능력을 이용해 주변 세계를 이해하고 대응하는 과정에서 우리 자신도 모르는 사이 매우 자연스럽게 일상적인 삶의 규칙들을 학습할 수 있다. 이렇게 학습한 내용들은 우리 의식의 내면에 침전되며, 이렇게 침전되어 있는 경험과 지식들은 새로운 상황을 이해하기 위해 자동적·무의식적으로 동원된다. 그래서 당사자인 나 자신도 의식하지 못하는 의식의 성취 과정에 영향을 미치고, 내가 특정한 방식으로 해석하고, 이해하고, 특정한 방식으로 반응하도록 나의 사고와 행동을 제어한다. 비공식 제도가 우리의 사고와 행동에 미치는 영향력도 바로 여기에서 기원한다.

민주주의와 자본주의는 바로 이와 같이 사회구성원들의 일상의 삶, 그리고 일상의 삶에 기초해 자연스럽게 학습하고 내면화한 사고와 행동의 관습에 기초해 형성된 제도다(예: Tocqueville, Weber). 이렇게 수립되어야만 일상의 삶과 충돌 없이 조화를 이루며 작동할 수 있다. 이런 점에서 보면 관찰이 용이한 공식 제도에 초점을 두는 제도 연구는 망치를 단지 관찰 대상(present-at-hand)으로 다루는 연구와 흡사하다. 망치가 진정으로 자신의 모습을 드러내 보이는 것은 숙달된 목수가 익숙한 기술로 그것을 사용할 때다. 제도를 단지 명시적으로 서술된 규칙으로 다루거나, 또는 사람들의 조직체로 다루는 것은 이 제도와 사회구성원들이 맺고 있는 관계를 제대로 서술해 내지 못한다. 사실상 그런 제도를 가능하게 한 사회구성원들로부터 제도를 고립화시키고 분리시키며, 마치 다른 사회구성원들도 그 제도를 받아들여 이용하는 것이 가능할 것 같은 착각에 빠지게 한다. 다른 사회에서는 잘 돌아가던 제도들이 우리 사회에서 겉도는 이유는 바로 이런 이유 때문일 것이다.

3 정치·행정문화의 사회적 기원

정치에 참여하고 행정부에서 정책을 담당하는 사람들 역시 행동 규범을 일상의 사회 과정에서 학습한다. 자신이 속한 사회에서 성장하는 가운데 자연스럽게 행동의 기술을 배운다. 그래서 어떤 사회의 구성원들 사이에 지대 추구적인 행동, 기회주의적인 행동 방식이 확산되어 있다면, 일반 시민이나 기업인들뿐 아니라 정치인들과 행정 관료들도 마찬가지로 이런 식의 삶의 양식을 자연스럽게 학습한다(사공영호, 2014b, 2014c). 특별히 더 높은 도덕성을 학습했을 것으로 기대할 수는 있는 근거가 전혀 없다는 점을 현상학의 학습 원리는 잘 보여준다.

앞서 설명한 바와 같이, 가핑켈에 따르면 배심원들은 배심원이 되기 이전에 이미 세상의 삶 속에서 95% 배심원이 되어 있다(Garfinkel, 1967: 110). 배심원으로서 지켜야 할 행동의 규칙을 이미 일상의 삶 속에서 배웠다는 것이다. 내가 정치인이 되었을 때 어떤 행동 규범을 준수해야 할 것인가? 굳이 내가 의식적으로 이를 학습하려고 노력하지 않아도 상당 부분을 일상의 삶 속에서 이미 학습했고, 이에 기초해 행동할 수밖에 없다는 것이다. 즉, 우리의 언어 예절을 배우면 상황에 따라 거기에 맞게 이를 준수할 수 있다. 마찬가지다. 권력에 대한 인식이나 이를 다루는 방법 역시 일상의 삶 속에서 학습하고, 이를 서로 다른 상황에서 적용할 수 있는 것이 인간의 능력이다. 정치인에게 일반적인 사회생활에서 경험하거나 친숙하지 않은 특별한 도덕성이나 정치윤리를 기대하는 것은, 적어도 현상학의 학습 원리에 비춰보면, 실현되기 어려운 바람이다.

4 자기 참조적인 정당화

언어의 의미가 사회적으로 수립되고 정당화되기 때문에 자기 참조적이듯이, 비공식 제약들 역시 사회적으로 생성되어 정당화되기 때문에 자기 참조적으로 정당화된다. 즉, 약속을 했다는 점이 약속의 근거이듯이, 사회구성원들이 어떤 규범, 전통, 문화에 대해 그것이 정당하다고 믿고 살아가고 있다는 것이 정당성의 근거라는 것이다. 비트겐슈타인의 사상에 근거한 크립키(솔 A. 크립키, 2008: 154)의 설명을 빌리면 이런 것이다.

> 우리는 특정한 행동이 비도덕적이기 때문에 비난하지 않는다. 우리가 그것을 비난하기 때문에 그것은 비도덕적이다.

물론 목적론적으로 이를 정당화할 수 있다. 즉, 그런 규범이나 가치로 인해 얻게 되는 유익에 근거해서 정당화할 수 있다는 것이다. 그러나 경쟁적인 규범이나 가치와 비교해야 하는 문제를 놓고 생각해 보면, 이런 목적론적인 기준만으로는 근거가 부족하다는 것을 알 수 있다. 경쟁적인 규범이나 가치도 상당한 목적론적 가치를 가지고 있기 때문이다. 그래서 결국 공정하게 비교할 방법은 없지만 어떤 사회의 구성원들이 이미 그런 규범과 가치를 선택했으므로 적어도 그들의 삶 속에서는 그런 규범이나 가치가 중요하고 의미 있다는 방식으로 정당화할 수밖에 없다. 이런 방법에 의한 정당화가 자기 참조적인 정당화다. 어떤 규범을 정당화할 수 있는 객관적인 근거는 없다는 것이다. 이런 점에서 비공식 제약 역시 일종의 '근거 없는 근거'에 기초하고 있다. 즉, 객관적인 근거가 있기 때문에 인정되고 준수되고 있는 것이 아니다. 다만, 공동체의 구성원들이 공유하고 있고, 그렇게 믿고 살아가고 있기 때문에 그런 규범이 정당화되고 있을 뿐이다. 시대가 달라지고 사회가 달라지면 이런 규범은 정당성을 상실한다. 또 다른 규범과 가치에 의지해서 살아가는 사람들에게도 정당성을 상실한다.

5 제도경제학적인 설명에 대한 보완

제2장에서 설명한 것처럼 비공식 제도를 종교, 관습, 문화, 규범과 같은 것으로 설명하거나 또는 우리의 의식에 내재화된 규칙이라고 설명하는 것은 비공식 제도의 생성이나 진화는 물론 생생하게 살아 있는 영향력을 설명하기에는 매우 부족하다. 우리의 의식이 일상의 삶 속에서 스스로에 대해 어떤 습관을 형성하는 독특하고도 생동적인 과정을 묘사하기에는 아쉬움이 있다. 후설, 하이데거, 가핑켈 등의 연구에 비춰보면, 내재화하는 것은 외부에 있는 어떤 규칙을 단지 이해나 인식을 통해 의식 안에 담는 것과 같은 그런 단순한 학습 과정이 아니다. 세상에 던져진 인간이 주변 세계와 분리불가능할 정도로 얽히면서 상호 결합되어 가는 과정에서 주변의 상황에 맞춰 자신의 사고 방식과 행동 방식을 자신도 모르는 사이 조형해 가는 과정에 가깝다.[11]

11) 물론 아이들이나 주변 사람들에게 정직, 성실, 책임감과 같은 행동 규범에 대해 충고할 수 있다. 그러나 이런 어휘들의 의미를 이해하기 위해서는 일상의 삶 속에서 이런 일들이 실제로 발생하는 상황 속에서, 다시 말하면 사람들의 행동 속에서 관찰하고 이해해야 한다(Follesdal, 1994: 140; Wittgenstein, 2009a: §43 등). 즉, 사람들이 실제로 그렇게 행동하고 있지 않다면 단지 말로 가르치는 것은 의미가 없다. 또, 설사 가르치지 않아도 사람들에게서 이런 행동 방식을 관찰할 수 있다면 이런 경험 자체가 이에 대한 자연적인 학습을 가능하게 한다.

스미스가 자생적 질서의 근원으로 우리 의식의 공감 능력에 근거해서 설명하고자 했던 도덕 감정, 오스트롬이 자생 질서의 발생적 가능성을 설명하기 위해 탐구의 필요성을 제기했던 규범 역시 현상학적으로 보면 모두 일상의 삶에서 일어나는 우리 의식의 성취다. 주변 사람들의 행동 방식을 보고, 서로가 서로의 행동을 통해 서로의 행동 방식에 영향을 미치는 과정에서 많은 사람이 그렇게 하고 있으므로 그렇게 하는 것이 당연하다고 생각할 때, 이러한 사실에 대한 이해를 평가나 해석을 위한 기준으로 작용하면 규범이 된다. 즉, 현실에 관한 경험과 현실에 관한 기대를 반영하는 규범은 동일한 현상을 다른 관점에서 바라보는 우리의 의식의 산물이기에 동전의 양면처럼 상호 결합되어 있다. 이런 관점에서 보면, 도덕이나 규범의 발생에 대한 이해 역시 인간 의식의 작동 원리에 근거해 설명할 수 있게 된다.

이렇게 보면, 비공식 제도란 단지 관습, 전통, 규범, 문화와 같은 것이 결코 아니다. 후설, 하이데거 등의 인간 의식과 행동에 대한 설명에 비춰보면, 관습이나 규범, 전통과 같은 것이 인간의 사고와 행동에 대해 영향력을 행사할 수 있는 것은 단지 그것이 전통이고 규범이기 때문이 아니라 일상의 삶 속에서 이런 현상들을 경험하고, 이렇게 경험한 내용들을 우리의 의식은 자연스럽게 침전시키면서 내재화할 수 있는 능력을 가지고 있고, 이렇게 침전되어 있는 경험들은 주변 세계를 이해하기 위한 근원적 진리(primordial truth) 또는 선지식으로서 자동적으로 우리의 의식에 의해 동원되고 이용되기 때문에 작동한다.

제 5 절 공유 이념의 의미와 제도적 약점

1 이념의 의미와 근원

이념이란 사실, 구체, 실재와 대비되는 개념이다. 비공식 규범을 예로 들면, 어떤 바람직한 행동의 방법에 대해 사람들이 가지고 있는 생각은 그것이 현재 행동의 사실적 서술이 아니고 이뤄지기를 희망하는 가상의 상태에 대한 생각이라는 점에서 이념이다. 그런데 이런 생각에 근거해 사람들이 실제 자신의 행동에 제약을 가하면 이것은 규범이 된다. 즉, 이념이란 실제의 현실에 관한 서술이 아니라 바람직한 상태, 가능한 상태, 추상화하고 개념화한 상태에 대한 사람들의 생각이라 할 수 있다. 사회세계에 대해 현실은 그렇지 않지만, 어떤 모습의 사회가 되어 주기를 기대하고 소원하고 있다면 이 역시 하나의 이념이다. 그리고 이런 이념을 사회구성원들이 공유하면 공유의 이념이 된다.

이념의 근원 역시 인간의 지향적인 의식 능력이다. 인간은 아직 존재하지 않는 것에 대해 생각하고 소망하고 설계할 수 있는 능력을 가지고 있다. 아직 발생하지 않은 상태에 대해서도 언어를 만들고 의미를 부여할 수 있는 능력을 가지고 있다. 이런 의식 능력에 의지해 어떤 사회 상태에 대해 소망을 가지게 되면 그것은 하나의 이념이 된다. 이념과 뗄 수 없는 관계에 있는 것이 현실의 상황이다. 현실에 대한 인식에 근거해 그것과 대비되는 이념적인 세계를 구상할 수밖에 없기 때문이다. 현실에 대한 해석과 이해에 근거해 바람직한 세계에 대한 소망을 형성할 것이기 때문이다. 인간은 이념적인 존재다. 일상의 경험 속에서 행동의 양식을 학습하고, 이런 행동 양식에 대한 기대를 자연스럽게 형성하고 상대방에게 이런 행동을 기대하기 때문이다.[12] 인간의 마음이 제도의 발생을 가능하게 하는 '처음 요인'이면서 동시에 '궁극적 요인'이 되는 이유도 인간의 의식의 능력이 이념이라고 하는 아직 주어지지 않은 상황에 대해 소망하고 계획하고 이를 실현하기 위한 구체적인 방안을 행동에 옮길 수 있는 존재이기 때문이다.

예를 들면 이런 것이다. 미국이 오늘과 같은 민주적인 사회를 이룩한 것에 대해 토크빌은 "최초의 인간이 그 후의 모든 인류를 대표하는 것과 마찬가지로 아메리카에 상륙한 최초의 청교도 속에 아메리카의 운명이 구현되어 있었다"고 지적한다. 즉, 토크빌이 관찰했던 미국 사회는 실은 청교도들이 꿈꾸고 희망하던 사회였으며, 이런 청교도들의 꿈을 여러 가지 제도를 통해 실현한 것이 당시와 같은 민주적인 미국 사회라는 것이다(알렉시스 드 토크빌, 1997: 369-372). 알프레드 화이트

12) 시각을 이용해 세계를 본다. 그런데 인간은 이 시각 능력에 의지해 미술과 디자인의 세계를 발전시켰다. 청각을 이용해 소리를 듣는다. 인간은 청각 능력에 의지해 음악을 만들어 내었다. 몸과 마음의 능력을 이용해 사람들이 느끼는 행복과 더불어 고통과 두려움도 공감하고 직감할 수 있다. 이런 능력에 의지해 더 안전한 사회, 더 평화로운 사회, 더 정의로운 사회를 만들 수 있었다. 무엇인가를 경험한다는 것은 적어도 인간에게는 단지 사실을 경험하는 데 그치지 않는다. 그 속에서 이미 아직 주어져 있지 않은 것에 대해서도 생각하고 소망할 수 있는 것이 인간의 능력이다. 이 역시 인간의 의식이 가지고 있는 지향적인 사고 능력의 일부다.

헤드(1933)는 서구의 역사는 관념의 모험의 역사라고 설명하고 있다. 진리, 아름다움, 예술, 모험, 평화, 기독교적인 인간관, 이성, 과학적 지식 등과 같은 관념들을 실현하는 과정이었다는 것이다. 돌이켜보면, 서구의 역사는 기독교적인 이념에 기초해 노예에 대한 해방이 이뤄지고, 흑인과 소수민족, 그리고 여성에게까지 동일한 자유와 권리가 주어지는 제도가 점진적으로 만들어져 나온 어떤 이념의 실현 과정이다. 즉, 어떤 가치와 이념을 추구하기 위해 이를 구체화하는 수많은 개념과 언어 그리고 삶의 양식들이 만들어지고, 이런 삶의 양식들에 기초해 특정한 사람이나 조직에 특정한 지위와 역할을 부여하는 제도들이 만들어져 나오고, 이런 제도에 기초해서 다시 삶이 달라지고 사람들의 생각이 달라지고 또다시 새로운 언어와 제도들이 만들어져 나오는 과정이 서구의 역사라는 것이다.

정부가 제공하는 서비스는 모두 이념과 관련되어 있다. 국방, 치안과 같은 공공재는 국민의 생명 및 자유·권리의 보호와 질서를 제공하고자 하며, 또한 각종 사회간접자본의 국가적 건설 역시 국민들에게 더 편리하고 편안한 생활 여건을 제공하는 것을 목표로 한다. 다양한 복지정책은 사회의 약자들을 보호하고 지원하는 것을 목적으로 한다. 사회구성원들이 더 행복한 사회, 더 정의롭고 평화로운 사회라는 이념을 목표로 하고 있는 것이다.

2 이념의 약점

1) 구체성 오류와 허구화 위험

문제는 이념적인 상태를 꿈꾸고 이를 추구하는 과정도 인간 사고와 언어의 약점으로부터 자유롭지 못하다는 점이다. 편견, 자기망각, 자기 참조, 객관적 근거의 부재, 서로 다른 이념 간의 소통 가능성 한계, 구체성 오류, 험티-덤티 문제로 인한 현실과의 괴리 등 인간의 사고 및 언어와 관련된 약점들로부터 매우 취약한 것이 이념이다. 설사 궁극적으로는 바람직한 이념, 가치, 인간의 존엄, 사회 공동의 문제 해결을 추구하더라도 실제의 양상은 완전히 정반대일 수 있다. "유토피아를 만들려는 사람들의 의도가 세상을 지옥으로 만들 수 있다"는 포퍼의 경고는 이런 이유 때문에 나온 것일 것이다(칼 포퍼, 2006: 261-262). 하이에크가 공산주의에 대해

가하는 비판 역시 인간의 이념이 갖는 위험에 대한 경고다.

칼 포퍼(2006: 172-173)가 이런 경고를 하는 이유는 제5장에서 인용한 플라톤에 대한 포퍼의 비판을 보면 알 수 있다. 플라톤은 철학자다. 누구보다도 진리를 사랑하고 당시 공동체의 정치적 질서와 안정을 바라던 사람이다. 그런데 그가 제시한 대안을 보면 다음과 같은 요지를 담고 있다.

> 최상의 국가에서는 아내와 아이들과 모든 가축은 공동 소유가 되어야 하며, 사적이고 개인적인 모든 것을 우리의 생활에서 뿌리째 뽑아내기 위해 모든 방법을 동원해야 한다. 또 어느 누구의 마음도 전적으로 자기 스스로 무언가를 하도록 습관화되어서는 안 되며 사소한 일까지도 지휘를 받도록 법률이 마련되어야 한다.

즉, 이념은 더 나은 내일에 대한 비전을 담고 있다. 플라톤 역시 더 나은 아테네의 모습에 대한 자신의 기대를 표현해 본 것이다. 현대의 사회상과 사회사상을 배경으로 플라톤의 이런 주장을 비판하는 것은 공정하지 못한 것일지도 모른다. 하지만, 당시 아테네의 모습에 비춰보면 플라톤의 이런 주장은 분명 매우 과격하고 비현실적이다. 상당한 정치적 혼란도 있었지만 상대적으로 많은 다수의 시민이 평등한 경제적·정치적 권리를 향유하고 있었고, 정치적인 의사 결정의 절차 역시 다른 사회들에 비해 민주적인 것으로 평가되던 시기다. 마음·언어·비공식 제약에 대한 논의가 경고하는 것은 이념 역시 적어도 인간의 창조물인 한 인간 자신의 약점으로부터 자유롭지 못하다는 것이다. 플라톤의 주장 역시 이런 인간 사고가 갖는 약점의 한 단면을 보여준다. 변화를 가능하게 할 수도 있지만 오히려 사회를 지옥으로 만들 위험도 포함하고 있는 것이 이념이라는 것이다.

인간 사고와 언어의 약점에 대해 지금까지 설명한 내용을 잘 이해했다면, 이념이 더 나은 내일의 견인차가 아니라 혼란과 격동의 소용돌이가 되는 이유에 대해서도 짐작할 수 있을 것이다. 이념은 현재의 상황에 대한 인식을 토대로 아직은 실현되지는 않은 상황에 대해 소망하고 기대할 때 발생한다. 그래서 만일 사회구성원들이 이와 같은 사회를 실제로 만들어 간다면 이념은 사회 변화의 최종 요인(final cause)이 된다.[13] 즉, 이 이념의 실현을 위해 다른 모든 조건을 맞춰 나가는

13) 아리스토텔레스는 원인의 종류를 재료 요인, 형상 요인, 운동 요인, 목적 요인 등 네 가지로 분류한다.

기준이 된다. 만일 사회구성원들이 이 이념에 대해 공통된 생각과 믿음을 가지고 있고, 이런 사회가 되기를 다 같이 소망하는 집단 지향적인 상황에 있다면, 이를 가능하게 하는 방법을 찾는 데 어려움이 있을 수도 있지만 결국 이런 사회를 만들 수도 있을 것이다.

예를 들면, 공산주의적인 사회이든 자본주의적인 사회이든 구성원들이 함께 공감하고 함께 만들어 간다면 이런 변화가 가능한 것이 사회세계의 존재 방식이며 생성 원리다. 이런 점은 제3장에서 상세히 설명했다. 그런데 제3장에서도 지적한 바와 같이 이런 제도존재론의 약점은 인간의 마음과 언어에 의지해 이런 변화를 이끌어 내야 함에도, 정작 인간의 마음과 언어의 약점에 대해서는 충분한 해명을 제시하지 않고 있다는 것이다. 플라톤이 포퍼의 비판에 직면하는 것도 이런 이유 때문이다. 미래의 사회에 대한 어떤 그림이든 그려볼 수는 있다. 문제는 자기 사고의 한계, 자기 언어의 한계에 무지한 상황에서 그림을 그리게 되면 이 그림은 자신의 편견, 자신의 사상, 자신의 이념, 자신의 경험을 배경으로 한 자기만의 그림이 되기 쉽다는 점이다.

이념은 자연과학의 객관적이고 구체적인 언어에서처럼 누구나 공감할 수 있는 언어에 기초하고 있지 않다. 주관적 이념과 이해 관계가 개입될 수밖에 없는 해석 순환적인 의미 이해에 기초하고 있다. 이념은 자연과학적인 지식에서처럼 자신의 생각과 세계의 현실을 비교해 자신의 생각을 현실의 세계에 맞추는 방식으로 형성되어 있지 않다. 이념은 완전한 정보에 기초해 다른 사회구성원들의 충분한 동의를 얻어 형성된 믿음이 아니다. 얼마든지 일부 우리들의 믿음에 불과한 것일 수 있다.

인간의 사고, 언어와 관련된 모든 약점들이 이념에 대한 인간 사고와 행동의 합리성을 악화시키는 원인으로 작용한다. 플라톤식의 과격한 개혁 주장이 제기되는 것도 이 때문이다. 당사자는 스스로 생각하고 스스로 세계를 분석하고 스스로 세계를 설계하고 계획할 수도 있는 자기 능력의 산물이라고 생각한다. 스스로 생각하기에는 상당한 증거 자료를 축적하고 있고, 상당한 정당성의 근거를 배경으로

그런데 이 요인 중에서 가장 중요한 요인, 즉 최종적 요인에 해당하는 것은 목적 요인이다. 어떤 재료를 선택하고, 어떤 형상을 가하며, 어떤 방식으로 작업을 할 것인지가 모두 목적 요인에 의해 결정되기 때문이다(Miller, 2012).

하고 있다고 생각한다. 하지만, 자기 사고와 언어의 한계를 알지 못하고 있기 때문에 자신이 축적한 증거와 근거들이 갖는 심각한 약점에 대해서는 짐작조차 하지 못하고 있기에 이런 유토피아적인 개혁안이 제기되는 것이다.

이념에 관해 망각하지 말아야 할 것은 인간 자체가 이미 이념 추구적인 존재라는 것이다. 이념가들의 입장에서 볼 때 사람들이 지나치게 현실에 집착하는 것처럼 보이는 이유는 그들이 이념적이지 않기 때문이 아니라 현실에 대해 좀 더 잘 알고 있고 더 체험적으로 알고 있기 때문일 가능성이 높다. 이념적·개념적으로 분류하고 서술한 세계와 온몸으로 겪어서 이론화할 수 없는 것까지도 알고 있는 세계는 큰 차이가 있기 때문일 가능성이 높다.

이념이 인간 자신의 사고와 언어의 약점에 깊이 물들어 있지 않는지 검증해 보는 방법은 한 가지다. 그 이념에 대해 다른 사회구성원들이 얼마나 공감하고 있는지를 확인해 보는 것이다. 만일 그 이념이 진정으로 대다수 사회구성원의 이익에 합치되는 것이라면 사람들은 동의하고 공감할 것이다. 만일 다른 사회구성원들을 설득할 수 없다면 그 이념은 절대 구성원 공통의 이념이 될 수 없으며, 공통의 이념이 될 수 없다면 그 이념은 그런 사회세계의 실현을 가능하게 하는 정당한 근거가 될 수 없다.

2) 공통 이념의 자생적 형성 곤란

이념의 내용에 못지않게 중요한 것이 이념의 공유 문제다. 어떤 제도가 순조롭게 작동하려며, 적어도 제도에 직·간접으로 관련되어 있는 사람들은 해당 제도에 대해 공통된 이념이나 집단지향성을 가져야 한다. 그래야만 그 제도에 공통된 목적을 부여할 수 있고 그 제도를 구성하고 있는 언어들에 대해서도 공통된 해석의 근거를 제공할 수 있으며, 공식 규정으로 서술되지 못한 상황이 발생할 때는 공식 규정을 보완하거나 대신하는 역할을 수행할 수 있다. 즉, 비공식적으로 형성되어 있는 행동에 대한 규범들, 공통의 이념들, 삶의 양식에 대한 공통된 생각들, 공통된 언어 체계와 상식적 지식에 기초해 공식 제도는 수립되고 작동한다.

그런데 인간의 사고와 언어가 작동하는 방식에 비춰보면, 공통의 이념을 사회구성원들이 스스로 형성하는 것이 쉽지 않을 것임을 쉽게 짐작할 수 있다. 이미 설명한 것처럼 공통의 이념은 인간의 의식이 가지고 있는 이념적인 대상이나 개념에 대한 사고 능력과 일상의 경험에 근거해 발생한다. 설사 어떤 미래의 상태에 대한 소망을 담는다고 하더라도 이 소망에 의미를 부여하는 것은 현재의 경험이다. 내가 세상에 대해 알고 있으며, 그래서 어떤 미래의 상태에 대해 의미의 근거로 삼을 수 있는 것도 현재 내가 경험해 알고 있는 세계이기 때문이다. 따라서 현재의 상황, 현재의 경험이 달라지면 꿈꾸는 소망도 달라진다. 설사 동일한 소망을 갖는다고 하더라도 그 의미와 배경은 달라진다.[14)]

후설과 하이데거의 설명에서처럼 내가 학습해 선험적 의식에 침전시켜 놓은 지식들은 새로운 자료를 해석하는 데는 필수적인 조건이며, 동시에 새로운 자료의 해석에 반드시 영향을 미친다. 즉, 세대에 따라, 소득 수준에 따라, 학력에 따라, 종교에 따라, 지역에 따라 사람들이 소망하는 바가 달라질 수밖에 없다. 그런데 이런 차이는 인간 사고의 작동 원리로 인해 피할 수 없는 결과라는 것이다.

물론, 하이데거의 설명과 같이 우리는 주변에 있는 다른 사람들의 영향을 받아 그들과 비슷한 선호를 형성하는 측면도 있다. 그런데 이때 나의 생각과 이념에 영향을 미치는 사람들 역시 해당 기준에서는 나와 비슷한 여건에 있는 사람들이다. 즉, 이미 부분적으로 비슷한 조건을 가지고 있기 때문에 이념을 공유하게 되는 것이다. 전혀 다른 상황에 있는 사람들이 서로 영향을 주고받으면서 공통의 이념을 형성하는 것은 어렵다. 이미 다른 식으로 세상을 해석하고 이해할 수밖에 없는 상황에 처하기 때문이다.

이미 언급한 것처럼 연구자들이나 사상가들이 공유의 이념을 갖는 경우도 마찬가지의 한계를 가지고 있다. 일종의 패러다임 내에서의 공유일 뿐이다. 비슷한 사상과 철학을 배경으로 하고 있으면서 대상 현상을 비슷한 관점에서 보고 있기 때문에 어떤 이념을 공유하고 있을 뿐이다. 패러다임이 달라지고 관점이 달라지면 이념 역시 달라진다. 하지만, 자기 생각의 근원, 인간 사고의 선험적인 영역을 알지 못하는 사상가나 이론가들은 마치 자신의 이념이 모든 인류에게 행복을 줄 수 있는 최선의 이념인 것처럼 착각한다.

---

14) 롤스(John Rawls)가 정의의 개념을 도출하기 위해 무지의 베일(veil of ignorance)이라는 조건을 도입하는 것도 이 때문일 것이다.

3) 서로 다른 이념 간의 상호 이해 불가능성

서로 다른 이념 간의 상호 이해 가능성(commensurability) 문제도 발생한다(Dreyfus, 1980: 15; 김용준 외, 2014: 135-138).[15] 여기서 서로 다른 이념이란 대상 현상에 대해 전혀 다른 전제나 배경적인 지식에 근거해 형성된 이념이다. 가령 예를 들면, 기업의 소유자가 얻는 이익에 대해 마르크스(Karl Marx)는 근로자의 노동력에 의해 생산된 잉여가치를 착취하는 것이라고 보고 있고, 다른 경제학자들은 스스로 위험을 감수하고 자본을 투입하며 경영 능력을 투자한 것에 대한 정상적인 보상이라고 보고 있다. 양자가 이처럼 이미 어떤 현상을 보는 시각 자체가 서로 다르다면 이 이견이 해소되지 않는 한은 양자는 이후의 논의들에 대해 서로의 주장들을 이해하기 어렵다. 이미 전제 조건이 다르기 때문에 그에 근거한 해석도 공감할 수 없다. 이것이 이해불가능성이다.

한국의 근대사에 대한 역사학자들의 대립이나 남북 문제에 대한 이념집단들 간의 충돌 역시 이런 이유로 발생한다. 동일한 현상이지만 서로 다른 전제와 시각에서 접근하고, 그래서 동일한 자료를 전혀 다른 의미로 해석하게 되고, 결과적으로는 서로의 해석에 대해 전혀 이해하거나 공감할 수 없는 대립적인 상황에 도달하게 된다.

후설의 설명을 적용하면, 어떤 현상에 대해 생각을 공유하는 것은 관련 당사자들이 동일한 판단에 도달할 때 달성된다. 실제 이런 일이 일어나려면 선험적인 의식의 숨겨진 의미 구성 과정에서 동일한 판단이 발생할 때 가능하다. 이와 같은 동일한 판단에 도달하려면 동일한 선지식을 이용해 대상 현상을 동일한 관점에서 볼 수 있어야 한다. 가다머(Gadamer, 1975: 299-306)의 표현을 빌리면 지평 융합(fusion of horizon)이 전제되어야 가능하다. 즉, 어떤 상황을 이해하기 위해 동원하는 선지식과 선이론, 배경적인 지식과 경험 등이 상당한 동일성을 유지하고 있을 때 진정으로 상대의 생각에 공감하고 동의하는 합의가 가능하다는 것이다.

그러나 사람들은 이미 각자가 가지고 있는 선지식, 배경 지식, 이론과 사상이 서로 다를 수 있고, 이런 상황에서는 선지식이나 지평 융합에 근거한 합의를 기대하기는 쉽지 않을 것이다. 비트겐슈타인은 언어에서의 일치는 의미에서의 일치가 아

15) 김용준 등은 로티의 진리론이 이와 같은 입장이라는 점을 설명하고 있다. 이들의 설명에 의하면, 각 집단이 믿고 의지하는 진리는 자기 집단 내에서는 타당하지만 다른 집단에서는 전혀 그렇지 못하다.

니라 생활 양식에서의 일치라고 말한다. 즉, 생활 양식의 일치에 근거해서만이 진정한 의미의 일치가 가능하다는 것이다(Wittgenstein, 2009a: §241; 피터 윈치, 2011: 80).[16] 왜 언어에서의 일치는 생활 양식에서의 일치를 요구하는가? 생활 양식에서 학습한 것들을 언어의 의미 부여를 위한 배경 지식으로 동원할 수밖에 없기 때문이다. 그만큼 이미 생활 양식이 다르고, 조건이 다른 사람들은 서로 다른 이념과 언어에 젖어들 수밖에 없으며, 결국 서로를 이해하는 것은 어려워진다.

토크빌, 베버, 노스, 헌팅턴 등의 연구에서처럼 자본주의적이고 민주적인 제도가 기독교라는 종교에서 기원하는 공통 이념에 의지해야 했던 것도 이런 이유 때문일 것이다. 종교 이외의 방법으로는 공통된 이념을 형성하는 것이 매우 어렵다는 것이다. 신적인 권위 외에는 서로 다른 사람들의 생각을 공정하게 조화시킬 방법이 없는 것이다. 이런 점에서 보면, 서구의 제도적인 발전은 자생적으로 형성된 공유의 이념이 아니라 공유의 종교라고 하는 매우 우연한 조건이 다행스럽게도 공유의 이념을 제공해 주었기 때문에 가능했던 우연한 사건일 가능성이 크다.

16) 윈치는 수도승의 언어를 일반 시민이 이해할 수는 없다고 설명한다.

제 7 장

제도와 인간의 존엄

제 1 절 마음, 언어, 비공식 제도와 공식 제도

1 공식 제도의 세 가지 조건: 마음, 언어, 비공식 제도와 이념

이제 우리는 난해하고 복잡한 인간의 사고와 언어, 그리고 비공식 제약들에 관한 논의를 토대로 해서 제도경제학과 제도철학의 한계를 넘어 제도의 의미와 가치에 대해 완전히 새롭게 검토해 볼 수 있는 위치에 왔다. 제도의 의미를 재정립하기에 앞서, 지금까지의 논의를 간략히 돌이켜보면서, 제도를 설명하기 위해 인간의 마음, 언어, 비공식 제약들과 이념 등 세 가지 조건이 핵심적인 문제로 등장하게 된 배경을 간략히 검토하자.

지금까지의 논의는 아주 간략히 말하면, 제도에 대한 제도경제학의 설명과 제도철학의 설명을 출발점으로 삼아, 이 연구들이 충분히 답하지 않았던 인간의 의식, 언어, 비공식 제도를 해명하는 과정이었다. 이 연구가 이런 노력을 기울인 것은 제도경제학과 제도철학이 제도 현상에 관한 핵심 의문들에 대해 충분한 설명을 제공하고 있지 않기 때문이다. 제도에 대한 온전한 이해의 부족으로 인해 인간을 위해 만들어진 제도가 오히려 인간의 존엄을 훼손하고 있고, 사회구성원들에게 상당한 비용을 전가하는 제도들이 책임성을 담보할 수 없는 정치에 의해 졸속적으로 채택되는 일이 빈발하고 있다. 손 놓고 있는 것보다는 어떤 문제이든 일단 법으로 대응할 필요가 있다는 막연한 기대에서부터 법과 정책이면 무엇이든 할 수 있다는 환상까지 생겨나고 있다. 제도의 발생적 근원이 되는 인간의 마음, 언어, 비공식 제도에 대한 무지가 제도에 대한 정확하고 온전한 이해를 방해하고 있다. 근원적 요소들에 대해 정확하게 알지 못하고 있으므로 제도에 대한 막연한 기대와 환상을 갖게 된다. 게다가 자기 문제의 원인을 남에게 돌리는 풍토와 선거에 이기기 위해서는 어떤 정책이든 기꺼이 공약하는 정치 행태가 제도와 정책에 대한 과잉 수요를 촉발하고 있다.

제도 현상에 관해 좀 더 온전한 이해를 얻기 위해 먼저, 제2장과 제3장에서 제도 현상을 1차적인 연구의 대상으로 삼고 있는 제도경제학과 제도철학을 설명했다. 이어서 제4장에서는 인간의 마음에 관해 현상학의 설명을 중심으로 검토했고, 제5장에서는 언어의 의미 문제에 관해 분석철학과 언어철학의 연구들을 참고해 설명했다. 제6장에서는 비공식 제도의 생성과 작동 원리에 대해 현상학의 설명을 참고해 설명했다.

제도경제학은 제도가 왜 필요하고, 제도가 사회의 발전에 어떤 영향을 미치는지에 대해 잘 설명해 준다. 서구 사회의 성장의 비밀을 풀어낼 수 있는 개념적 분석 도구를 제공해 준다. 인간이 주변 사람 및 대상들과 관계할 때 필연적으로 발생하는 거래비용 문제, 즉 정보비용과 감시비용 문제에 기초해 제도라는 개념을 정립할 수 있는 길을 열어 주었다. 제도 개념에 기초해 경제의 발전, 질서의 발전, 그리고 궁극적으로는 국가의 정치적 경제적 발전까지도 설명할 수 있는 이론적인 기반을 제공해 주었다. 그러나 제도경제학은 제도의 성과를 중심으로 주된 논의가 전개되었고, 이 과정에서 인간의 의식의 문제, 제도의 수립에 필연적인 언어의 의미 문제에까지 관심이 도달하지는 못했다. 인간의 의식 문제에 대한 이해에 도달하지 못하면서 인간의 마음과 밀접하게 결합되어 있는 비공식 제도의 생성과 영향력의 기원에 대해서도 충분히 납득할 만한 설명을 제공하지는 못했다. 이로 인해 비공식 제도의 기초가 갖춰진 사회는 이에 기초해 공식 제도를 발전시킬 수 있다는 점은 설명할 수는 있었으나, 비공식 제도는 어떻게 발전시킬 수 있느냐는 좀 더 궁극적인 질문에는 답할 수 없었다. 비공식 제도의 기원에 관한 논의는 이미 스미스의 『도덕감정론』에서 궁극적인 의문으로 제기되었고, 오스트롬 등의 협력적인 규범의 탄생에 관한 진화경제학적인 연구에서 부분적으로 설명이 이뤄졌다. 그러나 인간의 의식에 무지한 제도경제학으로서는 극복할 수 없는 벽과 마주서 있다.

제도철학은 제도의 생성을 인간의 의식에 근거해 설명하고자 한다는 점에서 제도경제학과는 출발점부터 다르다. 이 책에서 주로 참고한 것은 설의 연구들이다. 그런데 설 연구의 뿌리는 오스틴(John L. Austin)이다. 오스틴의 언어 연구는 비트겐슈타인의 후기 철학과 중요한 공통점이 있다. 언어를 삶의 일부를 구성하고 있는 도구로 다룬다는 점이다. 이들에게서 언어는 단지 의미를 담고 전달하는 매체가 아니라 명령을 하고, 사과하고, 비난할 수 있는 행동의 도구다. 그뿐만 아니라 약속을 하고 협약을 할 수 있는 도구이기도 하다. 이렇게 약속을 할 수 있는 도구인 언어를 이용해서 어떤 대상에 대해 어떤 역할이나 권한을 부여하기로 사회구성원들이 약속하는 방법에 의해 제도는 만들어진다. 그래서 설의 제도철학을 통해 제도의 발생적 기원에 관해 설명할 수 있다. 제도란 인간의 의식이 가지고 있는 지향적인 의미 부여 및 해석의 능력과 언어에 의해 창조된다. 만일 제도가 이런 방법으로 만들어진다면 제도란 제도경제학이 원하는 제도가 될 수도 있지만, 동시에 얼마든지 인간을 착취하고 억압하는 도구가 될 수도 있다는 문제가 함께 제기된다.

설의 연구는 인간이면 누구나 가지고 있는 의식의 지향적인 능력이 제도 발생의 처음 요인이라는 것을 분명히 보여준다. 인간 의식의 문제가 제도경제학을 포함한 사회과학도들의 관심 밖에 밀려나 있었다는 점에서 설의 연구는 사회과학적인 제도 연구의 한계를 극명하게 보여준다. 인간을 빼놓고 인간을 위해 봉사할 수 있는 제도를 연구하고 있기 때문이다. 또 언어가 제도의 수립에서 필연적인 요소라는 점도 설은 누누이 강조한다.

그런데 설은 인간의 마음과 언어가 수행하는 역할은 잘 설명하면서도, 인간의 마음과 언어가 가지고 있는 약점에 대해서는 제대로 설명하지 않는다. 만일 인간의 마음과 언어가 상당한 약점을 가지고 있다면 제도란 설의 예상과는 달리 결코 이를 수립하는 것이 쉽지 않을 수 있다. 또 설사 수립된다고 하더라도 얼마든지 악용될 수도 있다. 인간의 마음과 언어가 다수 사회구성원들의 이익에 합치되어 작동한다는 보장은 없기 때문이다. 즉, 설은 제도의 수립을 가능하게 하는 원리는 설명하지만, 바로 이 원리가 제도 연구자들이 감지하기 어려운 심각한 약점도 가지고 있으며, 그래서 진정으로 인간에게 봉사하는 제도가 아니라 인간을 억압하는 제도가 얼마든지 만들어질 수 있다는 점, 그리고 이런 위험을 피할 방법은 무엇인지에 대해서는 거의 설명하지는 않고 있다.[1)]

설은 제도의 수립을 가능하게 하는 또 다른 핵심 요인으로 집단지향성 조건을 제시한다. 그런데 마음과 언어가 가지고 있는 약점에 대한 검토가 충분히 이뤄지지 않았기 때문에, 이런 약점으로 인해 집단지향성이 잘 형성되지 못할 가능성이 높다는 문제점에 대해 설은 논의하지 않고 있다. 설의 집단지향성은 제도경제학자들의 비공식 제도와 상당 부분 겹치는 개념이다. 즉, 제도경제학자들이 넘지 못한 벽을 설 역시 직면하고 있는 셈이다. 그러나 설은 인간의 의식과 언어에 대해 상당한 설명을 제공하면서도 집단지향성이 생성되는 원리에 대해서는 충분한 설명을 제공하지 않고 있다.

제도경제학과 제도철학에 따르면 제도란 분명 인간이 가지고 있는 의식 능력과 언어 능력에 의지해, 그리고 비공식 제약을 기초로 해서 만들어진다. 그런데 이들 연구는 이 세 조건의 필연성에 대해서는 잘 설명하면서도, 실제로 이 요소들이 어떻게 작동하며, 어떤 약점을 가지고 있고, 이런 약점을 망각하면 어떤 문제가 발생할 수 있는지에 대해서는 충분한 설명을 제공하지 않고 있다. 바로 이 문제에 대한 해답을 찾아서 이 책에서는 인간의 마음, 언어, 그리고 비공식 제도에 대해 주로 현상학과 언어철학을 참고해 설명하고자 했다.

---

1) 설이 제도의 한계와 위험 문제를 제대로 인지하지 못한 것은 그가 인간의 마음과 언어를 다루는 방법에서 기원한다. 설은 마음과 언어가 작동하는 원리에 대해 한계점이나 문제점을 규명해 낼 수 있을 만큼 정밀하고 사실적인 방법으로 접근하고 있지는 않다. 설의 접근은 분석철학적이다. 즉, 어떤 명제, 어떤 표현이 의미있는 명제가 되기 위한 갖춰야 할 조건이라는 차원에서 인간의 사고와 언어를 다룬다. 그래서 인간의 마음이 실제로 어떻게 작동하고 언어가 실제로 어떻게 의미를 얻는지에 대해 현상학이나 언어철학에서 제공하는 것과 같은 사실적인 설명을 제공하지는 않고 있다. 그럼에도 불구하고 설은 결국 인간의 의식과 지향성을 분석하고 있다는 점에서 현대적인 현상학의 한 모형이라고 보는 시각도 있다 (Smith, 2009: 30-31).

2 세 가지 조건, 세 가지 장벽: 거래비용 딜레마

1) 인간 의식의 장벽

제4·5·6장의 내용을 돌이켜보면, 제도의 수립에 요구되는 마음, 언어, 공통 이념을 포함한 비공식 제도 등 세 가지 조건은 제도를 가능하게 하는 필연적 조건이다. 하지만, 동시에 제도의 발생과 발전을 가로막는 장벽으로 작용할 위험이 크다는 점을 강력하게 시사하고 있다. 거래비용 문제를 해결하기 위해 제도를 만들고자 하는데, 이렇게 만들어진 제도로 인해 발생하는 거래비용, 즉 정보비용과 감시비용이 오히려 더 클 수도 있다는 것이다. 더구나 인류의 역사를 돌이켜보면, 이 장벽을 극복하고 사람들에게 더 큰 자유와 행복을 주는 제도를 만드는 데 성공한 사회는 서유럽과 북아메리카 등 일부 지역 국가에 그치고 있다. 거래비용 문제를 해결하기 위해 도입된 제도가 오히려 거래비용의 원인이 되는 이 현상을 '거래비용 딜레마'라고 부르기로 하자. 제2장에서는 '감시자의 악순환'이라고 설명한 바 있다.

제2장에서 설명한 것처럼 제도란 거래비용 문제에 대응하기 위해 만들어진다. 거래비용은 거래를 희망하는 상품을 탐색하고, 거래 조건에 대해 협상하고, 계약하며, 계약된 내용의 집행을 감시하고, 계약 불이행 시 이에 따른 손해를 줄이는 과정에서 발생하는 정보비용과 감시비용을 의미한다. 인간의 제한된 합리성과 기회주의적 행동, 그리고 환경의 복잡성과 소수자 문제 등이 거래비용을 발생시킨다(Williamson, 1975: 20-40). 제3장의 설명에 의하면 공식 제도란 사회구성원이 자신들의 의식의 능력과 언어에 의지해 어떤 대상이나 사람이 본래 가지고 있지 않던 지위나 기능을 부여하는 방식으로 만들어진다. 그렇다면, 공식 제도란 인간의 의식 능력과 언어에 기초해서 어떤 대상에게 지위나 기능을 부여해 만들어지고, 이렇게 만들어진 제도를 통해 거래비용 문제를 해결할 수 있을 때 성립하는 것으로 정의할 수 있다. 그런데 인간의 의식과 언어에 의지하는 것 자체가 거래비용, 또는 새로운 차원의 문제를 초래한다면 어떻게 되는가? 거래비용 문제를 해결하기 위해 전혀 새로운 차원의 문제, 훨씬 혼란스럽고 극복하기 어려운 문제를 해결해야만 하는 상황에 직면하게 된다. 지금까지의 설명을 돌이켜보면, 제도를 만들기 위해 인간 의식과 언어, 비공식 제도와 공통의 이념에 의지하는 것은 제도경제학

자나 제도철학자들이 전혀 예상하지 못했던 상당한 비용을 수반한다. 즉, 제도를 도입함으로써 발생하는 비용이 효용을 초과할 위험이 농후하다는 것이다. 이 책의 설명들에 비춰보면, 제도에 대해 사회과학도들이 가지고 있는 막연한 낙관은 인간의 마음과 언어, 비공식 제도와 공통된 이념이 어떻게 작동하고 있는지에 대한 무지에서 기원하고 있을 가능성이 많다.

후설과 하이데거에 의하면, 인간이 의식에 의지해 어떤 문제나 상황에 대해 의논하고 합의에 도달하는 것은 결코 간단한 문제가 아니다. 인간의 의식은 선험적이면서 구성적이고 해석적이다. 숨겨진 의식의 성취에 의지한다는 점에서 선험적이고, 감각 자료에 주어진 것 이상의 어떤 것으로 인식해 낸다는 점에서 구성적이며, 선지식과 선이론을 적용해 세상에 던져져 있는 나에게 갖는 의미를 찾아낸다는 점에서 해석적이다. 그러면서도 자기 인식의 근거와 정당성의 불충분성에 대해 망각하기 쉽다. 그럼에도 불구하고 의심을 철회하고 기꺼이 믿음을 선택한다. 사람의 인식은 자신의 선지식을 이용하는 인식의 구조로 인해 항상 편견적이라는 점도 잘 이해하지 못한다. 선험적으로 작동하고 있는 자신의 의식의 역할을 이해하지 못하는 일상의 자연적 태도(natural attitude)로 인해 주관적 이해의 산물을 객관적인 지식으로 오해하기도 한다. 해석적인 앎의 한계로 인해 주변 세계를 공정하게 이해할 수 있는 개방적인 인식 조건에 도달하는 것 자체가 어렵다는 점도 인간은 잘 의식하지 못한다. 결국 자신의 판단의 객관성과 도덕성에 대해서는 과신하면서도 상대의 판단은 모든 점에서 낮게 평가하는 오류를 범한다. 특별한 상황적인 조건이 갖춰지지 않는 한 인간이 자신의 의식 능력에만 의지해 합의에 도달하는 것은 결코 쉽지 않다.

이런 인간의 사고에 의지해 전체 사회구성원들에게 비용과 제약을 가하는 제도를 만드는 것이 과연 올바른 선택이겠는가? 인간의 사고는 경제학자들이 생각하는 것처럼 단지 계산 능력으로서의 합리성이 제한되어 있는 정도가 아니다. 매우 편견적이며, 공정한 방식으로 작동하지 않고 있다. 제3장에서 설명한 바와 같이 의사소통 비용 및 합의비용의 증가를 초래할 수 있으며, 합의를 이끌어 낼 공통의 기반이 없기 때문에 정치 갈등·정책 갈등의 심화를 피하기 어렵다.

2) 언어 및 개념화의 장벽

언어 역시 제도 수립의 필연적 매체이지만 치명적인 약점들을 동시에 가지고 있다. 사회세계에는 정당한 의미의 근거가 없기 때문에 사회구성원들이 자신들의 일상의 경험과 판단에 의지해 의미를 부여한다. 그래서 사람들의 편견적인 생각을 그대로 반영하고 있다. 이렇게 자기 참조적으로 의미가 부여되었기 때문에 자연세계에서처럼 객관적인 의미의 근거가 없다. 단지, 그 의미에 공감하는 사람들 사이에서만 정당할 뿐이다. 언어란 현상의 특정 측면에 초점을 맞춰 의미를 부여하기 때문에 언어화 및 개념화로 인해 대상 현상에 대한 전체적인 이해가 어려워지고 언어와 현상이 괴리되는 문제도 발생한다. 즉, 현상에 대해 이해하기 위해 동원한 개념이 오히려 현상의 실상을 은폐하는 결과를 초래할 수 있다. 인간의 삶에서 큰 영역을 차지하고 있는 삶의 기술처럼 언어적으로 서술하기 어려운 문제를 배제하는 문제도 발생한다. 그럼에도 불구하고 제도를 만들기 위해서는 언어에 의지해야 하고, 이렇게 개념화된 언어에 의지해 제도를 만들게 되면, 법과 정책이 법적으로 규정하고 있는 대상이 실제 대상의 모습과는 크게 괴리되는 문제가 발생한다. 개별 대상 현상의 다양한 특성과 상황적인 조건들을 모두 고려해 법적인 개념을 정립할 방법은 없기 때문이다. 결국 사회구성원과 사회조직들을 위해 봉사해야 할 법과 정책이 획일적인 조건에 의해 구성원과 조직들의 삶과 활동을 탄압하는 일이 일어난다.

사회 현상에 관한 개념화와 이에 근거한 법규의 정립은 필연적으로 재량권 문제를 수반한다. 사회세계는 자연과학이나 기계공학의 세계에서처럼 필연적인 인과법칙에 의해 작동하는 세계가 아니다. 기계적 법칙보다는 기술적인 판단이 요구되는 것이 사회세계다. 기계적인 작업에서처럼 객관적이고 고정적인 의미를 갖는 언어를 이용해 행동 지침을 규정하는 일 자체가 불가능하다. 구체적인 상황들은 서로 다르지만 그럼에도 불구하고 어떻게 판단하고 어떻게 행동해야 할 것인지를 규정하는 방식을 취할 수밖에 없다. 이런 행동을 서술하기 위해 채택할 수 있는 언어적 표현은 해석의 재량권을 필연적으로 수반하는 추상적인 표현들뿐이다. 기껏해야 '양심에 따라', '성실하게', '청렴하게' 업무를 수행할 것을 요구하는 것이 고작이다. 따라서 부여되는 권한이 커질수록 그에 상응하는 감시비용과 정보비용 역시 급격히 커지는 것이 사회세계다.

3) 규범과 이념의 장벽

비공식 제도와 공통 이념 역시 제도의 수립에 필연적인 요소이면서 동시에 심각한 장애가 될 수 있다. 우선, 공식 제도의 약점을 보완하면서 공식 제도가 정상적으로 작동할 수 있도록 보완하는 역할을 하는 행동 규범으로서 비공식 제도는 일상의 삶과 이에 근거한 인간 의식의 구성 능력과 학습 능력이 그 근원이다. 일상의 삶에서 자신도 잘 모르는 사이 익히고 학습하며, 게다가 이를 적용할 때도 의식적인 의도가 없이 거의 자동적으로 적용한다(사공영호, 2014a, 2014b, 2014c). 그래서 이에 대해 인위적인 어떤 제약을 가하는 것이 지극히 어렵다. 설사 바람직한 공식 제도의 수립과 운영에 방해가 되는 행동 규범이 확산되어 있어도 이에 대해 변화를 가하는 것이 어렵다. 다시 말하면, 제도경제학자들이 염려하는 기회주의적인 행동 방식이나 스미스가 말하는 정의롭지 못하고 도덕적이지 못한 규범이 확산되어 있어도 이에 대해 변화를 가하는 것은 결코 쉽지 않다. 비공식 제약은 인간 의식의 선험적인 영역에서 작용하기 때문에 공식 제도와 비공식 제도가 충돌할 경우 사람들은 비공식 제약을 따르기 쉽다. 공식 제도는 의식적인 학습과 의도적인 적용이 필요하지만 비공식 제약은 이런 의식적인 노력 없이도 작용하고 있기 때문이다.

그뿐만 아니라 정치인, 정책 관료들도 동일한 사회적 삶 속에서 행동 규범을 학습한다. 정치인들 역시 얼마든지 정치적 이익에 집착해 기회주의적인 정책을 제시할 수 있다. 관료들 역시 자기 조직의 이익을 위해 다수의 이익을 희생할 수 있다. 그러나 정보의 불균형으로 인해 정치인과 관료들의 행동에 대해 감시하는 것이 쉽지 않다.

공통의 이념 역시 치명적인 약점을 가지고 있다. 이념의 근거가 되는 것 역시 일상의 경험이다. 일상의 경험이란 항상 부분적이고 관점적이다. 그래서 플라톤이 범했던 것과 같은 실수, 공산주의자들이 범했던 것과 같은 실수로부터 자유롭지 못하다. 이념 자체가 바람직할 뿐 아니라 실현 가능하고 그것도 올바른 방법으로 실현 가능하기 때문에 이념화하는 것이 아니라 현재의 상황에 문제가 있고, 따라서 현재의 상황이 반드시 달라져야 한다는 인식에 근거해서 정당화된다. 특정한 측면에 초점을 두고 나머지 상황들에 대한 고려를 배제하면서 현실성을 상실한 채 허구화되기 쉽고, 결과적으로는 사회를 오히려 혼란에 몰아넣을 수도 있다. 게다가 이런 이념들 역시 '근거 없는 근거'에 의해 정당화된다. 객관적인 근거가 있기 때문에 정당화되는 것이 아니라 단지 사회구성원들이 이에 동의하고 공감하기 때문에 정당화될 뿐이다. 그런데 특정 이념집단이 자신들의 이념에 근거해 정책을 수립하고, 이 정책을 전체 사회구성원들에게 적용하면 누군가의 이념을 실현하기 위해 다른 사회구성원들의 이념을 훼손하는 지극히 비민주적인 상황이 발생한다. 또 이념 간의 갈등은 이를 해결할 공통의 근거가 없는 갈등이다. 뺏고 뺏기는 갈등은 계속될 수 있고, 타협에 의한 갈등의 중지는 있을 수 있어도, 공통된 기반과 공통된 해석에 기초하는 안정적인 공감이란 결코 일어날 수 없는 것이 이념 갈등이다.

만일 정책과 제도가 이런 제약의 장벽에 직면하면 어떻게 되겠는가? 실패할 수밖에 없다. 사람들이 자신이 가진 편견에 기초해 섣불리 제도를 만들어도 제도는 실패하며, 섣불리 개념화된 표현들을 동원해 상황 자체를 있는 모습 그대로 정의하지 못해도 제도는 실패한다. 제도와 정책을 만들고 집행하는 정치인과 관료들이 이기적인 정치·정책 규범에 물들어 국민들의 부담을 가중시키는 정책들을 무책임하게 만들어 내도 제도는 실패하고, 특정 이념을 정치적으로 이용할 때도 제도는 실패한다. 정치와 정책에 대해 제대로 감시하기 어렵다는 점도 실패를 부추기고, 정치 시스템의 정치적인 속성 역시 제도 실패의 위험을 높인다. 즉, 거래비용 문제를 해결하기 위해 정치와 정부를 통해 만드는 제도가 오히려 사회적으로 더 큰 비용과 갈등을 초래하는 혼란과 비효율의 원인이 될 수 있다. 훨씬 심각한 갈등의 불씨가 된다. 게다가 이런 위험이 인간의 생각, 언어, 규범, 이념과 결합되어 있어서 정치와 정책에 참여하고 있는 사람들은 이런 위험을 잘 알지도 못한다. 졸속 정책이 난무하고 국민들에게 부담을 가중시키는 무책임한 정책들이 쏟아지는 것도 이런 이유 때문이다.

3 마음과 언어에서 기원하는 제도적 장벽의 특성

마음, 언어, 비공식 제도와 이념은 한편으로는 공식 제도를 가능하게 하는 기반이 되면서도 동시에 제도를 만드는 데 심각한 걸림돌이 될 수 있다. 그렇다면 이 걸림돌을 극복하면 될 것이 아닌가? 그렇다. 이론적으로는 그렇다. 아마도 사회 현상과 인간 현상에 대해 설명하고 대응하고자 하는 철학도와 사회과학도들은 어찌

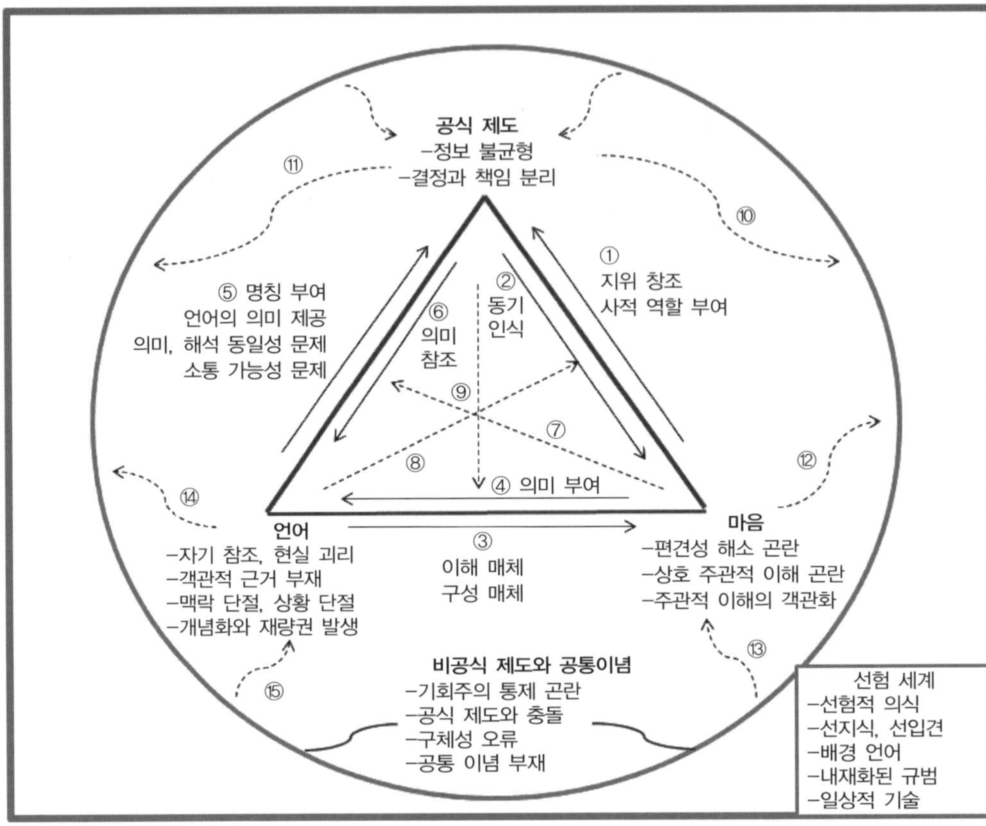

그림 7-1 선험적 의식과 제도 수립의 장애들

보면 바로 이 문제, 즉 인간의 의식, 언어, 비공식 제도와 이념에서 발생하는 문제의 해결에 골몰하고 있다. 이런 문제들을 해결하고, 사회구성원들이 함께 질서를 유지하며, 인간의 존엄을 실현하면서 살아갈 방법에 대해 고민하고 있다고 해도 다르지 않을 것이다. 그런데 과연 이 문제들에 대해 대응하는 것이 가능하겠는가? 결코 쉽지 않을 가능성이 많다. 많은 사회에서 제도와 질서의 수립에 실패하는 것도 이 때문일 것이다. 왜 쉽지 않은가? 인간 의식, 언어, 비공식 제도와 이념은 모두 의식의 선험적 영역에 근거해 작용하고 있기 때문이다([그림 7-1] 참고). 그런데 선험 세계는 자신의 생각을 완전히 근원적으로 돌이켜 반성하는 현상학적 환원에 의해서만이 접근이 가능한 영역이다. 자연적 태도에 근거해 살아가는 보통의 개인들에게는 숨겨져 있는 영역이다. 자신도 잘 모르는 사이 생각과 언어, 행동에 영향을 미치고 있는 요소를 개선의 대상으로 삼는 것이 과연 가능하겠는가? 관심의 대상으로 삼는 것 자체가 쉽지 않고, 게다가 정확하게 인식하기도 어려운 것을 개선의 대상으로 삼기는 더 어렵다.

마음, 언어, 비공식 제도와 이념은 모두 선험적인 의식작용과 뗄 수 없는 관계에 있다. 만일 선험적인 의식의 역할을 배제하면 어떤 것도 현재처럼 작용하면서 그 기능을 수행하지는 못한다. 후설이 말하는 지향적인 의식의 숨겨진 성취, 하이데거와 가다머가 말하는 해석적 이해에 필요한 선지식과 선입견, 하이데거가 말하는 일상에서 학습해 내재화한 근원적 진리(primordial truth), 슈츠가 말하는 상식적 지식, 비트겐슈타인이 『확실성에 관하여』에서 설명하고 있는 것으로, 너무나 확실해서 이에 관해 말하는 것 자체가 오히려 이상하고 설명을 복잡하게 만드는 주변세계에 관한 확실한 지식들, 어떤 표현의 이해를 위해 동원되는 배경 언어와 배경적 지식들, 브레이버(Braver, 2012)가 하이데거와 비트겐슈타인 철학의 공통점으로 지적하고 있는 암묵적인 지식들(implicit knowledge), 제6장에서 설명한 규칙 위반 실험을 통해 관찰되는 내재화된 규범들, 하이데거와 드라이퍼스가 설명하는 일상에서 학습해 자동적 무의식적으로 동원해 적용하는 삶의 기술들, 행동경제학자 카너먼이 설명하는 자기도 모르는 사이 인간의 의식에 작용하고 있는 여러 가지 편향 등은 모두 선험적인 의식의 영역에서 일어나는 현상들이다. 의식과 언어의 주체인 당사자는 잘 알지 못하고 의식하지도 못하는 사이 사람들의 생각, 언어, 행동에 영향을 미친다. 이 영역이 인간의 사고와 언어, 규범, 이념의 이면에 있으면서 이런 것들이 작동할 수 있도록 하고, 어떤 방식으로 작동하도록 이끄는 힘이 된다.

어떤 문제에 대해 논의하고 토론하고 협의하고 합의해 제도를 만드는 과정은 1차적으로는 인간의 사고와 언어, 규범과 이념에 의해 작동하지만, 그 이면에는 이를 가능하게 하는 거대한 선험적인 영역이 자리하고 있다. 의식의 주체이고 삶의 주체이며 언어의 주체인 개인의 입장에서 보면, 그가 성장하고 사회화하면서 일상의 삶 속에서 자동적으로 학습해 축적하고 내재화하고 있으면서 무의식적으로 적용하고 있는 것들이 선험적인 지식과 기술들이다. 여기에 기초해서 마음은 지향적이고 구성적인 지각과 해석의 기능을 수행하고, 언어는 의미를 얻으며, 비공식 제약과 이념 역시 작용한다. 이런 점에서 선험적인 세계를 가장 큰 사각형으로 표시했다. 원으로 표시한 것은 비공식 제도와 공통의 이념이다. 일상에서 학습한 관습, 규범, 언어 관습, 배경 언어가 사고와 언어의 배경이 되며, 공식 제도의 수립과 집행에도 근거가 된다. 개인의 생각과 언어는 비공식 제도와 공식 제도의 영향 속에서 작동한다. 그러나 인간은 이 모든 요소에도 불구하고 자기만의 방식으로 세계를 이해하고 이에 기초해 언어를 만들고 새로운 삶의 양식을 만들 수 있는 능력을 가지고 있다. 이런 점에서 이 모든 요소는 상호작용하며 상호 결합되어 있다.

이와 같이 선험적인 영역에 기초해 인간의 사고와 언어가 작동하기 때문에 이견이 생기고 갈등이 생기고 충돌이 생겨도 선험적인 영역까지 고려해서 각자의 생각과 언어, 이념을 돌이켜보지 못하는 한은 자기 사고와 언어의 주관성과 편견성을 이해하지 못한다.[2] 이런 상황에서는 서로에 대한 이해도 어렵고 공감도 어렵고 합의도 어렵다. 애로의 표현을 빌리면 민주적인 결정이 불가능한 상황이며, 가다머의 표현을 빌리면 지평 융합에 의한 합의가 불가능한 상황이다. 그런데 이런 이견과 갈등의 원인이 선험적인 영역에 자리하고 있어서 서로가 상대를 탓하는 상황에 처한다. 또 사회 현상에 관한 개념과 이념은 소위 '근거 없는 근거'에 기초하고 있기 때문에 합의를 가능하게 할 수 있는 객관적인 근거도 없다. 갈등을 해소할 기반 자체가 없다는 것이다. 왜 정치적 갈등은 해결하는 것이 쉽지 않겠는가? 갈등을 해소할 수 있는 객관적인 세계, 객관적인 의미의 언어, 객관적인 인식 자체가 존재하지 않기 때문이다.

이처럼 어떤 문제에 대해 구성원들이 합의하는 것이 인간의 인식론적인 한계로 인해 쉽지 않은 상황에서 어떤 문제에 대한 공식 제도의 수립을 시도하면 어떻게 되겠는가? 합의 자체가 불가능할 수도 있고, 의견의 일치에 도달하기까지 상당한 의사 소통 비용이 발생할 것이다. 만일 구성원들 간에 합의가 없음에도 불구하고 어떤 이념이나 목표가 선택되고 문제에 대한 정의가 이뤄지고 법과 정책이 수립된다면 이런 제도는 어디에서 정당성을 얻으며, 도대체 누구를 위한 것이기에 정당

2) 그림에서 화살표 ⑩-⑮번은 인간의 사고, 언어, 공식 제도가 선험적인 세계와 비공식 제도의 영향 속에서 작동할 수밖에 없으며, 또한 인간의 사고, 언어, 공식 제도가 비공식 제도와 선험적인 의식의 영역에까지도 영향을 미칠 수 있음을 의미한다. 그런데 인간의 사고 및 언어와 공식 제도 및 비공식 제도는 각각의 약점들을 가지고 있으며, 공식 제도는 이런 여러 가지 약점에 노출될 수밖에 없음을 나타내고 있다.

화될 수 있는 것이겠는가?

인간이 인간으로서의 존엄을 갖는 이유는 스스로 자신의 가치와 이념을 선택하고 스스로 자신의 행동을 선택하며 선택의 결과에 대해서는 스스로 책임지는 존재이기 때문이다. 자신이 일상의 삶에서 학습하고 익히고 얻은 여러 가지 종류의 지식과 기술과 능력과 이해와 통찰에 기초해 스스로 주변 세계를 해석하고 도구화하고 대응할 수 있는 존재이기 때문이다. 그런데 당사자들의 공감이 있는 것도 아니고 동의가 있는 것도 아니고 당사자와 이념적인 일치가 있는 것도 아닌 상황에서 제도를 만든다면 이 제도는 이미 인간을 위해 봉사한다는 제도의 궁극적인 의의와 충돌한다.

제 2 절 제도 수립의 역사적 해법들

1 상황에 '함께' '처함'

지금까지의 논의를 종합해 보면, 사회구성원이 자신들의 의식의 능력, 언어, 규범과 이념에 기초해서 스스로 제도를 만드는 일은 제도경제학의 요구를 충족시킬 수 있을 정도로 생산적이지 못하다. 게다가 제도철학에서 설명하는 것처럼 낙관적이지도 않다. 오히려 마음, 언어, 비공식 제도와 이념이 심각한 장애물이 될 위험이 크다. 실제로 서유럽과 북미의 일부 국가를 제외하고 많은 경우는 공식 제도의 수립과 집행에 상당한 어려움을 겪고 있다. 그렇다면 제도를 만드는 데 성공할 수 있었던 사회는 어떻게 이 난제들을 극복할 수 있었는가? 편견의 문제, 자기망각과 자연적 태도의 문제, 언어의 의미 문제, 행동 규범의 부재, 이념적 허구화의 위험 등을 어떻게 극복할 수 있었는가 하는 것이다. 예를 들면, 중세의 자치도시들은 어떻게 스스로 정치적인 자치 제도를 만들 수 있었으며, 중세의 길드들은 어떻게 자율적으로 상업 질서를 확립할 수 있었겠는가? 미국의 자치도시들은 어떻게 자율적으로 지방자치를 실시할 수 있었는가? 미국과 영국의 각종 조직들은 어떻게 감시비용이 지극히 클 수 있는 전문경영과 같은 지배구조를 발전시킬 수 있었겠는가?

가장 먼저 생각해 볼 수 있는 것은 상황에 '함께' '처한다'는 상황적인 조건이다. 언어의 의미도 상황 속에서 만들어지고, 사람들의 생각이나 이념도 상황 속에서 만들어진다. 비슷한 사회, 경제적인 조건, 동일한 종교, 동일한 정치적인 상황, 상호 이익이 가능한 경제·사회적 상황에 처해 있다면 이런 상황에 의지해 언어의 의미도 구체화할 수 있고, 추상적이고 유토피아적인 이념도 좀 더 현실화할 수 있으며, 사람들의 행동 규범에 대해서도 일상의 삶 속에서 상당 부분 이해할 수 있다. 또 산업화, 현대화되기 이전의 공동체 사회이므로 세계를 보는 시각 역시 상당한 유사성을 견지하고 있었을 것이다.

예를 들면 이런 것이다. '정직'이 무엇인지 개념으로 설명하기는 어렵다. 그런데 어떤 기업의 재무팀에서 회계와 관련된 사건이 가끔씩 일어나고 있다고 하자. 이런 상황에서 재무팀장이 팀원들에게 "재무팀은 다른 어떤 팀보다 정직해야 한다"고 말했다고 하자. 아마도 팀의 직원들은 정직이라는 말이 무슨 뜻인지 의심의 여지가 없이 확실하게 알아챘을 것이다. 언어는 삶의 일부분이다. 그래서 삶의 현장에서 구체적인 어떤 상황에서 어떤 언어가 사용될 때는 의미의 문제가 잘 발생하지 않는다.

구체적인 상황 속에서는 행동이 언어의 근거로 작용한다는 점도 의미의 불확실성을 덜어준다. 비트겐슈타인은 "언어게임의 기초를 이루고 있는 것은 행동이다"라고 말하고 있다(Wittgenstein, 1969: §24).[3] 폴레스달(Follesdal, 1994: 140)은 언어의 의미는 인간에 의해 만들어지며, 행위의 증거가 없으면 언어의 의미도 사라진다고 말한다. 구체적인 상황 속에서 언어를 동원해 대화를 하고 이야기를 나눌 때, 거기에 동원되는 표현들은 궁극적으로는 그 상황과 관련된 행동들 속에서 의미를 얻는다. 설사 언어의 의미는 불확실하더라도 어떤 상황에서 당사자들이 해석의 결과로 반응할 수 있는 행동을 기준으로 하면 의미의 혼란은 크지 않다. 해석자가 선택할 수 있는 행동의 대안들은 이미 상황과 맥락에 의해 제한되어 있기 때문이다.

3) 언어만으로는 언어의 의미 문제를 온전히 해소할 방법이 없으며, 인간의 구체적인 행동을 고려해야만 의미의 불확실성 문제가 해소될 수 있다는 의미다. 즉, 말로 정직을 설명하면 설명하기 어렵다. 그런데 구체적인 상황에서 어떤 행동을 예로 들어 설명하면 의미를 이해하는 것이 쉬워진다. 즉, 언어란 인간의 행동과 더불어 이해해야 한다는 것이다.

그뿐만 아니라 상황에 함께 '처한다'는 것은 이미 함께 상황에 개입되어 있다는 것을 의미한다. 연구자나 관찰자의 입장에서 현상을 접하는 경우와는 완전히 다르다. 당사자들의 삶과 직접 관련되어 있으며, 상호간의 관계가 일정 기간 지속될 것이며, 이런 관계 속에서 의미의 모호함으로 인해 발생하는 문제들을 고쳐 나갈 수 있음을 의미한다. 즉, 서로가 대화할 수 있는 상황, 상대의 표현에 대해 의문을 해소할 수 있는 상황, 언어의 의미를 구체적인 상황 속에서 확인할 수 있는 상황이 지속된다는 것이다. 이와 같은 상황 속에서 언어는 전체적인 삶의 일부를 이루게 되며, 이처럼 삶의 일부를 이루고 있을 때는 비현실적인 추상화에서 오는 구체성 오류, 특정 속성을 중심으로 개념화할 때 발생하는 현실과의 괴리 문제, 소위 '험티-덤티' 문제의 해소도 용이하다.

예를 들면, 청교도 시대 및 서부개척 시대 미국의 자치공동체들은 연방정부나 주정부의 도움을 기대할 수 없는 광활한 서부 지역에서 오로지 자신들의 힘으로 자신들의 공동체를 만들고 공동체의 질서를 확립해야 하는 상황에 직면해 있었다. 이처럼 공통된 경제 사회적 · 정치적 여건에 함께 던져질 때, 사람들은 당장의 문제 해결에 집중할 수밖에 없고, 그들의 언어 역시 이런 상황 속에서 의미를 얻으며, 그들이 중시하는 가치 역시 이런 상황 속에서 의미를 얻는다. 게다가 이미 공통된 종교와 생활 양식까지 공유하고 있으므로 이런 공통의 조건에 기초해 제도를 만드는 데 필요한 언어와 규범, 이념을 함께 수립할 수 있었다(알렉시스 드 토크빌, 1997; Bellah et al., 1996 등 참고).

2 공통의 종교

모든 종교가 그런 것은 아니지만, 적어도 기독교의 경우는 종교가 자본주의 및 민주적인 제도의 발전에 결정적으로 기여한 것을 역사학자와 사회학자, 경제학자들이 모두 인정하고 있다. 공통의 종교를 갖는다는 것이 편견으로부터 자유롭다거나 자기 참조적인 개념 수립으로부터의 자유를 보장하는 것은 전혀 아니다. 오히려 이와는 반대다. 사회구성원들이 특정한 관점에서 세상을 바라보게 하고, 특정한 관점에서 인간과 주변 세계를 이해하게 하며, 특정한 이념을 갖도록 유도하고, 이런 이념과 세계관에 기초해 언어의 의미도 형성하게 만든다. 이렇게 생각하면 종교란 지극히 편협하고 편견적인 것일 수 있다. 게다가 '근거 없는 근거', 즉 자신들이 그렇게 믿고 살아가고 있기 때문에 사회구성원들 사이에서만 정당화되고 있는 믿음일 뿐이다. 서로 다른 종교집단이 풀 수 없는 갈등에 직면하는 것도 이런 이유 때문일 것이다. 그러나 구성원 내부적으로는 공통의 이념, 공통의 언어, 공통의 해석 방식을 만들어 낼 수 있는 훌륭한 근거로 작용한다.

어떤 경우에도 인간의 인식은 해석으로부터 자유로울 수 없다(Dreyfus, 1991: 31). 일종의 해석 순환적인 인식 원리에 의해 주변 세계를 이해하고 대응하며 살아간다. 중요한 것은 어느 지점에서 이런 해석 순환에서 탈출하느냐의 문제가 아니라 어떻게 사회 발전에 유익한 해석 체계를 수립하느냐는 것이다. 왜냐하면, 이런 해석 체계에 따라 구성원들이 주변 세계를 이해하는 방식도 달라지고, 언어의 의미도 달라지며, 행동 규범의 영향력도 달라지고 이념의 내용과 추상성도 달라지기 때문이다. 그런데 다행스럽게도 기독교 사회에서는 종교가 자본주의와 민주주의의 발전에 유익한 공통의 이념과 해석 체계의 수립을 뒷받침할 수 있었고, 그래서 이들 사회에서는 종교의 힘에 의지해 서로 다른 세계관과 이념의 충돌을 피할 수 있었고, 건전한 행동 규범을 형성할 수 있었으며, 인간의 자유와 평등을 중시하는 이념도 형성할 수 있었다. 즉, 마음, 언어, 비공식 제도와 이념의 작동 원리에서 발생할 수 있는 여러 가지 문제점을 해결하는 데 종교가 상당 부분 기여했다는 것이다(Weber, 1958, 1976; 알렉시스 드 토크빌, 1997; Bellah et al., 1996; 새뮤얼 헌팅턴, 2006; Lipset, 1963; 사공영호, 2008 등 참고).

청교도 공동체에서의 생활상에 대한 연구 결과들을 보면, 종교는 사실상 그들의 삶의 전부였다고 해도 과언이 아닐 정도로 사회구성원들의 마음, 언어, 행동 규범과 이념을 지배하고 있었다(사공영호, 2008). 기독교 정신이 세계관이었고, 마음의 상태(state of mind)였으며(김성곤, 1999: 305), 내면 세계였고, 도덕과 삶의 양식이었으며, 행위 규범이었던 것으로 평가되고 있다(정용석, 2002: 186; 이장식, 1978). 이러한 마음의 관습에 의지해 자치공동체를 만들 수 있었다(알렉시스 드 토크빌, 1997). 또 자본주의적인 경제 질서 역시 청교도적인 신념과 윤리에 기초해 확립될 수 있었다.[4] 이렇게 형성된 미국 사회의 신념과 이에 기초한 이해 관계 구조는 현재까지도 여전히 미국인들의 마음에 습관화, 내재화되어 유사한 행동의 규범으로 작용하고 있다(새뮤얼 헌팅턴, 2006).

3 삶을 기반으로 한 '탈은폐'적인 세계 이해

진리는 크게 세 가지로 나눌 수 있다. 각각은 인간의 생각, 언어, 규범 및 이념과 관계하는 방식이 다르다. 앞서 설명한 것과 같은 공동의 상황에 처한 사람들이 공동의 문제를 해결하는 과정에서 얻게 되는 현실에 대한 이해와 해법은 하이데거가 설명하는 '탈(脫)은폐(reveal)'형의 진리에 가깝다.

우선 자연과학, 공학에서의 진리는 어떤 명제와 그것이 의미·지칭하는 대상 간의 일치 관계에 근거한 진리가 있다. '눈은 희다'라는 명제는 실제로 이 명제가 의미하는 눈을 관찰해 그것이 흰색이면 진리로 판명하는 방식으로 얻게 되는 진리다. 자연 대상의 경우는 이런 방식의 진리 획득이 가능하다. 이런 진리가 유용한 것은 이에 근거해 인간의 편견도 극복할 수 있고, 언어의 의미의 모호성도 극복할 수 있다는 점이다. 그런데 사회세계에서는 이런 진리와 이런 의미의 언어를 얻을 수는 없다. 인간의 인식 및 언어와 상관없이 독립적으로 존재하며 자신의 법칙에 의해 작동하는 그런 사회세계란 없기 때문이다.

둘째는 일관성에 근거한 진리다(Putnam, 1981: 49-50). 예를 들면, 인간은 이기적이라고 가정하고, 이런 가정 하에서 인간이 어떤 정치 상황 또는 경제 관계에서 어떻게 행동할 것인지에 대해 가설을 세울 수 있다. 그리고 이 가설과 실제 정치·경제 상황에서 관찰된 인간의 행동이 일치한다면, 그와 같은 행동은 인간 이기성의 결과라고 설명하는 방식이다. 또 만일 사회구성원들이 인간은 신 앞에서 평등하다는 믿음을 가지고 있고, 이런 믿음을 전제로 할 때만이 정당화될 수 있다. 이 역시 일관성에 근거한 진리다. 그런 믿음에 대해 객관적인 증거를 제시할 수는 없

4) 예를 들면, 청교도들에게 직업은 단지 생계의 수단이 아니라 신을 기쁘게 하는 소명이었다(막스 베버, 1988: 39, 60, 177). 탐욕적이고 충동적이며 비합리적인 행동에 대해서는 절제를 요구했으며(막스 베버, 1988: 8), 경쟁시장에서의 평화적 교환·이윤 추구(막스 베버, 1988: 9)와 직업에 의한 정당한 이윤 추구(막스 베버, 1988: 48)만을 정당한 이익으로 간주했다. 의사 결정은 공정하게 이뤄져야 하며(해롤드 버만·김철, 1992: 87-88), 기업가들에게는 오로지 완벽한 직무 완수(막스 베버, 1988: 53)와 도덕적 자기규율(moral self-discipline, Bellah et al., 1996: x)을 요구하기도 했다.

기 때문이다. 자연세계에서처럼 객관적인 증거는 없다. 그런데 만일 전제 조건이 옳다면 결론도 옳다는 의미에서 일관성에 근거한 진리다.[5)]

셋째는 하이데거가 말하는 '탈은폐'형의 진리다(Inwood, 1997: 50-51). 이 진리의 특징은 '현존재'를 전제로 한다는 점이다(Dreyfus, 1991: 265). 즉, 자기의 의사와는 상관없이 이미 특정한 시점, 특정한 상황의 세계에 던져져 버린 개인들이 자신의 삶을 살아가기 위해 주변 세계를 이해하고 해석하는 과정에서 밝혀낸 진리가 이런 종류의 진리다. 예를 들면 이런 것이다. 어떤 목공 작업실에서 두 사람이 가구를 만드는 일을 하고 있다고 하자. 이때 한 사람이 못을 박기 위해 망치를 들자 다른 사람이 "그 망치는 무겁다. 이걸로 해" 하면서 새로운 망치를 건넸다고 하자. 이 말은 분명한 의미를 가지고 있으며, 상대방은 이 말의 의미를 해석하는 데 전혀 어려움이 없다. 정말 옳은 말이다. 이 표현의 의미에 대해 두 사람은 동의하고 있다. 가령, 상대방이 "괜찮아, 이 망치도 별로 무겁지 않아!"라고 다시 대답했다고 하자. 이런 대답에 대해 상대가 그 말의 의미를 알아들었다면 이 역시 진리다. 이때의 진리는 분명 어떤 명제와 어떤 사실의 일치에 근거한 진리나 또는 어떤 가정에 근거한 진리는 아니다. 하지만, 당사자들이 놓인 공통의 상황을 배경으로 할 때 그 말의 뜻을 이해하고 공감할 수 있다는 점에서 진리다(Dreyfus, 1991: 266-271).[6)]

---

5) 일관성에 근거한 진리는 약점이 있다. 첫째, 전제 조건을 객관적으로 정당화할 방법이 없다. 그래서 객관적으로 이런 문제에 관해 진리를 얻을 수 있는 방법은 없다. 결국 각 사회는 각자의 믿음과 이념에 기초해 어떤 삶의 방식을 채택하고 있다. '근거 없는 근거'라는 비판도 이런 이유로 제기된다. 하지만 어떤 식의 방식이 최선인지에 대한 답은 없다. 둘째, 이렇게 얻은 지식은 해당 전제를 인정하는 집단 내에서는 소통이 가능하지만 집단 간에는 소통이 곤란하다. 즉, 패러다임 속에 진행되는 정상 학문은 해당 패러다임을 공유하고 있는 사람들 사이에서는 의사 소통의 가능하고 공감도 가능하지만, 패러다임을 달리하는 사람과는 상호 이해가 어렵다. 셋째, 전제 조건이 무너지면 진리 역시 무너진다. 사람들의 생각과 행동이 전제 조건이 가정하는 것처럼 획일적일 수는 없다. 설명하기 어려운 영역이 발생한다. 그럼에도 불구하고 동일한 가정과 이를 뒷받침하는 연구 결과에 기초해 모든 인간에게 동일한 제약을 가하는 제도를 만들면 어떻게 되겠는가? 제도와 인간의 자유가 충돌한다. 넷째, 일종의 동어 반복(tautology)이 될 수 있다. 예를 들면, 이기적이기 때문에 이기적으로 행동한다고 설명하기 때문이다. 내부적으로는 설명이 되는 것처럼 보이지만, 전제 조건에 대한 설명이 이뤄지지 않는 한 해당 문제에 대한 온전한 설명은 얻을 수 없다.

6) 이와 같은 진리 개념은 비트겐슈타인에게서도 찾을 수 있다. 비트겐슈타인 역시 '참'과 '거짓'은 결코 절대적인 개념이 아니며, 원칙적으로 문맥에 의존해서만이 정의될 수 있다고 설명한다. 즉, 무엇이 진리인지에 대한 논의도 결국은 언어게임 속에서 결정된다. 즉, 언어를 이용해 어떤 문제에 대해 논의를 전개하는 속에서 참과 거짓이 결정된다. 그래서 진리란 그 자체로 존재하는 것이 아니라 그때그때 하나의 문맥 속에서 그리고 그 문맥에서 참이라고 규정되는 것이 진리일 뿐이다. 주의할 점은 이런 입장이 자연과학에서의 일치이론과 양립 불가능한 설명이 아니라는 점이다. 즉, 자연 현상에 관한 개념들은 자연

즉, 어떤 상황과 배경적인 지식을 공유하고 있고, 이런 공유의 지식에 근거해 해당 상황에서만이 알 수 있는 어떤 지식을 찾아내었다는 점에서 진리다.

하이데거가 강조하는 것은 이 문장이 진리가 되는 조건, 즉 "그 망치는 무겁다"는 표현이 진리가 될 수 있도록 만드는 것이 무엇인가의 문제다(Wrathall, 2011: 43-44). 이때의 이 표현은 분명 그것이 발언된 상황에서는 대상에 관한 올바른 서술이라는 점에서 사실이고 진리다. 그런데 이때의 진리는 명제와 대상 현상 간의 대응 관계에 의한 진리도 아니고, 어떤 사전적인 전제나 믿음에 의한 진리도 아니다. 다만, 지금 우리가 처한 상황에서 수행하고자 하는 작업 상황을 배경으로 할 때 알 수 있는 진리다. 이런 것이 '탈은폐'형 진리다. 어떤 배경 지식에 근거해 구체적인 상황 속에서 밝혀지는(disclosed) 진리다. 그렇다면, 이때 진리와 반대되는 것은 무엇인가? '은폐'하는 것이다. 즉, 망치가 진정으로 무엇인지를 알 수 없게 만드는 것이다. 예를 들면, 망치란 작업실의 많은 연장의 하나로서 작업자가 실제로 그것을 사용하는 과정에서 그 가치를 제대로 이해할 수 있는 것으로 다루지 않고, 나무막대가 붙어 있는 쇠뭉치로 객관적으로 관찰 가능한 모습으로 망치를 정의하면 이는 망치에 관한 진실을 은폐하는 것이 된다. 이 설명 역시 사실을 서술하고 있는 것은 분명하다. 그러나 이런 사실적인 현상으로만 망치를 이해하는 것은 망치에 대한 진정한 이해를 오히려 은폐하는 결과를 초래한다는 점에서 잘못된 서술이다(Dreyfus, 1991: 271). 실증주의가 한편으로는 사실을 서술하고 있으면서도 실제로는 사실을 은폐할 위험을 동반하는 것도 이런 이유 때문이다.[7)]

그렇다면, 일상의 삶을 살아가는 사회구성원들에게 실제로 의미 있는 진리는 어떤 것이겠는가? 자연세계에 대해서는 대응 관계의 검증에 기초한 진리가 필요하며, 복잡한 사회 현상에 대해서는 일정한 가정과 관찰을 통해 얻을 수 있는 논리적 일관성 중심의 진리도 유용할 수 있다. 그러나 당장의 삶을 살아가는 사회구성원들에게는 현존재(Dasein, Being-in-the-world)[8)]에게 탈은폐되어 나타나는 진리가

현상에 관한 관찰과 개념화라는 언어게임 속에서 의미를 얻는다(수잔 프롬, 1996: 116; Feyerabend, 1966: 105)

7) 이 문제의 해법으로 하이데거는 인식론보다 존재론을 앞세워야 한다고 주장한다. 즉, 아무리 탐구의 방법이 세련되어 있어도 이 방법이 대상 현상에 대한 올바른 이해에 기초해 적용되지 않으면 소용이 없다. 대상 현상에 적합한 인식의 방법을 찾으려면 대상 현상에 대한 이해가 먼저 이뤄져야 한다는 것이다.

8) 실존적인 양식으로 존재하고 있는 인간의 독특한 존재 방식을 의미하는 하이데거의 표현이다.

유용하다. 자연 대상에 관한 지식도 굳이 일치이론에 의한 검증이 아니라 사용하는 과정에서 상당한 지식을 얻어낼 수 있다. 인간의 행동에 대해서도 굳이 사전적인 전제와 과학적인 관찰 방법을 동원하지 않아도 일상의 삶 속에서 상당한 지식을 얻을 수 있다. 선험적인 의식의 영역에 내재되어 있으면서 인간의 인식과 언어, 행동에 영향을 미치는 지식들은 이처럼 일상의 삶 속에서 주변 세계가 탈은폐되어 나타나는 모습들을 자신도 모르는 사이 학습하고 내재화한 지식일 것이다.

이렇게 얻은 지식과 기술, 개념에 대해 언어적 표현을 붙인다면 이때 언어의 의미는 어떻게 획득되는가? 주변 상황과 이에 대한 현존재의 실천적인 이해에 기초해 의미를 획득하게 될 것이다. 이 언어는 비트겐슈타인의 표현처럼 삶의 양식을 공유하고 있는 사람들 사이에서 공통의 삶의 양식을 배경으로 의미를 획득할 것이다. 만일 언어가 이렇게 의미를 획득한다면 적어도 이런 상황을 공유하고 있는 사람들에게는 매우 분명한 의미를 가지게 될 것이다. 그러나 이렇게 획득된 의미는 상황의 특성을 잘 반영하고 있는 것이기 때문에 이런 상황적 배경을 충분히 이해하지 못한 사람들이 이를 납득하기는 쉽지 않을 것이다.

4 제도의 발생 · 발전 원동력

서구 사회가 만든 자치공동체와 수많은 유형의 조직(대학, 기업, 병원, 박물관, 정당)들, 민주적인 정치 제도와 자본주의적인 경제 제도들은 어떻게 발전된 것인가? 이 제도들은 마음, 언어, 비공식 제도와 이념의 문제를 어떻게 극복할 수 있었는가? 첫째, 어떤 공동의 상황에 처한 사람들이 공통의 문제와 직면해 있었고, 둘째, 구체적인 삶과 공동의 문제를 고민하는 과정에서 실천적이고 경험적인 증거에 기초해 공통의 의미를 갖는 언어를 형성할 수 있었으며, 셋째, 구체적인 삶과 민주적인 토론 과정 속에서 얻어낸 탈은폐형의 지식이 자신들의 상황에 적합하고 실현 가능하며 함께 공감할 수 있는 제도적인 해법을 제공해 주었고, 넷째, 우연히 전해진 종교가 공통의 행동 규범과 이념에 대한 정당성의 기반을 제공해 주었기 때문이다.

어떤 사람에게 권력을 부여하고, 어떤 사람에게 재량권을 부여할 수 있었던 것은 그러한 권한과 재량권이 갖는 유용성과 더불어 위험에 대해서도 일상적인 제도적 실험 속에서 학습할 수 있었기 때문이다. 구체적으로 규정된 문제, 구체적인 의미의 언어, 강력한 종교적 규범에서 유래하는 행동 규범, 구성원들이 공유한 이념 등이 권력이 남용될 위험, 정치가 오로지 정치를 목적으로 진행될 위험을 차단해주었다. 자신의 목공 작업 속에서 망치의 진정한 의미를 알게 된 목수의 지식처럼 제도적 장치의 유용성을 알아내었기 때문에 이런 제도들을 자율적으로 만들 수 있었을 것이다.

민주적인 제도의 수립 과정이 소중한 것도 개념, 이념, 편견에 의해 은폐되기 쉬운 현실에 대한 그릇된 이해를 극복하는 데 유익하기 때문이다. 언어의 의미가 허구화되는 것을 차단하는 데 유익하기 때문이다. 이념이 지나치게 유토피아적으로 흐를 위험을 억제하는 데 유익하기 때문이다. 민주주의란 관련된 사람들이 함께 모여 지속적으로 상황에 대해 토론하는 속에서 대상 현상이 사람들의 실제 삶에서 갖는 다양한 의미를 찾아내고, 이렇게 얻어낸 이해와 이에 기초한 공감에 기초해 정책과 제도를 만들어 가는 방법이다. '상황에 함께 처함', '상황 속에서 탈은폐되어 나오는 현상의 진정한 의미를 이해함'에 의해 제도의 의미를 이해하고 함께 이를 만들 수 있도록 도와줄 수 있기 때문에 민주주의는 가치가 있다. 단지 다수결 투표로 정했기 때문에 민주적인 방법으로 결정되었다고 생각하는 것은 민주주의에 대한 오해다. 민주주의의 진정한 가치를 이해하지 못한 것이다.

제 3 절 제도 환상의 근원: 인간 망각과 본질주의적 접근

1 본질주의적 인식론

제도의 수립은 결코 쉬운 일이 아니다. 역사적으로 보면, 수립된 제도가 당연히 인간을 위해 봉사한다는 보장도 없다. 사회구성원들에게 봉사하는 제도를 만든 사회는 분명 소수다. 그나마도 이런 사회는 매우 독특한 상황과 종교의 도움을 받아

이런 제도를 만들 수 있었다. 제4 · 5 · 6장에서 살펴본 바와 같이, 다수의 요구를 동시에 만족시킬 수 있는 제도를 만드는 것은 인간으로서는 극복하기 어려운 인식, 언어, 이념의 장벽을 넘어서야 한다. 그러나 다원화되고 포스트모던화된 현대 사회의 상황 자체가 이런 장벽의 극복을 근원적으로 어렵게 하는 요인이 되고 있다. 그럼에도 불구하고 왜 정치인, 관료 그리고 많은 사회학도와 제도 연구자, 정책 연구자들까지도 제도를 통해 문제를 해결할 수 있다는 생각에 빠져드는가? 본질주의적인 인식론에 원인이 있다. 본질주의적인 관점에서 인간과 사회세계를 연구하고, 언어와 개념을 이해하고, 연구 방법을 선택하면서 인간에 대해 이해할 수 있는 기회를 잃었다. 인간에 대해 알 수 없게 되면서, 인간이 가진 탁월하고도 독특한 의식 능력에서 생성되어 나오는 언어에 대해서도 정확한 이해를 얻을 수 없었고, 의식 능력과 언어에 의해 생성되어 나오는 사회 제도들에 대해서도 제대로 이해할 수 있는 길을 잃고 말았다.

본질주의란 간단히 말하면 본질을 탐구해 대상 현상에 관한 진리를 얻어낼 수 있다는 존재론과 인식론이다(수잔 프롬, 1996: 116; Feyerabend, 1966: 105; 죠지 핏처, 1987: 239-252). '본질'이란 그것이 그것 되게 하는 것, 또는 어떤 대상들이 공통적으로 가지고 있는 속성을 뜻한다. 가령, 모든 물은 화학적으로는 수소와 산소의 결합물이다. 다양한 종류의 물들이 유사한 방식으로 반응하는 것은 그것이 수소와 산소의 결합물이라는 공통된 원인에 의해 설명할 수 있다. 유클리드 기하학은 본질주의적인 지식 체계의 유용성을 잘 보여준다. 점, 선, 각도와 같은 핵심적이고 공통된 개념에 기초해 수많은 도형 속에 내재된 원리를 설명해 낼 수 있다.

자연과학이나 공학의 세계에서는 본질주의가 진리를 얻는 방법이 된다. 이런 입장을 잘 보여주는 것이 논리원자론(logical atomism)이다. 우리가 일상에서 관찰하는 대상이나 표현은 일종의 복합물이다. 여러 가지 요소가 결합되어 있다. 복합물은 좀 더 단순하고 근원적인 요소로 분해할 수 있다. 즉, 환원하는 것이 가능하다. 이런 환원 작업을 계속하면 나중에는 더 이상 환원할 수 없는 대상, 즉 원자(atom)가 나타날 것이다. 그렇다면 세계를 구성하고 있는 가장 궁극적인 단위, 즉 원자를 찾아내고, 이 원자에 이름을 붙이고, 이 원자에 관한 서술(소위 요소 명제 [atomic proposition])들을 얻어낼 수 있다. 그리고 이 요소 명제들이 서로 관계하는 방법을 찾아내게 되면, 점차 좀 더 복합적인 대상들이 발생되어 나오는 원리를 서술할 수 있게 된다. 이렇게 요소 명제에서부터 점차적으로 구성 가능한 세계를 서술하게 되면, 이로써 언어로 서술해 낼 수 있는 명제의 범위가 결정된다. 즉, 서술 가능한 세계의 경계가 설정되는 것이다. 이 경계의 밖에 놓이는 명제는 사이비 명제(pseupo-proposition)가 되며, 이런 명제는 의미를 가질 수 없고 검증할 수도 없다(Braver, 2012: 19). 논리실증주의가 언어의 의미에 대한 근거로 검증주의를 요구하는 것도 이런 철학을 배경으로 하고 있다. 무엇인가 어떤 공통된 요소로 존재하는 것에 기초해 개념도 개발하고 이론도 발전시키는 방법으로 현상을 설명하고 과학적 지식을 구축하고자 한다.[9)]

본질주의적인 인식론은 언어의 의미론과도 밀접히 결합되어 있다. 제5장의 기호 삼각형에서 설명한 것처럼 표현은 그 자체로는 상징에 불과하다. 상징에 불과하던 것이 언어가 되는 것은 그것이 의미의 근원 또는 참조의 대상을 지칭하는 방식으로 의미를 얻기 때문이다. 그런데 바로 이 의미의 근원이 되는 것이 본질이라는 것이 본질주의적인 의미론이다(Feyerabend, 1966: 105). 간단히 말하면, 언어란 어떤 본질적 속성에 대해 이름을 붙이는 방식으로 만들어졌다는 것이다.

만일 언어의 의미가 이렇게 기원한다면 어휘들은 그것이 의미하는 본질에 의지해 안정적이고 고정된 의미를 가질 수 있다. 또, 이런 고정된 의미를 가진 어휘들로 문장을 서술하면, 그 문장 역시 고정된 의미를 가질 수 있다. 따라서 이런 명제가 진실인지 허위인지는 이 명제 속의 어휘들이 의미하고 있는 내용과 그것들이 지시하는 실제 세계의 상태를 비교하면 확인할 수 있다. 이런 확인에 의해 검증된 사실들로 지식을 축적하면 세계에 대해 진정한 진리를 담고 있는 지식의 체계를 구축할 수 있게 된다. 예를 들면, 플라톤의 이데아 사상, 비트겐슈타인의 『논리철

9) 화학자들에 의하면 이 세상에 존재하고 있는 모든 물질은 111종의 화학적 원소들로 환원할 수 있다. 인간의 신체도, 유전자도, 나무도, 공기도, 뜨겁게 타오르는 불도 이를 화학적인 구성 요소를 분석해 가면 111종의 원소가 나온다. 그렇다면 세상에 존재하는 모든 물질에 대해서는 111종의 원소와 이들 간의 화학작용을 통해 설명할 수 있게 된다. 비트겐슈타인은 요소 어휘들에 대해 구체적인 예를 제시하지 않았다. 다만, 우리가 어휘들을 이용해 세계를 서술하고자 한다면, 이런 식의 서술이 가능할 수 있으며, 이때 각 어휘들의 의미는 그것이 지시하는 대상에 의해 고정될 수 있다는 입장이 본질주의적 인식론과 의미론이다. 아리스토텔레스가 '가장 처음 있는 원인(the first cause)'을 찾는 이유나 플라톤과 비트겐슈타인이 요소 어휘를 찾는 이유는 동일하다. 더 이상 원인을 찾아, 근원을 찾아, 의미를 찾아 거슬러 올라가야 할 필요가 없고, 이를 출발점으로 삼는다면 그 외의 나머지 모든 현상을 이들 간의 함수로 설명이 가능하기 때문이다. 소위 어휘의 의미를 다른 어휘를 동원해 설명할 때 발생하는 '무한 회귀(infinite regress)'의 문제를 피할 수 있기 때문이다.

학논고』, 논리실증주의 등은 이런 언어관에 기초하고 있다. 언어라는 것은 어떤 공통의 본성, 이념적인 대상에 붙여진 이름이므로, 그 의미는 고정적이고 안정적이며 불변적이라는 것이다. 언어의 의미가 이런 방식으로 고정화될 수 있다면 이를 동원해 세계에 대해 서술하고 진리를 얻는 것도 가능하다는 것이 본질주의적인 인식론이다.

본질주의의 가장 큰 장점은 이론을 구성하고 있는 개념과 현상들이 인과 관계에 놓여 있어서, 하나의 변수를 통제해 다른 변수에 대해서도 변화를 가할 수 있다는 점이다. 즉, $Y=f(X)$와 같은 관계를 맺고 있다. 독립변수(x)를 통제해 종속변수(Y)에 변화를 가할 수 있다는 점이다. 만일 사회세계를 이렇게 서술할 수 있다면, 정치인과 제도 연구자는 자신들이 원하는 대로 사회세계를 제어해 원하는 결과를 산출할 수 있을 것이다. 그러나 제4·5·6장과 [그림 7-1]에서 설명한 것처럼 사회세계는 이런 방식으로 있지 않으며, 이런 방식으로 작동하고 있지도 않고, 이런 방식의 의미를 얻기 어렵다. 본질주의적인 접근이 쉽지 않은 대상을 본질주의적으로 설명하고자 하기 때문에, 설명에 의해 오히려 대상세계가 은폐되는 문제가 발생하는 것이다.

2 인간 및 사회 현상에 관한 본질주의적 접근

제5장에서 상세히 설명한 바와 같이, 자연세계와 공학의 세계에서는 본질주의적인 접근이 큰 문제를 일으키지 않는다. 대상세계가 공통된 본질을 찾아 환원이 가능한 방식으로 존재하고 있기 때문이다. 문제는 인간과 사회세계다.

인간과 사회 현상을 본질주의적인 관점에서 공통된 요소를 찾아 서술하고자 한다면 어떤 모양의 서술이 이뤄지겠는가? 자연적 생물로서의 인간, 심리학적인 관찰 대상으로서의 인간, 뇌과학이 밝혀낸 호르몬적 작용의 결과로서 발생하는 인간의 욕구, 인간이면 누구나 가지고 있는 공통된 욕구에 대응하는 과정에서 발생한 가족과 소규모 공동체 현상 등은 본질주의적인 관점에서 설명할 수 있을 것이다. 인간에 대한 가정에 기초해 사회 현상을 설명하는 경제학, 사회학, 정치경제학 등의 논리 전개 방법도 일종의 본질주의적인 사회이론이다. 예를 들면, 이기성이라는 인간에 대한 가정은 다양한 경제·사회 현상들을 설명하는 공통된 요소, 즉 본질적인 요소처럼 다뤄진다. 그 밖에도 인간은 사회적이지 못하다는 입장(Hobbes), 인간은 사회적 동물이라거나 또는 인간은 정치적인 동물이라는 전제, 인간은 본래부터 선하다거나 또는 인간은 본래부터 악하다는 가정 등도 모두 일종의 본질주의적인 입장이다.

본질주의적인 접근이 사회 현상의 연구에서 아무런 가치가 없다고 보지는 않는다. 어떤 경우에는 인간에 대한 가정에도 불구하고 사회 현상의 이면을 잘 설명하기도 한다. 예를 들면, 경제학의 인간에 대한 가정은 현대 뇌과학이나 심리학에서 찾아낸 인간의 욕구에 대한 증거들과 상당 부분 일치한다. 전제 자체가 현실과 부합하고 있으므로 여기서 연역하는 설명도 상당 부분 설명력을 가지게 된다.

하지만, 많은 경우 사회과학도는 인간에 대해 명시적으로 가정하는 것은 피한다. 대신 사회 현상들이 가지고 있는 공통의 원인을 환원적으로 추론해 거슬러 올라가는 방법을 택한다. 예를 들면, 정책, 정치, 조직, 권력, 기업 등의 수많은 사회 현상에 대해 자연세계에서처럼 이 현상들이 가지고 있는 공통점에 기초해서 설명하고자 한다. 그래서 가령 정책이란 "사회문제의 해결이나 사회적인 목적의 달성을 위한 수단"과 같이 정의하고자 한다. 조직이란 "어떤 목적을 달성하기 위한 사람들의 협력체"라고 정의한다. 또 법령을 예로 들면 중소기업, 의사, 한의사, 대학, 산업대학, 수도권, 대기업, 비정규직, 정규직, 선행학습 등의 법적 용어에 대해 이를 어떤 공통적인 속성을 기준으로 정의해서 분류하고자 한다. 본질주의적인 접근이다.

연구의 방법으로는 조작주의적인 개념 정의에 의해 대상 현상을 과학적으로 측정할 수 있고, 이런 연구 결과에 근거해 대상 현상에 대한 객관적인 지식을 얻어낼 수 있다는 경험주의, 실증주의적인 입장이 본질주의적인 태도다. 연구자들이 실증주의적인 방법으로 인간과 사회 현상을 다루는 것은 자연 현상에서처럼 사회 현상도 '설명'하려 하기 때문이다. 즉, 어떤 공통의 인과 법칙에 의해 어떤 현상이 전개되는 이유를 설명하려 하기 때문이다.

과연 이런 설명을 통해 인간 현상, 사회 현상을 얼마나 설명할 수 있을 것인가? 이처럼 본질주의적인 시각에서 사회 현상을 관찰하고 분류하고 분석해 설명하는 것이 과연 인간 현상과 사회 현상에 대한 적합한 설명의 방법이 될 수 있을 것인가? 이런 방법에 의해 접근하면서 오히려 대상 현상들의 진정한 생성 및 작동 원리에 대한 이해가 어려워질 수도 있지 않는가? 예를 들면, 하이데거는 어떤 현상이 인간에게서 갖는 의미를 이해하기 위해서는 현상학적인 접근이 필연적이라고 주장한다(Heidegger, 1962: 50). 본질을 규정할 수 없는 것이 인간의 가장 중요한 존재론적 특성인데, 본질을 찾아내어 인간을 규정하려고 하면 인간에 대한 진정한 이해의 가능성은 오히려 어려워진다고 주장한다. 연구의 방법이 대상 현상에 대한 이해를 방해할 수 있다는 것이다.

그렇다면, 정책, 조직, 법, 정부, 정당과 같은 사회 현상에 대해서는 본질을 규정할 수 있을 것인가? 인간 자신의 가장 특별한 존재론적 특성이 본질을 규정할 수 없다는 점이다. 그렇다면, 인간의 생각에 의지해, 사회구성원들이 스스로의 상황과 역사를 배경으로 부여하는 언어의 의미에 의지해, 제도를 만든 사람들이 스스로 중요시하는 이념이나 어떤 목표의 달성을 위해 여러 가지 조직, 제도, 사회 현상을 만들었다고 하자. 여기에는 어떤 공통된 본질이 있을 수 있겠는가?

여기에 대한 제임스(William James)의 대답은 그런 것은 있을 수 없다는 것이다(윌리엄 제임스, 2011: 85-86). 정책문제를 연구하는 연구자들은 어떤 현상이 정책문제가 되는 이유에 대해 어떤 공통된 이유란 있을 수 없다고 설명한다. 단지 사회구성원들이 어떤 것을 문제로 삼았기 때문에 문제일 뿐이다. 어떤 것을 문제로 삼을지는 시대에 따라 달라지고 상황에 따라 달라진다(Blumer, 1971; Spector & Kitsuse, 1973). 하늘의 별자리는 우리가 그렇게 규정했기 때문에 그렇게 있을 뿐이다. 그런데 이 별자리들 사이의 공통점을 연구함으로써 별자리가 그와 같이 있는 이유를 찾아낼 방법이 있는가? 없다. 공통된 어떤 요인에 의해 그렇게 형성되지 않았기 때문이다.

제3·4·5·6장에서 살펴본 제도, 인간, 언어에 대한 연구에 비춰보면, 어떤 제도 현상이 그와 같은 방식으로 있게 된 가장 근원적인 이유는 이런 제도의 창조를 가능하게 한 인간의 의식의 능력, 언어의 의미와 용법을 이해하고 언어를 협약의 도구로 사용할 수 있는 인간의 능력, 언어의 의미를 이해하고 사회화할 수 있는 인간의 능력, 그리고 이런 인간의 능력에 의지해 만들어진 언어와 언어에 기초해 만들어진 여러 가지 삶의 양식과 기술들이다. 사회과학도들이 어떤 공통의 본질을 탐구하고자 하는 사회 현상들은 모두 이런 원리에 의해 창조되었다. 게다가 이렇게 만들어진 제도들이 어떤 기능을 담당할지도 사회구성원들의 생각에 의해 달라진다. 이 속에서 작동하고 있는 인과 관계는 지향적인 인과 관계로 절대 법칙적이지 않다. 인간의 생각이 핵심이다. 인간의 의도가 핵심이다. 그런데 인간의 생각과 의도라는 것은 규칙에 의해 예상할 수 있는 방식으로만 작동하지 않는다. 그래서 환원적이고 법칙적인 인과 관계를 기대하기도 어렵다. 즉, 본질을 탐구하는 방법으로는 처음부터 접근하는 것이 쉽지 않은 양상으로 대상 현상이 발생하고 진화해 왔다는 것이다.

그럼에도 불구하고 굳이 본질주의적이고 실증주의적인 접근만을 고집하면 어떻게 되겠는가? 수많은 개념이 모래알처럼 흩어져 뒹굴지만, 대상 현상의 진정한 본질, 즉 이런 현상을 가능하게 한 인간의 능력과 방법에는 결코 접근하지 못할 가능성이 크다. 하이데거가 현상학적인 접근을 절대적으로 필요하다고 하는 이유도 이 때문일 것이다.

이런 문제에도 불구하고 제도적인 대응을 위해서는 개념화된 이론적인 설명, 본질주의적인 설명이 필요하다고 생각하고 있고, 현실적으로도 이런 접근이 여전히 계속되고 있다. 바로 여기에서부터 제도와 현실은 괴리되기 시작하며, 결국 인간에게 봉사하는 것을 궁극적인 목적으로 하는 제도가 인간의 현실을 외면하고 인간의 실존적인 삶의 양식을 억압하는 일이 일어나게 된다.

3 본질주의와 인간 망각

1) 본질인가? 실존인가?

본질주의적 접근의 의미를 좀 더 구체적으로 생각해 보자. 예를 들면 이런 것이다. 인간은 매우 여러 가지 형태의 집을 짓고 있고, 수많은 재료가 동원되고, 수많은 의미가 가미되며, 수많은 가치가 표현되어 겉으로 보기에는 동일한 것이 거의 없을 정도로 다양한 집을 짓고 있다. 그런데 이런 다양성에도 불구하고 다 같이 집으로 분류할 수 있다. 인간에게서 갖는 가치가 사실상 동일한 것이기 때문이다. 이런 경우에는 어느 정도 본질주의적인 원인 분석이 가능할 것이다. 몇 가지 핵심적인 공통 조건들이 자리하고 있고, 이 조건들은 모든 인간에게 공통된 요소이기 때문이다.

이에 못지않게 정치 현상 역시 지극히 다양한 방법으로 전개되어 왔고, 지금도 여전히 어떤 기준에서 보면 매우 상반되는 방식으로 정치가 전개되고 있다. 어떤 정부는 민주적이고 공화적이다. 하지만 어떤 정부는 지배집단의 권력 유지를 위해 내전도 불사하고 있고, 어떤 정부는 국민들에 대한 압제와 착취를 당연시하고 있다. 무자비한 폭력 역시 통치를 위해 정당화되고 있다. 정치와 노동자를 독재와 가난으로 몰아넣는 혁명이 노동자의 평등을 위한 혁명으로 미화될 수 있고, 국가의 재정을 완전히 파탄시키고 국민들을 분열시켜 한 사회의 장래를 완전히 바꿔놓는 정치도 복지라는 이름으로 정당화될 수 있는 것이 정치다. 그럼에도 불구하고 모두 정치라는 이름으로 다루고 이 속에 있는 공통 요소를 찾아내어 정치를 설명할 수 있겠는가? 그럼에도 가능하다고 생각하는 것이 본질주의적인 접근이다. 동일한 이름으로 불리고 있으므로 뭔가 동일한 원인이 있을 것으로 기대하는 것이다. 과연 이런 식으로 정치를 이해하고자 하는 것이 정치에 대한 올바른 접근법이 될 수 있는가? 오히려 정치를 제대로 아는 것을 방해하지 않겠는가? 정치에 접근할 수 있는 올바른 방법이 무엇인지 알지 못하는 상황에서, 더구나 정치가 무엇인지도 잘 알지 못하면서, 본질주의적인 방법이 정치를 제대로 설명해 줄 수 있다는 것을 어떻게 알 수 있는가? 본질주의적인 접근으로는 정치를 제대로 설명하지 못할 가능성이 높다는 것이 하이데거의 비판이다. 간단히 말하면, 정치가 인간과 관계하고 있는 방식은 익숙한 도구('ready-to-hand')와 이용자와의 관계, 즉 관계인데 이를 관찰의 대상(소위 'present-at-hand')처럼 다룰 가능성이 높기 때문이다.

이유를 설명하면 이런 것이다. 좀 단순화된 설명을 위해 예를 들면 세상에는 여러 가지 종류의 칼이 있다. 이 칼들은 겉으로 보기에 모두 약간의 공통점이 있다. 딱딱한 재료로 만들어져 있고, 날카로운 날을 가지고 있으며, 사용자가 잡을 수 있는 손잡이를 가지고 있고, 자르는 목적으로 사용할 수 있다. 이렇게 설명해서 칼을 설명할 수 있다는 것이 본질주의다. 분명이 이런 측면이 있고, 이런 설명도 칼에 대한 일부의 설명을 제공한다. 하지만 이런 설명에 의해 오히려 은폐되거나, 잘 설명이 되지 않는 부분이 없는가? 이에 대한 하이데거, 비트겐슈타인, 설 등의 설명은 이런 것이다. 우선, 칼이 진정으로 자신의 모습을 나타낼 때, 칼이 어떤 것인지를 진정으로 발견하는 방법은 일상의 삶에서 그것을 이용할 때다. 단지 관찰하는 방법만으로는 칼의 진정한 이용 가치를 절대 알 수 없다. 일상의 삶에서 어떤 용도로 이용하는지에 따라 칼은 요리의 도구가 되기도 하고, 춤의 도구가 되기도 하며, 사냥의 도구가 되기고 하고, 전쟁의 도구가 되기도 한다. 칼이 가진 진정한 가치 역시 관찰에서 알 수 있는 것이 아니라 사용에서 알 수 있다. 사용 속에서 칼의 능력을 알게 되면, 관찰자로서는 결코 예상할 수 없는 방법으로 칼을 사용할 수 있다. 그렇다면 왜 어떤 경우에는 그 칼이 식칼이 되고 어떤 경우에는 전쟁의 도구가 되는가? 그 칼과 함께 사용할 수 있는 많은 다른 도구들, 많은 다른 재료들, 여러 가지 상황들, 그리고 궁극적으로는 사용자의 목적과 계획에 의해 결정된다. 만일 칼과 같은 기능을 수행할 어떤 것에 대한 필요성은 있으나 아직 칼과 같은 도구는 없다면 어떻게 되겠는가? 가위를 칼처럼 쓸 수도 있고, 돌을 칼처럼 쓸 수도 있을 것이다. 그렇다면, 칼이 그와 같은 모습에, 그와 같은 용도를 가지게 된 이유를 알려면 무엇을 알아야 하는가? 칼이 어떤 재료로 만들어지고, 어떤 모양으로 만들어지며, 어떤 목적을 위해 만들어지고, 어떤 용도로 사용될 것인지는 무엇에 의해 결정되는가? 그것을 이용하는 사람과 그 사람이 처한 상황과 그 사람의 계획과 그 사람이 가지고 있는 다른 도구들 등이다. 그렇다면, 어떤 칼이 자신들에게 최적의 것인지에 대해 다수의 관련자가 동의하려면 어떤 조건이 갖춰져야 하겠는가? 첫째는 칼이 있어야 한다. 하지만 더 중요한 조건이 있다. 사람들이 동일한 상황에 처해 있어야만 이 상황을 배경으로 어떤 칼이 좋을지 논의할 수 있다(Inwood, 1997: 50). 이것이 '상황에 함께 처함'의 조건이다.

정치 역시 마찬가지이고 제도 역시 마찬가지다. 이런 것들의 본질을 찾아내어 설명할 수 있는 부분이 분명히 있다. 그런데 이런 설명이 정치와 제도를 얼마나 설명해 주는가? 오히려 부분적인 설명만을 제공해 전체를 제대로 보지 못하게 함으로써 이 현상에 대해 오해하고 착각하게 할 위험은 없는가? 인간 현상과 사회 현상의 경우는 이런 위험이 매우 크다는 것이다. 왜 제대로 설명하지 못하게 되는가? 공통된 요인을 찾아 외적으로 관찰 가능한 요인들에 집중한 나머지 그런 현상의 이면에 있는 인간에 대해 망각하고, 언어에 대해 망각하고, 비공식적인 제약과 이념에 대해 망각하게 되기 때문이다. 이런 생각과 언어와 규범과 이념의 배경에 자리하고 있는 '상황'에 대해 망각하기 때문이다.

어떤 사람이 진정으로 어떤 사람으로 살아갈 것인지는 인간에 대한 공통점을 찾는 방법으로 설명하기에는 분명 한계가 있다. 그런 공통된 본질이 없기 때문이다. 설사 있다고 하더라도 그것이 왜 그가 그런 삶과 그런 가치를 선택했는지에 대해 인과 법칙적으로 설명하기는 어렵기 때문이다. 이것이 소위 '실존'이다. 공통 원인을 찾을 때 실존적인 모습, 진정으로 인간을 인간이게 하는 그의 마음과 그의 삶은 사라진다. 소위 인간 마음의 능력과 자율적이고 자유로운 선택의 잠재력과 가능성은 은폐되고, 대신 자연과학적인 결정론적 인과에 의해 설명의 대상이 되고 통제의 대상으로 전락하는 인간의 '사실인'화 현상이 발생한다.

2) 인간 망각: 실존적 인간의 '사실인'화

본질주의적인 접근에 의해 인간이 어떻게 망각되는지, 도대체 인간의 어떤 점이 망각되는지에 대해 생각해 보자. 사회과학도들은 인간에 대한 탐구에서 사회 현상에 대한 설명을 시작하지 않는다. 그 대신 사회 현상 자체를 조사하고 분석해 사회 현상에 영향을 미치는 요인들을 찾아내어 사회 현상에 관한 과학적인 설명을 얻기를 원한다. '실존적 인간'의 '사실인'화란 간단히 말하면, 제3·4·5·6장에서 설명한 인간에 대한 설명을 고려하지 못하고 인간에 대해 가정하거나, 사회적 실재들이 이미 주어져 있는 것으로 가정하고, 인간을 자연세계에서와 같은 어떤 사실적인 대상인 것처럼 다루고 설명하는 것을 의미한다.

제3·4·5·6장에서 설명한 것들은 이론적으로는 다른 내용을 다루고 있다. 그런데 실제로 이 장들이 다루고 있는 가장 핵심적인 설명의 대상은 인간이다. 인간이 생각한다는 것이 어떤 것이고 주변 세계를 이해한다는 것이 어떤 것이며, 주변 세계를 해석하고 이용한다는 것은 어떤 것인지, 언어가 의미를 얻는 데 인간의 통찰력과 이해력은 어떤 역할을 하고 있는지, 언어가 수행하는 다양한 역할들이 인간의 일상의 삶과 어떻게 관련되어 있는지, 인간의 삶에 기초해 언어의 의미가 형성되고 발생할 때 그 의미는 어떤 특징을 가질 것이며 어떤 한계를 가질 것인지에 대한 설명이다. 인간이 자신도 모르는 사이 자신의 행동과 사고의 방법에 대한 제약을 학습하는 일이 어떻게 가능하며, 사람들이 가지는 이념은 그들의 삶에서 어떻게 형성되어 나오며, 어떤 기능을 수행하고 어떤 약점이 있는지에 관한 설명이다. 사회과학도들이 연구의 대상으로 삼고 있는 현상들은 모두 이런 인간의 능력에 의지해서 인간 자신의 목적과 용도를 위해 만들어진 사회적 형성물이다.

인간이 '실존한다'는 것도 기본적으로는 이런 의미다. 자연세계의 대상처럼 단순 대상, 단순 사실로 존재하고 있지 않다. '실존'한다는 말은 다른 모든 자연세계의 대상들이 존재하는 방식과 인간이 존재하는 방식은 다르다는 점을 의미하는 표현이다(Honderich, 2005: 279). 이남인(2013: 200-231)의 설명을 참고해 좀 더 쉽게 정리하면 다음과 같다. 첫째, 현존재인 인간이 주변 세계와 관계하는 방식은 후설이 설명한 것처럼 마치 연구자가 관찰 대상을 다루듯 하는 방식이 아니라 목수가 여러 연장 가운데서 망치를 비롯한 각각의 연장과 관계하는 방식에 가깝다. 대상은 암묵적인 형태로 주어지지만 나는 이미 이 대상들과 세계 내에 함께 있으면서 실천적으로 관계하고 있다. 둘째, 일상의 관계 속에서 친숙한 대상들에 대해서는 암묵적으로 이를 이해하고 있다. 나는 이런 암묵적인 이해에 기초해 이 대상들이 나의 일상에서 갖는 의미를 충분히 이해하고 있다. 셋째, 주변 세계의 대상들에 대해 인간이 알아가는 방식은 여러 가지다. 관찰을 통해 알 수도 있지만, 어떤 기분을 통해 그것이 나에게서 갖는 감정적이고 정서적인 의미를 알 수도 있으며, 어떤 대상을 사용하는 능력을 학습하는 과정에서 대상 현상의 의미를 이해할 수도 있다. 넷째, 주변 세계가 나에게서 갖은 활용가능성, 이용가능성에 대해서도 사람들은 자신의 지식과 경험에 기초해서 이해하고 해석할 수 있다. 즉, 현존재가 단지 대상의 사실적인 모습(actuality)뿐 아니라 가능한 모습(possibilities)까지도 궁금해 하고 의문을 던지고 감지하고 있다는 점에서 이미 철학을 하고 있다(Inwood, 1997: 97).

이와 같은 실존적인 인간의 가장 중요한 특징은 공통된 본질에 의해 인간을 규정할 수는 없다는 점이다. 왜냐하면 인간은 자신이 주변 세계와 관계하는 속에서 자신에 대해 이해하고 진정한 자신의 모습에 대해 고민할 수 있으며, 진정으로 자신이 소망하는 자신의 모습을 스스로 선택할 수 있는 존재이기 때문이다(Dreyfus, 1991: 14-15). 게다가 이런 현존재의 입장에서 보면 주변의 대상 역시 그것이 무엇이 될 것인지는 그것이 가진 본질에 의해 전적으로 결정되지는 않는다. 그것에 대해 어떤 의미를 부여하고 어떤 도구적인 가치를 부여하며 어떻게 이용하는지가 그 대상이 무엇이 될 것인지를 결정한다.

나는 이미 세상에 던져져 있고, 나의 주변의 상황과 사건들은 이미 나에게 두려움의 대상이며 걱정의 대상이고 염려의 대상이다. 나는 이미 죽음의 공포에 맞서야 하고 나의 의사와 상관없이 들이닥치는 질병의 고통과도 맞서야 한다. 내가 대상에 대해 이해하고 분석해서 지식을 얻기 이전에 이미 나는 그것이 두렵기도 하고 어떤 것이 기대되기도 하며 어떤 것을 소망하기도 한다. 내가 나의 여건과 주변의 상황을 감정적으로 지각하는 데는 의식적인 노력이 필요하지 않다. 나는 이미 던져져 있고 느껴지고 체험해야 하고 살아가야 한다. 이미 상황의 요구에 대응해야 하고 나의 욕구들을 충족시켜야 한다. 세상은 그냥 저기에 있는 것이 아니라 이미 나에게 체험되고 경험된다. 나의 의지와 상관없이 체험되는 불안과 염려 속에서 인간은 끊임없이 자신을 경험한다. 이런 경험들이 인간으로 하여금 진정한 자신이 되도록 요구한다(Honderich, 2005: 280). 나 자신에게 자유의 의미가 무엇이며, 죽음이란 어떤 태도로 받아들여야 하는지 이해하게 한다.

간략히 요약하자면, 실존적인 인간은 이미 세상에 던져진 존재로서 어떻게든 주변 세계를 이해하고 이용하고 대응하며 살아남아야 하는 존재다. 이를 위해 자신은 물론 주변 세계에 대해 상당한 실천적인 지식을 축적해 이용하고 있으며, 이런 삶 속에서 자신의 진정한 모습에 대해서도 스스로 결정하고 선택하며, 이런 선택에 근거해 자신의 행동을 결정할 수 있는 것이 실존적인 인간이다.

문제는 이와 같은 실존적인 인간의 삶을 당사자의 관점에서 있는 그대로 서술하려 하지 않고 개념화해 설명하려 하면서 발생한다. 즉, 공통된 요소에 근거해 개념을 형성하고 이런 개념에 근거해 인간의 사고와 행동에 대해 공통된 법칙을 찾아내고, 이런 공통된 법칙에 의해 인간을 설명하고자 하는 것이다. 이런 설명에 의해 인간은 '사실인(factual man)'화하기 때문이다. 실존은 사라지고 공통된 설명 요소에 의해 설명이 이뤄지고, 이런 요소들에 의해 그의 사고와 행동이 결정되는 존재, 언뜻 보기에는 자연의 대상과 흡사한 대상적인 존재로 전락한다는 것이다(Heidegger, 1979: 144).[10]

---

10) 하이데거는 일상의 삶에서 다양한 의미로 살아 있는 언어를 고정된 의미를 가진 본질주의적인 것으로 취급할 경우, 언어 자체가 죽을 뿐 아니라 언어를 살아 있게 만드는 인간까지도 화석화되고 황폐화된다고 비판한다. 즉, 언어의 의미를 본질주의적으로 다룰 때, 언어의 의미는 인간의 의미 해석 능력과 상관없이 존재하는 것이 된다. 이처럼 언어가 인간의 의식의 능력으로부터 독립되면, 다양한 상황에서 그 상황에 맞는 의미를 해석하고 구성해 내는 인간의 능력을 알아야 할 필요도 없어진다. 즉, 언어를 본질주의적으로 다루면서 일상의 삶에서 언어를 살아 있게 만드는 인간의 의식 능력까지도 망각된다는 것이다. 하이데거의 설명을 그대로 옮기면 이렇다. "To relegate the animated, vigorous word to the immobility of a univocal, mechanically programmed sequence of signs would mean the death of

이렇게 사실인화하는 과정에서 인간 자신이 스스로 상당한 지식과 기술을 가지고 있고, 주변 세계에 대해 독특하고도 탁월한 이해 능력을 가지고 있으며, 자신에게 가장 적합한 방법을 선택할 수 있는 것은 바로 자신이라는 점은 망각된다. 또 어떤 대상이든지 그 대상이 갖는 의미는 사람에 따라 얼마든지 달라질 수 있다는 점도 무시된다. 외형적으로는 동일한 상황에 있는 것처럼 보여도 그의 삶의 역사를 보면 결코 동일한 상황에 처해 있는 것이 아니라는 점도 무시된다. 그 사람의 이야기를 당사자의 입장에서 들어보면 그에 대한 이해가 달라질 수 있다는 점도 무시된다. 오로지 분류의 기준으로 채택된 기준에 따라 모든 사회구성원을 획일적으로 분류해 다룬다. 아무리 분류 기준을 세분화하고 정밀화하더라도 하나의 개념으로 서로 다른 상황에 있는 사람들을 동일하게 다뤄야 하는 문제는 피할 수 없다. 이것이 바로 사실인화다. 결국 판단 주체, 삶의 주체, 해석의 주체, 선택의 주체, 자기 상황에 대한 이해의 주체, 자기 미래에 대한 선택의 주체로서의 개인은 은폐되고 훼손되고 망각되어야만 한다.

인간에 대해 단순 가정을 도입하는 것도 인간의 사실인화를 부추긴다. 인간이 본래 어떤 존재인지를 궁금해 하고 탐구할 동기를 약화시키면서, 궁극적으로는 인간의 사고와 경험의 실제 모습에 접근할 수 있는 길을 차단하기 때문이다.

4 제도 원인 요소들의 약점 망각

1) 언어에 대한 오해

인간의 의식이 가지고 있는 독특하고 탁월한 능력과 인간이 주변 세계와 관계하는 여러 가지 방법・기술・능력・지식에 대한 무지, 즉 '인간 망각'은 제도의 생성과 작동을 가능하게 하는 원인 요소들을 은폐하는 결과를 초래하고 있다. 재료 요소가 무엇인지 알 수 없으므로, 그 요소들이 제도의 수립에 어떤 문제점을 초래하는지에 대해서도 알 수 없었다.

인간을 이해하지 못하고 있으니 언어를 제대로 이해할 수 없다. 언어가 작동하

---

language and the petrifaction and devastation of Design."

는 원리만큼 인간이 주변 세계와 관계하는 방식과 능력을 잘 설명해 주는 것은 없다. 언어는 인간이 가지고 있는 탁월한 이해 능력에 의해서만이 살아 있는 삶의 도구가 되며 삶의 일부가 될 수 있다. 인간의 이해 능력을 배제하면 언어는 단지 허공에 뱉어진 소음에 불과하다. 게다가 고정적인 의미가 있는 것도 아니다. 상황에 따라 의미가 달라진다. 단일의 용법이 있는 것도 아니다. 진술을 위한 도구이기도 하지만 행위의 도구이기도 하다. 의미를 담는 방법 역시 은유, 환유, 암시, 지시, 이념화 등 매우 다양하다. 그런데 언어의 그 어떤 신비로운 작용 방식도 이를 이해하고 가능하게 하는 인간의 의식 능력이 없이는 작동하지 않는다.

언어의 의미가 어떻게 우리의 능력에 의지하고 있는지 잘 알지는 못함에도 불구하고, 언어는 우리들의 일상에서 삶의 도구로 잘 작동한다. 바로 이 점이 언어에 대한 혼란을 가중시킨다. 잘 작동하고 있으니 그 자체가 어떤 의미를 담고 있는 것처럼 생각하기 쉽다. 언어 이면에 작용하고 있는 나의 의식과 더불어, 의미를 이해하기 위해 동원되는 나의 선지식과 선이론에 대해서도 망각한다. 인간과 사회생활에 관해 내가 사용하고 있는 표현들은 내가 겪어 왔던 나의 삶과 경험과 상황을 배경으로 할 때만이 의미를 얻는다는 점을 망각한다. 언어의 이면에 있는 자신의 의식과 자신의 선지식을 망각하면서 언어는 점차 객관적인 의미를 담고 있는 표현처럼 느껴진다. 그 표현은 나와 생각을 같이하는 사람, 이념을 같이하는 사람, 삶의 양식을 같이하는 사람들 사이에서만이 공감을 얻을 수 있다는 점을 망각한다.

점차 주관적이고 기껏해야 일부 사람들 사이에서 상호 주관적으로 의미를 얻는 언어가 어떤 사태를 서술할 수 있는 객관적인 언어인 것처럼 느껴진다. 어떤 사람이 나의 말을 이해하지 못하는 것이 서로 간의 배경 언어와 선지식이 다르기 때문이라고 생각하지 않고 그 사람이 무지하거나 이해 능력이 없기 때문이라는 생각에 빠져든다.

언어가 가지는 부분성에 대해 쇼펜하워(Arthur Schopenhauer)는 다음과 같이 지적한다.

> 종이 위에 줄여져 있는 생각은 일반적으로 말해 모래 위를 지나간 사람의 발자국에 불과하다. 그것은 그가 걸어간 길을 보여줄 뿐이다. 그가 그 길에서 무엇을 보았는지 알고 싶다면 우리는 우리의 눈을 이용해야 한다.[11]

비트겐슈타인은 다음과 같이 지적한다(Wittgenstein, 1967: §238).

> 어떻게 이런 동작, 이런 방법으로 손을 맞잡는 것, 이런 그림이 어떤 일에 대한 기도가 될 수 있는가? 단지 테이블 위의 손 이상의 아무것도 아니다. 의미는 없이 손이 있을 뿐이다. 연극 소품실에 홀로 남겨진 하나의 배경 그림처럼, 그것은 오로지 연극 안에서만 생명을 갖는다.

언어는 우리들의 삶과 선지식과 선험적 세계, 배경 언어, 우리가 지금 처한 상황, 우리가 지금 수행하고 있는 언어게임 안에서만이 의미를 갖는다. 사회과학은 패러다임 내에서만 의미를 가지며, 패러다임은 역사와 문화, 이념을 배경으로 하고 있다. 그런데 인간에 대해 망각하고, 인간의 의식에 대해 망각하고, 인간이 주변 세계와 관계하는 방법에 대해 망각하면서 언어가 스스로 마치 어떤 본질에 대한 이미지나 의미를 담고 있는 것처럼 착각한다. 그러나 언어의 의미가 고정화되면 언어에 생명을 불어넣던 '현존재'인 인간은 오히려 망각되고 화석화된다(Heidegger, 1979: 144; Inwood, 1997: 49). 또 본질에 근거해 객관적인 의미를 담고 있다고 생각하면서 개념화된 언어, 이론화된 언어의 치명적 약점들은 은폐된다. 언어로는 화려한 제도의 성(城)을 지을 수 있지만, 현실의 삶은 비참함을 벗어나지 못하는 것은 바로 이런 이유 때문이다.

2) 규범과 이념의 객관성, 정당성에 대한 오해

규범과 이념은 모두 편견적으로 작동하는 인간의 구성 및 해석적인 이해에 기초해서 발생한다. 자기 참조적으로 의미를 부여받는 언어의 도움을 받아 나의 선험세계와 내가 처한 상황과 내가 겪어 온 경험들에 기초해서 수립된다. 이런 배경 세계와 인간의 의식작용이 사라지면 규범도 없고 이념도 없다. 자연과학의 대상은 철두철미하게 나의 주관적 이해와 주관적 의미의 언어를 배제하는 속에서 달성된다. 그러나 사회 현상에 관한 우리의 생각과 언어는 이런 방식으로 의미를 얻지 않

11) Thoughts reduced to paper are generally nothing more than the footprints of a man walking in the sand. It is true that we see the path he has taken; but to know he saw on the way, we must use our own eyes. Becker, G. P. & P. M. S. Hacker(2005). *Wittgenstein: Understanding and Meaning*, Blackwell Publishing. 책의 서두에 나오는 삽입문이다.

는다. 생각과 언어와 이해가 사실상 함께 발생한다. 그래서 이런 생각과 언어와 이해의 근거 역시 결코 외부 세계에 객관적으로 존재하지 않는다. 외부 세계에 객관적인 의미의 근거, 정당화의 근거가 존재하지 않는 것을 정당화해야 하기 때문에 자기 참조적으로 정당화할 수밖에 없다. 자기 참조적이기 때문에 객관적인 근거는 없지만 그럼에도 관련된 사람들이 모두 공감하고 동의하며 실행하면 그러한 삶의 세계, 언어의 의미, 규범과 이념의 세계를 실현할 수도 있다. 그래서 객관적인 근거는 없지만 그럼에도 불구하고 인간의 생각, 언어, 삶의 양식에 하나의 실천적인 근거를 제공한다는 점에서는 근거로 작용하게 된다. 이것이 소위 '근거 없는 근거(groundless ground)'다(Wittgenstein, 1969: §166; Braver, 2012).

그런데 자기 생각과 자기 언어의 근원을 망각하면서 이런 규범과 이념의 '근거 없음'도 망각된다. 사회 상대적 형성물이며 시대 상대적 형성물이고 종교 상대적인 형성물이며 환경 상대적인 형성물일 뿐인 규범과 이념을 객관적 규범과 객관적 이념인 것으로 오해하는 일이 일어난다. 절대 진리화한다. 설사 상대적일 수 있다는 점을 인정하는 경우에도 자신들의 규범과 이념이 더 옳다는 편견에 빠진다. 관련 당사자들이 함께 합의하고 동의하는 것 이외에는 달리 정당화할 방법이 없다는 점을 이해하지 못하게 된다.

3) 제도의 발생 원리와 위험에 대한 무지

인간에 대해 망각하고, 이로 인해 언어, 규범, 이념의 생성과 작동 원리에 대해 오해하면서, 이런 것들에 기초해서 생성되고 작동하는 제도(예: 법, 조직, 정부, 정책, 재산권, 기업, 조직 지배구조)에 대해서도 제대로 이해할 수 있는 능력을 상실한다. 제대로 이해할 수 있는 방법도 찾아내지 못한다. 어떻게 생성하는 것이 올바른 제도 수립의 방법인지에 대해서도 올바른 판단을 할 수 없게 된다. 그뿐만 아니라 제도 자체가 가지고 있는 여러 가지 위험과 약점을 이해할 수 있는 기반을 상실한다. 제도가 문제 해결의 시작이 아니라 더 큰 문제의 시작이 될 가능성을 이해할 수 없다.

화이트헤드(Whitehead, 1978)의 설명을 빌리면, 제도는 존재하는 것이 아니라 항상 생성 중(becoming)에 있는 것이다. 해와 달과 나무와 집은 일정한 공간을 차지하면서 존재한다. 이런 것들은 우리가 그것에 대해 생각하고 인정하기를 멈춘다고 해서 존재하기를 멈추지 않는다. 그런데 제도는 아니다. 사람들의 생각과 행동에 의지해 '생성 중'에 있다. 그런 지위와 권한을 가지고 있는 것으로 인정하고, 이런 인정에 기초해 실제로 행동하지 않는다면 제도들은 존재하기를 멈춘다. 우리가 생각하고 인정하고 행동하는 대로 이런 인간의 인식과 행동에 기초해 항상 생성되고 있는 것이 제도다.

제도의 배경에 자리하고 있는 인간 사고의 역할에 무지할 때 제도는 사회구성원과 그들의 역사 및 그들의 문화와 분리되어 마치 독립된 어떤 사회적 실재인 것처럼 다뤄진다. 사람들의 생각으로부터 독립해서 법도 있고 조직도 있고 정책도 있을 수 있다고 생각한다. 심각한 존재론적 착각이다. 이런 착각에 빠진 사람들이 가장 흔히 범하는 실수는 남들이 하고 있으니 우리도 할 수 있다는 생각이다. 이 역시 착각이다. 미국의 서부에 낙타를 서식시키려고 도입하거나(로렌스 M. 프리드만, 1988: 36),[12] 렘브란트의 그림에 피카소의 그림을 조합하려는 것과 같은 무리한 정책 시도가 될 가능성을 가지고 있다(Tribe, 1972: 84).

5 제도 환상의 발생

제도 연구자들이 제도에 대해 환상을 갖게 되는 것은 본질주의적인 연구 방법, 실증주의적인 연구 방법을 취하면서 제도의 근저에 있으면서 제도를 성공하게 할 수도 있고 반대로 제도의 성공에 난공불락의 걸림돌이 될 수 있는 인간의 생각, 언어, 규범과 이념에 대해 무지하기 때문이다. 대부분의 제도 연구자는 이런 약점들이 그대로 제도에 영향을 미친다는 점에 대해 인식하지 못하고 있다. 내 사고의 형성물인 것들을 세상에 대한 공정하고 객관적인 이해인 것으로 생각하고, 언어 역시 상황에 대한 정확하고 객관적인 이해라고 생각한다. 정책 과정에 참여하고 있는 사람들은 비교적 의지할 만한 행동 규범을 가지고 있다고 생각하고, 제도와 정책이 추구하는 이념은 정당하고 공정하며 누구나 인정할 수 있는 근거가 있는 것처럼 생각하기 쉽다. 그래서 자동차를 설계하듯이, 상대적으로 객관성이 높은 생각

12) 식민지 시대의 미국이 문서상으로 수백 개의 영국식 법원을 설립했으나 부질없는 짓이었음을 비유한 프리드만(Lawrence M. Friedman)의 표현이다.

과 언어와 이념에 기초해 제도를 만들 수도 있고, 이렇게 만들어진 제도에 대해 사람들은 공감할 수 있으며, 설사 사람들 간에 다소간의 이견과 충돌이 있더라도 이를 감수할 만한 가치가 있다고 생각한다.

본질주의적인 접근을 시도하면서 진정으로 제도가 제도로서 작동하게 하는 원인 요소들에 접근할 수 있는 방법을 잃어버렸다. 제도를 살아 있게 만드는 것이 무엇인지를 이해할 수 있는 길을 잃었다. 인간에 대한 이해를 얻지 못하면서 언어가 작동하는 원리와 언어의 약점을 이해할 방법을 잃었다. 규범과 이념이 어떻게 형성되며 어떻게 작동하는지에 대해서도 이해할 수 있는 방법을 잃었다. 그러다보니, 인간을 '사실인'으로 다루는 것에 대해 아무런 죄책감도 가질 이유가 없었고, 제도를 만드는 데 동원되는 개념들의 편견성과 자기참조성에 대해서도 알 수 없었다. 이념의 자기중심성과 객관적 근거의 부재에 대해서도 알 수 없었다. 그러니 새롭게 만들어지는 제도가 특정 이념을 배경으로 편견적인 개념을 동원해 편견적인 세계 이해에 근거해 수립되고 있을 위험을 제대로 인지할 수 없었다. 제도의 위험을 제대로 이해할 수 없으니 새로운 제도에 대한 해법들이 봇물 터진 것처럼 쏟아진다.[13)]

---

13) 제도 연구자들은 흔히 새로운 제도를 제안하기도 하고, 외국의 제도를 대안으로 제시하기도 한다. 그런데 이런 제안들에 대해 일반인이 시큰둥한 반응을 보이는 경우를 흔히 본다. 왜 이런 이렇게 연구자들은 새 제도에 대해 긍정적인데 비해, 시민들의 반응을 냉담하겠는가? 연구자들은 이론적인 개념으로 이해하고 있는 세계를 시민들은 삶으로서 이해하고 있기 때문이다. 연구자들은 과학적인 조사와 분석적이고 논리적인 추론에 근거해 문제를 규정하고 대안도 제시한다. 또 그렇게 대응하면 뭔가 변화가 일어날 것처럼 이야기한다. 만일 이런 식으로 사회 변화가 가능했다면 후진국에 머물러 있는 국가나 사회는 아마 하나도 없을 것이다. 그러나 현실은 그렇지 않다. 외형적으로 보면 연구자들의 논의 그 자체는 체계적이고 논리적이며 상당히 객관적인 자료에 근거하고 있는 것처럼 보인다. 그러나 이런 조사·분석·연구 과정에서 복잡한 현실은 추상화되고 단순화되면서 실제 현실 상황과는 점차 괴리되는 일이 벌어진다. 즉, 과학적이고 논리적인 논의를 채택하는 대신 현실에 대한 있는 그대로의 정교한 서술은 포기했기 때문에 이런 논의가 가능하다는 것이다. 그러나 현실 상황에서는 이론적인 논의에서 배제되었던 변수들이 여전히 영향을 미치고 있다. 즉, 공통 요소에 근거해 추상화하는 과정에서 현실과 괴리된 설명이 일어나고, 이런 괴리에 무지한 채 무리하게 정책을 추진하기 때문에 정책이 저항을 받으면서 유야무야되는 일이 일어난다.

제 4 절 인간의 '사실인'화 장치로서의 제도와 정책

1 '근거 없이' 열리는 정치의 창

정치가 무엇이 될 것인지는 결코 정치에 의해 결정되지 않는다. 하나의 돌이 문진(文鎭)이 될 수도 있고 무기가 될 수도 있듯이, 정치도 그것을 이용하는 사람들의 의도에 따라 압제와 수탈의 수단이 될 수도 있고, 다수의 문제를 해결하는 제도 수립의 장치가 될 수도 있다. 편견과 독단으로 세상 사람들을 억압하는 수단이 될 수도 있고, 편견적인 문제 정의와 불공정한 제도 수립의 위험을 피하고 견제하는 수단이 될 수도 있다. 개인의 자유와 존엄을 존중하고 보호하는 과정이 될 수도 있고, 사회구성원들을 '사실인'으로 다루면서 정형화된 제도를 국민들에게 강요하는 과정이 될 수도 있다. 이런 점은 제3장에서 충분히 설명했다.

정치와 정책이 진정으로 인간에게 봉사하는 수단이 되기 위해서는 한편으로는 사회구성원과 정치인, 정책 과정에의 참여자들이 정치의 위험을 최대한 견제하면서, 다른 한편으로는 정치가 다수 사회구성원의 이익과 이념에 합치되는 제도를 만들 수 있도록 함께 노력해야 한다. 정치 역시 사회구성원들이 함께 만들어 가는 것이다. 그런데 현실적으로는 정치가 다수 국민의 이익을 위한 장치로 작동하도록 하는 것이 쉽지 않다. 정치를 가능하게 하는 인간의 마음, 언어, 비공식 제도와 이념은 양날의 칼처럼 장점과 더불어 단점을 동시에 가지고 있다. 바람직한 정치는 이런 제도 요소들의 약점과 위험성에 의해 정치가 독재화되고 비민주화되고 대립과 갈등의 장이 되는 것은 피할 수 있어야 한다. 그러나 역사적으로 보면, 정치는 이런 위험을 피하기보다는 오히려 이런 약점을 이용해 권력을 획득하고 권력을 독재화해 왔다.

일부 서구와 유럽 사회에서 민주적인 정치 제도가 발전할 수 있었던 것은 첫째는 공동체 구성원들이 '어떤 상황에 함께 처해 있었고', 둘째는 공통의 종교에 의지해 이념을 공유할 수 있었으며, 행동의 규범도 공급받을 수 있었기 때문이다. 셋째는 사회구성원들이 일상의 삶 속에서 제도와 권력의 잠재력과 위험성을 동시에 학습하면서 자신들의 상황에 맞게 이 도구를 이용할 수 있는 능력을 학습했기 때문이다.

그러나 그 외 대부분의 사회에서는 정치가 이런 방식으로 작동하지 않고 있다. 경제와 구별되는 정치의 특징이 있다면, '정치의 창'은 근거가 있어도 열리지만 근거가 없어도 열린다는 점일 것이다. 좀 더 정확하게 말하면 근거가 있어도 제대로 열리지 않을 수도 있고, 근거가 없어도 열린다고 해야 할 것이다. 근거가 있다는 것은 대부분의 국민은 물론 인간을 연구하고 정치와 정책을 연구하는 연구자들까지도 동의할 수 있는 정책이 있다는 의미다. 예를 들면, 경제학자들이 순수 공공재라고 부르는 국방, 치안, 외교, 질서와 관련된 정책이나 제도다. 인간의 가장 기본적인 욕구와 관련되어 있다. 이런 서비스의 공급을 반대할 이유가 없다. 그러나 정치다운 정치의 창은 이런 현실적이고 이론적인 근거가 있어도 결코 열리지 않을 수 있다. 정치인들이 오로지 권력적인 탐욕을 위해 이런 재화의 공급을 빌미로 오히려 국민들을 수탈할 수 있다. 아프리카와 중동 많은 나라에서 이런 일이 일어나고 있다. 정치가 국민들이 원하는 최소한의 서비스도 제공하지 않고 있다. 정치를 정당화할 수 있는 근거가 있음에도, 이를 위한 정치는 성립되지 않고 있는 것이다.

역사적인 경험에 의하면, 정치는 정당한 정당성에 근거해 존재해 온 경우가 드물다. 민주적이고 공화적인 정당성의 기초가 형성된 것은 근대적인 현상이다. 그것도 일부 국가에서다. 정치 권력은 정당성이 부재한 상황에서도 지배력을 잃지 않았다. 무력에 근거해, 폭력에 근거해, 허구적인 이념에 근거해, 다수의 폭력에 의지해, 미신적인 종교에 의지해, 그리고 결정적으로는 사람들의 무지함과 편협한 이기심에 의지해서도 정치는 얼마든지 정당화될 수 있다.

정치 세력의 입장에서 보면, 유권자들이 공통의 이념이나 공통의 문제 의식으로 단결되어 있지 않다는 점이 오히려 권력 획득을 위한 정치의 기회를 제공한다. 수도권 규제, 국가균형 발전정책, 사교육 규제, 성매매정책, 다양한 종류의 복지정책에 대해 관련 당사자들이 누구나 인정할 수 있는 근거, 아니면 사회구성원 절대 다수, 또는 상당수가 동의하는 근거를 제시할 수 있는가? 특히 이로 인해 실질적인 비용을 부담해야 하는 당사자들의 동의를 얼마나 얻고 있는가? 만일 비용 부담자들의 동의가 없다면 이런 제도는 일종의 다수에 의한 조세 횡포, 이념 횡포다. 개인의 자유와 권리를 존중하는 자본주의와 민주주의의 기본 정신과 충돌한다. 정당한 근거에 기초해 수립된 정책이라 할 수는 없다. 그런데 정치인들의 입장에서 보면, 이런 정책이 정치적으로는 오히려 유용하다. 정당하고 폭넓은 공감의 근거는 없어도 특정 이념, 특정 이해, 특정 지역 집단의 정치적 지지를 얻는 데는 오히려 쓸모가 있다. 설사 다수의 이념, 다수의 이해, 다수의 자유, 다수의 권한에 제약을 가하는 정책이라도 선거에서 불리하게 작용할 수 있다면 얼마든지 저버릴 수 있는 것이 정치다.

어찌 보면, 정치 영역의 상당 부분은 합리적이고 공정하며 객관적인 문제의 정의와 해결책의 모색이 가능하지 않기 때문에 발생한다. 냉정하게 말하면 애초부터 풀 수 있는 문제이기 때문이 아니라 풀 수 없는 문제임에도 해결이 가능한 것처럼 착각하기 때문에 정치의 영역이 발생하는 것이다. 해결할 수는 없어도 선거에는 도움이 될 수 있기 때문이다. 국민에게 상당한 부담은 되어도 선거에는 도움이 될 수 있기 때문이다. 그런데 이렇게 한번 열린 정치의 창은 설사 상당한 비용을 수반하는 경우에도 잘 닫히지 않는다. 정치는 정치의 논리에 따라 흘러가기 때문이다. 왜 정치의 역사는 독재의 역사, 부패의 역사, 압제의 역사, 혼란과 갈등의 역사가 주를 이루고 있는가? 정치를 정당화할 수 있는 정당한 근거를 마련하는 것이 결코 쉽지 않기 때문이다. 이처럼 공정하고 정당한 근거가 없는 상황에서는 누구든지 먼저 차지하는 사람이 주인이 된다. 설사 이런 일이 벌어지더라도 집단적으로 저항하는 것이 어렵다.

2 '근거 없음'에 대한 정치의 '기만적' 대응

제2장에서 설명한 바와 같이 시장도 거래비용에 대한 대응으로 생겨난 것이고, 정부와 정치 역시 거래비용 문제에 대한 대응으로 생겨난 것이다. 공공재 문제에 정부가 개입하는 것은 그것이 단지 국민들이 필요한 재화이기 때문이 아니다. 시장에서 공급할 경우 자기 선호의 은폐와 무임승차로 인해 의사 결정 비용이 급증하고, 결국 사회적인 최적량을 공급하지 못할 위험이 크기 때문이다.

그런데 마음, 언어, 비공식 제도와 이념 문제에 대응하는 방법에서 시장과 정부는 엄청난 차이를 보인다. 시장과 기업활동에 참여하고 있는 사람들도 자신의 사고의 함정과 약점, 언어의 의미의 모호함과 불확실성 · 가변성, 이념의 객관적인 근거 부재의 문제에 그대로 직면한다. 그런데 이런 문제에 대응하는 방법이 크게 다르다. 인간은 서로가 생각을 달리하고 세상에 대한 해석도 다르고 선호하는 바도 다르다. 자기 선호의 근거에 대해 객관적인 근거를 제시할 수 있는 사람은 없다. 이유는 정확히 알 수 없지만 나는 어떤 것이 좋고, 어떤 것을 이미 원하는 상태에 도달해 있다.[14] 시장은 이처럼 세상에 대한 다양한 해석에 대해 이를 하나로 수렴하고 공유할 것을 요구하지 않는다. 각자의 선호를 존중한다. 각자의 가치를 존중하고 각자의 이념을 존중한다. 왜 각자의 판단을 존중하는가? 어떤 누구의 판단도 객관적일 수는 없기 때문이다. 어떤 누구의 판단에도 누구나 인정할 수 있는 객관적이고 공정한 근거는 없기 때문이다. 이 판단 역시 일종의 '근거 없는 근거'에 기초하고 있기 때문이다. 정당하고 객관적인 근거가 있다면 그 근거에 기초해서 모두가 동일한 선택을 하면 된다. 그런데 그런 근거는 없고, 단지 내가 생각하기에는 그렇기 때문에 나는 그렇게 판단하고 행동하는 것이 '근거 없는 근거'다. 각자는 자기 판단의 근거가 불확실하더라도 자신의 판단에 따라 선택을 하고, 대신 자신의 판단에 대해서는 자신이 책임을 진다. 이 방법이 '근거 없는 근거' 문제에 인간이 대응할 수 있는 방법이다. 다른 사람에게 자신과 같이 생각하고 자신과 같이 선택할 것을 권고하고 때로는 설득도 하지만 결국 선택의 책임은 개인에게 맡겨진다.

개인 책임 원칙은 개인의 자기망각과 편견, 언어적인 오해와 이념적 편견으로 인해 발생할 수 있는 판단의 실수와 그로 인한 비용이 다른 사회구성원들에게 전가되는 것을 차단한다. 공산주의 사회는 이런 자기망각과 근거의 부재로 인한 판단 오류의 부담을 사회구성원들에게 전가시켰다.

정치와 정부는 인간 사고 · 언어 · 이념의 약점에 대응하는 방법이 다르다. 우선 앞선 논의에서 인간의 생각과 언어와 이념은 정치 및 정책 과정에서 상당한 갈등과 혼란의 원인이 될 수밖에 없다는 점을 설명했다. 제4장에서 자기망각과 자연적 태도로 인해 의사 소통 비용 및 합의비용이 증가할 수밖에 없고, 정책 및 정치 갈

14) 뇌과학자인 한스 게오르크 호이젤(2008)의 설명에 의하면, 시장이 공급하는 각종의 재화들은 인간이 생리적 · 생물학적으로 원하는 다양한 욕구의 충족을 위해 만들어진다. 인간이 추구하는 다양한 가치들도 결국은 인간이 원하는 감정적 욕구를 충족시키기 위한 수단일 뿐이다.

등이 심화될 수밖에 없다는 점을 설명했다. 또 제5장에서 개념화와 더불어 언어와 상황 및 맥락과의 단절이 일어나면서 사실에 대한 있는 그대로의 서술이 어려워지고, 재량권이 필연적으로 발생할 수밖에 없으며, 감시 문제가 발생한다는 점도 설명했다. 공통 이념을 형성하는 것이 어렵고, 서로 다른 이념 간의 상호 이해가 어렵다는 점도 설명했다.

정치가 이와 같은 갈등과 혼란의 장이 되는 이유는 시장에서와는 전혀 다른 방식으로 인간의 사고와 언어 및 이념의 함정에 대응하기 때문이다. 정치와 정부는 인간 사고의 자기망각과 편견 및 '근거 없는 근거' 문제를 개인 책임 원칙에 의해 해결하지 않고 여러 가지 정치 제도를 통해 해결하는 방식을 취하고 있다. 가령 그들이 제시하는 선거 공약, 정책 결정, 정치적 타협을 보면 상당히 해결하는 것처럼 또는 해결을 위해 노력하는 것처럼 보이는 측면도 있다. 또 공공재의 영역과 같이 비교적 해결이 용이한 영역도 있다. 그러나 엄밀히 말하면 상당한 '기만성'을 내포하고 있다.

즉, 누구의 생각이나 개념이나 이론 또는 누구의 이념도 적어도 인간과 사회에 관한 것인 한은 객관적인 근거를 가지고 있지 않다. 어디까지나 자신의 생각과 경험과 이론과 이념 또는 자기 집단의 이해와 이념, 또는 특정 집단의 이해와 이념을 배경으로 하고 있다. 그래서 자신들의 입장에서 보면 그런 판단은 상당한 근거가 있지만 생각을 달리하고 이념을 달리하는 사람들의 입장에서는 근거를 인정하기 어렵다. '근거 없는 근거'에 기초하고 있는 것이다. 그런데 이 '근거 없는 근거'는 어디까지나 특정 집단 또는 해당 집단 내에서 의사 결정이 이뤄질 때만 의사 결정의 정당한 근거가 될 수 있다. 그런데 바로 이 '근거 없음', 또는 언어의 의미가 불분명하고 모호해 문제 상황을 정의하기에 적합하지 않은 상황에 대해 정치가 대응하는 방법은 '찬성', '반대' 그리고 '다수결'이다(Inwood, 1997: 52).[15] '근거가 없음'

---

15) 인우드(Michael Inwood)의 설명은 이런 것이다. 일상의 삶에서 우리는 주변 사람들의 말과 생각과 행동을 무심결에 배우고 전하고 따라한다. 이때 우리가 하는 말과 행동의 의미는 많은 경우는 모호하고 불확실하다. 그런데 이런 모호함에 대해 우리가 일상적으로 취하는 태도는 그 근원을 따져 증거를 찾아보고 이해나 해석의 공정성이나 객관성을 따져보는 방식이 아니다. 그냥 "나도 동의해" 또는 "나는 달리 생각해" 이런 방식을 취한다. 그리고는 단지 더 많은 사람이 어떤 행동의 방식을 취하고 있다면 또는 더 많은 사람이 동의한다면 그것을 정당한 것으로 받아들이거나 결정한다. 그러나 이런 방식으로는 '근거 없음'의 문제가 해결되지 않는다. 오히려 근거 없는 생각과 행동을 다른 사람들에게까지 강요하는 결과를 초래할 뿐이다.

을 '찬성' 또는 '반대'의 포장으로 덮어 버린다. 단지 다수가 찬성했다는 점을 내세워 그런 결정이 근거가 부족하며, 언어는 구체적이고 공정한 의미를 담고 있지 않으며, 그것이 추구하는 이념 역시 허구적일 수 있고 유토피아적일 수 있다는 점을 덮어 버린다. 하이데거의 설명을 빌리면 '은폐(concealment)'해 버리는 것이다. 근거가 부족하다면 더 신중해야 하고, 더 많은 근거를 찾아야 하며, 궁극적으로는 사회구성원들의 상당한 공감과 동의를 얻어내는 작업이 선행되어야 한다. 그런데 정치는 이렇게 작동하지 않는다. '근거가 부족'하고 불확실해도 선거에 도움이 되고, 책임을 회피하는 데 도움이 되면 다수결이라는 의사 결정 방법에 의지해 모험을 감행하는 것이 정치다. 애로의 표현을 빌리면 공통의 후생함수를 도출하는 것이 불가능한 문제, 노스의 설명을 빌리면 공통의 이념에 기초하고 있지 않는 문제, 설의 개념을 적용하면 집단지향성을 상실하고 있는 상황에 있음에도 불구하고 단지 투표에서 다수가 찬성했다는 이유로 어떤 제도와 정책을 결정하는 방식으로 정치는 작동하고 있다.

왜 정치에서 '투표 거래'가 일어날 수밖에 없겠는가? 애초부터 합의가 쉽지 않기 때문이다. 애초부터 공통된 생각에 도달하게 할 수 있는 공통의 이념과 공통의 의미 기반을 상실하고 있음에도 불구하고 굳이 어떤 하나의 선택을 문제의 해결일 것으로 생각하기 때문에 서로 원하는 것을 주고받는 식의 투표 거래가 일어나는 것이다. 정책을 정당화할 객관적인 근거가 없기 때문에 투표에 의한 다수의 횡포가 일어나도 '다수결' 원칙 하에서는 마땅히 대응할 방법이 없다. 비용을 부담하지 않는 사람도 투표권을 가지기 때문에 공평한 비용 부담을 기대하기도 어렵다. 애초부터 '객관적인 근거가 없어도' 결정할 수 있는 권한을 부여한 것이기 때문에 정치인과 관료들에게 공정하게 정책 실패의 책임을 물을 방법도 없다. 이런 결정의 비용은 모두 국민들에게 전가된다. 그래서 국민의 비용으로 정치를 하면서 권력의 이익만을 취하더라도 결정의 책임을 묻기는 어려운 것이 정치다. 용인경전철로 인한 비용은 용인 시민이 부담해야 하며, 행정수도 이전에 따른 비용 역시 국민이 부담해야 한다. 복지정책으로 인한 비용 역시 부담자는 국민이며, 4대강 사업으로 인한 비용 역시 궁극적으로는 국민이 부담한다. 선거에서의 승리를 위해 정책을 이용하지만, 그로 인한 비용은 결코 정치가 부담하지 않는다.

3 제도에 의한 인간의 '식민화'

[그림 7-2]는 정치에 대한 매우 단순화된 설명의 하나다. 여러 가지 요구와 자원이 정치 과정에 투입된다. 정치는 이런 투입 요소에 기초해서 다수의 요구를 충족시킬 수 있는 정책이나 제도로 다양한 요구를 '전환'시키는 역할을 수행한다. 소위 공화주의자들이 말하는 대화와 숙고에 의해 다수의 요구를 충족시킬 수 있는 정책을 탐색하는 과정이다. 바로 이 전환 과정이 정치의 핵심이다. 이렇게 다양한 요구들이 정치 과정에서 하나의 정책으로 전환되어 정책 산출이 일어난다. 이후에는 이에 대한 평가와 피드백이 이뤄진다.

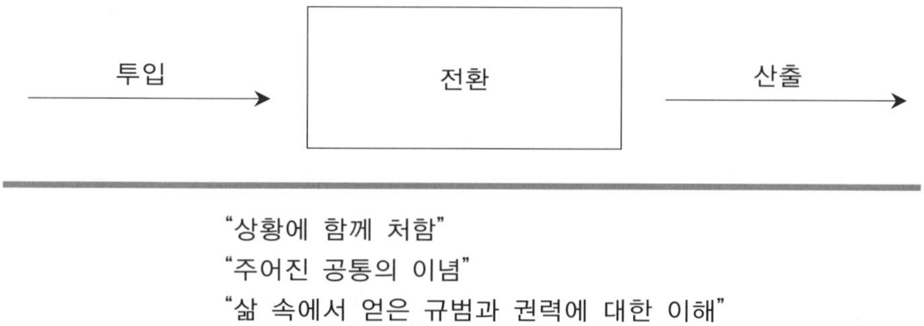

그림 7-2 정치 과정

그런데 제4·5·6장에서 살펴본 인간, 언어, 규범과 이념에 대한 논의에 의하면 이런 과정이 정치 연구자들이 기대하는 것처럼 작동하기는 결코 쉽지 않다. 실제로 많은 사회는 이런 방법에 의해 제도를 만드는 데 성공하지 못하고 있다. 많은 경우는 이런 과정을 통해 사회구성원 다수에게 이익이 되는 정책이 만들어지는 것이 아니라 특정 집단의 이념이나 이익을 위한 정책들이 만들어지고 있다(Stigler, 1975; Friedman, 1983; 최병선, 1992).

정치가 제도를 만들기 위한 장치로 비교적 성공적으로 작동하는 경우는 사회구성원들이 첫째로 경제 사회적으로 동일한 상황에 처해 동일한 문제에 직면하고 있고, 둘째는 이런 문제 상황에서 어떤 이념을 추구할 것인지에 대해 상당한 공감이 이뤄져 있으며, 셋째는 새로운 제도에 의해 탄생하는 권력과 지위를 행사하는 방법에 대한 합의와 이를 사적인 목적으로 이용하는 것을 견제하는 규범이 일상의 삶에 기초해 형성되어 있는 경우다. 만일 이런 조건들이 갖춰지지 않으면 어떤 상황에 대한 문제 인식에 공감할 수 없고, 문제 해결을 통해 달성하고자 하는 목표나 이념에 대해 공감하기도 어려우며, 제도를 만듦으로써 필연적으로 발생하는 재량권을 견제하기도 어렵다.

만일 이와 같은 상황적인 조건이 갖춰져 있지 않는데도 불구하고 굳이 제도를 만든다면 그 제도는 어떤 모습이 되겠는가? 제도가 인간을 위해 봉사할 가능성이 희박해질 것이다. 심지어는 인간에게 봉사해야 하는 제도가 인간을 식민으로 삼고 지배하는 결과가 발생할 수도 있다([그림 7-3] 참고).

[그림 7-3]은 인간의 마음과 언어가 작동하는 방식에 내재되어 있는 위험들이 적절히 견제되지 못할 때, 이런 상황에서 정치와 제도란 어떤 것이 될 것인지를 정리해 본 것이다. 한마디로 말하면 정치와 제도에 의한 인간의 '식민화'다. 스스로 자신의 삶과 자신의 현실에 대해 상당한 지식과 기술을 학습해 축적하고 있으며, 스스로 자신에게 적합한 삶의 방법을 채택하기 위해 골몰하고 있는 것이 인간이

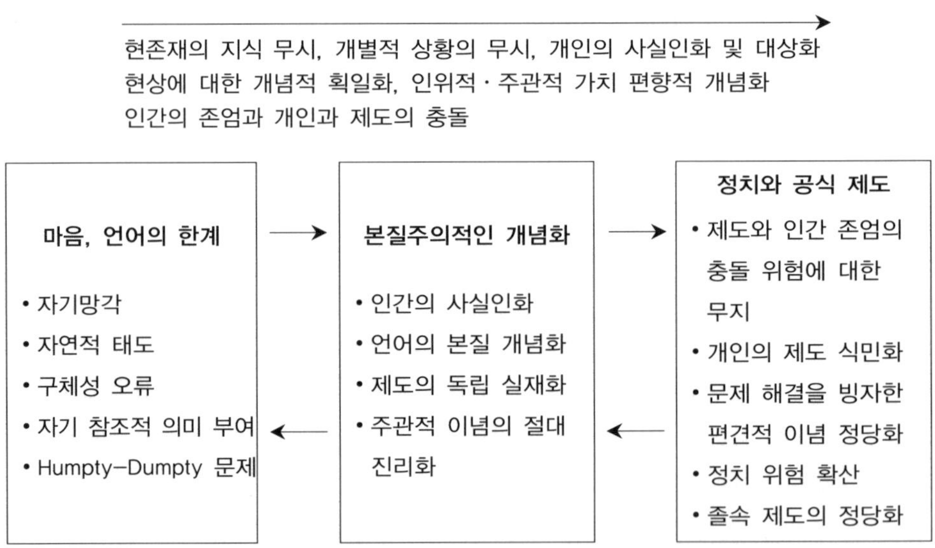

그림 7-3 정치와 제도에 의한 인간의 식민화

다. 그런데 이런 인간의 자기 판단의 기회를 빼앗고, 부분적인 지식, 편견적인 지식, 현실과 괴리된 지식, 근거가 부족한 개념과 이념에 기초한 삶과 행동의 방식을 개인에게 강요하는 것이 제도이기 때문이다. 식민정부가 식민지의 주민들을 일방적으로 지배하듯이 정치와 제도가 사회구성원들을 지배하는 일이 일어난다는 것이다.

하이데거의 설명을 빌리면, 정치와 제도는 일종의 '탈은폐'형의 진리가 되어야 한다. 설이 집단지향성에 근거해 제도가 만들어져야 한다는 것이나, 노스가 비공식 제도와 공통의 이념에 근거해 제도가 만들어져야 한다고 주장하는 것은 하이데거의 설명과 일응 상통한다. 즉, 어떤 도구가 망치가 되는 것은 어떤 작업실에 있는 사람들이 그들이 가진 다른 연장들과 그들이 보유한 재료들과 그들이 함께 계획하고 있는 제품 등에 대한 배경적인 인식에 기초해 규정된다. 이런 공유의 상황과 공유의 목표와 계획이 없다면 더 이상 망치는 필요치 않다. 설사 그런 것이 있어도 망치로서의 역할을 수행하지는 않을 것이다. 이 사람들이 그것을 망치로 본 것은 그 사람들의 '함께 처함'을 기초로 이뤄진 대상에 대한 새로운 해석의 결과다.

그런데 상황에 함께 처해 있지도 않음에도 정치적 목적을 위해, 또는 제도에 대한 무지에 근거해 제도의 도구화는 일어날 수 있다. 사람들은 자신의 생각과 이념의 근거에 대해 망각하고 있고, 언어의 의미의 근원에 대해서도 잘 알지 못한다. 사람들의 편견과 집단이익이 제도화될 위험을 견제해야 하는 것은 정치인이다. 하지만, 정치인들은 자신들의 정치적 이해 타산을 위해 오히려 사람들의 편견을 조장하고 집단적 이해를 이용하고자 한다(Lukes, 1974; Bachrach & Baratz, 1962).[16] 선거에 이길 수 있다면 남북 문제에 대해, 경제사회적인 문제에 대해 사회구성원들의 생각에 인위적인 제약을 가할 수 있는 것이 정치다. 특정 집단의 이해 관계에도 기꺼이 봉사할 수 있는 것이 정치다.

정치를 견제해야 할 연구자들 역시 본질주의적인 학문 연구에 몰두해 인간을 망

16) 간단히 설명하면 이렇다. 정치란 세 가지 얼굴을 가지고 있다. 첫째, 자신들의 정치적 이익과 충돌하지 않는 문제는 정치와 정책의 대상으로 인정한다. 둘째, 자신들의 이익과 충돌하는 문제는 사회적인 이슈나 정책문제가 되지 않도록 사전에 차단한다. 셋째, 사회구성원들이 아예 자신들의 정치적인 이익에 유리한 방식으로 사회 현상이나 문제를 이해하도록 구성원들이 생각 자체에 제약을 가한다. 즉, 여론을 적절히 조종해서 사회구성원들이 문제 현상에 대해 정확하게 이해하는 것을 사전에 차단할 수도 있다는 것이다.

각하기 쉽고, 개념과 이론의 약점에 대해서도 망각하기 쉽다. 사회세계에서는 어떤 이론이든지 해당 패러다임 내에서만이 정당화될 수 있는 일종의 '일관성에 근거한 진리'에 불과하다는 점을 망각한다. 개념화의 과정에서 사회구성원들의 다양한 요구와 생각들이 획일화될 수밖에 없고, 개념화 과정이 실제로는 사회구성원들이 처한 상황으로부터의 단절화·고립화 과정이라는 점을 망각한다. 이렇게 만들어진 개념은 제도를 만드는 데에는 유용할 수 있어도, 제도로부터 사회구성원들의 자유를 지켜내지는 못한다. 이미 개인은 '사실인'화의 과정에서 잊혀졌다. 개념의 실상을 알지 못하니 개념적인 목표를 위해 제도가 만들어져 작동할 수 있다는 생각에 빠진다. 결국 연구자들 역시 제도에 의한 인간의 '사실인'화 위험을 제대로 인식하지도 견제하지도 못하고 있다.

이런 와중에 사회구성원들에게 상당한 비용을 부담시키는 정책들이 졸속적으로 도입되고 있다. 모든 법과 제도는 반드시 사회구성원들의 자유와 권리를 제약한다. 당사자의 동의 없이 도입되고 강요되는 정책이나 제도는 식민지 정부가 지역주민들의 요구와 상관없이 오로지 지배를 위한 목적으로 도입하는 정책과 다를 바 없다. 정치인들이 오로지 권력 획득을 위해 도입하는 정책 역시 결과적으로는 사회구성원들을 '사실인'화하고 '식민화'한다.[17)]

4 더 큰 제도와 정책의 악순환

인간을 사실인화하고 이에 근거해서 제도를 만들고 정책을 결정하면서 필연적으로 발생할 수 있는 것이 더 큰 제도와 더 큰 정책에 의한 제도의 악순환 위험이다. 어떤 정책이 예기치 못한 부작용을 초래하고, 이 부작용에 대응해 또 다른 정책을 도입하면서 정책은 점점 더 커지지만 문제는 해결되지 않는 상황에 처한다

17) 이런 사상과 상통하는 것이 실용주의 철학자인 로티의 사적 진리와 공적 정의에 관한 설명이다. 그의 설명에 의하면 사회세계에서의 진리는 사적인 진리다. 어떤 서술이나 해석에 대해 생각을 같이하는 사람들 사이에서만이 통하는 진리다. 누구나 이해할 수 있는 보편적인 표상에 의지해 얻을 수 있는 보편적이고 일반적인 진리가 결코 아니다. 이런 다양한 진리를 통합하거나 또는 공약할 방법, 즉 공통의 요소들을 조화롭게 요약할 방법은 없다. 그럼에도 불구하고 이런 사적인 진리를 공적인 영역에 확대해 하나의 전체 사회적인 규율로 삼고자 하면 이는 결국 어떤 개인에 의한 다른 개인의 지배를 초래한다. 결코 진정한 자유와 평등을 실현하는 길이 될 수 없다(김용준 외, 2014: 125-139).

(최병선, 2007: 13; Wildavsky, 1979: 62-84; 이혁우, 2009).

제도란 '어떤 상황에 함께 처한' 사람들이 해당 문제를 동일한 관점에서 해석하고, 이런 문제 인식 속에서 자신들이 충분히 의미를 이해할 수 있는 언어들을 동원해 문제 상황을 정의하고, 자신들이 일상에서 학습한 인간과 제도에 대한 이해에 기초해 실현 가능한 제도를 함께 모색하고, 함께 법을 만들거나 대응조직을 만들거나 어떤 정책을 수립하며, 이를 함께 준수할 때 달성된다. 하이데거의 표현을 빌리면 '어떤 상황에 함께 처한' 사람들이 그들의 상황·지식·믿음·능력·이념을 배경으로 '탈은폐'형의 진리를 찾아내고, 이런 인식에 근거해 자신들에게 맞는 정책이나 제도를 만들 때, 그 제도는 그들을 위한 제도가 된다. 즉, 만일 우리가 동일한 작업실에서, 동일한 종류의 제품을 만들고 있고, 동일한 재료를 사용하고 있으며, 동일한 종류의 기술에 의지하고 있다면, 우리가 함께 사용할 새로운 장비의 도입에 대해 함께 합의하는 것이 가능하다. 새 장비가 가지는 가치와 의미가 우리 모두에게 유사할 것이기 때문이다.

그런데 국가에서 만드는 많은 정책과 제도는 함께 상황에 처한 사람들의 '탈은폐'형의 진리에 근거하고 있지 않다. 특정한 상황에 처한 사람들을 특정한 관점에서 해석하고, 이런 부분적인 해석에 기초해 정책을 수립한 다음, 이 정책에 모두가 순응할 것을 요구한다. 제4장의 [그림 4-2](이 책 170쪽)를 적용하자면, A라는 상황에 대해 x라는 관점에서 이해하고 수립한 정책을 전혀 다른 관점으로 대상 현상을 이해하고 있는 모든 사회구성원에게 요구하는 셈이다. 그러나 앞서 누누이 설명한 것처럼 사회세계에서는 어떤 관점의 이해가 다른 관점의 이해보다 더 바람직하다는 것을 설득할 객관적이고 공정한 근거가 없다. "그건 네 생각이다!"라는 상대를 설득할 방법이 없다. 게다가 이런 설득이 도덕적으로 정당하지도 않다. 분명, 나는 나의 관점과 나의 경험과 나의 이론을 배경으로 세상으로 보고 있다. 그런데 이런 상황에 있는 내가 상대방의 입장이 되어 온전히 상대의 관점에서 생각하고 이해할 방법은 없다. 게다가 궁극적으로 선택에 따른 책임을 져야 하는 것은 상대방이다. 그럼에도 내 생각을 강요한다면 이는 인간의 존엄을 훼손하는 것이다.

제도를 만드는 과정은 매우 과격한 단순화와 획일화 과정이다. 전혀 다른 상황에 있는 사람들을 오로지 몇 가지 기준에 근거해 '동일한' 종류의 정책 대상으로 분류하기 때문이다. 그러나 각 사람들은 자신의 상황을 판단의 근거로 삼을 수밖에 없고, 정책이나 제도에 의해 규정된 매우 단순화되고 획일화된 상황과의 충돌은 거의 필연적이다. 제도로 획일화된 상황과 사회구성원들이 실제 처한 상황과의 괴리가 커질수록 예기치 못한 결과의 가능성도 커질 것이다. 이런 예기치 못한 결과에 다시 대응하면서 정책은 더 커진다. 그러나 이런 정책들 역시 현실과의 괴리를 피하지 못하면서 정책은 악순환의 길을 가게 된다.

제 8 장

마무리: 제언

제 1 절 문제의 '해소' 가능성 모색

1 해결

제도 환상, 제도로 인한 인간의 사실인화, 제도와 인간 존엄의 충돌, 제도 실패의 위험 등의 문제에 대응할 수 있는 방안들을 논의하면서 제도에 관한 논의를 마무리하자. 그러나 여기서 논의하는 내용들은 제기된 문제들에 대한 본격적인 연구의 결과물은 아니다. 앞서 제기된 여러 가지 문제에 대한 해법을 모색하는 연구는 앞으로 연구되어야 할 과제다. 다만 앞으로의 연구의 방향을 제안하는 차원에서 몇 가지 제안을 하고자 한다.

인간의 사고와 언어의 약점이 정치와 정책 과정에 스며들면서 정치와 정책이 인간의 존엄과 충돌하는 문제가 발생하고 있다. 특히, 정치와 정책은 인간 사고와 언어의 여러 가지 약점에 쉽게 노출될 수 있는 구조를 가지고 있다. 그렇다면 이에 대응할 수 있는 방법에는 어떤 것이 있겠는가? 첫 번째로 제안하고자 하는 것은 문제를 '해결(solve)'하는 방법과 더불어 문제를 '해소(dissolve)'하는 방법을 좀 더 적극적으로 모색할 필요가 있다는 점이다. 특히, 사회세계는 여러 가지의 상대성에 노출될 수밖에 없는 한계로 인해 문제를 객관화할 수 있을 때 채택할 수 있는 '해결' 전략을 채택하는 데는 상당한 한계가 있다. 문제의 해결이 아니라 더 큰 문제의 시작이 될 가능성이 높다.

어떤 문제에서 벗어나는 방법에는 크게 두 가지가 있다. 첫째는 문제를 해결하는 방법이고, 둘째는 어떤 것이 문제라는 우리의 인식을 해소함으로써 사라지게 하는 방법이다. '정말' 문제가 '있다'면 그것은 해결 방법을 찾아야 한다. 문제가 '정말 있다'는 것은 물리적인 인과 관계, 생물학적인 인과 관계 등 과학적인 인과 관계에 의해 문제의 존재를 객관적으로 규정할 수 있는 경우다. 인간의 삶이나 심리와 관련된 문제들도 의학, 뇌과학, 심리학 등에 근거해 원인을 객관화할 수 있고, 이런 지식에 근거해 설득하고 공감하는 것이 가능하다면 해결의 대상이 될 수 있다. 만일 문제가 이런 방식으로 실재하고 있다면 이런 문제는 누구나 인정할 수 있고, 모두가 공감할 수 있으며, 이런 문제의 개선은 모두의 삶의 질을 개선할 수 있을 것이다. 이런 문제가 있다면 이는 해결의 대상이다. 좀 더 실천적으로 이런 문제를 분별하는 방법은 어떤 사람이 "나는 그 문제에 대해 공감하지 않는다"고 말할 때, 그를 설득할 수 있는 방법이 있는 문제들이다.

사람들이 서로 생각을 달리하고 있으나 상대를 설득할 '마땅한' 방법이 없는 문제는 최소한 문제 자체의 존재론적 양상을 기준으로 보면 해결의 대상은 아니다. 문제의 해결을 가능하게 할 수 있는 '근거'가 부재하기 때문이다. 일종의 '근거 없는 근거'에 기초하고 있는 문제이기 때문이다. 설사 객관적인 근거를 제시하기는 어려워도 구성원들이 다 같이 그렇게 생각한다면 공통의 문제가 될 수 있는 것이 사회세계다. 그런데 이런 문제는 생각을 달리하는 사람들의 입장에서 보면 문제가 되지 않는다. 문제로 생각하는 사람들의 입장에서는 다른 사람도 그렇게 생각하고 있다는 점이 문제를 정당화하는 근거가 된다. 하지만 이런 생각에 모두가 동의하지 않는다는 점에서는 근거가 없는 것이다. 그런데 사회세계에서 일어나고 있는 대부분의 문제는 이런 종류의 문제에 해당한다. 인간의 주관적인 가치, 신념, 이념, 기대를 배경으로 할 수밖에 없기 때문이다.

그렇다면 이처럼 '근거 없는 근거'에 기초하고 있는 문제는 어떻게 해법을 찾아야 하는가? 양쪽이 다 쉽지는 않지만 이론적으로는 '해결'과 '해소' 모두가 방법이 될 수 있다. 우선, 처음에는 어떤 문제에 공감하는 사람들이 소수였지만, 여러 가지 의견 교환 과정을 거치면서 점차 사회구성원들이 그 문제에 대해 공감하게 되었다면 '해결'의 대상이 될 것이다. 반대로, 여러 가지 의견 교환을 거치면서 문제라는 생각이 오히려 사라질 수도 있다. 이렇게 되면 더 이상 해결의 대상으로 삼아야 할 이유 자체가 사라진다.

가령, 수도권 규제, 성매매, 노사 관련 규제는 '해소'의 대상에 가깝다. 전문가들조차도 생각을 달리하고 있다. 정답을 규정하기 어렵다. 일종의 '근거 없는 근거' 상황이다. 사회 제도는 관련된 사람들이 공감하지 않으면 제도로서의 정당성을 상실한다. 하나의 해법을 찾는 이유는 그 해법이 모두에게 이익이 되기 때문이다. 어떤 해법이 누군가에게는 문제의 해결이지만 다른 누군가에게는 새로운 문제의 발생을 의미한다면 이를 정당화할 수 있는 근거를 제시하고 설득할 수 있어야 한다. 만일 설득하기 어렵다면 각자가 자신의 상황에 맞는 해법을 찾을 수 있는 기회가 보장되어야 한다. 이런 상황에서는 굳이 법이 필요하지 않다. 법을 정당화할 근거도 없다. 이런 상황에서 만들어진 법은 어떤 해법이 정답인지에 관해 우리 스스로도 확인할 수도 없음에도 정치적인 방법으로 정답의 힘과 권위를 부여한 것일 뿐이다. 법을 이용해서 정답이 될 수 없는 기준을 모든 사회구성원에게 강요하는 것이나 마찬가지다. 상황이 이와 같다면, 법과 정책에 의해 이 문제에 개입하는 것은 매우 신중해야 한다. 정책 결정보다는 오히려 '무의사 결정(non-decision making)'이 더 나은 선택일 가능성이 높다.

경제학자들이 소위 '순수 공공재'라고 부르는 서비스 영역은 '해결'의 대상이 될 수 있는 영역이다. 이런 분야는 문제를 해결해야 한다. 상태 자체를 바꿔야만 문제에서 벗어날 수가 있다. 이런 서비스는 특징이 있다. 시대가 달라지고 사회가 달라지고 사람들의 삶의 방식과 조건이 달라져도 변함없이 사람들이 원하는 서비스라는 점이다. 인간이 인간으로서 살아가기 위해 필요한 기본적인 삶의 조건을 형성하는 서비스들이기 때문이다. 제7장에서 설명한 바를 적용하면 인간이라면 누구나 직면할 수밖에 없는 '상황에 함께 처함'의 조건이 성립하는 상황이다. 인간은 공동체를 구성해 서로 협력하며 살아갈 때 여러 가지의 유익을 얻을 수 있다. 더 크고 더 다양한 종류의 시장을 형성해 사람들의 필요와 요구에 더 섬세하게 대응하는 사회를 만들 수 있다. 각자가 자신의 잠재력을 실현할 수 있는 기회가 더 많아질 수도 있다. 함께 협력하기만 한다면 구성원의 생명과 안전을 보호하는 데도 더 유리할 수도 있다. 간단히 말해 더 행복하고 더 잘사는 사회를 만들 가능성이 생긴다. 순수 공공재는 사회공동체가 질서를 유지하고 존속하는 데 필요한 기본적인 서비스들이다. 그래서 어느 시대 어느 사회에서나 이와 관련된 문제는 '해결'하고자 한다. 국가와 정치, 정부와 제도와 정책이 정당화되는 것도 바로 이런 서비스를 공급할 수 있기 때문이다. 만일 이런 서비스를 효율적이고 민주적이고 공정한 방법으로 공급한다면 그런 정부는 그야 말로 국민들을 위해 존재하면서 국민들이 원하는 문제를 해결함으로써 스스로의 정당성을 국민들로부터 정당하게 인정받는 정부가 될 수 있다.

경제학적인 표현을 빌리면 '파레토 개선'과 같은 효율성의 개선이 가능한 영역이다. 즉, 적절히 비용을 부담할 경우 어떤 사회구성원도 비용과 편익이라는 측면에서 손해를 보는 사람이 없이 사회구성원들의 전체적인 효용의 증가를 가능하게 하는 일이 일어날 수 있다. 각자가 자신의 담세 능력에 맞게 세금을 부담하고, 이렇게 징세된 세금 수입으로 국방 서비스를 공급하고 치안 서비스를 공급하면 각 개인이 이런 문제를 독자적으로 해결할 때보다 훨씬 효율적인 방법으로 이런 서비스를 향유할 수 있게 된다는 것이다.

절대 다수의 사회구성원이 원한다는 점이 이런 서비스에 대한 정치와 정부의 성공을 보장할 수 있는가? 그렇지는 못하다. 국민들이 아무리 간절하게 원하더라도 이를 위한 정치와 정부를 수립하는 문제는 전혀 다른 종류의 문제다. 인류의 역사를 돌이켜보고, 지금 세계 각국에서 펼쳐지고 있는 정치와 정부와 제도의 현실을 돌아보면 금방 알 수 있다. 아무리 국민들의 바람은 간절하더라도 이를 철저히 무시하고 오로지 자신의 안위만을 위해 정치와 정부를 이용할 수 있는 것이 인간이기 때문이다. 제3장에서 이미 설명한 것처럼 어떤 제도가 무엇이 될 것인지는 결코 제도 자신에 의해 정해지지 않는다. 그것을 만들고 이용하는 사람들의 의도가 정한다.

2 해결, 해소, 그리고 민주주의

민주적인 의사 결정의 핵심은 해결과 해소의 가능성을 '함께' 확대해 가는 데 있다. 어떤 문제가 제기되는 상황에서는 '해결'의 대상인지 '해소'의 대상인지 불확실하다. 그런데 공화주의적인 의사 결정 과정을 거치면서 사회구성원들이 어떤 문제의 정의에 대해 절대 다수가 공감한다면 이 문제는 해결의 대상이 될 수 있다. 객관적인 정답이 있기 때문이 아니라 사회구성원 다수가 그것을 문제로 규정하는 데 공감한다는 것이 그것을 해결해야 할 문제로 만든다. 영국에서 노예무역을 금지하는 과정이 좋은 예가 될 것이다. 설득하고 공감하는 과정을 거치면서 처음에는 소수에 의해 제기된 문제가 결과적으로는 다수의 공감을 얻어 사회적인 합의를 이끌어 내었다. 함께 해결해야 할 문제가 되었고, 결국 법적인 제약을 통해 문제를 해결했다.

반대로 이 과정에서 문제가 '해소'될 가능성도 없지 않다. 즉, 논의를 진행하는 과정에서 다양한 토론이 이뤄지고, 예전에 알지 못했던 점들에 대해 이해가 확산되면서, 서로에 대한 오해나 문제 상황에 대한 오해가 해소될 수도 있기 때문이다. 공화적인 민주주의의 요체는 바로 이런 것이다. 문제에 대한 충분한 논의를 거치면서 문제가 더 분명하게 드러나고 더 확실하게 공감을 얻는다면 그것은 해결의 대상이 될 수 있다. 그러나 이런 논의 과정을 거치면서 오해가 풀리거나 많은 새로운 점들이 드러나면서 생각의 변화가 일어난다면 문제가 해소될 수도 있다. 가령 성매매 문제의 경우 어떤 문제들은 서로의 생각을 바꿈으로써 해소될 수도 있을 것이고, 어떤 부분은 문제라는 점에 다 같이 동의하면서 해결해야 할 부분이 될 수도 있을 것이다.

하지만, 현실은 이런 기대와는 달리 진행될 수 있다. 첫째, 사람들이 사고와 언어의 한계로 인해 '해결' 접근에 치중할 가능성이 높고, 둘째, 이런 사고와 언어의 한계에 대한 정치적인 해결을 기대하는 것도 쉽지 않기 때문이다.

우선, 어떤 문제가 제기되는 상황에서는 문제 제기의 당사자들은 해결의 대상이라고 생각하기 쉽다. 자연적 태도와 자기망각, 구체성 오류와 개념적 사고의 한계를 그대로 반영하고 있기 때문이다. 즉, 그들의 현실과 경험과 가치관을 배경으로 당사자들은 문제라고 느낀다. 이런 판단은 어디까지나 자신들의 경험, 이념, 가치관을 배경으로 하고 있는 것이다. 하지만, 자신의 판단은 자기 의식의 지향적인 구성과 해석의 결과물이라는 것을 모르고 있으므로 자신의 해석의 결과인 것을 대상에 대한 객관적인 인식인 것으로 오해한다. 내가 그렇게 해석했기 때문에 그런 판단에 도달한 것인데, 현상이 그러하기 때문에 내가 그렇게 이해한 것으로 오해한다. 현실이 그렇다면 이런 문제는 '해소'가 아니라 '해결'의 대상이다. 즉, 세상을 바꿔야 할 문제, 상황을 바꿔야 할 문제가 되는 것이다. 그런데 정치 과정을 통해 이런 문제에 대한 '해소'의 가능성을 모색하는 데는 한계가 있고, '해결' 접근에 과잉 의존할 위험이 발생한다. 해소가 필요한 문제까지도 해결을 시도할 위험이 발생한다는 것이다.

3 '해결' 접근에의 과잉 의존 위험

인간은 자기 사고와 언어의 약점으로 인해 '해소' 대상과 '해결' 대상을 혼동하고, 결과적으로는 해결의 대상이 되는 문제를 과잉으로 규정할 위험을 가지고 있다. '해결' 접근의 전제 조건은 절대 다수의 사람이 문제의 실제성에 공감하고 있다는 점이다. 그런데 사람들은 자신의 사고가 편견적이고 구성적이라는 점을 잘 알지 못하며, 자신이 사용하고 있는 언어의 의미 역시 자신의 가치와 이념과 경험을 배경으로 한 해석과 구성의 산물이라는 점을 잘 알지 못한다. 그래서 자기 판단의 산물인 것을 마치 현상에 대한 객관적이고 공정한 이해인 것처럼 착각한다. 즉, 자신의 생각을 바꾸면 사라질 문제임에도, 자기 사고와 언어의 근원에 무지하기 때문에 마치 객관적으로 존재하는 문제인 것처럼 착각한다. 자기는 옳다고 생각하고 상대는 틀렸다고 생각하기 쉽다. 자기 집단의 생각이 옳고 다른 집단의 생각은 틀렸다는 오해에 빠지기 쉽다(마이클 셔머, 2008, 2012). 이런 생각에 의지해서 주변 현상을 판단하면 이 문제는 반드시 해결해야 할 문제인 것처럼 이미 그렇게 보인다(Husearl, 1962: §38-39). 자신의 도덕 규범이나 자신들의 삶의 양식을 절대적인 선인 것처럼 생각한다. 단지 다를 뿐인 것을 '틀린' 것으로 규정하고 지탄하는 일이 흔히 일어난다. 상대의 생각의 가치는 쉽게 무시하는 성향을 보인다. 이런 일상의 판단에 의지해 문제를 규정하면 얼마든지 '해소'될 수 있는 문제도 '해결'의 대상으로 등장한다(사공영호, 2012b). 그러나 이런 문제는 진정한 의미에서의 해결 대상, 즉 사회구성원 절대 다수가 공감한다는 점에서 해결의 대상은 아니다.

정치인들이 선거에서의 승리를 위해 특정 집단으로부터의 지지가 절실할 때도 해소의 대상인 문제가 해결의 대상인 것처럼 다뤄질 수 있다. 편견적이고 공정하지 못한 요구가 정치인들의 입장에서 보면 오히려 매력적일 수 있다. 선거에서 승리하기 위해서는 특정 집단의 지지를 확보하는 것이 중요하기 때문이다. 정치인들이 선심성의 공약을 제시하는 이유도 이 때문이다. 특정 집단의 지지를 이끌어 내면서 이로 인한 비용을 국민 전체에게 부담시키는 방법으로 선거에서 승리할 수 있기 때문이다.

한국과 다른 나라의 사례를 단순 비교하는 연구들도 원인이 될 수 있다. 예를 들면, OECD 국가들의 조세부담률이나 복지 지출 비중을 단순 비교하는 경우를 흔히 본다. 그런데 서유럽의 국가들은 종교적인 전통이 다르고, 이에 따라 국민들이 공유하고 있는 가치와 삶의 양식이 다르며, 정치인들의 도덕성이 다르고, 정부기관과 관료들의 투명성도 다르다. 관련 집단들이 재정지출에 대해 가지고 있는 생각도 전혀 다르다. 한국에서처럼 나랏돈은 쌈짓돈인 것처럼 이런저런 방식으로 불법적으로 수급하는 일이 심각하게 벌어지지는 않고 있다. 과연 유럽 국가들이 한국과 같은 상황에서도 현재와 같은 조세 형태와 복지 구조를 선택했을 것인가? 그렇지 않을 가능성이 얼마든지 있다. 즉, 어떤 제도이든지 제도나 현상 자체를 비교하는 것은 무의미하다. 그런 제도와 정책은 그 사회구성원들의 역사와 현실과 이념을 반영한 것이기 때문이다.

4 해소 가능성의 적극적 모색

인간 사고와 언어의 한계에 비춰보면, 해소의 가능성을 좀 더 적극적으로 모색할 필요가 있다. 인간의 생각과 언어에 대한 설명들에 비춰보면, 많은 문제가 우리의 발견을 기다리면서 나무가 있고 돌이 있듯이 '존재'하는 것이 아니라 우리들의 생각과 언어와 가치와 신념과 해석에 의지해 창조된다. 로티는 진리조차도 창조된다고 말하고 있다(Rorty, 1989: 3). 아마도 로티의 이런 입장은 진리란 우리가 처한 삶의 현실을 배경으로 주변 세계에 대해 '탈은폐'적인 이해를 통해 새로운 의미와 해석을 얻어내는 방법으로 얻어진다는 하이데거의 설명과 상통하는 것일 것이다. 우리가 그렇게 생각하고 그렇게 해석하고 그렇게 살아가고 있기 때문에 그것이 그와 같은 의미를 가지게 되었을 뿐이다.

인간의 생각은 편견적이다. 어디까지나 자기중심적이다. 게다가 이런 생각 중 어떤 것이 더 나은지를 판정할 수 있는 객관적이고 공정한 기준이 없다. 그럼에도 각 집단이 자신의 주장만을 펼치면 사회세계는 혼란에 빠질 것이다. 내 의식의 정당성을 탐문하기 위해 현상학적 환원을 실시하듯이 나의 이념, 나의 지식, 나의 가치관을 돌이켜보면서, 내 생각에 대해 누구나 인정할 수 있는 공정하고 객관적인 근거가 없다면 이런 생각 자체를 바꾸는 것이 문제를 해소하는 방법이다.

성매매에 대해 당사자가 아닌 관찰자가 이 문제에 대해 온전하게 이해할 방법이 있는가? 없다. 나라마다 다른 기준을 적용하고 있고, 동일한 사회에서도 소득 수준에 따라 생각이 다르고 남녀에 따라 생각이 다르고 직업에 따라 생각이 다르다. 이 문제를 객관적인 정답이 있는 것처럼 해결하고자 하면 상황은 오히려 더 꼬인다. 어떤 것을 정답처럼 다루든지, 사람들은 그런 생각이 단지 거기에 동의하는 일부 사람들의 입장이라고 받아들일 것이기 때문이다. 그럼에도 어떤 행동을 불법적인 행동으로 규정하면 결국은 단지 나와 생각이 다르다는 이유로 어떤 사람을 범법자로 규정하는 일이 발생한다. 과연 이런 방식으로 법규를 정해 인간의 행동을 제한하는 것이 어떤 사람이 다른 사람의 행동에 대해 제약을 가하는 정당한 방법이 될 수 있는가? 나의 생각이 달라지고, 나의 입장이 달라지고, 나의 위치가 달라지면 나의 생각도 달라질 가능성이 있음을 부인할 수 없다. 그런데 이렇게 상황 의존적인 나의 판단에 의지해서 다른 사람의 행동을 비난하는 것이 정당화될 수는 없다. 게다가 이 상황에서 어떤 이유로 나의 생각이 달라진다면 이 문제는 사라진다. 더 이상 존재하지 않게 된다.

정부는 대학의 신입생 부족을 이유로 전국 대학을 평가해 강제적으로 정원을 감축하는 구조조정을 시도하고 있다. 과연 정원 감축 문제에 관해 모두가 합의할 수 있는 기준을 수립할 수 있는가? 그렇지 않다. 불가능하다. 정답이 없는 것이다. 그렇다면 이처럼 서로 생각을 달리할 때는 어떻게 해야 하는가? 최소한 이런 상황에서 어떤 하나를 정답으로 삼아서는 안 된다. 이런 정책이 바로 문제를 '해결'하려는 시도다. 공정하고 객관적인 근거, 합의할 수 있는 근거가 없음에도 마치 어떤 기준이 있는 것처럼 평가 기준을 만들고 이 기준에 맞춰 문제를 해결하고자 하고 있다. 공정한 기준이 없는데 어떻게 정책이 정당화될 수 있는가? 불가능하다. 이런 상황에서도 정부는 '해소' 전략을 채택하는 것이 오히려 바람직하다. 관점을 조금만 바꾸면 문제는 사라진다. 어떤 대학들이 경쟁력이 있는 대학이고 사회가 원하는 대학인지는 수험생들이 가장 잘 안다. 설사 시골 구석에 있는 대학이라도 그 대학의 교육 내용과 방식이 매력적이라면 학생들은 기꺼이 지원하고 있다.

수도권 집중과 관련된 정책들도 '해결'보다는 '해소'의 대상이다. 우리의 생각을 바꾸면 문제가 사라진다. 이 좁은 반도에서 수도권과 지방을 구별하는 것이 과연 무슨 의미가 있는가? 정말 이렇게 많은 규제를 가하고, 공공기관과 정부기관을 지방으로 강제로 이전시켜야 할 만큼 심각한 문제를 초래하고 있는가? 집중되어 있다는 점이 오히려 경쟁력이 될 수도 있지 않는가? 본질주의적인 관점에서의 연구와 정치적인 이점으로 인해 '해소'하는 것이 훨씬 바람직한 문제가 '해결'의 대상이 되었을 가능성이 높다.

규범이나 도덕과 관련된 문제, 이념이나 가치와 관련된 문제들은 해결의 여부가 아니라 해소의 여부를 먼저 검토해야 한다. 어떤 집단에게는 문제의 해결에 해당하는 것이 다른 집단에게는 오히려 자유를 제약하는 일이 일어날 수 있기 때문이다. 규범과 가치는 상대적이다. 서로 다른 점을 인정할 수는 있어도, 어떤 것이 옳고 다른 것은 틀리다고 판단할 객관적인 기준은 없다. 문제 해결 시도가 오히려 문제를 더 꼬이게 만드는 것도 이런 이유 때문이다. 다른 사람들은 인정하지 않고 공감하지 않는 기준에 근거해서 정책을 만들고 이를 강요하기 때문에 편법과 탈법이 난무하면서 정책이 무력화되는 일이 일어난다.

비트겐슈타인, 하이데거, 쿤, 로티 등의 연구에 비춰보면, 정책과 제도가 근거로 삼고 있는 사회과학은 일종의 소위 '근거 없는 근거'에 기초한 학문이다(Braver, 2012; Bax, 2013). 이념과 가치를 내려놓으면 사라질 학문이다(차인석, 1987: 27-31). 사회세계에서는 합의에 의한 진리는 있어도 소위 상응에 의한 진리는 없다(Habermas, 2011; Gadamer, 1975; Rorty, 1979; 김용준 외, 2014: 97-134). 포퍼의 지적처럼 유토피아를 만들려는 시도가 사회세계를 지옥으로 만들 수 있게 되는 것은 사회과학도들이 자신들의 '자기망각'을 인식하지 못하고 있기 때문일 가능성이 높다. 좀 과격하게 들릴 수는 있겠지만 사회과학도들은 자신이 현재 가지고 있는 이론, 개념, 사상, 가치, 이념을 내려놓고 사태 자체로 돌아가 볼 필요가 있다. 자연과학에서와 같은 근거는 결코 발견되지 않는다는 것을 다시 한 번 반성할 필요가 있다.

제 2 절 정치 실패와 정부 실패 위험의 재평가

정치 실패와 정부 실패의 위험에 대해서도 앞서 논의한 철학적인 논의에 기초해 재평가가 이뤄져야 한다. 정치와 정부가 과연 우리가 원하는 바를 얼마나 이뤄줄 수 있을 것인가? 정치와 정부가 우리의 문제 해결을 위한 좋은 수단이 되어줄 수 있을 것인가? 이론으로 따지고 생각하기 이전에 그냥 먼저 한번 우리의 역사적인 경험과 우리의 현실을 돌이켜보자.

정치와 정부가 외국의 침략으로부터 우리의 생명과 안전을 얼마나 지켜주었는가? 유능한 장군들은 있었어도 이들을 뒷받침했던 제도적인 정치는 3류가 아니었는가? 관료들은 얼마나 민생의 편에 서 있었는가? 지방정치가 탐관오리들의 탐욕에 희생되지 않았는가? 지금 우리의 정치는 어떤가? 정말 국민 다수를 위해 정치를 하고 있는 것인가? 정치인들은 국가와 국민에게 봉사하기 위해 그 길에 나선 사람들인가? 정치인들이 그 임무를 감당할 만한 자질과 능력과 도덕성은 가지고 있는가? 오로지 권력을 탐해 지위를 얻기 위해 정치에 나서고 있지 않는가? 국가가 무엇이고 공동체가 무엇이며 역사란 무엇이며 정치란 무엇인지에 대해 최소한의 상식적인 지식과 고민을 가지고 있는 사람들이 정치에 참여하고 있는 것인가? 어느 것 하나 긍정적인 대답을 기대하기는 어려운 것처럼 느껴진다.

정치와 정부를 통해 문제를 해결하고자 하는 것은 시장과 사회가 스스로 해결할 수는 없는 문제를 정치와 정부가 해결할 수 있다고 생각하기 때문이다. 즉, 시장이 실패한 문제에 대해 정치와 정부 · 제도를 수단으로 삼아 개입함으로써 시장 실패에 따른 사회적 비효율이나 갈등을 해결할 수 있다고 생각하기 때문이다. 이런 논리가 정당화될 수 있으려면 시장은 실패하더라도 정치와 정부·제도는 실패하지 않아야 한다. 이런 논리의 배경에는 시장은 각 사회 주체들의 이기심에 근거해 작동하지만, 정치와 정책은 다수의 이익을 위해 서로 대화하고 이해하고 공감하고 양보하고 타협하는 공화적인 방식의 의사 결정이 가능하다는 전제가 자리하고 있다. 다수결에 의한 의사 결정이 최선은 아니라도 차선적인 의사 결정의 방법은 될 수 있다는 전제가 깔려 있다.

현재의 정치학과 정책학은 인간, 언어 그리고 제도에 대한 철학의 증거들에 기초해 수립된 학문이 아니다. 대신 인간이 최적의 해결책을 탐구해 나갈 수 있는 이성의 능력을 가지고 있고, 정책문제는 인간의 이성의 능력에 의지해 적절히 이해할 수 있다는 '암묵적인 믿음'에 의지하고 있다. 정치학이나 정책학 연구자들이 인간 사고의 함정을 파고들고, 이런 논의에 근거해 인간이 정치와 정책을 감당할 만한 이성의 능력을 가지고 있는지를 검증하고, 이런 검증에 기초해 정치에 의한 문제 해결의 가능성을 논의하는 경우는 아직까지 보지는 못했다. 아마도 사회과학도들이 접근하기에는 너무나도 어렵고 복잡한 문제이기 때문일 것이다. 그럼에도 불구하고 정치와 정책 연구자들은 여전히 정치에 의한 문제 해결의 가능성을 논의한다. 인간이 정치와 정책·제도를 감당할 만한 사고 능력, 이성의 능력, 이해의 능력, 공감의 능력, 공정한 판단 능력을 가지고 있다고 암묵적으로 전제하기 때문일 것이다.

그런데 현상학과 언어철학 등의 인간 사고와 언어에 관한 연구에 따르면, 사람들이 어떤 합의에 도달하고 공감에 도달하는 것은 결코 쉬운 일이 아니다. 게다가 사람들이 이성에 의지해서 생각하고 행동한다고 하더라도, 자기 사고의 선험적인 근거까지 검토하지 않는 한은 자기 사고의 한계를 이해하는 것조차 어려운 것이 인간 이성의 한계다. '자기망각', '자연적 태도', '편견', '자기 참조적 의미 부여', '개념화에 따른 현실과의 괴리' 등 여러 가지 약점이 인간 사고의 공정하고 근거 있는 작동을 방해하고 있다. 서로 다른 가치, 신념, 삶의 양식을 가진 사람들이 합의한다는 것 자체가 어렵다.

게다가 합의가 어려운 문제를 다수결로 결정하는 것은 문제를 오히려 악화시킬 수 있다. 정책과 제도의 궁극적인 목적에 공감하지 않는 상황에서 다수결에 의해 제도를 결정하면, 이는 어떤 집단의 가치와 이념을 다른 집단에게 강요하는 결과를 초래할 뿐이다. 민주주의의 이름으로 개인의 자유와 의사결정권을 침해하는 일이 일어난다. 정치와 정책의 실패가 인간 사고와 언어의 약점에서 기원할 가능성을 배제할 수 없다. 인간 사고와 언어의 약점을 고려해서 정치와 정책의 실패 위험을 재평가하는 연구가 필요하다.

이와 같은 인간 사고와 언어의 약점에 좀 더 효율적으로 대응할 수 있는 것은 순수 공공재를 포함한 일부 영역 외에는 시장일 가능성이 높다. 시장은 정책에서처럼 굳이 언어화, 개념화, 이론화가 필요하지 않다. 언어를 매개로 생각을 공유하고 합의에 도달해야 할 필요가 상대적으로 적다. 상대가 제공하는 제화와 서비스가 나에게 만족스러우면 족하고, 만일 그렇지 않으면 관계를 단절하면 된다. 만일 관련 당사자들에게 고루 이익이 된다면 이런 거래 관계는 저절로 형성되고 지속되면서 거래 관계에 참여한 사람들 모두가 이익을 얻을 수 있는 것이 시장이다. 설사 어떤 사람의 생각과 언어에 문제가 있더라도 그로 인한 책임은 그 사람에게 돌아간다. 누군가의 편견이 권력적인 수단을 매개로 공동체 전체를 강제하는 일이 일어나지는 않는다. 누군가의 비용으로 다른 누군가가 권력을 취하거나 누군가의 비용으로 다른 누군가가 문제를 해결하는 일이 일어나지는 않는다.

제 3 절 존재론적 이해의 강화

1 존재론

사회 현상에 대한 연구와 이에 근거해서 만들어지는 제도가 진정으로 인간과 사회에 봉사할 수 있으려면 세련된 연구 방법, 즉 인식론을 앞세우기보다는 대상 현상에 대한 존재론적인 이해가 선행되어야 한다. 논리실증주의와 같은 인식론에 의지해 사회세계에 관한 지식을 얻을 수 있다고 생각하던 시기는 인간과 사회세계에 관해 현상학, 언어철학, 제도철학에서 설명하는 것과 같은 존재론적인 설명이 제공되기 이전이다. 이때는 연구자인 인간의 사고가 어떻게 작동하는지에 대한 현상학적인 설명이 확산되기 이전이었고, 언어가 어떻게 의미를 얻을 수 있으며 동시에 어떤 위험이 있는지에 대해서도 잘 알지 못했다. 제도, 정치, 조직 등의 사회세계가 어떻게 발생하고 어떤 원리에 의해 작동하는지에 대해 제대로 된 설명이 이뤄지지 않고 있던 시기다. 그러다 보니 자연과학의 연구 방법을 적용해 사회세계에 관한 지식도 얻을 수 있을 것으로 기대했던 것이다. 하지만, 사회세계가 발생하고 존속하고 진화하는 원리와 이 세계와 인간이 맺고 있는 독특한 관계를 고려하면, 사회세계에 관한 지식을 얻는 데 인식론의 가치는 자연과학에서와는 매우 다르다.

먼저 존재론에 대해 잠시 생각해 보자. 현상학, 언어철학, 제도철학 등의 연구들에 의하면 사회세계와 관련된 존재론은 다음과 같은 내용으로 나눠 볼 수 있다.

첫째, 사회 현상, 제도 현상들이 생성되어 나오는 원리에 관해 설명하고 있다. 제4장에서 살펴본 설(John R. Searle)의 제도에 관한 설명은 여러 가지 사회 현상이 생성되어 나오는 원리에 관한 연구다. 하이데거가 그리스라고 하는 하나의 국가세계의 형성을 가능하게 한 것은 사상적인 기반을 제공한 호메로스의 시라고 설명하는 것도 사회세계의 발생에 관한 일종의 존재론이다(Heidegger, 1971: 70-76). 인간의 지향적인 의식 능력에 의지해 언어가 발생한다고 설명하는 것도 언어라고 하는 사회 현상에 관한 존재론이다. 관습과 규범이 일상의 삶과 인간의 의식 능력에 의지해서 발생하고 작동한다고 설명하는 것도 이와 같은 현상에 관한 존재론이다. 사회 현상의 발생에 관한 존재론은 모든 사회적 실재들은 인간의 의식 능력에 의지해서 발생하고 작동한다는 점을 잘 보여준다.

둘째, 세상에 던져져 자신의 삶을 살아가야 하는 삶의 주체인 인간의 관점에서 보면, 자연세계와 사회세계에 존재하는 현상들이 갖는 의미를 단지 자연과학적인 대상 또는 관찰의 대상으로 다룰 때와는 완전히 달라진다는 점 또한 중요한 존재론적 주장이다. 첫 번째 존재론이 발생적 존재론이라면, 두 번째 존재론은 이미 형성되어 있는 것들을 사람들이 이용하고 수단화하는 단계에서의 존재론이라 할 수 있다. 하이데거의 『존재와 시간』은 이런 관점에서의 존재론이다. 설의 설명도 이런 측면을 포함하고 있다. 자연의 산물이든 사회적인 형성물이든 이렇게 만들어진 것들은 이를 이용하는 인간의 입장에서는 해석과 기능 부여의 대상이며, 해석과 역할을 부여함으로써 그것이 가지고 있는 가능성이 다양한 방식으로 현실이 되는 가능성의 총체다. 자연 대상이나 사회적 형성물에 대해 어떤 기능을 부여하고 어떤 의미를 부여하느냐에 따라 그 대상이 인간에게서 갖는 의미는 달라진다. 동일한 자연 대상이 인간의 삶을 위한 도구와 재료가 될 수도 있고, 숭배의 대상이 될 수도 있다. 하나의 돌이 무기가 될 수도 있고 문진(文鎭)이 될 수도 있다. 조직 역시 다수 사회구성원 간의 협력을 매개하는 사회적 생명체가 될 수도 있고, 오로지 특정 개인이나 특정 집단의 이익을 위한 수단이 될 수도 있다. 언어 역시 세상을 서술하는 수단이 될 수도 있지만 동시에 다른 사람을 비난하고 헐뜯는 수단이 될 수도 있다. 즉, 어떤 대상이 실제로 인간이나 또는 사회구성원들에게 무엇이 될 것인지는 그 대상 자체에 의해 결정되는 것이 아니라 인간의 해석에 의해 결정된다. 즉, 해석이 존재를 결정하는 것이다. 만일 그것이 사회적인 어떤 제도가 되려면 다수 사회구성원의 집단적이고 공통적인 해석에 의지해야만 한다.

셋째, 대상 현상들이 인간의 의식과 맺고 있는 독특한 관계의 차원에서 현상의 존재 방식을 설명해 주고 있다. 자연의 대상이든 사회적인 형성물이든 처음 그 대상과 접할 때는 그것에 대해 알기 위해 관심을 기울여야 한다. 마치 연구자가 연구 대상물을 '관찰 대상으로 주어진 대상(present-at-hand)'으로 다루듯이 의식적인 관심을 기울여야 한다. 공간에 대해, 사물에 대해, 각종의 도구들에 대해 인간이 가지고 있는 모든 감각과 신체와 정신을 이용해서 대상을 다루고 체험해야 한다. 사회적인 형성물들은 사회구성원들이 함께 의미를 부여하고 해석하면서 공통된 해석적 의미를 형성해 내야 한다. 그런데 이런 것에 익숙해지면 이 대상들은 '익숙한 도구(readiness-to-hand)'처럼 다뤄진다. 목수가 망치질을 하면서 망치의 위치에 대해 거의 의식하지 않듯이 우리는 주변 세계의 대상들과 접한다. 의식적인 관심을 기울이지 않고 계단을 오르고, 특별한 주의를 기울이지 않고 그냥 거의 자동적으로 사무실의 문을 연다. 동료들과 인사를 나눌 때도 의식적인 관심을 기울이면서 어휘를 선택하고 어휘들을 나열하지 않는다. 그냥 언어를 익숙한 도구처럼 이용한다. 행동 예절에 대해 거의 의도적인 노력을 기울이지 않고도 거의 무의식적으로 사람에 따라 예의를 갖춘다. 인간의 사고와 행동에 미치는 영향을 기준으로 하면 이런 것들이 진정으로 인간에게 있는 것들이고, 또 이런 독특한 방식이 주변 세계들과 인간이 맺고 있는 관계다. 그뿐만 아니라 이처럼 습관화되고 내재화된 삶의 방식과 주변 세계에 대한 인식에 기초해서 사람들은 새로운 사회적 실재(예: 법, 조직, 정부, 행동 양식, 언어)의 생성 가능성을 모색할 것이다.

제도 현상이나 사회 현상의 존재론적인 이해는 이 세 가지 측면을 모두 포함한다. 제도 현상은 인간의 의식과 언어 능력에 의해 발생한다. 그런데 이렇게 만들어지는 제도들이 실제로 어떤 역할을 수행할 것인지는 그 대상에 대한 사회구성원들의 해석과 지위 기능 부여에 의해 결정된다. 이와 같은 제도의 발생이나 작동은 사회구성원들이 일상의 삶 속에서 습득하고 학습해 내재화하고 있는 언어와 인간과 주변 세계에 대한 선험적이고(Husserl, 2001), 암묵적인 지식(Braver, 2012), 근원적인 진리(Heidegger, 1962)에 의지해 작동한다. 이런 점에서 사회 제도는 존재한다기보다는 생성(becoming) 중에 있다. 자연세계의 대상처럼 '있는' 것이 아니라 인간의 의식을 매개로 해서 항상 생성적으로 작동하고 있다(Whitehead, 1926).

각 사회구성원들이 서로 다른 삶의 방식과 언어와 제도들을 형성하고 있다. 그런데 이런 다양한 현상들도 존재론적인 관점에서 설명하면 동일한 발생적인 구조와 원리에 의해 설명할 수 있다. 인간이 가지고 있는 의식의 능력이라고 하는 공통의 능력과 이런 능력을 이용해 주변 세계를 해석하고 수단화하는 능력, 그리고 이런 능력에 의지해서 언어를 창조하고 상황과 의도를 고려해 언어의 의미를 형성하고, 이런 언어에 의지해 공동체적인 규칙과 삶의 방식을 형성한 결과물이기 때문이다.

2 존재론에 기초한 인식론

사회세계가 이와 같은 방식으로 발생하고 진화하고 있다면 이에 대한 인식론은 어떤 것이 되어야만 하겠는가? 어떻게 되어야만 사회세계에 대한 제대로된 이해를 얻을 수 있으며, 어떤 인식론이 되어야만 이렇게 얻은 지식이 인간과 사회의 발전에 진정으로 유익하고 가치 있는 것이 되겠는가? 어떤 인식론이 되어야만 인간 사고의 편견화 위험과 언어로 인한 현실과 개념화된 이해 간의 괴리 위험을 피할 수 있겠는가?

모든 사회과학은 궁극적으로 인간에게 봉사하는 것을 목적으로 한다. 그런데 사회과학이 연구의 대상으로 삼고 있는 다양한 현상들은 모두가 인간의 의식 능력과 일상의 삶에 의지해 형성되어 작동하고 진화하고 있다. 어떤 사회들은 근대적인 사회과학이 형성되기 이전에 이미 민주적인 정치 제도, 재산권 제도, 법치 제도, 기업 및 상업 조직과 경제 제도들을 자생적으로 발전시키고 있었다. 자신들이 사회적으로 형성해 구축하고 있는 언어와 규범에 근거해서 이런 현상들을 스스로 만들고 발전시킬 수 있었다. 그렇다면 이와 같은 사회세계의 발전에 기여하려면 사회과학의 출발점은 어디가 되어야 하겠는가? 사회세계가 발생하고 인간과 관계를 맺고 인간에 의지해 작동하는 원리에 대한 이해가 출발점이 되어야 할 것이다. 존재론적인 이해를 강화한다는 것은 이런 의미다. 인간에 대한 이해, 인간이 가지고 있는 능력에 대한 이해, 인간이 주변 세계와 관계하는 다양한 방식에 대한 이해, 이런 인간의 의식의 능력에 의지해 언어와 규범이 형성되고 작동하는 원리에 대한 이해, 언어에 의지해 형성되는 약속과 규칙에 대한 이해, 규칙이 규칙으로서 작동할 수 있게 되는 원리에 대한 이해, 서로 다른 선호를 가진 사람들이 공통의 규칙을 만들고자 할 때 발생하는 상호 이해 가능성의 문제, 공감 없는 의사 결정이 가지는 인간에 의한 인간의 자유 훼손 문제 등에 대한 이해를 요구한다. 이런 것들에 의지해 사회 현상은 발생하고 작동하고 진화하기 때문이다.

인식론이란 간단히 말하면 올바른 지식을 얻는 방법에 관한 것이다. 사회 현상은 자연 대상과는 다른 방식으로 발생하고 작동하고 있으며, 따라서 대상 현상의 이해에 적합한 연구 방법을 채택해야 한다. 적합한 연구 방법을 채택하지 않으면 연구 결과가 오히려 대상 현상을 은폐할 수도 있다. 특정 측면에 초점을 맞추고 그 측면을 개념화해서 그것의 의미를 논증하는 과정을 거치다 보면, 해당 측면을 실제보다 두드러지게 하는 결과가 일어날 수밖에 없기 때문이다. 소위 '험티-덤티' 문제가 발생한다. 현상을 알기 위해 수행한 연구가 오히려 현상의 실상을 제대로 이해하지 못하도록 방해하는 일이 일어난다. 언어의 의미와 인간의 본성, 법·조직·정치와 같은 사회적 형성물을 본질주의적으로 개념 정의할 때 전형적으로 이런 일이 일어난다. 외적으로 보면 그런 측면이 있는 것처럼 보인다. 그러나 모든 사회 현상은 인간의 의식의 능력에 의지해서만이 작동할 수 있다. 개념화 과정을 거치면서 정작 이런 현상의 발생과 진화와 작동을 가능하게 하고 있는 인간과 그들이 스스로 주변 상황에 대해 내리고 있는 해석과 이런 해석의 배경에 놓인 경험과 지식의 역할은 잊혀진다. 바로 이런 점이 존재론적인 이해는 망각한 채 인식론적인 믿음, 방법론을 앞세워 사회세계를 분석하고자 할 때 일어나는 가장 큰 문제다.

많은 사회 연구자가 과학적인 연구를 위해 논리실증주의적인 연구 방법을 채택하고 있다. 자연과학을 가능하게 했던 관찰과 검증 방법이 지식을 얻을 최선의 방법이라고 생각한다. 개념을 만들고, 만들어진 개념을 과학적인 측정이 가능하도록 조작적으로 정의하고, 이런 개념을 이용해 조사하고, 조사된 내용에 근거해 인과관계를 분석하고 가설을 검증하는 등의 방법에 의해 지식에 도달하고자 한다. 이런 연구가 의미를 가지려면 연구하는 현상에 대한 존재론적인 이해가 선행되어야 한다. 자동차 고장을 알려면 자동차의 전체 작동 원리에 대해 알아야 하고, 사람의 질병에 대해 제대로 진단하고 처방할 수 있으려면 인간의 정신과 신체가 작동하는 원리에 대해 알아야 한다. 이런 지식에 근거해 증상을 관찰해야 한다. 존재론적인 이해가 있어야 어떤 대상의 개별적인 측면들이 갖는 의미를 제대로 알 수 있으며, 그 현상을 연구할 수 있는 적절한 방법은 무엇인지에 대해서도 알 수 있다.

3 존재와 인식의 충돌

존재론적인 지식이 부족한 상황에서 사회 현상을 개념화하고 이론화할 때 일어나는 것이 존재와 인식의 충돌이다. 연구 결과에 따라 사회는 이렇게 작동하고 있고, 따라서 어떤 방안이 사회에 어떤 영향을 끼칠 수 있을 것으로 예상한다. 그런데 막상 그런 연구 결과에 기초해서 사회 현상에 대응해 보면 예상했던 것과는 다른 일이 발생한다. 왜 이처럼 연구한 내용과 실제 현상이 괴리되는 일이 일어나겠는가? 실제 현상의 모습을 제대로 개념화하는 데 실패했기 때문이다. 그럼에도 불구하고 이렇게 만들어진 법이나 제도를 강압적으로 시행하고자 하면 어떻게 되겠는가? 법이 무력화되거나 아니면 사람들의 자유와 권리가 침해되는 일이 일어날 것이다.

자연과학에서 인식론은 존재에 관한 의문을 푸는 열쇠가 되었다. 지식을 얻는 방법, 자료를 얻는 방법, 얻은 자료를 분석하고 추리하는 방법의 발전은 과학적 지식의 획기적 발전을 가져왔다. 산업혁명과 현대적인 첨단기술 사회의 길을 열어주었다. 자연과학에서 인식론은 존재에 관한 진리를 얻는 방법으로서의 역할을 훌륭하게 담당했다. 문제는 사회 현상, 제도 현상, 인간 현상에서다. 이런 현상에서도 인식론적인 정교함이 진리에 도달하는 방법이 되어줄 수 있겠는가? 쉽지 않다. 과학적인 지식의 획득을 가능하게 하는 조건 자체를 심각하게 결여하고 있기 때문이다. 대상이 안정적인 법칙에 근거해 작동하는 것도 아니고, 대상 현상을 서술하기 위해 동원하는 언어가 객관적이고 고정적인 의미를 가지고 있는 것도 아니며, 연구자 역시 자신의 가치관과 이념의 영향으로부터 결코 자유롭지 못하기 때문이다.

인간 사고의 한계와 언어의 한계로 인해 현상의 실제 모습과 이에 대한 언어적 서술, 즉 인식이 충돌할 위험에 대해 이미 많은 설명을 제시했다. 각 사회구성원들과 조직들은 각자가 하나의 삶의 주체, 사회적인 주체로서 자신의 상황에 대해 독자적인 해석을 내리고 나름의 방법으로 대응하며 살아간다. 그런데 이처럼 다양하게 전개될 수밖에 없는 삶의 현실을 특정한 관점과 이런 관점을 배경으로 한 개념과 이론들에 의해 설명해야 하는 사회과학의 현실 자체가 이미 존재와 인식 간의 충돌의 위험을 원초적으로 내포하고 있다. 제7장의 설명을 적용하면 본질주의적으로 존재하지 않는 것을 본질주의적인 시각에 의지해 설명하고자 하면서 현상과 설명, 존재와 인식이 괴리될 수밖에 없는 상황에 처한다는 것이다.

존재론적인 이해에 무지한 채 인식론을 앞세울 때는 이중 해석의 문제가 발생한다(Schutz, 1953: 22-23; 1962: 53-54; 피터 윈치, 2011: 163-168; Habermas, 2011: 193-196). 인간과 사회조직들은 각자가 인지의 주체들이고 판단과 대응의 주체들이다. 각 개인과 조직들은 각자 나름의 방식대로 주변 세계를 이해하고 대응하며 살아가고 있다. 이미 축적되어 있는 지식과 대응 능력에 의지해 주변 세계를 이해하고 대응하며 살아간다. 그런데 관찰자는 관찰 대상자의 행동을 관찰할 수 있어도 그가 어떤 생각이나 어떤 사전적인 지식, 어떤 해석에 근거해 그와 같이 대응하고 있는지에 대해서는 절대 정확하게 알 수 없다. 그의 판단과 행동에 영향을 미치고 있는 변수들은 사실은 당사자 자신도 잘 모를 수 있다. 그런데 이런 관찰 대상자의 행동을 관찰하는 방법으로는 절대 관찰 대상자의 입장에서 그가 선지식이나 선험적인 지식을 배경으로 세상을 이해하고 대응하는 방법에 접근하지는 못한다. 배경 지식이 다르고 세상에 대한 이해가 다르고 언어적인 의미 역시 서로 다르며 지향하는 목표가 다르고 상황의 의미를 해석하는 시간 차원 역시 서로 다를 수밖에 없다. 이것이 이중 해석의 문제다. 행위자가 자기 나름의 해석에 기초해 판단하고 행동한 것을 관찰자는 다시 관찰자가 가진 이론이나 관찰 자료에 근거해 해석해 내야 한다. 이런 상황에서는 관찰 대상자의 생각과 이에 대해 연구자가 해석한 연구 결과가 괴리될 수밖에 없다.

슈츠는 이런 상황을 직접적인 관찰이 아니라 2차 관찰에 의한 정의라고 설명하고 있다. 즉, 자동차의 고장은 내가 관찰한 그 문제가 바로 내가 풀어야 할 문제다. 그런데 사회구성원들의 행동은 연구자가 자신의 관점에서 관찰해 해석하고 이해한다. 이렇게 얻는 지식은 관찰자의 개념과 이론에 의해 해석된 행위자의 행동에 대한 이해일 뿐이다. '상황에 처함'에 근거해서 '자신의 선지식과 대응 능력에 기초해' 스스로 판단하고 대응하며 살아가는 실존적인 인간이 '사실인화'하는 현상이 이런 연구 방법에서는 필연적으로 발생한다.

나는 이미 연구 방법을 가지고 있고, 이 방법에 의지해 사회세계에 대한 지식을 얻을 수 있으며, 이 지식은 사회세계에 대한 있는 그대로의 설명이 될 수 있다는 태도는 후설의 입장에서 보면 일종의 '자연적 태도'다. 자기망각의 산물이다. 적어도 사회세계가 발생적으로 성립되어 나오는 신비를 탐구하고자 한다면 이런 태도로는 결코 접근하지 못한다. 사회세계를 수립시킨 것은 인간의 몸과 마음의 능력이지 서술 가능한 상태로 이미 주어져 있는 어떤 본질적인 요소가 아니기 때문이다(Braver, 2012; Schear, 2013; Dreyfus, 1986; Absher, 2013: 12; Putnam, 1981: 20-21).

존재론적인 이해가 결여된 인식론은 현상에 대한 온전한 이해에 실패할 수밖에 없으며, 실천적으로도 여러 가지 문제의 근원이 된다. 제1장에서 설명한 여러 가지 제도 환상은 전형적인 예다. 정책이란 무엇이든 할 수 있는 도구인 것처럼 생각하고, 제도로 세상을 바꿀 수 있다고 생각한다. 사회세계가 발생하고 작동하는 원리에 대한 이해에 무지하기 때문에 이런 낙관적 판단에 쉽게 빠져드는 것이다. 어떤 문제가 있는 것은 사람들이 나쁘고 세상이 문제가 있기 때문이 아니라 사람들이 나름대로 세계에 대응하며 살아가는 과정에서 발생한 여러 가지 피치 못할 원인들의 결과일 가능성이 높다. 이런 상태의 변화를 시도하는 것은 동시에 그와 관련된 많은 것을 오히려 악화시키는 원인이 될 수 있다(Wildavsky, 1987; 최병선, 2007; 이혁우, 2009). 그런데 사회세계에 던져져 있어서 이 세계와 뗄 수 없는 관계를 맺고 있으면서 이 세계를 이해하고 대응하며 살아가기 위해 몸부림치는 '현존재'의 삶의 현실을 이해하지 못한 채 사회세계를 관찰하면, 세상은 이런저런 개념들에 의해 분류할 수 있는 것처럼 보이고, 이런 분류와 분석에 근거해 얼마든지 처치의 대상으로 삼을 수 있을 것처럼 보인다. 바로 이런 것이 존재론이 '없는' 인식론이다. 이런 인식론이 포퍼가 말하는 것처럼 '유토피아를 만들려는 시도가 오히려 세상을 지옥으로 만드는 결과'를 초래하게 되는 것이다.

구체적인 예를 들면 이렇다. 노사 관계에 대해 한국에 있는 모든 기업에 적용할 수 있는 통일된 법규를 제정할 수 있는가? 본질주의적인 인식론으로는 가능한 것처럼 보이겠지만, 각 기업의 현실을 충분히 고려하는 해석적인 입장에서는 결코 결론을 내리기 쉽지 않을 것이다. 각자는 처해 있는 상황이 이미 다르다. 이처럼 서로 상황이 다른 기업들에게 하나의 선택이 공통된 해법이 되기는 어렵다. 게다가 사회세계에서 어떤 것이 최선인지는 누구도 장담할 수 없다. 어떤 선택을 하든지 일종의 '근거 없는 근거'에 기초한 선택이다. 이런 선택에 의해 더 나은 상태에 도달하려면, 당사자들이 새로운 해법을 찾기 위해 상호 대화와 타협을 지속할 수 있는 여건을 조성하고, 각자의 형편에 맞는 해법을 당사자들이 스스로 모색하고 선택할 수 있도록 지원하는 것이 최선이다. 누구도 어떤 선택의 근거를 객관적으로 제시하지 못한다. 하지만 당사자들이 처한 상황을 충분히 고려해 당사자들이 스스로 합의했다는 의사 결정의 방법이 정당성의 근거가 될 뿐이다. 그런데 법으로 이를 획일적으로 규제하면 결국 각 당사자들은 자신들에게 맞는 해법을 찾을 기회를 상실한다.

4 존재론적인 이해와 해석적 이해의 강화

인간 사고의 편견성과 언어의 한계, 이중 해석의 문제 등으로 인해 존재와 인식이 괴리되고 존재와 인식의 충돌할 때, 연구의 결과들이 오히려 사실을 은폐할 때, 인간을 위해 만든 제도가 오히려 인간의 존엄과 충돌할 수 있다. 그렇다면 어떻게 해야 하는가?

존재론 없는 인식론의 위험을 피하려면 대상 현상을 연구자의 관점에서 접근하는 것이 아니라 당사자의 관점에서 접근할 수 있어야 한다. 소위 '해석적 이해'다

(이남인, 2014: 25-59). 이를 위해서는 제도 현상을 관찰하기에 앞서 내가 가지고 있는 선입견, 선지식, 이론, 이념을 최대한 배제하는 것이 필요하다. 연구자의 사전적인 문헌 연구조차도 연구자를 편견에 빠뜨릴 수 있으므로 삼가야 한다는 주장이 제기되기도 한다(Wojnar & Swason, 2007: 173). 예를 들면, 성매매, 수도권, 사교육, 비정규직 이런 개념들은 이미 선입견이 개입된 것들이다. 이런 개념들은 이미 특정한 방향의 정책을 전제로 하는 것이나 마찬가지다. 대상 현상의 의미를 좀 더 공정하게 이해하기 위해서는 현상을 좀 더 중립적으로 볼 수 있어야 한다. 성매매 당사자가 아니면 당사자의 입장을 알기 힘들다. 연구자의 입장에서 관찰하거나 제3자가 자신의 사상을 배경으로 판단하면 전형적으로 이중 해석의 함정에 빠진다. 이런 방식으로는 당사자들에게 설득력 있는 해법을 찾을 수 없다.

조그마한 국토에 서울에서 부산까지 3시간에 불과하고 사람들의 삶은 이미 지역에 상관없이 얽혀 있는데 단지 행정구역을 기준으로 수도권과 지방을 나누고 있다. 개념의 수립 자체가 중립성을 상실하고 있다. 정책은 문제 해결의 수단이며, 정부가 어떤 일을 당연히 해주어야 하며 또 그렇게 할 수 있다는 생각도 마찬가지로 정책에 대한 있는 그대로의 서술을 방해한다. 정책이 무엇이라고 개념으로 정의하지 말고 정책 자체를 보는 것이 먼저다. 정책이 소수의 이익에 봉사하고 있다면 그것이 정책이고, 정책이 단지 세금을 걷어 적당히 낭비하면서 이를 이전하는 수단에 불과하다면 그것이 정책인 것이다. 정책이 착취와 압제의 수단에 불과하다면 그것이 정책이고, 정책이 국가 발전의 수단으로 정말 작동하고 있다면 그것이 정책이다.

그런데 대체로 소위 사회'과학'을 추구하는 연구자들은 인식론을 앞세운다. 분석을 통해 진리를 얻을 수 있다고 생각한다. 사회세계를 알기 위해 인간의 생각과 인간의 언어와 사회세계의 발생 원리 자체를 이해하려고 하는 것이 아니라 그 속에서 법칙적인 지식을 찾고자 한다. 과학적인 연구 방법에 의해 연구를 진행하면 사회 현상, 인간 현상, 정치와 정책 그리고 제도 현상에 대해서도 객관적인 지식을 얻을 수 있을 것으로 생각한다. 경험주의자들은 객관적으로 존재하는 사실들에 대한 경험적 관찰에 의해서만이 정당한 지식을 얻을 수 있다고 생각한다. 그러나 존재론적인 이해가 없는 상황에서는 이런 분석의 결과는 무의미하다. 올바른 해석 방법을 찾기 어렵기 때문이다.

제도 현상을 온전히 이해하려면 존재론적인 연구가 선행되어야 한다. 존재론적인 이해는 모든 사회 현상의 처음 요인인 인간에 대한 연구에서 논의를 시작해야 한다. 인간의 의식의 능력에 근거해 발생했기 때문이다. 인간이 처한 상황, 인간이 주변 세계를 이해하고 대응하는 방법, 인간이 스스로 가지고 있는 주변 세계에 대한 이해의 능력과 대응의 능력, 인간 자신이 원하는 삶의 방식, 인간에게 가장 자연스러운 삶의 방식에 대한 논의에서 제도와 정책과 정치에 대한 논의는 출발해야 한다. 인간에게서 갖는 의미를 해석해 내야 하기 때문이다. 사회과학이 학문 위기에 처하는 것은 사회 현상의 존재론적인 독특성에 무지한 채 지나치게 자연과학적인 방법론에 의지하고 있기 때문일 가능성이 크다.

참고 문헌

국내 문헌

고든 털럭 외, 김정완 역 (2000). 『공공선택론: 정부실패』, 대영문화사.
곽효문 (1995). 『정책학원론』, 학문사.
김번웅 (1988). 규제완화의 정치경제와 기업의 행동양식, 전국경제인연합회 주최, 제6공화국 과 정부규제 합리화 추진 방향에 관한 심포지엄 발표 논문, 105-135.
김성곤 (1999). 미국 문학에 나타난 청교도주의, 『미국학』, 22.
김용준 · 이유선 · 황설중 · 임건태 · 이병철 (2014). 『로티의 철학과 아이러니』, 아카넷.
김진 (2005). 『정책학원론』, 박영사.
남경희 (2005). 『비트겐슈타인과 현대 철학의 언어적 전회』, 이화여자대학교출판부.
노화준 (2004). 『정책학원론』, 박영사.
대니얼 K. 랩슬리, 문용린 역 (2000). 『도덕심리학』, 중앙적성출판사.
더글러스 C. 노스, 이병기 역 (1996). 『제도 · 제도 변화 · 경제적 성과』, 자유기업원.
로렌스 M. 프리드만, 안경환 역 (2006). 『미국법의 역사』. 청림출판.
마르크스, W. 이길우 역 (1989). 『현상학』, 서광사.
마이클 셔머, 박종성 역 (2008). 『진화경제학』, 한국경제신문.

______, 김소희 역 (2012). 『믿음의 탄생! 왜 우리는 종교에 의지하는가』, 지식갤러리.
막스 베버, 박성수 역 (1988). 『프로테스탄티즘의 윤리와 자본주의 정신』, 문예출판사.
막스 호크하이머, 박구용 역 (2006). 『도구적 이성비판』, 문예출판사.
말콤 글래드웰, 노정태 역 (2009). 『아웃라이어』, 김영사.
목진휴 · 강근복 · 오철호 · 최영훈 · 홍형득 · 김희경 · 박영원 (2005). 한국의 정책연구 지향에 관한 실증분석: Lasswell의 정책 패러다임을 중심으로, 『한국정책학보』, 제14권 3호.
밀턴 K., 뮤니츠, 박영태 역 (1996). 『현대 분석철학』, 서광사.
박성복 · 이종열 (1994). 『정책학원론』, 대영문화사.
박세일 (2009). 「역자 서문」, 애덤 스미스, 박세일 · 민경국 역 (2009). 『도덕감정론』, 비봉출판사.
박승억 (2007). 『후설과 하이데거』, 김영사.
벤저민 프랭클린, 조민호 역 (2006). 『가난한 리처드의 달력』, 휴먼하우스.
박태견 (1997). 『관료망국론과 재벌신화의 붕괴』, 살림.
사공영호 (2006). 정책과 공식제도의 비공식적 기초: 미국 기업의 지배구조 제도를 중심으로, 『한국경제연구』, 제15권 제3호.
______ (2007). 기업지배구조와 비공식제도: 미국 전문경영 사례를 중심으로, 『규제연구』, 제16권 제1호.
______ (2008). 조직의 제도화 메커니즘, 『한국행정연구」, 17: 3.
______ (2012a). 제도와 마음: 현상학 및 언어·심리철학적 접근, 『행정논총』, 제50권 제1호.
______ (2012b). 정책문제의 정의: 현상학적 접근, 『한국정책학회보』, 제21권 제4호.
______ (2013). 정책: 존재론적 해명, 『행정논총』, 제51권 제2호.
______ (2014a). 정책 이성 비판, 『한국정책학회보』, 제23권 제2호.
______ (2014b). 비공식제도: 현상학적 해명, 『철학과 현상학연구』, 제62집.
______ (2014c). 지대추구행위: 실천적 · 전체론적 접근, 『한국정책학회보』, 제23권 제1호.
새뮤얼 헌팅턴, 형선호 역 (2006). 『새뮤얼 헌팅턴의 미국』, 김영사.
솔 A. 크립키, 남기창 역 (2008). 『비트겐슈타인 규칙과 사적 언어』, 철학과현실사.
송병락 (2001). 『마음의 경제학』, 박영사.
송재룡 (2005). 종교세속화론의 한계: 탈세속화 테제의 등장과 관련하여, 『사회와 이론』, 제7집.
송현호 (1998). 『신제도이론』, 민음사.
수잔 프롬, 김용정 · 배의용 역 (1996). 『칸트 대 비트겐슈타인』, 동국대학교출판부.
시오노 나나미, 한성례 역 (2007). 『또 하나의 로마인 이야기』, 북엔리브로.
신귀현 (1983). 현상학적 환원과 그 철학적 의의, 『철학과 현상학 연구』, 제1집.
아놀드 토인비, D. C. 서머벨 편, 박광순 역 (2006). 『역사의 연구(*A Study of History*)』, 범우.

안병영 (1985). 산업화와 정당, 『한국정치학회보』, 19: 97-116.
알렉시스 드 토크빌, 임효선 · 박지동 역 (1997). 『미국의 민주주의』, 박영률출판사.
알프레드 화이트헤드, 오영환 역 (2005). 『관념의 모험』, 한길사.
앙리 피렌느, 강일휴 역 (1997). 『중세 유럽의 도시』, 신서원.
애덤 스미스, 박세일 · 민경국 역 (2009). 『도덕감정론』, 비봉출판사.
에드문트 후설, 이종훈 역 (2009). 『순수현상학과 현상학적 철학의 이념들』, 한길사.
에드워드 H. 카, 김택현 역 (1997). 『역사란 무엇인가』, 까치.
윌리엄 번스타인, 김현구 역 (2005). 『부의 탄생』, 시아출판사.
윌리엄 제임스, 김재영 역 (2011). 『종교적 경험의 다양성』, 한길스레이트북스.
이남인 (2013). 『현상학과 해석학』, 서울대학교출판문화원.
이성순 · 유승민 (1995). 산업조직의 전개와 정책대응, 『한국 경제 반세기: 역사적 평가와 21세기 비전』, 한국개발연구원.
이장식 (1978). 민주주의 정치사상에 끼친 종교적 가치관의 영향, 『신학사상』, 제21집.
이정전 (2005). 『경제학에서 본 정치와 정부』, 박영사.
이혁우 (2009). 정책사례 연구대상으로서의 예기치 못한 결과, 『행정논총』, 제47권 1호.
전성우 (1986). 막스 베버의 근대자본주의 발생론 I : 서구 중세도시 시민계급의 형성을 중심으로, 『한국사회학』, 제20집.
전진영 (2012). 제18대 국회 입법 활동의 특징과 평가, 『의정연구』, 제18권 제2호.
정용석 (2002). 하르낙과 기독교의 본질, 『신학사상』, 119집.
정정길 (1990). 『정책결정론』, 대명출판사.
존 R. 설, 심철호 역 (2009). 『지향성: 심리철학 소론』, 나남.
죠지 핏처, 박영식 역 (1987). 『비트겐슈타인의 철학』, 서광사.
차인석 (1987). 『사회인식론』, 민음사.
찰스 샌더스 퍼스, 김동식 · 이유선 역 (2008). 『퍼스의 기호학』, 나남.
최병선 (1992). 『정부규제론: 규제와 규제 완화의 정치경제』, 법문사.
______ (2007). 정책연구: 얼마나 과학적인가? 윌다브스키의 관점을 중심으로, 『정책연구의 관점과 방법』, 법문사.
최봉기 (2004). 『정책학』, 박영사.
칼 포퍼, 이한구 역 (2006). 『열린사회와 그 적들 I 』, 민음사.
탤코트 파슨스, 윤원근 역 (1999). 『현대 사회들의 체계』, 새물결.
토드 부츠홀크, 이승환 역 (1999). 『죽은 경제학자의 살아 있는 아이디어』, 김영사.
표트르 A. 크로포트킨, 김영범 역 (2005), 『만물은 서로 돕는다』, 르네상스.
프리드리히 A. 하이에크, 신중섭 역 (1996). 『치명적 자만』. 자유기업원.
피터 L. 버거 · 토마스 루크만, 하홍규 역 (2013). 『실재의 사회적 구성: 지식사회학논고』, 문학과지성사.
피터 윈치, 박동천 역(2011). 『사회과학의 빈곤』, 모티브북.
한스 게오르크 호이젤, 배진아 역(2008). 『뇌 욕망의 비밀을 풀다: 인간의 소비심리를 지배하는 뇌 속 Big-3의 비밀』, 흐름출판.
해롤드 버만 · 김철(1992). 『제도: 문명과 역사적 법이론』, 민영사.

국외 문헌

Acoff, Russell (1999). "Russell Acoff: A Lifetime of Systems Thinking", *Leverage Points Issue*, 115.
Adelman, Erma (1999). "Fallacies in Development Theory and Their Implications for Policy", Working Paper No. 887. Giannini Foundation of Agricultural.
Anscombe, G. E. M. (1969). "On Promising and Its justice", *Critica*, vol. 3.
______ (1978). *The Collected Philosophical Papers of G. E. M, Ascombe, Vol. III, Ethics, Religion and Politics*, Basil Blackwell.
Aristotle (1984). *Metaphysics*, in Jonathan Barnes, ed., *The Collected Works of Aristotle, The revised Oxford Translation*, Princeton/Bollingen Series LXXI·2.
Austin, John L. (1962). *How To Do Things With Words*, Oxford University Press.
Bachrach, Peter & Morton S. Baratz (1962). "To Faces of Power", *The American Political Science Review*, Volume 56, Issue 4.
Barber, Michael (2011). "Alfred Schutz", *Stanford Encyclopedia of Philosophy*.
Bax, Chantal (2013). "Reading On Certainty through the Lens of Cavell: Scepticism, Dogmatism and the "Groundlessness of our Believing", *International Journal of Philosophical Studies*.
Bellah, Robert N., Richard Madsen, William M. Sullivan, Ann Swilder, & Steven M. Tipton (1996). *Habits of the Heart*, University of California Press.
Bercovitch, Sacvan (1975). *The Puritan Origin of the American Self*, Yale University Press.
Berendzen, J. C. (2013). "Max Horkheimer", *Stanford Encyclopedia of Philosophy*.
Berger, Peter L. & Thomas Luckmann (1966). *The Social Construction of Reality*, Bantam Dell Pub Group.
Blattner, William (2009). *Heidegger's Being and Time: A reader's Guide*, Continum International Publishing Group.

Bloor, David (1997). *Wittgenstein, Rules and Institutions*, Routledge.

Blumer, Herber (1971). "Social Problems as Collective Behavior", *Social Problems*, No 18.

Braver, Lee (2012). *Groundless Grounds: A Study of Wittgenstein and Heidegger*, The MIT Press.

Celmons, Randall S. & Mark K. Mcbeth (2001). *Public policy praxis: Theory and pragmatism a case approach*, Prentice-Hall, Inc.

Chang, Ha-Joon (2002). *Kicking Away the Ladder: Development Strategy in Historical Perspective*, MIT Press.

Coase, Ronald H. (1937). "The Nature of the Firm,", *Economica*, New Series, Vol.4, No.16.

Cottingham, John (2008). *Western Philosophy: An Anthology*, Blackwell Publishing.

Curely, Edwin (1994). "Introduction to Hobbes", *Leviathan*, Thomas Hobbes (1668). *Leviathan*, Hackett Publishing Company.

Descartes, Réne (1644). *The Principle of Philosophy*, Kessinger Legacy Reprints.

DiMaggio, Paul J. & Walter W. Powell (1983). "The Iron Cage Revisited: Institutional Isomorphism and Collective Rationality in Organizational Fields", *American Sociological Review*, Vo. 48, No 2, 147-160.

Downs, Anthony (1957). *An Economic Theory of Democracy*, Harper.

Dreyfus, Hubert L. (1980). "Holism and Hermeneutics", *Review of Metaphysis*, 34.

______ & Stuart E. Dreyfus (1986). *Mind over Machine*, The Free Press.

______ (1991). *Being-in-the-World: A Commentary on Heidegger's Being and Time, Division* Ⅰ, The MIT Press.

______ (2003). *Skilled Coping as Heigher Intelligibility in Heidegger's Being and Time*, Royal Van Gorcum.

______ (2014). *Skillful coping: Essays on the phenomenology of everyday perception and action*, Oxford University Press.

Eggertsson, Thrainn (1990). *Economic Behavior and Institutions*, Cambridge University Press.

Falcon, Andrea (2006). "Aristotle on Causality", *Stanford Encyclopedia of Philosophy*. http://plato,stanford.edu/entires/aristotle-causality/#FouCau

Farber, Marvin (1962). *The Foundation of Phenomenology: Edmund Husserl and the Quest for a Rigorous Science of Philosophy*, Aldine Transaction.

Feyerabend, Paul (1966). "Wittgenstein's Philosophical Investigations", in George Pitcher, ed., *Wittgenstein The Philosophical Investigation: A Collection of Critical Essays*, University of Norte Dame Press.

Fleischacker, Samuel (2013). "Adam Smith's Moral and Political Philosophy", *Stanford*

Encyclopedia of Philosophy.

Flyvbjerg, Bent (2001). *Making Social Science Matter: Why social inquiry fails and how it can succeed again*, Cambridge University Press.

Follesdal, Dagfinn (1994). "Mind and Meaning", *Philosophical Studies*, 94.

Frege, Gottlob (1892). "On Sense and Reference", from Geach Peter & Max Black (1960). *Translations from the philosophical Writings if Gottlob Frege*, Basil Blackwell.

Friedman, Milton (1983). *Bright Promises, Dismal Performance*, New York: Harcourt Brace Jovanovich.

Fukuyama, Francis (1995). *Trust: the social virtue and the creation prosperity*, The Free Press.

Gadamer, Hans-Georg (1975). *Truth and Method*. Translation revised by Joel Weinsheimer & Donald G. Marshall, Continuum.

Garfinkel, Harold (1967). *Studies in Ethnomethodology*, Polity Press.

Gergen, Kenneth J. (2009). *An Incitation to Social Construction*, SAGE.

Goldman, Alvin (2010). "Social Epistemology", *Stanford Encyclopedia of Philosophy*.

Guignon, Charles (2013). "Wittgenstein, Heidegger, and the Question of Phenomeology", in David Egan, Stephen Reynolds, & Aaron Wendland, *Wittgenstein and Heidegger*, Routeldge.

Harney, Maurita J. (1982). *Intentionality, sense and the mind*, Martinus Nijhoff Publishers.

Heidegger, Martin (1962). *Being and Time*, trans, John Macquarrie and Edward Robinson, Harper & Row Publishers Incorporated.

______ (1971). *Poetry, Language, and Thought*, Harper Perennial.

______ (1979). *Nietzche: The Will to Power as Art, The Eternal Recourrence of the Same*, translated by David Farrell Krell, Harper Collins Publishers.

______ (1982). *The Basic Problems of Phenomenology*, Translation by Albert Hofstadter, Indiana University Press.

Held, Klaus (2003). "Husserl's Phenomenological Method", in Donn Welton, ed. (2003). *The New Husserl: A critical Reader*, Indiana University Press.

Helmke, Gretchen & Steven Levitsky (2004). "Informal Institutions and Comparative Politics: A research Agenda", *Perspectives on Politics*, Vol. 2, No. 4.

Heritage, John (1984). *Garfinkel and Ethnomethodology*, Polity Press.

Hofweber, Thomas (2012). "Logic and Ontology", *Standford Encyclopedia of Philosophy*.

Honderich, Ted (ed.) (2005). *The Oxford Companion to Philosophy*, Oxford University Press.

Husserl, Edmund (1962). *The Crises of European Sciences and Transcendental Phenomenology: An Introduction to Phenomenological Philosophy*, translated and with An Introduction by David Carr, Nothwestern University Press.

______ (2001). *Analyses Conerning Passive and Active Synthesis: Lecture on Transcendental Logic*, trans, Anthony J, Steinbock, Kluwer Academic Publishers.

Hutchinson, Phil, Rupert Read, & Wes Sharrock (2008). *There is No Such Thing As a Social Science*, Ashgate.

Inwood, Michael (1997). *Heidegger: A Very Short Introduction*, Oxford University Press.

Kahneman, Daniel (2011). *Thinking Fast and Slow*, Penguin Books.

Kant, Immanuel (1929). *Critique of pure reason*, Transrated by Norman Kemp Smith, Palgrave Macmillan.

Kemp, Gary (2011). *What is this thing called Philosophy of language?*, Routledge.

Kingdon, John W. (1984). *Agenda Alternatives, and Public Policies*, Little Brown and Company.

Kosowski, Lukasz (2010). *Noema and Thinkability: An Essay on Husserl's Theory of Intentionality*, Ontos Verlag.

Kraut, Richard (2008). *How to read Plato*, Granta.

Kripke, Saul A. (1972). "Naming and Necessity", in David and Gilbert Harman, ed (1972). *Semantics of Natural Language*, Synthese Library.

Kuhn, Thomas S. (1962). *The Structure of Scientific Revolution*, The University of Chicago Press.

Laverty, Susann M. (2003). "Hermeneutic Phenomenolgy and Phenomenology: A Comparison of Historical and Methodological Considerations", *International Journal of Qualitative Methods*, Vol.2, No.3.

Locke, John, Peter H. Nidditch, ed. (1975). *Essay Concerning Human Understanding*, Oxford University Press.

Malpas, Jeff (2009). "Hans-George Gadamer", *Stanford Encyclopedia of Philosophy*, http://plato.stanford.edu/archives/sum2009/entries/gadamer/

Manning, Susan (1990), *The Puritan-Provincial Vision*, Cambridge University Press.

Mehrabian, Albert (1971). *Silent Messages*, Wadsworth.

Milgram, Stanley, Hilary Liberty, Raymond Toledo, & Joyce Blacken (1956). "Response to intrusion in waiting lines", *Journal of Personality and Social Psychology* (4): 683-689.

Mill, John Stuart (1872). *A System of Logic: Ratiocinative and Inductive*, Bibliolife.

Miller, Fred (2012). "Aristotle's Political Theory", *Stanford Encyclopedia of Philosophy*.

Miller, Perry (1961). *The New England Mind: The Seventeenth Century*, Beacon Press.

Mills, Jon & Janusz A. Polanowski (1997). *The Ontology Of Prejudice*, Value Inquiry Book Series 58.

Natanson, Maurice (1962). "Introduction", in Alfred Schutz (1962). *Collected Papers1: The Problem of Social Reality*, ed., Maurice Natanson & H. L. Van Breda, Martinus Nijhoff.

Noll, Roger G. (1985). "Government Regulatory Behavior", in Roger G. Noll ed., *Regulatory Policy and the Social Sciences*, Berkeley, CA: University of California Press.

North, Douglass C. (1990). *Institution, Institutional Change and Economic Performance*, Cambridge University Press.

______ (1996). "Economics and Cognitive Science", Washington University, Working Paper.

North, Douglass C., William Summerhill, & Barry R. Weingast (2000). "Order, Disorder and Economic Change: Latin America vs. North America", in Bruce Bueno de Mesquita and Hilton Root, ed., *Governing for Prosperity*, Yale University Press.

______ (2006). *Understanding The Process of Economic Change*, Princeton University Press.

O'Donnell, Guillermo (1996). "Another Institutionalization: Latin America and Elsewhere", Kellogg Institute, Working Paper #222.

Ostrom, Elinor (1990). *Governing the Commons: the evolution of Institutions for Collective action*, Cambridge University Press.

Pagden, Anthony (1988). "The Distruction of Trust and it's Economic Consequence", in D. Gambetta ed., *Trust: making and breaking cooperative relations*, Basil Blackwell.

Piaget, Jean (1932). *The Moral Judgment of the Child*, Free Press.

Plous, Scott (2003). "The Psychology of prejudice, stereotyping, and discrimination: An Overview", http://www.understandingprejudice.org.

Putnam, Hilary (1981). *Reason, truth and history*, Cambridge University Press.

Putnam, Robert D. (1993). *Making Democracy Work: Civic Traditions in Modern Italy*, Princeton University Press.

Rafanell, Irene (2003). "The social genesis of individual practices: An individualistic versus a collectivist account", 6th ESA Conference.

Ramberg, Björn & Kristin Gjesdal (2005). Hermeneutics, *Wikipedia*.

Ravaisson, Félix (2008). *Of Habit*, Continuum.

Rawls, A. Warfield (1989). "Language, self, and social order: A reformulation of Goffman and Sacks", *Human Studies*, 12: 147-172.

Riemer, Nick (2010). *Introducing Semantics*, Cambridge University Press.

Roe, Mark J. (1994). *Strong Manager and Weak Owners: The Political Roots of American Corporate Finance*, Princeton University Press.

Rorty, Richard (1979). *Philosophy and the Mirror of Nature*, Princeton University Press.

______ (1989). *Contingency, Irony, and Solidarity*, Cambridge University Press.

Rovinson, Dave & Bill Mayblin (2004). *Introducing Empiricism*, Icon Books.

Russell, Bertrand (1989). *Wisdom of the West*, New Impression.

Schattschneider, Elmer E. (1975). *The Semisovereign People: a realist's view of democracy in America*, Dryden Press.

Schutz, Alfred (1944). "Some Leading Concept of Phenomenology", *American Sociological Review*, Vol.9.

______ (1953). "Common-sense and Scientific Interpretation of Human Action", *Philosophy and Phenomenological Research*, XIV: 1.

______ (1962). *Collected Papers1: The Problem of Social Reality*, ed., Maurice Natanson & H. L. Van Breda, Martinus Nijhoff.

______ & Thomas Luckmann (1973). Richard M. Zaner & H. T. Engelhardt, Jr. (tr). *The Structures of the Life-World*, Vol 1. Northwestern University Press.

Searle, John R. (1969). *Speech Acts: an essay in the philosphy of language*, Cambridge University Press.

______ (1995). *The Construction of Social Reality*, The Free Press.

______ (1998). *Mind, Language, and Society: Philosophy in the Real World*, Basic Books.

______ (2003). "Social Ontology and Political Power", http://www.law.berkeley.edu/-centers/kadish/searle.pdf

______ (2007). *Mind: A Brief Introduction*, Oxford University Press.

______ (2010). *Making The Social World*, Oxford University Press.

Sharrock, Wes (2004). "What Garfinkel Makes of Schutz: The past, present and future of alternate, asymmetric and incommensurable approach to sociology", *Theory & Science*, 5: 1.

Shotter, John (2005). "'Inside the Moment of Managing': Wittgenstein and the Everyday Dynamics of Our Expressive-Responsive Activities", *Organization Studies*, 26(1).

______ (2011). "Language, Joint Action, and the Ethical Domain: The importance of the relations between our living bodies and their surroundings", Plenary paper to be given at III CONGRESO DE PSICOLOGÍA YRESPONSABILIDAD SOCIAL, March 5th-9th (2011). Campus San Alberto Magno.

Smith, David Woodruff (2009). "Phenomenology", *Stanford Encyclopedia of Philosophy*.

Sokolowski, Robert (2000). *Introduction to Phenomenology*, Cambridge University Press.

Spector, Malcolm & John I. Kitsuse (1973). "Social Problems: A Re-Formulation", *Social Problems*, Vol. 21.

Stigler, George J. (1975). *The Citizen and the State: Essays in Regulation*, The University of Chicago Press.

Tomasello, Michael (2003). *Constructing A Language: A Usage-Based Theory of Language Acquisition*, Harvard University Press.

Tribe, Laurence H. (1972). "Policy Science: Analysis of Ideology?", *Philosophy and Public Affairs*, 2(1): 66-110.

Tullock, Gordon, Arthur Seldon, & Gordon L. Brady, 김정완 역 (2002). 『공공선택론: 정부 실패』, 대영문화사.

Weber, Max (1958). *The City*, Free Press.

______ (1976). *the protestant ethic and the sprit of capitalism*, George Alen & Unwin.

Weingast, Barry (2002). "Self-Enforcing Constitutions; With an Application to American Democratic Stability", *Law and Economics Workshop*, Paper 3.

Welton Donn, ed. (2003). *The New Husserl: A Critical Reader*, Indiana University Press.

Whitehead, Alfred North (1926). *Science and the Modern World*, Cambridge University Press. 오영환 역 (1977). 『과학과 근대세계』. 서광사.

______ (1933). Adventures of Ideas. The Free Press.

______ (1978). *Process and Reality*, Edited by David Ray Griffin & Donald W. Sherburne. The Free Press. 오영환 역 (2007). 『과정과 실재: 유기체적 세계관의 구성』, 민음사.

Wildavsky, Aron (1987). *Speaking Truth to Power*, Transaction Publishers.

Williamson, Oliver E. (1975). *Makers and Hierarchies: Analysis and Antitrust Implication*, The Free Press.

Wittgenstein, Ludwig (1958). *The Blue and Brown Books: Preliminary Studies for the 'Philosophical Investigation'*, Blackwell Publishing. 이영철 역 (2006). 『청색책, 갈색책』, 책세상.

______ (1967). *Zettel*, eds., G. E. M. Anscombe & G. H. von Wright, University of California Press.

______ (1969). *On Certanity*, G. E. M. Anscombe & G. H. von Wright (eds.). Blackwell Publishing.

______ (1978). *Remarks on the Foundtions of Mathematics*, edited by G. H. von Wtight, R. Rhees & G. E. M. Anscombe, The MIT Press.

______ (1984). *Culture and Value*, trans., Peter Winch, University of Chicago Press.

______ (1998). *Notebooks 1914-1916* (ed.), G. H. von Wright & G. E. M. Anscombe (tr). G. E. M. Anscombe, Blackwell.

______ (2009a). *Philosophical Investigation*, trans., G. E. M. Anscombe, P. M. S. Hacker, & Joachim Schulte, Wiley-Blackwell, 김양순 역 (2008). 『철학탐구』, 동서문화사.

______ (2009b). *Tractatus Logico-Philosophicus*, trans. C. K. Ogden, 김양순 역 (2008). 『논리철학논고』, 동서문화사.

Wojnar, Danuta M. & Kristen M. Swanson (2007). "Phenomenology An Exploration", *Journal of Holistic Nursing*, Vol. 25, No. 3.

World Bank (2002). *World Development Report 2002: Building Institurions for Markets*, Oxford University Press.

Wrathall, Mark A. (2011). *Heidegger and Unconcealment: Truth, Language, And History*, Cambridge University Press.

찾아보기

[사항]

ㄱ

ㅂ

ㅅ

ㅈ

[인명]

저자 소개

사공영호

서울대학교 대학원 졸업(행정학 박사)
평택대학교 행정학과 교수

[주요 연구]

- 비공식제도: 현상학적 해명, 2014, 『철학과 현상학연구』, 제62집.
- 정책 이성 비판, 2014, 『한국정책학회보』.
- 지대추구행위: 실천적 · 전체론적 접근, 2014, 『한국정책학회보』.
- Linguistic Origin of Policy and Policy Failure, 2014, 37th International Wittgenstein Symposium(Austria) 발표 논문.
- 정책, 정책연구와 현상학, 2014, 한국정책학회 춘계학술대회 발표 논문.
- 정책과 편견: 정책 이성 비판을 위한 시론, 2014, 신춘현상학회 발표 논문.
- 정책: 존재론적 해명, 2013, 『행정논총』.
- 한의사의 영상의료기기 이용에 관한 비판적 고찰, 2013, 『규제연구』.
- 정책문제의 정의: 현상학적 해명, 2012, 『한국정책학회보』.
- 제도와 마음: 현상학 및 언어 · 심리철학적인 접근, 2012, 『행정논총』.
- 지대추구행위의 사회화와 인지 · 개념체계화, 2010, 『규제연구』.
- 정책이란 무엇인가: 정책의 수단적 가치에 대한 반성, 2008, 『한국정책학회보』.
- 조직의 제도화 메커니즘, 2008, 『한국행정연구』.
- 기업지배구조와 비공식제도, 2007, 『규제연구』.
- 정책과 제도의 비공식적 기초: 미국 기업의 지배구조제도를 중심으로, 2006, 『한국행정연구』.
- 제도의 구조와 구조 변화: 기업지배구조 제도를 중심으로, 2005, 『한국행정연구』.

제도와 철학

제도와 정책의 현상학 · 언어철학적 탐구와 비판

펴낸날 / 제1판 제1쇄 2015년 8월 20일

지은이 / 사공영호
펴낸이 / 임춘환
펴낸곳 / 도서출판 대영문화사
주소 / 서울특별시 용산구 청파로 61길 5(청파동 1가) 제일빌딩 2층
등록 / 1975년 12월 26일 제3-16호
전화 / (02)716-3883, (02)714-3062
FAX / (02)703-3839
홈페이지 / http://www.dymbook.co.kr

ISBN 978-89-7644-530-8

〔값 23,000원〕